Nordwest-Frankreich per Rad

Normandie - Bretagne - Loiretal

Ein  - Fahrrad-Reiseführer

Verlag Wolfgang Kettler

Verfasser: Wolfgang Kettler

Die Deutsche Bibliothek - CIP-Einheitsaufnahme

Kettler, Wolfgang:
Nordwest-Frankreich per Rad : Normandie, Bretagne, Loiretal /
[Verf: Wolfgang Kettler]. - 3. Aufl. - Berlin : Kettler, 1992
  (Ein Cyklos-Fahrrad-Reiseführer)
  ISBN 3-921939-47-X
NE: HST

Umschlagzeichnung: Jutta Herold

Das Frontispiz zeigt den Calvaire in Plougonven, Bretagne.

3. Auflage März 1992

ISBN 3-921939-47-X

© Copyright 1992 by Verlag Wolfgang Kettler, Czeminskistr. 5,
   W-1000 Berlin 62

Druck: Grafik & Design Labenski GmbH, W-1000 Berlin 61

Inhalt

Eine Etappen-Übersichtskarte befindet sich am Schluß des Buches (ausklappbar).

Abbildungsnachweis

Die Fotos auf den Seiten 41, 74 und 286 stammen vom Französischen Fremdenverkehrsamt (Frankfurt/Main), alle anderen Fotos, Karten und Skizzen vom Verfasser.

Alter Hafen in Dinan (Bretagne)

Mit dem Fahrrad auf Reisen: Nordwest-Frankreich

Eine Fahrradreise-Region für Individualisten, aber auch eine der beliebtesten überhaupt: dieser scheinbare Widerspruch ist keiner, denn die nicht unbeträchtlichen Zahlen deutschsprachiger Radtouristen in Frankreich sind angesichts der Ausdehnung des Landes dennoch gering. Von einigen wenigen Standardrouten (z.B. Loiretal) abgesehen, ist eine Begegnung von Fahrradreisenden auf der Landstraße eher unwahrscheinlich - zu vielfältig sind die Möglichkeiten der Streckenauswahl, und da französische Radfahrer fast ausschließlich unter sportlichen Motiven durch ihr Heimatland flitzen, sind gepäckbeladene Pedalritter ein den Einheimischen ungewohntes Bild. Im Heimatland der Tour de France sind "seriöse" Radfahrer ohnehin eine Rarität; die fast religiöse Intensivnutzung motorisierter Fahrzeuge läßt im Bewußtsein des Durchschnittsfranzosen keinen Platz für andere Formen des Individualverkehrs.
Eine durchaus erfreuliche Konsequenz ist das fast völlige Fehlen von Fahrradwegen: die Reglementierung der Verkehrsströme, der Zwang zur Benutzung bestimmter Routen ist in Frankreich gottlob stark unterentwickelt, und das gesamte Straßennetz des Landes - von einigen Schnellstraßen abgesehen - steht den Fahrradtouristen zur Verfügung. Da Frankreich über ein ungewöhnlich ausgedehntes System von kleinen und kleinsten Nebenstraßen verfügt, ist nahezu in allen Regionen ein entspanntes, erholsames Fahrradfahren möglich. Abseits der Hauptstraßen läßt sich so jeder Punkt des Landes erreichen, und die interessantesten, aber oft unbekannten Sehenswürdigkeiten sind ohnehin häufig etwas abgelegen und nur über Nebenstrecken erreichbar.

Der Nordwesten Frankreichs ist aus gutem Grund bei Radtouristen beliebt: er ist verkehrsgünstig zu erreichen, bietet sich für Rundtouren jeder Länge an, umfaßt etliche ausgeprägte Kulturlandschaften, verfügt über ein gemäßigtes Klima und stellt topographisch nicht zu hohe Anforderungen an die physische Leistungsfähigkeit des Fahrradfahrers. Zwar sind weite Teile der Region hügelig, ausgesprochene Bergtouren lassen sich hingegen hier nicht durchführen. Und schließlich ist das Armorikanische Massiv, das den größten Teil Nordwest-Frankreichs einnimmt, mit einem ausgeprägten Netz von fahrradreisefreundlichen Unterkünften gesegnet, wie es günstiger kaum gestaltet sein könnte.
Die Streckenempfehlungen dieses Buches ergänzen die touristischen Standardrouten durch eine Vielzahl erfahrenswerter Varianten - Strandsüchtige finden ebenso ihre Route wie die Freunde ländlicher Abgeschiedenheit, archäologisch Interessierte, Liebhaber prachtvoller Schlösser und kulinarische Leckermäuler.

Anleitung zur Benutzung

Informationen über Benzinpreise fehlen in diesem Reiseführer: er ist voll und ganz auf Fahrradreisen ausgerichtet und verzichtet daher auf alle Details, die für Radler unwichtig sind. Stattdessen legt dieses Buch Wert auf Fahrrad-Werkstätten und Radfahrerunterkünfte, gute Landkarten und ruhige Nebenstraßen.
Etwas Hintergrundwissen über Frankreich und die dort lebenden Menschen steht am Anfang des Buches. Im Anschluß daran sind jene kleinen Dinge zusammengestellt, die der Besucher Frankreichs wissen sollte und möchte, wie z.B. Einreisebedingungen, geeignete Landkarten, Eisenbahnstrecken, Unterkünfte, Kulinarisches oder Details zu geeigneten Fahrrädern.

Der eigentliche Fahrrad-Reiseführer beginnt erst danach. Nach einer Vorstellung der Regionen des Landes wird Frankreich "etappenweise" behandelt. Dazu ist das Land in 174 (auf der am Ende des Buches befindlichen Übersichtskarte ersichtliche) Teilstrecken aufgeteilt, so daß ein weitgehend individueller Reiseverlauf ermöglicht wird. Die durchnumerierten Teilstrecken sind mit Kartenskizzen und Streckenverlauf ausführlich beschrieben, Städte und Sehenswürdigkeiten, teilweise in hervorgehobenen "Kästen", behandelt. Detailinformationen zu einem Ort stehen im allgemeinen nur in jeweils einer Etappenbeschreibung; sie sind über das Register am Ende des Buches schnell zu finden.

Die Streckenführung der Etappen ist speziell auf die Belange des Fahrrad-Touristen abgestimmt: weitestgehend werden Nebenstraßen benutzt, starke Steigungen vermieden (soweit möglich und sinnvoll), landschaftlich und touristisch interessante Stätten ausgesucht.
Die Routenempfehlung beinhaltet keine Vorschriften über die zu vollbringende Tagesleistung - die Länge der Tagesstrecken bestimmen Sie ausschließlich selbst. Als Ergänzung zu diesem Fahrrad-Reiseführer sind gute Straßenkarten unbedingt erforderlich. Die nötige Präzision einer vielfarbigen Karte kann mit den in diesem Buch enthaltenen Skizzen nicht erreicht werden.

Namen von Ortschaften und Regionen Frankreichs werden durchweg in französischer Schreibweise aufgeführt, also in der Form, in der sie Ihnen bei Ihrer Reise auch auf Schildern und Landkarten begegnen.

Damit Sie nicht mit dem aufgeschlagenen Buch in der Hand durch Frankreich fahren müssen und womöglich dabei die besten Eindrücke verpassen, ist es in höchstem Maße sinnvoll, die Streckenführung im voraus mit einem Stift oder Textmarker auf die von Ihnen benutzte Karte zu übertragen. Markieren Sie sich Punkte mit Besonderheiten, zu denen Sie Informationen dann an Ort und Stelle nachschlagen können; auf diese Art und Weise ist auch die Umkehrung einer Etappenbeschreibung kein Problem.

Land und Leute

Saint-Goustan (Bretagne)

Fläche und Topographie

Frankreich umfaßt (ohne Korsika und Überseegebiete) 538344 km² und ist damit 50 % größer als Bundesrepublik Deutschland, was eine radtouristische Selbstbeschränkung erforderlich macht. Das von diesem Reiseführer erfaßte Gebiet erstreckt sich daher auf ein gutes Drittel der Landesfläche und wird im wesentlichen von zwei Landschaften bestimmt: dem Pariser Becken (Ile de France) und dem Armorikanischen Massiv. Beide Regionen werden weitgehend landwirtschaftlich genutzt; umfangreichere Industriegebiete finden sich im Seinetal östlich von Paris und bei größeren Städten.

Das *Pariser Becken* ist ein ausgedehntes Tiefland mit nur wenigen zusätzlichen Taleinschnitten und den dazugehörigen Hügelketten; vor allem die Seine und einige kleinere Flüsse bilden solche Täler. Die französische Hauptstadt Paris stellt in etwa den Mittelpunkt dieses Beckens dar, das sich südlich bis zum Loiretal, nördlich bis weit in die Picardie und westlich noch über einen Großteil der Normandie erstreckt. Weite Teile dieser Region liegen etwa 100 m über dem Meeresspiegel, wodurch sich am "Rand", d.h. an den Küsten der nördlichen Normandie, teils recht beachtliche Klippen ergeben.

Der wie ein Finger in den Kanal reichende Nordwestzipfel der Normandie, die Halbinsel Cotentin, gehört hingegen bereits zum *Armorikanischen Massiv*. Dieser geografische Begriff bezeichnet eines der ältesten Gebirge Europas und wird vor allem von touristischen Organisationen gerne benutzt, um den Zusammenhang zwischen der Bretagne und den daran angrenzenden Gebieten hervorzuheben. Entsprechend dem Alter des Gebirges sind die Höhenzüge sehr stark abgeschliffen oder durch spätere Ablagerungen verdeckt, und da das Zentrum des Massivs in der Bretagne im allgemeinen nur 100-200 m über dem Meeresspiegel liegt, ist der Gebirgscharakter kaum erkennbar. Nur die stark zerklüftete Küstenlinie der nördlichen und westlichen Bretagne mit ihren recht beachtlichen Höhenunterschieden vermittelt vor allem den Waden der Radtouristen einen bleibenden Eindruck davon.

Das Armorikanische Massiv setzt sich bis zur Loire fort und bildet zu beiden Seiten des Loiretals einige ausgedehnte Höhenzüge. So ist die Loireregion entgegen weitverbreiteten Vorurteilen kein Flachland, sondern westlich von Tours ein recht schmales Flußtal mit extrem viel Autoverkehr einerseits und eher abgeschiedenen, verkehrsarmen Höhenzügen andererseits. Östlich von Tours weitet sich das Tal der Loire sehr stark und geht bei Orleans schließlich in das Pariser Becken über.

Außer dem fahrradunfreundlichen Ballungsgebiet um Paris stellt sich somit ein Großteil Nordwestfrankreichs als Hügelland dar. Die Küstenlinien der Normandie und der Bretagne zeigen diesen Charakter am deutlichsten: die dort ent-

Bucht von Le Tréport (Normandie)

lang führenden Strecken verfügen über ein stetes Auf und Ab mit jeweils etwa 50 m Höhenunterschied und stellen somit einige physische Anforderungen an Radtouristen. Zwar ist das Binnenland (trotz allgemein größerer Meereshöhe) mit gemäßigteren Steigungen versehen, dennoch darf man Streckenbeschreibungen in Normandie und Bretagne, die über mehr als 20 km angeblich "keine Höhenunterschiede" aufweisen, getrost als Radlerlatein betrachten. Wer eine weniger leistungsbewußte Fahrradreise machen möchte, wird über weite Strecken mit den Binnenlandrouten besser zurechtkommen. Da außerdem die Küstenstraßen oft gar keine sind, sondern einige Kilometer von der Küste entfernt verlaufen, somit das erhoffte Panorama vermissen und nur den Gegenwind genießen lassen, wird hiermit nachdrücklich empfohlen, der Küste nur an den spektakulärsten Teilen zu folgen und im übrigen den beträchtlichen Attraktionen des Binnenlandes einige Beachtung zu schenken. Dort ist wegen des häufigeren Baumwuchses im übrigen der meist herrschende Westwind stark gemildert; die Streckenbeschreibungen dieses Buches tragen dem dadurch Rechnung, daß die Binnenlandstrecken in Richtung Westen, die Küstenstrecken hingegen in Richtung Osten (also mit voraussichtlichem Rückenwind) gehalten sind.

Bevölkerung

Frankreich gehört zu den dünnbesiedelten Ländern Europas: 55 Millionen Einwohner hat das gesamte Land, was einer Bevölkerungsdichte von 102 Einwohnern je Quadratkilometer entspricht. Wie in zentralistisch regierten Staaten üblich, gibt es dabei ein ausgeprägtes Gefälle zwischen Hauptstadtregion und Provinz: im Raum von Groß-Paris leben fast 900 Einwohner je Quadratkilometer, in einigen ländlichen Regionen hingegen weniger als 50. Die von diesem Reiseführer erfaßten Gebiete Nordwest-Frankreichs sind im allgemeinen etwa durchschnittlich dicht besiedelt.

Außer Franzosen leben in Frankreich etwa 4,5 Millionen Ausländer, vor allem Portugiesen, Spanier, Italiener und - entsprechend der französischen Kolonialvergangenheit - Nordafrikaner (Algerier, Marokkaner). Sowohl aus klimatischen und als auch ethnischen Gründen sind die meisten davon in Südfrankreich zu finden; in Nordwestfrankreich verfügt nur die Hauptstadt Paris über einen recht hohen Ausländeranteil (ca. 12 %). Der Umstand, daß der Islam die zweitgrößte Religionsgemeinschaft des Landes ist, ist deshalb im Bereich dieses Buches nicht festzustellen; ansonsten gehören fast 90 % der Bevölkerung der römisch-katholischen Kirche an.

Das ist für Touristen insbesondere auffällig aufgrund der zahlreichen Wegekreuze überall im Land, und in der Bretagne durch die Kalvarien und die Enclos Paroisial, religiöse Monumente, die in dieser Form eine spezifisch bretonische Angelegenheit sind (s. Kapitel *Die Regionen* im Buchabschnitt "Unterwegs"). Eine große Zahl von Wallfahrten, vor allem in den Sommermonaten, findet starke Beteiligung von Gläubigen, während im übrigen ein beherrschender Einfluß kirchlicher Instanzen auf das tägliche Leben nicht festzustellen ist. Der Umgang der Franzosen mit ihrer Religion ist eher pragmatisch als dogmatisch.

Der Katholizismus ist hingegen nicht die einzige französische Volksreligion: das ganze Volk ist sich weitgehend einig darüber, daß Frankreich zu Recht den Titel "Grande Nation" trägt, daß es nicht nur etwas Besonderes, sondern auch etwas besonders Gutes ist, Franzose zu sein und auf französische Art zu leben. Diese patriotische Einschätzung schließt alles ein: Architektur und Wirtschaftsgüter aller Art, Küche und Weinkeller, Sprache und Urlaubsziele. Fremdsprachenkenntnisse sind in Frankreich eine Rarität; je nach Region und Bevölkerungsschicht kann es durchaus vorkommen, daß Franzosen einen radebrechenden Ausländer schlicht ignorieren. Und da über 80 % der Franzosen ihren Urlaub im eigenen Land (und meist im Familienkreis) verleben, kommen die wenigsten selbst einmal in die Lage, Ausländer zu sein. Kein Wunder, daß sich Vorurteile über andere Nationen in Frankreich besonders hartnäckig halten.

Das Urteil der Franzosen über ihre eigene ("große") Vergangenheit beruht ebenso wenig auf einer ausgewogenen Analyse: das allgemein übliche Verdrängen lästiger schwarzer Flecke auf der nationalen weißen Weste ist in Frankreich stark ausgeprägt. Selbst noch relativ frische Wunden im patriotischen Selbstbewußtsein wie die Vichy-Regierung im Zweiten Weltkrieg, die Indochinakriege in den fünfziger Jahren und die Algerienkrise sind totgeschwiegene Themen. Und die fragwürdige Atomenergiepolitik steht ebenso wenig zur Debatte wie die Existenz der Fremdenlegion, eines der letzten Sammelbecken dubioser Elemente in der sogenannten zivilisierten Welt.

Von all dem wird der Tourist normalerweise wenig merken, solange er sich nicht zu politischen Diskussionen versteigt. Ungeachtet aller nationalen Selbstüberschätzung ist Unfreundlichkeit für Durchschnittsfranzosen ein Fremdwort; auch die vor 10-15 Jahren teils noch zu spürenden Animositäten gegenüber Deutschen (eine Spätwirkung teutonischer Aktivitäten im Zweiten Weltkrieg) sind mittlerweile verebbt. Und wenn manche Reiseführer behaupten, eine Einladung in eine französische Familie sei eine besondere, schwer zu verdienende Ehre, so ist das nicht wörtlich zu nehmen. Es kann durchaus vorkommen, daß Reisende, speziell die als Individualisten erkennbaren Radtouristen, von der Straße weg zum Kaffeetrinken oder zu einer abendlichen Festivität eingeladen werden. Derart spontane Gastlichkeit ist vor allem in den ländlichen Gebieten der Normandie und der Bretagne weit häufiger, als gemeinhin angenommen wird.

Begünstigt wird ein solches Verhalten durch den Umstand, daß das Fahrrad, wenn auch eher als Sportgerät, einen festen Platz im Freizeitleben der Franzosen einnimmt. Man darf an Wochenenden überall im Land damit rechnen, Pulks vorbeiflitzender Radsportler zu begegnen. Andere Freizeitvergnügen breiter Schichten sind "boule", die französische Abart von Boccia, die allerdings im Bereich dieses Reiseführers weniger häufig ist als in Südfrankreich, und vor allem das "Bal-Trap", eine kostengünstigere Variante des Tontaubenschießens mit Kunststoff-Zielen. Das ebenfalls populäre Jagen ist zwar eine weniger exklusive Angelegenheit als in deutschen Landen, dennoch einer bürgerlichen Oberschicht vorbehalten.

Dieses Freizeitverhalten macht deutlich, daß städtische Vergnügungssucht in der französischen Provinz vergeblich gesucht werden kann. Das Nachtleben findet im allgemeinen in den eigenen vier Wänden statt, und dementsprechend sind fast überall spät abends die Bars und Cafés geschlossen. Nur in den wenigen echten Großstädten Nordwest-Frankreichs existieren Ansätze einer nächtlichen Kneipenkultur.

Zeugen der Geschichte

Während einige Teile Frankreichs bereits in der Altsteinzeit bewohnt waren, finden sich im Nordwesten des Landes die ältesten Spuren menschlicher Besiedlung etwa ab 5000 u.Z. In der Jüngeren Steinzeit (4000-2000 u.Z.) setzten die Bewohner vor allem der Bretagne sich dauerhafte Denkmäler: Dolmen und Menhire in großer Zahl zeugen vom hohen Stand der Megalithkultur jener Zeit. Berühmtestes Beispiel sind die *Alignements* (Steinreihen) von Carnac, wo gleich mehrere tausend Menhire zu Steinalleen aufgestellt sind. Meist eindrucksvoller als solche Massenansammlungen von Hinkelsteinen, die wie eine Verkaufsausstellung der Firma Obelix & Co. wirken, sind die einzelnen Menhire, auf die man überall in der Bretagne, oft an sehr abgelegenen Orten, trifft. Aber auch in anderen Teilen Nordwest-Frankreichs sind Dolmen und Menhire in mehr oder weniger häufiger Zahl zu finden.

Über die Lebensweise jener "Ureinwohner" ist ebenso wenig bekannt wie über die Einwanderung der Kelten, die irgendwann ab dem neunten vorchristlichen Jahrhundert den gesamten Raum besiedelten. Die Gallier, wie die Römer jene keltischen Stämme bezeichneten, gehörten zu den Völkerschaften mit hohem Kulturstand, die sich zu jener Zeit nahezu über ganz Westeuropa ausbreiteten. Stark entwickelte Fähigkeiten und Fertigkeiten in der Gewinnung und Bearbeitung von Metallen - von Eisen über Kupfer und Silber bis zum Gold - verschafften den keltischen Stämmen auch einen ökonomischen Vorsprung vor den meisten anderen Völkern dieser Zeit. Ihre ausgesprochene Abneigung gegenüber größeren Staatsverbänden zeigt sich mittelbar im Fehlen von Aufzeichnungen über ihr Leben: Geschichtsschreibung war (nicht nur damals) primär Selbstdarstellung der Mächtigen. Den Römern, die sich ab 59 u.Z. mit Eroberungszügen nach Gallien vorwagten, waren die losen Stammesverbände der Kelten auf dem Schlachtfeld nicht gewachsen; sie teilten folgerichtig das Schicksal eines Großteils des damals bekannten "Abendlandes" und wurden besetzt.

Der römischen Verwaltung wurde in den ersten Jahrzehnten ihrer Herrschaft zwar vereinzelt Widerstand entgegengesetzt (z.B. im Loiretal), insgesamt blieb sie jedoch bis zum fünften Jahrhundert unangefochten. Erst im Zuge des allgemeinen Zerfalls des römischen Weltreiches bekam eine gallische Region nach der anderen neue Machthaber; den Anfang machte im Jahre 407 die Bretagne, wo ein Aufstand die Römer vertrieb. Verschiedene germanische Stämme, vor allem die Westgoten und die Franken, wanderten in Gallien ein und verdrängten die restlichen Römer; Sieger bei diesem immer gleichen Spiel um die Vorherrschaft in einem Land blieben zu Ende des 5. Jahrhunderts die Franken. Ihr König Chlodwig aus dem Geschlecht der Merowinger, erster christlicher Herrscher des Frankenreiches, konnte 497 sogar die vorher autonome Bretagne seinem Reich einverleiben; die westlichen Teile der Halbinsel wurden jedoch schon bald wieder unabhängige keltische Gemeinwesen und blieben dies bis ins 9. Jahrhundert. Die Nachfolger Chlodwigs waren wenig glücklich in der Art ihrer Machtausübung; nach Bruderkriegen und Erbstreitigkeiten verlegten sie sich darauf, das Regieren Angestellten, den Hausmeiern, zu überlassen. Die Konsequenz blieb nicht aus: die Hausmeier begnügten sich schließlich nicht mehr mit ihrer faktischen Macht und ihren militärischen Erfolgen (Karl Martell hielt 732 den Vormarsch der Araber aus Spanien durch den Sieg bei Poitiers auf), sondern setzten die Merowinger ab und sich selbst in Person Pipins des Kurzen auf den fränkischen Thron. Der Papst wirkte mit der obligaten Salbung zum König am Umsturz mit, was ihm die militärische Hilfe Pipins und die "Schenkung" des Kirchenstaates einbrachte. Pipins Sohn Karl (der Große) vergrößerte und sicherte das Frankenreich in den fast fünfzig Jahren seiner Herrschaft und legte die Grundsteine für gleich mehrere mächtige Staaten des christlichen Abendlandes.

Nach Karl dem Großen (Charlemagne) endete bald die gemeinsame Geschichte der Staatsgebilde, die durch den Teilungsvertrag von Verdun (843) entstanden: Frankreich und Deutschland. Von Nationalstaaten im heutigen Sinne konnte noch keine Rede sein; Kleinstaaterei von Fürsten- und Herzogtümern fand in den relativ machtlosen Königen keine ernstzunehmenden Gegner, und die Bretagne blieb ohnehin noch jahrhundertelang unabhängig. Teilgebiete Westfrankens wechselten mehrfach die Herrscher, und eine Wikingerinvasion konnte im Jahr 911 nur durch die Vergabe eines Gebietslehens gestoppt werden: die Normandie erhielt ihren Namen nach den immigrierten Nordmännern. Die Eroberungssucht der Neu-Franzosen erwachte erst 150 Jahre später wieder, als der Normannenherzog Wilhelm der Bastard durch einen Feldzug in England seinen Beinamen in "der Eroberer" änderte. Nachdem die Schlacht von Hastings im Jahre 1066 die Verschmelzung von Normandie und England besiegelt hatte, setzten die Normannen ihre Expansionsbestrebungen von englischem Boden aus mit dem damals gängigsten Mittel, der Heirat, fort: 1154 unterstand halb Frankreich der englischen Krone. Obwohl dieser Umstand nicht von langer Dauer war, ist er doch symptomatisch für die Verquickung von Familienbanden und Herrschaftsinteressen innerhalb der europäischen Fürstendynastien. Durch Kriege, Heirat und Verträge wurde ein stetiger Wechsel in der Oberherrschaft fast aller Gebiete Europas gewährleistet, von dem nur die Bretagne weitgehend ausgespart war: sie blieb bis Ende des 15. Jahrhunderts unabhängiges Herzogtum.

Über den Rest Frankreichs ergossen sich hingegen fast ständig Heerscharen, denn der König bekriegte sich nicht nur mit dem Amtsbruder jenseits des Ärmelkanals, sondern außerdem mit den Regionalfürsten seines eigenen Reiches, die wenig geneigt waren, sich mehr als nur offiziell einer Zentralgewalt zu unterwerfen. Erst im Zuge des Hundertjährigen Krieges zwischen Frankreich und England (1338-1453) entwickelten sich Anfänge eines Nationalbewußtseins, als dessen Galionsfigur Jeanne d'Arc 1429 das Kriegsglück auf die französische Seite zog. In der Folge konnten die Könige ein Herzogtum nach dem anderen zum Besitz der Krone machen, und zu Ende des 15. Jahrhunderts waren die unabhängigen Herzogtümer Nordwestfrankreichs durchweg aufgelöst und der Zentralgewalt unterstellt. In dieser Zeit entstanden die meisten Schlösser des Loiretals, das damals ein bevorzugter Aufenthaltsort der Könige war.

Während sich das Interesse der Herrscher im 16. Jahrhundert auf die Eroberung von Kolonien in Übersee und - allerdings weniger erfolgreich - auf angrenzende Länder richtete, entwickelte sich im Innern eine neue Krisensituation: wie überall in Europa löste sich das einflußreich gewordene Bürgertum von der korruptionsbelasteten Religion der Fürsten und schwenkte vom Katholizismus zu einer der Spielarten des Protentantismus über. In Frankreich legten sich die Hugenotten ab 1530 mit dem König an; die zweite Hälfte des 16. Jahrhunderts verging mit Blutvergießen zwischen den streitenden Parteien unter dem Deckmantel der Religiosität. Katharina von Medici, Ehefrau Heinrich II., leistete ihren Beitrag dazu mit der Bartholomäusnacht von 1572, in der sie Tausende von Hugenotten im ganzen Land ermorden ließ. Erst nachdem der Hugenottenführer Henri de Navarra 1589 den Thron erbte und 1593 zur Beschwichtigung der Katholiken konvertierte, fand das allgemeine Gemetzel ein Ende. Im Edikt von Nantes garantierte er 1598 seinen ehemaligen Glaubensgenossen Religionsfreiheit und politische Sonderrechte; beides löste sich nach nur 30 Jahren in den Entwicklungen zum Absolutismus in Wohlgefallen auf. Das Tempo, mit dem Louis XIV ab 1661 Frankreich zur europäischen Hegemonialmacht ausbaute, kostete einschließlich der berühmt-berüchtigten prachtorientierten Hofhaltung von Versailles letztendlich zu viel Geld, das nur durch massive Ausbeutung der ärmsten Bevölkerungsschichten aufgebracht werden konnte. Zwar dauerte es noch einige Jahrzehnte nach dem Tod Louis XIV (1715), bis der soziale Zündstoff explodierte, aber die Revolution von 1789 war ein ebenso unvermeidlicher wie brutal-excessiver Schluß.

Damit war jener Einschnitt erreicht, der im französischen Alltag am intensivsten bis heute fortwirkt. Die Verwaltungsreformen, die Einführung des metrischen Systems und die Schaffung eines Grundgesetzes entstanden als Folge der Revolution. Allerdings machte sich der Convent, der nun die Geschicke des Landes lenkte, nicht nur Freunde mit seinen Maßnahmen, sondern schuf sich vor allem durch Eingriffe in die ehemaligen Befugnisse des Klerus einen mächtigen Gegner. In den Bastionen des kirchlichen Einflusses führte das zu einer Gegenrevolution, in der die Bauern einiger Regionen des Loiretals die Interessen ihrer alten Unterdrücker gegen die neuen Herren verteidigte: der Vendée-Krieg, der einschließlich Partisanenkämpfen von 1793 bis 1800 dauerte, ist bis heute im Anjou und den angrenzenden Gebieten unvergessen, ja wird, obwohl er erfolglos blieb, sogar in regionalistisch-separatistischen Veranstaltungen alljährlich gefeiert.

Die bürgerliche Rechtsordnung wurde vom Erben der Französischen Revolution, Napoleon Bonaparte, wiederhergestellt, der sich 1804 selbst als Napoléon I zum Kaiser der Franzosen ernannte und das patriotische Herz Frankreichs durch seine erfolgreichen Kriegszüge gewann. Da er sich aber mit sämtlichen Mächten Europas zugleich anlegte und sich mit seinem Rußlandfeldzug von 1812 militärisch übernahm, war seine Niederlage unabwendbar und konnte auch durch seine Rückkehr vom Verbannungsort Elba nicht revidiert werden. Dennoch behielt Frankreich die Vormachtstellung in Europa und wurde 1815 zur ersten konstitutionellen Monarchie, die bis 1848 Bestand hatte; die Juli-Revolution von 1830 bewirkte nur einen Wechsel der Königshäuser, jedoch keine Erfüllung der politischen Forderungen, die das erstarkende Bürgertum stellte.

Die innenpolitischen Querelen gipfelten 1848 in der Februarrevolution, die die Zweite Republik einleitete. Die Präsidentschaftswahlen vom Dezember 1948 brachten mit Louis Napoléon einen Neffen Napoleons I. an die Spitze des Staates, der sich erfolgreich bemühte, seinem Onkel nachzueifern. Ein Staatsstreich bescherte ihm 1851 nahezu absolutistische Macht, und die Ernennung zum erblichen Kaiser (1852) als Napoléon III war dann nur noch eine Formalität.

Das zweite Kaiserreich war sowohl wirtschaftlich als auch außenpolitisch und militärisch anfangs recht erfolgreich, fand aber 1870/71 im deutsch-französischen Krieg ein Ende, als Napoléon bei Sédan gefangengenommen wurde. Die sich anschließende Dritte Republik hatte zwar als Wunde im nationalen Fleisch die Abtretung Elsaß-Lothringens an Deutschland zu verkraften, konnte im übrigen aber am gesamteuropäischen ökonomischen Aufschwung teilnehmen. Ausdruck der industriellen Entwicklung waren die Pariser Weltausstellungen von 1878, 1889 und 1900, die als sichtbares Zeichen des wichtigsten Werkstoffes jener Zeit der französischen Hauptstadt ihr Wahrzeichen, den Eiffel-Turm, bescherten.

Der Erste Weltkrieg 1914-1918 fand zu großen Teilen in Nordfrankreich statt. Riesige Soldatenfriedhöfe erinnern daran, daß bei den Stellungskriegen an der Somme Tausende von Soldaten ohne nennenswerten militärischen Erfolg ihr Leben lassen mußten - "zum Lohn" dürfen sie heute in Reih und Glied liegen, wo sie "fielen", sprich abgeschlachtet wurden. Frankreich profitierte von diesem Blutzoll im Vertrag von Versailles durch die Rückgewinnung Elsaß-Lothringens und umfangreiche Reparationszahlungen.

Die Dritte Republik konnte zwar die gewaltsame Revision des Vertrags durch die deutschen Nationalsozialisten ab 1936 nicht verhindern, fand ihr Ende aber erst mit der Besetzung weiter Teile Frankreichs durch deutsche Truppen zu Beginn des Zweiten Weltkrieges im Jahre 1940. Das unbesetzte Rest-Frankreich wurde von einer Regierung von Deutschlands Gnaden in Vichy verwaltet; ein unrühmlicher Punkt der französischen Geschichte, der gewöhnlich totgeschwiegen wird. Die Besetzung vor allem Nordwestfrankreichs war so schnell abgewickelt worden, daß es kaum Kriegsschäden gab, aber das wurde durch die Bombardements vor der Alliierten Invasion (1944) überreichlich ausgeglichen. Die deutschen Besatzungstruppen hatten die Küste von Normandie und Bretagne mit Bunkern, Befestigungsanlagen und Kriegshäfen gespickt, die ein unvermeidliches Ziel der alliierten Luftangriffe darstellten. Als Konsequenz waren Städte wie Brest, Lorient, Dunkerque u.a. zu Kriegsende weitgehend zerstört und boten Anlaß zu ausufernden städtebaulichen Missetaten.

Nach einer Provisorischen Regierung unter General de Gaulle begann Ende 1946 mit dem Inkrafttreten einer neuen Verfassung die Vierte Republik, der aufgrund stetiger Mißerfolge in nahezu allen politischen Bereichen nur eine geringe Lebensdauer beschieden war. Zwar öffnete sich Frankreich politisch, militärisch und ökonomisch einer europäischen Zusammenarbeit, u.a. durch Beitritt zu NATO und Europarat und als Gründungsmitglied der Montanunion, des Vorläufers der EWG, parallel dazu rissen die Probleme mit den überseeischen Besitzungen jedoch nicht ab. Bis 1956 waren Laos, Kambodscha, Vietnam, Marokko und Tunesien aus dem Verband französischer Überseegebiete ausgeschieden, und gleichzeitig hielten die bürgerkriegsähnlichen Unruhen in Algerien an. Dagegen war die Angliederung des Saarlandes an die Bundesrepublik Deutschland (1957) ein unbedeutender "Verlust", da plebiszitär begründet.

Die Folge all dieser Schwierigkeiten war der Ruf nach einem "starken Mann", der 1958 in Person de Gaulles gefunden wurde. Er ließ sich eine neue Verfassung mit bedeutenden Vollmachten für den Staatspräsidenten auf den Leib schneidern, mit der die Fünfte Republik begann, die bis heute fortdauert. De Gaulle schaffte sich die Unruheherde in Afrika vom Hals, indem er 1962 alle dortigen Kolonien einschließlich Algeriens in die Unabhängigkeit entließ. Stattdessen richtete er sein Großmachtstreben auf den Aufbau einer eigenen Atomstreitmacht ("Force de Frappe") und auf eine führende Rolle Frankreichs als einem europäischen Gegengewicht zu den USA. Seine Nachfolger haben diese Illusionen in abgeschwächter Form bis heute gepflegt.

Sprache

Das Französische als einheitliche Landessprache hat in Frankreich eine starke, alle Landesteile verbindende Funktion. Die lange Tradition als Amts- und Schriftsprache eines zentralistischen Staates hat dazu geführt, daß Dialekte eine vergleichsweise geringe Rolle spielen; die Aussprache ist nahezu im ganzen Land - und vor allem im Bereich dieses Reiseführers - einheitlich. Eine gewisse Bedeutung hat hingegen auch für Touristen die Sprache der bretonischen Minderheit.

Bretonisch ist eine keltische Sprache und besitzt eine gewisse Verwandtschaft vor allem mit dem Kymrischen in Wales; die gälischen Sprachen Irlands, Schottlands und der Isle of Man (inselkeltische Sprachen) unterscheiden sich hingegen davon recht stark. Verstanden wird Bretonisch angeblich noch von etwa 1 Million Einwohnern der Bretagne, was immerhin etwa ein Drittel der dortigen Bevölkerung wäre. Angesichts des Umstandes, daß ohnehin nur die südwestlichen Teile der Halbinsel zum bretonischen Sprachgebiet gezählt werden und zudem die Sprache nur noch von älteren Landbewohnern aktiv gesprochen wird, darf man diese Schätzung als reichlich optimistisch ansehen. Zwar wird Bretonisch an den Schulen des Sprachgebietes als Wahlfach gelehrt, der Rückgang als Umgangssprache dürfte aber unaufhaltsam sein - ein Schicksal, das die wenigen überlebenden keltischen Sprachen wegen ihrer Kompliziertheit gemeinsam haben.

In den Ortsbezeichnungen der Bretagne spielt die Sprache hingegen noch eine wichtige Rolle, z.B. sind Namen mit "Plou" (= Kirchspiel) und "Ker" (= Ansiedlung) sehr stark verbreitet. In den westlichen Teilen der Bretagne gibt es kaum einen Ort, der nicht über einen keltischen oder keltisch begründeten Namen verfügt.

In der Literatur ist Bretonisch hingegen ohne erwähnenswerte Bedeutung: zu eindeutig ist Französisch die Sprache der Literaten. Und da die gemeinsame Landessprache als Schriftsprache bereits seit Jahrhunderten die Seiten der Literaturgeschichten füllt, gibt es auch keine Versuche bretonischer Regionalisten, eine noch so spärliche keltische Literatur zu beleben.

Staat, Verwaltung, Wirtschaft

Frankreich ist ein zentralistisch regierter Staat, der seit der Revolution von 1789 in Départements gegliedert ist; die weitere Unterteilung in Arrondissements, Cantons und Communes ist demgegenüber von untergeordneter Bedeutung. Die Départements sind nach der alphabetischen Reihenfolge ihrer Namen durchnumeriert. Durch später erforderlich gewordene Unterteilungen vor allem des Pariser Raumes hat sich die Zahl von ursprünglich 90 auf mittlerweile 95 Départements erhöht (96, falls man die Unterteilung Korsikas in die Départements 20A und 20B einrechnet); konsequenterweise trägt die Umgebung von Paris Verwaltungsnummern oberhalb von 91. Verwendung finden diese Nummern sowohl auf Autokennzeichen (als letzte zwei Ziffern) als auch bei den Postleitzahlen (als erste zwei Ziffern der fünfstelligen Zahl).
Seit 1972 sind die Départements in 22 Regionen zusammengefaßt, die häufig die Namen der Provinzen des früheren Königreiches tragen, meist aber nicht deren historische Grenzen haben. Bislang haben die Regionen jedoch keine nennenswerte politische Bedeutung; eine Ausnahme macht nur Korsika, das über ein eigenes Regionalparlament verfügt.

Seit der Verfassungsreform von 1958, mit der die fünfte Republik begann, ist Frankreich eine Präsidialdemokratie; der vor allem für innen- und außenpolitische Krisenfälle mit hohen Machtbefugnissen ausgestattete Staatspräsident wird vom Volk direkt auf sieben Jahre gewählt. Das Parlament besteht aus zwei Kammern: der Nationalversammlung (auf fünf Jahre gewählte 577 Mitglieder) und dem Senat (auf neun Jahre gewählte 322 Mitglieder). Obwohl der Ministerpräsident als Regierungschef vom Staatspräsident ernannt wird, richtet sich die Regierung faktisch nach der Zusammensetzung der Nationalversammlung. Die Zentralregierung bestimmt nicht nur die nationale Politik, sondern lenkt über die Ernennung der Leitung untergeordneter Instanzen indirekt auch alle regionalen Angelegenheiten. Separatistische Bestrebungen z.B. in der Bretagne sind weitgehend erfolglos geblieben, wenn man von eher kosmetischen Resultaten wie bretonischsprachigen Zusatzschildern einmal absieht.
Symbol des französischen Staates ist seit der Revolution von 1789 unverändert die "Tricolore", die Staatsfahne mit den senkrechten Farbstreifen blau-weiß-rot.

Frankreich ist ein hochentwickelter Industriestaat; der Anteil der Industrie an der Wirtschaftsleistung beträgt über ein Drittel, der der Landwirtschaft hingegen nur etwa 4 %. Bei den Exporten ist das Übergewicht mit über 50 % Industriegütern noch deutlicher. Über die Hälfte des gesamten Außenhandels wird übrigens mit den Ländern der Europäischen Gemeinschaft (Deutschland als wichtigster Handelspartner) abgewickelt. Da das Land außerdem über reiche Bodenschätze vor allem zur Eisenverhüttung verfügt, ist die Versorgung der Industriegebiete mit Rohmaterial gesichert; die stärkste Industriekonzentration besteht im Raum Paris, in Lothringen, der nordwestlichsten Spitze des Landes und in der Region um Lyon. Im Bereich dieses Reiseführers hingegen ist die Industrie deutlich unterrepräsentiert.

Mit bemerkenswerter Unbefangenheit behandeln die Franzosen die heiklen Themen der Atomkraft und der Rüstung: alle Regierungen haben unabhängig von ihrer politischen Färbung den Ausbau der Atomkraftwerke "für die Unabhängigkeit der nationalen Energieversorgung" vorangetrieben, und die Produkte der Rüstungsindustrie werden weltweit mit so viel Erfolg verkauft, daß es durchaus wahrscheinlich ist, in Scharmützeln an irgendeiner Ecke unseres Erdballes bei allen Beteiligten die gleichen (französischen) Waffen anzutreffen.

Trotz solcher und anderer erfolgreichen Ausfuhrgüter ist die französische Ausfuhrbilanz negativ; die Überschüsse aus den touristischen Deviseneinnahmen gleichen das Handelsdefizit allerdings nahezu aus.

Départements in Nordwest-Frankreich und die Zuordnung zu den Verwaltungsregionen

02 Aisne (Picardie)
14 Calvados (Basse-Normandie)
18 Cher (Centre)
22 Côtes-du-Nord (Bretagne)
27 Eure (Haute-Normandie)
28 Eure-et-Loire (Centre)
29 Finistère (Bretagne)
35 Ille-et-Vilaine (Bretagne)
36 Indre (Centre)
37 Indre-et-Loire (Centre)
41 Loir-et-Cher (Centre)
44 Loire-Atlantique (Pays de la Loire)
45 Loiret
49 Maine-et-Loire (Pays de la Loire)
50 Manche (Basse-Normandie)
53 Mayenne (Pays de la Loire)
56 Morbihan (Bretagne)
59 Nord (Nord)
60 Oise (Picardie)
61 Orne (Basse-Normandie)

62 Pas de Calais (Nord)
72 Sarthe (Pays de la Loire)
75 Paris (Ile-de-France)
76 Seine-Maritime (Haute-Normandie)
77 Seine-et-Marne (Ile-de-France)
78 Yvelines (Ile-de-France)
79 Deux-Sèvres (Poitou-Charentes)
80 Somme (Picardie)
85 Vendée (Pays de la Loire)
86 Vienne (Poitou-Charentes)
91 Essonne (Ile-de-France)

Pariser-Nahumgebung:

92 Hauts-de-Seine (Ile-de-France)
93 Seine-Saint-Denis (Ile-de-France)
94 Val de Marne (Ile-de-France)
95 Val d'Oise (Ile-de-France)

Eine Übersichtskarte zur Aufteilung in Regionen und Départements befindet sich auf der nächsten Seite.

Übersichtskarte:
Départements und Wirtschaftsregionen

Geld

Die nationale Währung Frankreichs ist der französische *Franc*, abgekürzt FF, unterteilt in 100 Centimes. Im Umlauf sind Münzen zu 5, 10 und 20 Centimes sowie ½, 1, 2, 5 und 10 Francs, Banknoten zu 20, 50, 100, 200 und 500 Francs. 10-Franc-Münzen existieren in zwei Varianten: alte in Messingausführung und neue (kleinere, etwa 1-Franc-Größe) zweifarbig in Silber/Messing. Automaten (vor allem Telefone) sind nur auf die neue Variante eingestellt.

Die Einfuhr aller Währungen ist unbeschränkt. Einschränkungen bestehen nur für Zahlungsmittel im Wert von über FF 50.000: französische Währung darf nur bis zu diesem Betrag ausgeführt werden, ausländische Zahlungsmittel in größerer Höhe nur dann, wenn sie bei der Einreise deklariert wurden. Für unbare Zahlungsmittel wie Schecks bestehen keinerlei Beschränkungen.

Der Umtausch von Bargeld, Reise- und Euroschecks kann bei jeder Bank erfolgen. Der Erwerb von Drittwährungen, z.B. von Pesetas, ist Nicht-Franzosen allerdings versagt.
Bei der Einlösung von Schecks wird ein günstiger Kurs als beim Bargeldumtausch zugrunde gelegt, allerdings fallen bei Reiseschecks bei der Ausstellung 1 % Gebühren an. Eurocheques werden in Landeswährung ausgestellt (maximal FF 1400); Gebühren werden erst bei der Abbuchung berechnet (1,75 %, in Deutschland mindestens DM 2,50 je Scheck).

Der gleiche günstige Scheckkurs wird berechnet, wenn von einem deutschen Postsparbuch in Frankreich Geld abhebt. Gegen Vorlage des Personalausweises erhält der Sparer (und nur er!) den Gegenwert von pro Tag höchstens DM 1000, innerhalb von 30 Tagen maximal DM 2000 (immer in runden 100-DM-Beträgen), in Francs ausbezahlt - gebührenfrei, also eindeutig der preisgünstigste Weg zu französischem Bargeld. Die Abhebung ist bei etwa 3000 französischen Postämtern möglich; eine Liste gibt es bei jedem deutschen Postamt.

In jedem Fall darf man damit rechnen, für einen Franc etwa DM 0,30 bezahlen zu müssen. In grauer Vorzeit (vor rund 30 Jahren) hat es in Frankreich übrigens eine Währungsreform gegeben, bei der hundert alte Francs zu einem neuen umgewechselt wurden. Bei älteren Franzosen hält sich manchmal bis heute hartnäckig das Rechnen in der alten Währung - wundern Sie sich also nicht, wenn Ihnen Beträge in Millionenhöhe für gewöhnliche Konsumgüter genannt und dann erst in "Neue Francs" umgerechnet werden.

Kreditkarten sind in Frankreich stark verbreitet. Standard ist die *carte bleue*, die dem Eurocard- und dem VISA-System angeschlossen ist. Mit Karten anderer Organisationen kann man so gut wie nichts anfangen.

Briefpost

Die französische Post arbeitet so schnell und zuverlässig, wie man es von allen mittel- und westeuropäischen Ländern gewohnt ist. Allerdings gehört zu dieser Norm auch, daß an Wochenenden die Briefkästen nicht geleert werden.

Die Portokosten betragen:
  für Standardbriefe (bis 20 g) und für Postkarten in alle deutschsprachigen Länder FF 2,50
  für Grußpostkarten bis 5 Wörter FF 2,20
Nach anderen Ländern gelten teils höhere Tarife.
Briefmarken werden in Frankreich nicht nur in Postämtern, sondern auch in den als "Bureau de Tabac" mit einem Rautenschild besonders gekennzeichneten Cafés verkauft (s. Kulinarisches).

In Frankreich existiert ein Postleitzahlensystem, das dem deutschen, schweizerischen und österreichischen ähnelt, aber fünfstellig numerisch ist. Zur Vermeidung von Verwechslungen und Fehlleitungen ist es erforderlich, im Auslandsbriefverkehr das Nationalitäts-Kennzeichen des Bestimmungslandes der Postleitzahl mit einem Bindestrich voranzustellen, also:
- nach Frankreich   "F-"
- aus Frankreich   nach Deutschland "D-"
  (zzgl. "W-" bzw. "O-" für die Landesteile)
  nach Österreich "A-"
  in die Schweiz "CH-"

Telefon

Das Telefonsystem Frankreichs ist voll auf Selbstwählverkehr ausgerichtet und entspricht größtenteils europäischen Normen. Die Münzapparate akzeptieren Münzen zu ½, 1, 2 und 5 FF, *Point Phone* (neue Computer-Telefone) auch 10 FF, Mindestgebühr ist FF 1.
Stark im Vormarsch sind Kartentelefone; in manchen kleineren Orten haben sie sogar die Münzapparate vollständig ersetzt, so daß der Erwerb einer *telecarte* durchaus anzuraten ist. Es gibt diese bei Postämtern, der Telecom und in Tabakgeschäften (= Cafés, s. *Briefpost*) in Versionen zu 50 und 120 Gebühreneinheiten à 0,80 FF.

Seit 1985 ist Frankreich mit einem vereinfachten Vorwahlsystem ausgestattet worden. Die früheren Département-Vorwahlnummern sind nunmehr Teil der Anschlußnummer, so daß alle Telefone über achtstellige Nummern verfügen. Unterschieden wird lediglich noch zwischen dem Raum Paris und dem Rest des Landes; nur beim Übergang zwischen diesen beiden Bereichen ist die Vorwahlnummer "16" zu wählen, beim Übergang von der "Provinz" nach Paris (einschließlich der benachbarten Netze von Essone, Hauts-de-Seine, Seine-et-Marne, Seine-Saint-Denis, Val-de-Marne, Val-d'Oise, Yvelines) zusätzlich eine "1". Auskünfte aller Art sind unter der gebührenfreien Nummer 05061919 einzuholen.

Nur neueste französische Telefone haben beim Abheben des Hörers einen Wählton; ansonsten geben sie erst nach der Nummernwahl ein Freizeichen (oder Besetztzeichen) von sich. Die innerfranzösischen Gebühren sind stark gestaffelt je nach Entfernung und Tageszeit, eine Übersicht befindet sich in jeder Telefonzelle. In vielen Zellen kann man sich auch anrufen lassen, ein entsprechendes Schild mit der jeweiligen Telefonnummer ist meist schon von außen deutlich erkennbar.

Die Gebühren für Auslandsgespräche richten sich ebenfalls nach Zielland und Tageszeit und sind auf einer Tabelle in den Telefonzellen abzulesen. Von grenznahen Bereichen abgesehen, betragen sie bei Gesprächen in die deutschsprachigen Länder zwischen FF 4,90 und FF 7,20 je Minute. Es gibt einen reduzierten Nachttarif (21.30-8.00 Uhr, sonntags ganztägig mit 33 %) für Auslandsgespräche.

Bei der Direktwahl gelten folgende Vorwahlnummern:
19 (Wählton abwarten) und dann:
- nach Deutschland **49** (alte Bundesländer) bzw. **37** (neue Länder)
- nach Österreich **43**
- in die Schweiz **41**
Im Anschluß an diese Ziffernfolge sind dann die Ortskennzahl des Zielortes - wie üblich bei Auslandsgesprächen ohne die Anfangs-Null - und die Rufnummer des Teilnehmers zu wählen.

Bei Gesprächen aus allen mitteleuropäischen Ländern nach Frankreich gilt die Vorwahl **0033**; entsprechend den obigen Erläuterungen zum französischen Telefonnummern-System ist nur bei Gesprächen in den Pariser Raum eine "1" als Ortsnetzkennzahl vor der Teilnehmernummer zu wählen, ansonsten sofort die achtstellige Anschlußnummer.

Die Zeit

Uhrzeit

Wer nach Frankreich reist, kann die Bedienungsanleitung für seinen Chronometer zu Hause lassen: es gilt sommers wie winters die gleiche Zeit wie in Mitteleuropa. Eine Umstellung der Uhr entfällt also.

Öffnungszeiten

Geschäfte

Die Ladenöffnungszeiten werden in Frankreich sehr frei gehandhabt; sie werden im großen und ganzen den Inhabern überlassen. De facto bedeutet das, daß die meisten Geschäfte mo-sa 8.30-19.30 h mit einer Mittagspause (meist 12-14 h, teils aber auch länger oder um eine halbe Stunde verschoben) geöffnet haben. Nur in seltenen Ausnahmen entfällt die Mittagspause; ihre Bedeutung läßt sich u.a. daran ablesen, daß sogar das Telefonieren 12.30-13.30 h billiger ist.
Sonntagvormittags haben viele Bäckereien und manche Metzgereien ebenfalls geöffnet, bei Lebensmittelgeschäften ist das hingegen sehr selten. Vereinzelt sind aber Bäckereien mit allgemeinen Lebensmittelläden kombiniert, so daß auch andere Versorgungsgüter erhältlich sind. Sonntagnachmittags hat die Lebensmittelversorgung in Frankreich Pause.

Sehr viele Geschäfte haben außerdem einen ganzen oder halben Tag während der Woche geschlossen, meistens am Montag, aber auch andere Schließtage in der ersten Wochenhälfte sind anzutreffen. Tabakwaren aller Art gibt es lediglich in besonders gekennzeichneten Cafés (s.u.).

Die Supermärkte, die es in größeren Ortschaften in teils beträchtlicher Ausdehnung (Hypermarché) gibt, halten sich durchweg an die Standardzeiten, manchmal lediglich abends etwas verlängert. Nur in extrem seltenen Ausnahmen gibt es dort auch sonntags ganztägige Öffnungszeiten. Eine Spezialität französischer Großstädte sind die "Centres Commercials", Ansammlungen von manchmal sehr großen Einkaufsstätten aller Art, gegen die Einkaufszentren deutscher Machart wie Dorfläden wirken. Derart unpersönliche Ladenzusammenballungen finden sich vor allem in modernen Satellitenstädten (z.B Hérouville-St. Clair bei Caen), und dort gibt es in der Regel auch keine Alternativen in Form kleinerer Geschäfte.

Bars, Cafés, Restaurants

Die gastronomischen Betriebe Frankreichs sind streng danach zu unterscheiden, ob sie nur flüssige oder auch feste Nahrung anbieten (s. *Kulinarisches*). Bars und Cafés sind im allgemeinen wie Lebensmittelgeschäfte von morgens bis 19.30 h geöffnet, allerdings ohne Mittagspause - in dieser Zeit machen sie nämlich den größten Umsatz. Nur ein kleinerer Teil aller Cafés bleibt auch abends dem Dienst am Kunden verpflichtet. Einige Cafés haben zusätzlich eine Lizenz zum Verkauf von Tabakwaren und sind außen mit einem roten rautenförmigen Schild *Tabac* gekennzeichnet. Freunde des blauen Dunstes können nur hier ihren "lebensnotwendigen" Nachschub erhalten.

Restaurants beschränken ihre Öffnungszeiten durchweg auf die wenigen Stunden, in denen französische Normalbürger Nahrung zu sich nehmen: mittags 12-14 h, abends 19-21 h. Das gilt auch dann, wenn Cafés zu den Essenszeiten zu Restaurants erweitert werden, da außerhalb dieser Zeiten die Küche nicht besetzt ist.

Touristeninformationsbüros

Fast jeder Ort Frankreichs einiger Größe besitzt eine Informationsstelle für Touristen, die entweder vom Verkehrsverein (Syndicat d'Initiative) oder - amtlicher - als "Office de Tourisme" unterhalten wird. Häufig werden diese Bezeichnungen auch abwechselnd oder zusammen (= "OTSI") benutzt. Es gibt keine Regel für die Öffnungszeiten dieser Büros; allerdings sind die Informationsstellen kleinerer Ortschaften meist nur in der französischen Hauptsaison (Juli/August) geöffnet.

In Gebieten mit sehr starkem touristischen Andrang wird man auch sonntags ein offenes Touristbüro finden. Als Pauschalanschrift dient grundsätzlich "Syndicat d'Initiative", die Postleitzahl und der Ortsname. In den Ortsbeschreibungen dieses Buches werden ebenfalls Anschriften und Telefonnummern genannt.

Postämter

Standardöffnungszeit der Postämter ist mo-fr 9.00-19.00 h und sa 9.00-12.00 h, fast immer mit einer Mittagspause von 12.00-14.00 h. Es gibt aber Abweichungen um bis zu einer Stunde, und in manchen Ortschaften sind die Postämter samstags ganz geschlossen.

Banken

Die Banken sind im allgemeinen geöffnet mo-fr oder di-sa 9.30-16.00 h, meist mit einer zweistündigen Mittagspause. Einige Banken haben montags geschlossen, andere samstags; es gibt keine einheitliche Regelung. Nur in größeren Städten kann man damit rechnen, an beiden Tagen offene Bankschalter anzutreffen. Eine gewisse Vorratshaltung an Bargeld ist deshalb anzuraten.

Kulturtempel

Die meisten Museen und ähnliche Stätten kultureller Erquickung sind in Frankreich montags oder dienstags geschlossen. Im übrigen sind sie in der Regel täglich geöffnet; kleinere Museen beschränken sich allerdings meist entweder auf die Nachmittage, einzelne Wochentage, die touristische Hauptsaison oder Mischungen aus diesen Kriterien.

Feiertage

Außer den üblichen Feiertagen wie Weihnachten, Ostern, 1. Mai, Himmelfahrt, Pfingsten und Neujahr sind in Frankreich auch der Nationalfeiertag (14. Juli), Mariä Himmelfahrt (15.8.) und der Waffenstillstandstag des 1. Weltkriegs (11. November) Feiertage.
Schulferien sind im Juli und August. In dieser Zeit muß man in allen touristischen Bereichen mit hoher Auslastungsquote rechnen, da die überwiegende Zahl aller Franzosen im eigenen Land Urlaub macht, so daß Vorbuchung bei Quartieren etc. dringend zu empfehlen ist.

Normen

In Frankreich gilt in allen Bereichen das metrische System, so daß eine Umorientierung nicht erforderlich ist. Manche Waren werden aber in abweichenden Mengen verkauft, so z.B. Brot häufig zu 400 oder 200 g.
Auf allen Waren liegt entsprechend der EG-Normen eine Mehrwertsteuer.

Als elektrische Spannung wird in Frankreich durchweg 220-240 V Wechselstrom verwendet; die Steckdosen eignen sich im allgemeinen für Eurostecker. Für andere Stecker sind ggf. Adapter zu verwenden.

Das Reisen

Bayeux (Normandie)

Informationsmaterial

Zuständig für allgemeine Informationen über Frankreich und touristisches Werbematerial sind folgende Stellen der französischen Fremdenverkehrswerbung.

Für Deutschland:
- Französisches Fremdenverkehrsamt
  Postfach 100128
  W-6000 Frankfurt 1
  Tel. (069) 7560830, Fax 752187

Das Amt unterhält außerdem Auskunftsbüros in Düsseldorf und Frankfurt.

Für Österreich:
- Französisches Fremdenverkehrsamt
  Landstraßer Hauptstr. 2A, Postfach 11
  1033 Wien
  Tel. (0222) 757062

Für die Schweiz:

- Französisches Verkehrsbüro
  2 rue Thalberg
  1201 Genève
  Tel. (022) 328610

- Französisches Verkehrsbüro
  Löwenstr. 59, Postfach 7226
  8023 Zürich
  Tel. (01) 2113085

Dort bekommt man u.a. folgende Publikationen; die Informationspolitik der Fremdenverkehrsämter ist aber sehr unzuverlässig, so daß häufig ein Teil dieses Materials auch auf ausdrückliche Anforderung nicht zugesandt wird:

Eine allgemeine Broschüre über Urlaub in Frankreich mit nützlichen Anschriften; regionale Broschüren zu jedem Teil des Landes (Wünsche müssen genau bezeichnet werden, sonst kommen in der Regel nur nichtssagende Werbeprospekte); regionale Campingplatzverzeichnisse nach Wunsch; die Verzeichnisse der Jugendherbergsverbände LFAJ und FUAJ (s. *Ein Dach überm Kopf*), wobei es reine Glückssache ist, wenn auch nur eines dieser Verzeichnisse vorrätig ist.

Bei den o.a. Fremdenverkehrsämtern sind außerdem regionale Prospekte unter dem Reihentitel *Tours de France* erschienen, die teils auch Erfahrungsberichten von Radtouren enthalten. Desweiteren gibt es bei einigen Département-Verkehrsvereinen Broschüren mit Tourenvorschläge innerhalb eines Départements

Die vorgenannten Publikationen sind für jeden daran Interessierten sinnvoll; die Prospekte zum Fahrradtransport in der französischen Eisenbahn, zu den übrigen Niedrigpreisunterkünften und ähnlich nützliches Material werden von den Fremdenverkehrsämtern hingegen nicht bereitgestellt, man muß sich dafür schon an die entsprechenden Stellen (s. Verkehrsverbindungen, Ein Dach überm Kopf) direkt wenden. Das empfiehlt sich auch bei den meisten anderen

Museum und Informationsbüro: Maison des Metiers in Bourneville

Detailinformationen - das Verhalten der Fremdenverkehrsämter gleicht in vieler Beziehung eher einer Desinformationspolitik als einer sinnvollen Tourismuswerbung.

Während der Reise in Frankreich erhält man Informationen zur jeweiligen Region am zuverlässigsten im örtlichen Office de Tourisme (OT) bzw. beim Syndicat d'Initiative (SI) - wobei jedes OT gleichzeitig das SI beherbergt (= "OTSI"), nicht aber umgekehrt -, die meist mit einem international üblichen Schild "Tourist Information" gekennzeichnet sind. Das Netz der Informationsbüros ist vor allem in der Hauptsaison sehr dicht. Die Adressen finden sich in den Ortsbeschreibungen weiter hinten.
Die Büros verfügen in der Regel nicht über Material anderer Regionen!

Anreise

Kein Problem bildet die Anreise nach Frankreich; als unmittelbares Nachbarland der Bundesrepublik Deutschland gibt es eine Vielzahl günstiger Möglichkeiten. Einen Unterschied macht es lediglich, ob Sie mit dem eigenen Rad anreisen und in welchem Landesteil Sie beginnen wollen.
Zu den allgemeinen Problemen des Fahrradtransports ist das Kapitel "Anreise" in "Der Wind kommt immer von vorn" von Jürgen Rieck (s. Reiseführer und -Literatur) zu empfehlen.

Mit dem Fahrrad

Fahrradurlaub von Anfang an kann man machen, wenn man die Grenze schon mit dem Rad überquert. Da der Bereich dieses Reiseführers aber nicht an die deutsch-französische Grenze reicht, ist diese Lösung nur möglich, wenn Sie entweder durch Belgien oder schon eine längere Strecke durch Nordostfrankreich radeln. An mehreren Stellen besteht direkte Anbindung an das Routennetz des *CYKLOS*-Fahrrad-Reiseführers *Ost-Frankreich per Rad*.

Mit dem Auto

Nur für Rundreisen sinnvoll ist die Anreise mit dem Auto, da man dabei ja am Startort die Fahrradreise auch beenden muß; da der Pariser Raum als potentieller Ausgangsort mit dem PKW gut erreichbar ist, kann sich diese Möglichkeit durchaus anbieten. Eine Rundreise durch die Bretagne oder die Loireregion läßt sich ebenfalls gut per Auto ansteuern.

Vielleicht finden Sie ja auch über eine Mitfahrzentrale eine Transportmöglichkeit für Mensch und Rad nach Frankreich. Falls Sie versuchen möchten, für die Rückfahrt (oder für innerfranzösische Strecken) eine Mitfahrgelegenheit in Frankreich zu finden, können Sie sich an die Organisation "Allostop" wenden. Für umgerechnet ca. 10 DM bekommen Sie dort eine Einzelvermittlung; im Bereich dieses Reiseführers unterhält Allostop Büros in Paris, Rennes und Nantes (s. jeweilige Ortsbeschreibungen). In Paris gibt es außerdem noch andere Vermittlungsstellen (s. "Start in der Hauptstadt").

Mit der Eisenbahn

Diese Anreiseform wird wahrscheinlich von den meisten Frankreichreisenden gewählt werden, denn sie ist aus jeder Gegend möglich und dank des umfangreichen französischen Streckennetzes auch mit recht wenig Zeitaufwand zu absolvieren. Die Übersichtskarte der nordwestfranzösischen Verkehrsverbindungen im übernächsten Kapitel weist auf die möglichen Zielbahnhöfe hin.

Grenzüberschreitende Zugverbindungen nach Nordwestfrankreich gibt es nur über Paris, wo die Fahrradreise entweder beginnen bzw. enden kann, oder wo durch Umsteigen in einen weiterführenden Zug von einem anderen Pariser Bahnhof die Anreise fortgesetzt werden muß.

Wie auf allen internationalen Verbindungen ist es bei der Anreise per Bahn grundsätzlich nicht möglich, Fahrräder in durchgehenden Fernzügen mitzunehmen, da es prinzipiell keine grenzüberschreitenden Gepäckwagen gibt. Das bedeutet, daß Fahrräder in der Regel als Reisegepäck vorgeschickt werden müssen - eine sehr unsichere Angelegenheit, da sowohl die Transportzeiten (mindestens zwei Tage, aber durchaus auch schon einmal eine volle Woche) als auch die Häufigkeit von Transportschäden stark variieren. Der Preis für den Fahrradversand nach Frankreich beträgt DM 13,50.

Da begleiteter Fahrradtransport in französischen Eisenbahnen nur in seltenen Fällen möglich ist (s. *Verkehrsverbindungen in Frankreich*), kann man an der Grenze auch keine Anschlußverbindung in einem Zug mit Gepäckwagen bekommen. Am geringsten sind die Risiken von Transportschäden und unangenehmen Verzögerungen, wenn die Fahrräder nur bis Paris vorgeschickt werden und die Fahrradreise dort gestartet wird.

Für Jugendliche unter 26 Jahren besteht die Möglichkeit, die Reisekosten erheblich zu senken. Bei allen DER-Vertragsreisebüros, bei Wasteels und an größeren Bahnhöfen sind Tickets der Veranstalter "transalpino" oder "Twen-Tours/B.I.J./B.I.G.E." erhältlich, mit den gleichen Preisen. Jedoch können nicht alle Bahnhöfe angesteuert werden, eine Liste mit Preisen liegt in den Verkaufsstellen meist aus. Problematischer ist der Kauf des Rückfahrttickets, falls man sich zu Beginn der Reise noch offenhalten möchte, wo man sie beenden will. Denn in Frankreich sind die Verkaufsstellen weitaus seltener, fast nur in größeren Städten, z.B. in allen Wasteels-Reisebüros. Orte mit Wasteelsagenturen existieren im Bereich dieses Reiseführers in Paris (mit Umgebung etwa zwei Dutzend), Versailles, Nantes, Rouen und Tours. Manchmal ist es vorteilhaft, das Rückfahrtticket in Frankreich zu kaufen, weil es billiger ist.

Mit dem Flugzeug

Für alle Fahrradreisenden mit etwas weiterer Anreise eine durchaus erwägenswerte Anreisemöglichkeit, denn durch die Lüfte geht's natürlich schneller und je nach Abflugort manchmal kaum teurer. Von Deutschland aus starten Flugzeuge nach Paris von nahezu jedem größeren Flughafen. Die Schweiz hat ab Basel und Zürich, Österreich ab Wien Luftverbindung mit Frankreich. Fast alle Flüge werden täglich bedient, die meisten Strecken von der französischen Gesellschaft Air France, zusätzlich die meisten deutschen Verbindungen von der Lufthansa, die schweizerischen von der Swissair, die österreichischen von den Austrian Airlines.

Die übrigen Flugverbindungen zu anderen französischen Flughäfen sind für das Zielgebiet dieses Reiseführers ohne Bedeutung. Sinnvoll kann hingegen ggf. die Weiterreise ab Paris in einer Regionalmaschine der Gesellschaft Air Inter sein, die für Anreisekombinationen mit der Air France teils recht günstige Sondertarife hat; die Konkurrenzgesellschaft TAT ist zwar etwas teurer, bietet aber zahlreiche Zielorte und stellt zudem einige Direktverbindungen mit Flughäfen in Elsaß-Lothringen her, die für Reisende aus dem Südwesten Deutschlands und aus der Schweiz auch zur Anreise genutzt werden können (s. *Verkehrsverbindungen in Frankreich*).

Da es sich bei allen Verbindungen um Linienmaschinen handelt, können prinzipiell Fahrräder mitgenommen werden. Empfehlenswert ist in der Regel die Anmeldung dieses "Sondergepäcks", da die Transportkapazität meist beschränkt ist; die Air France hält in solchen Fällen eine Kartonverpackung für Fahrräder (kostenpflichtig) bereit. Bei den Austrian Airlines ist die vorherige Anfrage unabdingbar, da diese Linie teils noch mit den alten DC9-Maschinen fliegt, die einen derart kleinen Gepäckraum haben, daß schon öfter ein Fahrrad draußen bleiben mußte. Theoretisch wird das normalerweise anfallende Übergepäck mit 1 % des Erste-Klasse-Flugpreises berechnet; in der Praxis entfällt das jedoch meist aus Bequemlichkeit, "Kulanz" genannt.

Sinnvoll ist in jedem Fall die Beschränkung auf nicht zu viele Gepäckstücke. Wer außer mit dem Fahrrad mit vier Packtaschen, Zelt, Isomatte und Schlafsack fliegt, darf sich nicht wundern, wenn das Abfertigungspersonal die Übergepäcktoleranz als etwas zu weit ausgereizt ansieht. Vorsichtshalber sollte man kleine, aber schwere Dinge (z.B. Werkzeug, Fotoapparat, Reiseführer etc.) ins Handgepäck nehmen, das meist nicht gewogen wird, obwohl es theoretisch zur Freigepäckgrenze zählt.

Die meisten Fluggesellschaften verlangen gewisse Veränderungen am Fahrrad für den Transport: meist Lenker in Längsrichtung verdrehen, Pedale ab- oder nach innen schrauben, Luft aus den Reifen lassen. Es empfiehlt sich somit, frühzeitig am Flughafen zu sein, um das Rad sicher mitzubekommen - und das ggf. notwendige Werkzeug bereitzuhalten. Sie sollten die notwendigen Hand-

griffe vorher zu Hause üben, und sei es, um sicher sein zu können, daß die Schrauben nicht festsitzen (das Linksgewinde des linken Pedals beachten!); lassen Sie die Luft nicht vollständig ab, damit der Reifen sich beim evtl. Schieben des Fahrrades zum Flugzeug nicht von der Felge lösen kann.
Da es auf fast allen Linienverbindungen günstige Vorbuchungstarife (APEX) gibt, die oft nur geringfügig über dem Preis einer Eisenbahnfahrkarte liegen, kann die Anreise per Flugzeug vor allem für Reisende empfohlen werden, die in der Nähe eines der genannten Abflughäfen wohnen und ansonsten eine besonders lange Anreise auf sich nehmen müßten. Diese Variante hat zudem den Vorteil, daß von dem weit vor der französischen Hauptstadt gelegenen Flughafen "Charles de Gaulle" ein sofortiger, streßfreier Start der Fahrradreise ohne Durchquerung von Paris möglich ist. Die Anknüpfungsstrecken sind im Anschluß an die Beschreibung der Hauptstadt genannt.

Mit dem Bus

Bei allen Liniendiensten grundsätzlich nur ohne Fahrradtransport!
Die Deutsche Touring-Gesellschaft (Am Römerhof 17, Postfach 900244, W-6000 Frankfurt 90, Tel. 069/79030, Fax 704714) betreibt zusammen mit der französischen Firma SCETA zwei Strecken nach Paris, und zwar zum einen ab Hamburg und Köln (ganzjährig bis zu sechsmal wöchentlich) und zum anderen ab Frankfurt und Heidelberg (ganzjährig bis zu dreimal wöchentlich). Die Preise für Hin- und Rückfahrt liegen je nach Abfahrtort zwischen DM 94 und DM 185; es gibt Kinder- und Jugendermäßigungen.

Eine inoffizielle, aber oft recht günstige Reisemöglichkeit ist die Ausnutzung von Bus-Kurzreisen nach Paris. Aus vielen Gebieten Deutschlands werden regelmäßig solche Städtereisen ohne Übernachtungen angeboten (Hin- und Rückfahrt jeweils nachts, ein Tag Aufenthalt in Paris). Das bedeutet, daß die Reiseteilnehmer durchweg kein oder kaum Gepäck mitnehmen, so daß der Gepäckraum der Omnibusse weitgehend leer ist - eine ideale Transportmöglichkeit auch für mehrere Fahrräder. Wenn Sie die diversen Busunternehmer Ihrer Region anrufen, werden Sie unschwer auf diese Art eine Transportmöglichkeit für sich und Ihr Rad bis oder ab Paris finden. Selbst wenn Sie nur eine Strecke der Kurzreise ausnutzen können, wird das oft eine preisgünstige, schnelle und aufgrund des unkomplizierten Fahrradtransportes bequeme Reiseart sein.

Die vom Allgemeinen Deutschen Fahrrad-Club (ADFC) aus den Niederlanden für seine Tochterfirma *Velomobil* (Postfach 107744, W-2800 Bremen 1, Tel. 041/71840) importierte Idee des *Fietsbus* (Fahrradbus) kann mittlerweile für das Gebiet dieses Reiseführers eingesetzt werden (Stand 1992). Mittlerweile werden u.a. Rouen, Roscoff (Bretagne) und Tours angesteuert (in der Saison gewöhnlich einmal wöchentlich).

Einreise

Personen

Personalausweis oder Reisepaß genügen, Visum entfällt. Wer länger als drei Monate bleiben will, muß eine Aufenthaltsgenehmigung beantragen.

Tiere

Wer seinen Goldhamster umbedingt mit auf die Fahrradreise nehmen möchte, hat in Frankreich keine Probleme. Hunde und Katzen benötigen eine gültige Tollwut-Impfbescheinigung; für Tiere, die jünger als ein Jahr sind, gelten zusätzliche Anforderungen. Auskunft gibt das Fremdenverkehrsamt.

Zoll und Devisen

Die Einfuhr von Zahlungsmitteln ist unbegrenzt. Bei der Ausfuhr von mehr als FF 50.000 sind allerdings Formalitäten zu beachten (s. Geld).
Für die Ein- und Ausfuhr von Waren gelten folgende Beschränkungen; maßgeblich für die Gültigkeit ist immer das Land, aus dem Sie einreisen, nicht Ihre Nationalität.

Für in Duty-Free-Shops gekaufte Waren sowie bei Einreise aus Nicht-EG-Ländern:
200 Zigaretten oder 100 Zigarillos oder 50 Zigarren oder 250 g Tabak; 1 Liter Spirituosen oder 2 Liter Sherry o.ä.; 2 Liter Wein; 50 g Parfüm oder ½ l Eau de Cologne; sonstige Waren im Wert von FF 300.

Im Lande gekauft (nur für Einreise aus EG-Ländern):
300 Zigaretten oder 150 Zigarillos oder 75 Zigarren oder 400 g Tabak; 1½ Liter Spirituosen oder 3 Liter Sherry o.ä.; 5 Liter Wein; 75 g Parfüm oder 3/8 Liter Eau de Cologne; sonstige Waren im Wert von FF 2800.
Dinge des persönlichen Bedarfs (sprich Reisegepäck) sind immer zollfrei. Die Mitnahme von Reiseproviant in normalen Mengen ist gestattet.

Verkehrsverbindungen in Frankreich

Fast jeder Fahrradreisende wird in die Lage kommen, während einer Frankreichreise ein Binnen-Verkehrsmittel zu nutzen, sei es im Zuge der An- oder Rückreise, sei es zur Querverbindung zwischen verschiedenen Landesteilen. Nur wer ab Paris (Bahnhof oder Flughafen) eine Rundreise antritt, kann evtl. auf die Benutzung weiterer Verkehrsmittel verzichten.

Pauschale Ermäßigungskarten für mehrere Arten von Verkehrsmitteln gibt es in Frankreich nicht. Auch die ansonsten recht interessanten Angebote der französischen Eisenbahn sind in Kombination mit einer Fahrradreise nur schwer nutzbar.

Busverkehr

Der Fernbus spielt im französischen Verkehrssystem eine vergleichsweise geringe Rolle; nur internationale Verbindungen sind in dieser Beziehung eine Ausnahme (s. Anreise). Lediglich einige wenige Überlandbusse sowie kleinere Strecken im regionalen Dorf-zu-Dorf-Verkehr sind zu nutzen; Fahrradtransport ist in der Regel aber dabei nicht möglich.

Eisenbahn

Das Netz der französischen Eisenbahngesellschaft *Societé Nationale de Chemin Fer* (SNCF) ist recht dicht und erschließt nahezu jede Region des Landes. Fast alle Strecken werden mehrmals täglich befahren, die Preise liegen unter dem in Mitteleuropa üblichen Niveau. Preisermäßigungen gibt es auf Fernstrecken (auch Rundreisen) von mindestens 1000 km Länge (25 %) und vor allem über die Netzkarte "France Vacances", die an vier frei zu wählenden Tagen innerhalb von 15 Tagen bzw. an neun Tagen innerhalb eines Monats gilt. Die Preise liegen in der 2. Klasse für Erwachsene je nach Geltungsdauer bei DM 220 und DM 378. Fahrten, die nach 19 Uhr begonnen werden, zählen bereits zum nächsten Reisetag.
Für Jugendliche bis 26 Jahre gibt es einen Junior-Paß namens *Carrissimo*, der auf 4 oder 8 einfachen Fahrten je nach Saison Ermäßigungen von 20 bis 50 % gewährt; der Paß ist nur in Frankreich an allen Bahnhöfen mit elektronischer Platzreservierung erhältlich (FF 190 bzw. 350) und kann von bis zu vier zusammen reisenden Jugendlichen gleichzeitig benutzt werden. Eine andere Rabattkarte (*Kiwi*) für FF 395 richtet sich an Jugendliche unter 16 Jahren mit Begleitpersonen und gewährt ganzjährig 50 % Rabatt. Bereits außerhalb Frankreichs ist hingegen die *Rail Europ*-Karte für DM 20 zu erstehen, die es in Ver-

Übersichtskarte: Eisenbahnlinien

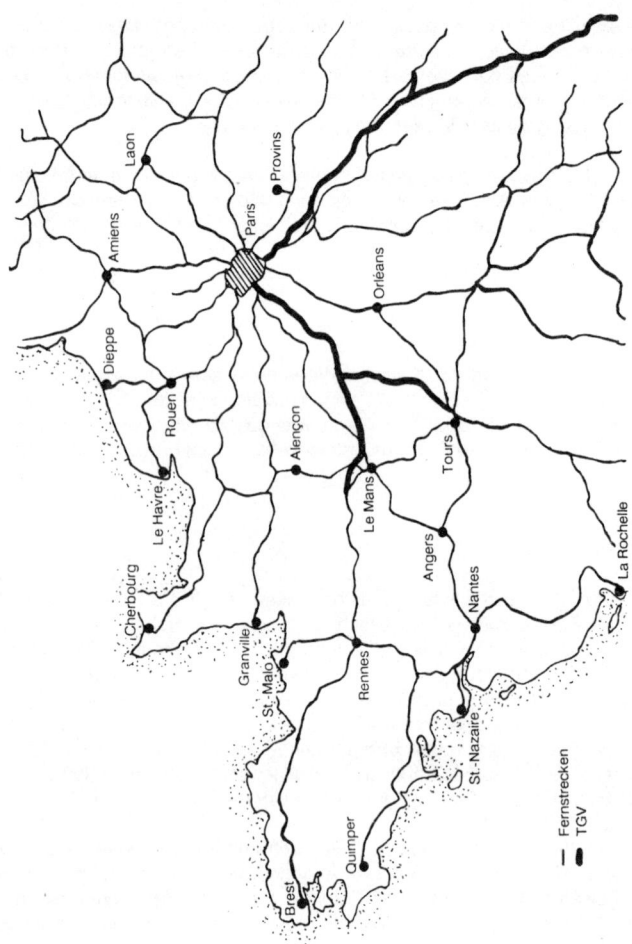

sionen für Familien und Senioren gibt. Außer der Abonnementskarte *France Vacances* sind fast alle Rabattangebote an verkehrsärmere Zeiten geknüpft.

In Sachen Fahrradtransport sind die Konditionen der SNCF leider recht ungünstig: auf Fernzügen ist begleiteter Fahrradtransport mit Selbstverladung grundsätzlich nicht möglich. Selbstverladung mit Gratistransport als "Handgepäck" gibt es nur in regionalen Zügen mit Gepäckabteil; diese Züge sind in den Fahrplänen mit einem Fahrradsymbol gekennzeichnet. Da die meisten Bahnhöfe jedoch nur über Anzeigetafeln verfügen, ist im Zweifelsfall die jeweilige Auskunftsstelle zu bemühen.
Grundsätzlich möglich ist der Transport in den "Autotrains" oder "Autorail", die nicht etwa Autoreisezüge, sondern Dieseltriebwagen (Schienenbusse) sind.
Im Pariser Raum dürfen in den Vorortzügen nur an Wochenenden sowie mo-fr außerhalb der Berufsverkehrszeiten Fahrräder mitgenommen werden (s. *Start in der Hauptstadt*).

Auf Fernstrecken transportiert die SNCF Fahrräder als Reisegepäck zum Preis von stolzen FF 180, wobei in einigen Zügen das Rad gleichzeitig mit dem Fahrgast reist, sofern es spätestens 30 Minuten vor Abfahrt eingeliefert wird; mit der gleichen Verzögerung wird es am Zielort wieder ausgehändigt. Etwas billiger wird es (FF 135), wenn die Fahrräder mit einem Transportschutz (Karton) versehen sind, der bei rund 200 Bahnhöfen für FF 15 zu kaufen ist.
Auf einer großen Zahl weiterer Direktverbindungen garantiert die SNCF den Fahrradtransport innerhalb von 24 Stunden bei rechtzeitiger Einlieferung. Für alle übrigen Strecken beträgt die normale Transportzeit zwei Tage, die garantierte Maximalfrist fünf Tage; alles jedoch zzgl. der Wochenenden. Im Falle eines Falles hat man aber von den Garantien der SNCF nicht viel, denn außer der Rückerstattung der Kosten für den Transport gibt es keinen Ersatz, auch nicht in Form eines Mietfahrrades - was sich eigentlich anbieten würde, da die SNCF an über 240 Bahnhöfen Fahrräder vermietet (s. *Das Fahrrad*).

Auskünfte über die diversen Verbindungen, Sondertarife und Fahrradtransport sowie Reservierungen (für Gruppen unbedingt zu empfehlen) sind bei folgenden Anschriften zu bekommen, bei denen es auch einen Prospekt *guide du train et du vélo* mit den aktuellen Richtlinien und Preisen gibt:

Französische Eisenbahnen   Französische Eisenbahnen
Westendstr. 24   Hauptbahnhof, Büro 224
W-6000 Frankfurt 1   9001 St. Gallen
Telefax (069) 727468   Telefax (071) 231192

Telefonische Anfragen von Privatpersonen werden dort nicht beantwortet!

Flugzeug

Außer einigen kleineren Gesellschaften bedienen die französischen Binnenflug-
gesellschaften Air Inter und TAT einen Großteil der Provinzflughäfen, im Bereich dieses Reiseführers die Städte Le Havre, Brest, Lorient, St.-Nazaire,
Tours, Lannion, Nantes, Quimper und Rennes. Dabei gibt es vor allem in der
Nebensaison für Jugendliche und Studenten sowie für größere Gruppen diver-
se Sondertarife, die teils nur unwesentlich über den Eisenbahnpreisen liegen.
Von anderen Reisenden können in Kombination mit einer Anreise auf APEX-
Flugschein Sondertarife der Air Inter genutzt werden, während die innerfranzösischen Flüge sonst recht teurer sind. Der Haken an dieser auf den ersten Blick
bestechend unkompliziert-schnellen Anreise ist allerdings, daß internationale
Flüge in Paris auf dem Flughafen Charles-de-Gaulle (im Norden der Hauptstadt) landen, die Air-Inter-Strecken im Bereich dieses Reiseführers aber von
Orly aus (im Süden von Paris) starten. Ein Transfer ist somit erforderlich, wofür
der spezielle Pendelbus zwar nur eine Stunde benötigt, man muß aber mit Problemen wegen des Gepäcktransfers (Fahrrad) rechnen.
Günstiger gestaltet sich der Radtransport bei den innerfranzösischen Flügen
der TAT ab Metz-Nancy, Strasbourg und Basel-Mulhouse, die für Reisende aus
dem südwestdeutschen oder Schweizer Raum auch zur Anreise ggf. geeignet
sind.

Fähren

Der Schiffsverkehr spielt in Frankreich nur eine geringe Rolle, bei Abstechern
zu Inseln vor der Küste der Bretagne, zu den (britischen) Kanalinseln, bei der
Umgehung von Ballungsgebieten an der Seine-Mündung und bei der Überquerung von Meerengen können aber Fähren sinnvoll in eine Fahrradreise inte-
griert werden. Einige der Strecken werden von den Etappenbeschreibungen
dieses Buches genutzt, so z.B. die Überquerung der Rade de Brest in der Bretagne.

Foto rechts: Steilküste in der Bretagne

Serrez à droite!

Zu Deutsch: Rechts fahren! Das ist nicht etwa eine Ermahnung für britische Festlandtouristen, sondern weist auf eine Gefahrenstelle hin, bei der die Regel des Rechtsverkehrs besonders genau zu nehmen ist.

Die französischen Verkehrsregeln unterscheiden sich nur geringfügig von international üblichen Standard, und auch die meisten Schilder sind identisch mit den in anderen europäischen Ländern verwendeten. Besonders hingewiesen sei dennoch auf den Umstand, daß die Ampelbau-Lobby außerhalb von Großstädten wenig erfolgreich war und man deshalb nicht unbefangen von einem Grünlicht zum nächsten fahren kann. Die Vorfahrt ist stets zu beachten, und die hat grundsätzlich, wer von rechts kommt. Sofern nicht ein besonderes Vorfahrt gewährendes Schild (auch als Text "Passage Protégé") oder Haltelinien auf dem Asphalt den Querverkehr stoppen, muß man selbst auf Überlandstraßen immer damit rechnen, Vorfahrt gewähren zu müssen. Das gilt, wie mittlerweile international üblich, auch im Kreisverkehr. Manchmal wird durch das Schild "Vous n'avez pas la priorité" zusätzlich auf diesen Umstand hingewiesen.

Der Fahrstil der Franzosen ist auf den ersten Blick gewöhnungsbedürftig, bei genauerer Betrachtung aber für Radfahrer vorteilhaft. Französische Autofahrer richten ihre Aufmerksamkeit nach vorne, nicht in den Rückspiegel, und sind jederzeit bereit, zu bremsen und nicht etwa die Hupe zu betätigen. Dieser defensive Fahrstil ermöglicht es schwächeren Verkehrsteilnehmern, trotz quietschender Autoreifen sicherer zu leben und zu fahren als in vielen anderen Ländern. Wer in deutschen Großstädten von rigoros abbiegenden Automobilisten bedrängt wurde, wird französische Fahrweise schätzen lernen.

Fahrradwege sind in Frankreich sehr selten und nur im Bereich einiger weniger Großstädte anzutreffen. Sie sind mit dem üblichen blau-weißen Schild gekennzeichnet. Außerhalb von geschlossenen Ortschaften dürfen Radfahrer Fußgängerwege benutzen; die meisten Landstraßen verfügen aber weder über befestigte Randstreifen noch über Fußwege.

Französische Autobahnen, wie überall für Radfahrer verbotenes Gebiet, haben Nummern mit einem vorangestellten "A". Alle übrigen Verbindungsstraßen tragen in Frankreich eine Nummer, die sich nach der verwaltungsmäßigen Zuständigkeit richtet: Nationalstraßen sind landesweit mit N-Zahlen durchnumeriert (z.B. "N756"), wobei im allgemeinen der Verkehr um so stärker ist, je weniger Ziffern die Straßennummer hat; Départementstraßen tragen D-Nummern, die an das jeweilige Département gebunden sind. Es gibt daher in aneinandergrenzenden Bezirken stets gleiche Straßennummern für ganz verschiedene Strecken. In der Regel wechselt die Nummer an der Départementgrenze; eine Ausnahme machen jene Straßen, die im Zuge einer Reform vor etwa 15 Jahren von früheren Nationalstraßen zu D-Straßen gemacht wurden: in den meisten Fällen ist die alte N-Nummer beibehalten worden, so daß z.B. aus einer N753 die D753 wurde. Die gleiche Reform hat außerdem eine alte Standardregel über das Verkehrsaufkommen aufgehoben: heute gibt es viele D-Straßen mit starkem Autoverkehr; das Schema "N-Straße viel Verkehr, D-Straße wenig Verkehr" gilt nicht mehr. Aussagekräftiger als die Numerierung sind die Farbkennzeichnung und die Breite der Straßen auf den Landkarten: rot markierte Straßen haben durchweg stärkeren Autoverkehr als gelb gekennzeichnete, breit eingedruckte Strecken sind stärker befahren als dünn gezeichnete. Am geeignetsten für den Fahrradverkehr sind grundsätzlich die farblos-schwarz gedruckten Straßen. Unterhalb der N- und D-Numerierung gibt es noch (auf den Landkarten nicht eingedruckte) C- und V-Nummern, mit denen Kantonal- und Dorfstraßen manchmal auf Schildern versehen sind. In der Praxis spielen diese Nummern keine Rolle und werden deshalb in den Streckenbeschreibungen nur erwähnt, wenn dadurch die Orientierung vor Ort erleichtert wird.

Die Art des Straßenbelags ist in Frankreich sehr unterschiedlich, außer glattgebügelten Asphaltpisten gibt es durchaus eine große Zahl von sehr rauhen Straßen, bei denen die oberste Schicht aus eingewalztem Schotter besteht. Für den Radtouristen bedeutet das, daß eine Frankreich-Fahrradreise unbedingt mit neuen Reifen nicht zu geringer Breite (s. "Das Fahrrad") angetreten werden sollte. Beim gepäckbelasteten Hinterrad wird die Lebensdauer des Reifens in der Regel nicht nennenswert über 3000 km betragen.

Sehr gut ist durchweg die Beschilderung auch kleiner Nebenstraßen. Außer den oft etwas nichtssagenden Fernwegweisern ist gewöhnlich mindestens ein nahgelegener Ort aufgeführt, so daß die Orientierung auf Landkarten stark erleichtert wird. Unbeschildert bzw. lediglich mit Hinweisen auf einzelne Gehöfte versehen sind nur die Stichstraßen zu kleinen Weilern, die als Durchgangsstrecke nicht genutzt werden können und in der Regel auf der Michelinkarte nicht enthalten sind. Der Versuch, über derartige Straßen ohne entsprechend detaillierte Karten ein Ziel zu finden, wird deshalb normalerweise scheitern. Alle Nebenstraßen, die regionale Verbindungen herstellen, sind hingegen ausreichend beschildert.

Für die innerstädtische Orientierung sind die Stadtpläne sehr nützlich, die bei größeren Orten häufig an den Eingangsstraßen aufgestellt sind. Wo diese fehlen, dienen Übersichtspläne an Bushaltestellen als brauchbarer Ersatz.

Karten

Frankreich gehört zu den Reiseländern, für die vorzügliche Karten zur Verfügung stehen, die zudem noch recht preiswert sind. Nur für die Grobplanung geeignet sind die zahlreichen Karten in Maßstäben von 1:750000 bis 1:1000000, die das ganze Land in einem einzigen Blatt abbilden. Auf solch kleinmaßstäbigen Karten läßt sich allenfalls ein allgemeiner Überblick vermitteln. Für die detaillierte Streckenplanung, die Umsetzung der Streckenskizzen dieses Buches und zur Benutzung während der Reise sind hingegen großmaßstäbigere Karten erforderlich. Zwei geeignete Kartensätze bieten sich für Fahrradreisende an.

Die Vermessungsarbeit wird in Frankreich vom Institut Géographique National (IGN) durchgeführt, das auch eigene Kartenserien herausgibt. Die Karten der "Série verte" im Maßstab 1:100000 sind die einzigen IGN-Blätter, die für Radtouristen brauchbar sind; sie enthalten alle (auch kleinste) öffentlichen Straßen und teilweise auch sonstige Wege, geben deutlichen Aufschluß über den innerörtlichen Verlauf von Durchgangsstraßen und verfügen über Höhenlinien. Im Gegensatz zu den Angaben mancher Reiseführer sind sie nicht für Wanderer gedacht, sondern von ihrem Informationsgehalt her ideal für Radfahrer. Obwohl die einzelnen Blätter recht groß sind, so daß nicht zu viele Karten benötigt werden, kommt bei einer längeren Fahrradreise doch ein ganz beträchtlicher Papierstapel zusammen; allein die Bretagne wird z.B. auf drei Blättern dargestellt. Die IGN-Karten sind außerhalb Frankreichs nur schwer, im Land aber in jeder besseren Buchhandlung erhältlich (je ca. DM 9,80). Vom gleichen Institut gibt es auch eine "Série Rouge" im Maßstab 1:250000, die für radtouristische Zwecke zu stark vereinfacht ist; vom Kauf ist daher abzuraten.

Obwohl nahezu im gleichen Maßstab, ist dennoch dank einer sehr gründlichen redaktionellen Bearbeitung die Karte 1:200000 des Reifenherstellers Michelin erheblich besser als die rote Reihe des IGN. Sie verfügt zwar nicht über Höhenlinien, wohl aber über Höhenangaben zu einzelnen Punkten, was in der Praxis für Nordwestfrankreich ausreicht. Alle, auch kleinste, Verbindungsstraßen sind enthalten, nur Zufahrten zu einzelnen Weilern und Gehöften, die bei der grünen Reihe des IGN vorhanden sind, fehlen auf der Michelinkarte. Ganz Frankreich ist in zwei inhaltlich gleichen Kartensätzen abgebildet: wahlweise in recht kleinen Abschnittskarten (je DM 6,80) oder in mehr als doppelt so großen Regionalkarten (je DM 11,80). Welche Kartenblätter für die Regionen dieses Reiseführers in Frage kommen, zeigen die Übersichten. Da die Karten auf einem dünnen, aber dennoch reißfesten Papier gedruckt sind, lassen sich auch die großen Regionalkarten noch gut falten; aus Gründen der besseren Übersichtlichkeit sind sie daher den kleinen Abschnittskarten vorzuziehen. Beide Kartensätze kosten in Frankreich übrigens nur die Hälfte, und zumindest die Karten der jeweiligen Region sind in nahezu jeder Buch- und Zeitschriftenhandlung erhältlich.

Aufgrund der stetigen und sehr zuverlässigen Aktualisierung der Michelinkarten, die auch neueste Veränderungen am Straßennetz (z.B. Umgehungsstraßen) verwertet, sind diese Kartenblätter sehr gut für Fahrradfahrer geeignet. Die Streckenbeschreiben und Skizzen dieses Buches gehen deshalb davon aus, daß mindestens die Michelinkarte, ansonsten die grüne Serie des IGN benutzt wird. Bei Verwendung anderer Karten ist eine zufriedenstellende Übertragung der Streckenskizzen im allgemeinen nicht möglich.
Außerdem wird nachdrücklich empfohlen, stets nur die neuesten Ausgaben der Michelinkarten zu benutzen. Im Bau befindliche Strecken (z.B. Umgehungsstraßen) werden zwar meist schon angekündigt, korrekte Einzeichnung ist aber nur auf neuen Blättern anzutreffen. Da solche Straßen in Frankreich oft sehr schnell gebaut werden, können 2-3 Jahre alte Karten in wichtigen Punkten schon veraltet sein. Lassen Sie ggf. vorhandene ältere Blätter deshalb lieber zu Hause und kaufen Sie in Frankreich für wenige Francs die neueste Ausgabe.

Blattschnitt der Michelin-Karten 1:200000 für das Gebiet dieses Reiseführers

Abschnittskarten

Regionalkarten

Reiseführer und -Literatur

Eine kleine Auswahl aus dem nahezu unüberschaubaren Angebot an Frankreichreiseführern. Außer einigen wenigen Büchern über ganz Frankreich gibt es eine große Zahl von Regionalführern sehr unterschiedlicher Qualität.

Zum Thema Fahrradreise

Jürgen Rieck: *Der Wind kommt immer von vorn*. Mit dem Fahrrad auf Reisen. 5., erw. & bearb. Auflage, Verlag Wolfgang Kettler, Berlin 1989.

Reiseführer (allgemein)

APA-Guide Frankreich; dto.: Bretagne; Tal der Loire, RV Verlag Stuttgart (Großformatige Bände mit exzellenten Fotos).

Baedeker-Reiseführer Frankreich, Verlag Karl Baedeker Ostfildern.

Der große Berlitz-Reiseführer Frankreich, Berlitz-Verlag Lausanne.

dtv MERIAN "Tal der Loire", Deutscher Taschenbuchverlag (Bd. 3731); dto. "Bretagne" (Bd. 3749)

DuMont-Reisetaschenbuch "Bretagne" (Bd. 2027) und "Normandie" (Bd. 2028), DuMont-Buchverlag Köln.

Grieben-Reiseführer "Normandie/Bretagne" (Band 291) und "Loiretal/Aquitanien" (Band 292). Grieben-Verlag, Stuttgart/Ostfildern. (Recht brauchbarer alphabetischer Informationsteil.)

Polyglott Reiseführer Frankreich (Bd. 704), dto. Nordfrankreich (Bd. 736), Bretagne (Bd. 869), Normandie (Bd. 825), Tal der Loire (Bd. 765), Polyglott-Verlag München.
(Oberflächlich und unpraktisch - reine Geldverschwendung.)
Der Große Polyglott Frankreich (Bd. 25) - besser als die Schmalspurbändchen, aber schlecht aktualisiert und aufgrund des ungünstigen Ordnungsprinzips wenig empfehlenswert.

Michelin-Reiseführer "Bretagne" und "Schlösser der Loire" (Deutsche Übersetzungen von in Frankreich beliebten Regionalführern)

J.Grashäuser/W. Schäffer: *Bretagne*-Reisehandbuch, Vrlag Michael Müller, Erlangen.

Quest-Reiseführer Bretagne, Quest-Verlag Berlin.

Velbinger-Reiseführer "Bretagne/Normandie "(Bd. 25) und "Atlantik-Küste/Loire" (Bd. 26), Verlag Martin Velbinger.

VISTA POINT-Reiseführer "Bretagne" (von Katrin Schut) und "Normandie" (von Alphons Schauseil), Vista Point Verlag, Köln.

Spezielle Reiseführer und landeskundliche Literatur

Anders Reisen Frankreich, Rowohlt Taschenbuch Verlag Reinbek 1986 (Bd. 7519) (Sehr umfangreiches Lesebuch zur Reisevorbereitung)

DuMont Kunstreiseführer "Bretagne", "Normandie", "Paris - Ile de France" und "Tal der Loire", DuMont Buchverlag Köln.

Knaur-Kulturführer Frankreich (Viele Farbfotos für Kunstbeflissene)
dto. Bretagne
dto. Tal der Loire
dto. Paris und Ile France

Figurengruppe des Calvaire von Saint-Thégonnec (Bretagne)

Ein Dach überm Kopf

Alle Übernachtungsarten haben in Frankreich gemeinsam, daß sie in der Hauptsaison stark ausgelastet sind. Angefangen bei Campingplätzen bis zum Luxushotel können mancherorts die Betten voll belegt sein. Wer nicht generell vorbuchen möchte, sollte deshalb einplanen, im Juli und August gelegentlich flexibel bei der Auswahl der Unterkunft sein zu müssen.

Hotels

Der Begriff *hôtel* bezeichnet im Französischen nicht nur Übernachtungsstätten, sondern im Kombination mit entsprechenden Ergänzungen auch Rathäuser, Finanzämter und Auktionshallen. Sehen Sie also zweimal hin, bevor Sie sich mit der Frage nach einem Zimmer bei irgendeinem Empfangschef unsterblich blamieren.

Die qualitative Bandbreite und die große Zahl französischer Hotels (im deutschen Sinne) erlauben es, für jeden Geldbeutel eine passende Übernachtungsmöglichkeit zu finden. Es gibt eine amtliche Klassifizierung mit Sternen in fünf Stufen, der fast alle Hotels unterliegen. Alle Hotelzimmer werden grundsätzlich nicht je Person, sondern je Bett bezahlt; das (kärgliche) Frühstück wird gesondert (je Person) berechnet. Da die Standardausstattung das *grand lit*, das französische Doppelbett, ist, sind Alleinreisende bei dieser Berechnungsmethode naturgemäß stark benachteiligt. Allerdings beginnen die Preise für Hotelzimmer in Häusern der einfachsten Kategorie schon bei etwa FF 90-100 und sind somit in jedem Fall erschwinglich. Eine Besonderheit im Klassifizierungssystem sind die *Logis de France*, kleine Hotels mit leicht gehobenem Standard, die im allgemeinen vor allem in Küche und Keller regionale Spezialitäten bieten. Sie sind mit öffentlichen Zuschüssen renoviert worden und verfügen über ein besonders gutes Preis-Leistungs-Verhältnis.

Viele kleine Hotels haben einen festen Ruhetag, an dem nur ein Minimum an Service vorhanden ist und in der Regel keine Neuankommlinge aufgenommen werden.

Eine in den letzten Jahren in Mode gekommene Neuerung sind Selbstbedienungshotels, die es Kreditkarteninhabern gestatten, zu Dumpingpreisen ein Zimmer zu benutzen, ohne einem dienstbaren Geist nur zu begegnen - andere Gäste müssen sich an relativ enge Ankunftszeiten halten. Vorreiter ist die Kette "Hôtel Formule 1", die sich ab FF 110 für diese Leistung begnügt und immerhin schon rund 100 containerähnliche Häuser aufweist.

Haupteinnahmequelle ist für viele Hotels nicht der Zimmerpreis, sondern der Umsatz im hoteleigenen Restaurant, weshalb manchmal Zimmer nur an Gäste abgegeben werden, die ihr Abendessen im Hotel einnehmen wollen. Diese Bedingung ist zwar gesetzwidrig, aber dennoch nach wie vor anzutreffen.

Privatzimmer

Privatunterkünfte sind in Frankreich schon wegen der vergleichsweise niedrigen Hotelpreise eher selten, mit über 10.000 Zimmern aber stark im Vormarsch begriffen. "Chambres d'hôtes" sind vor allem in ländlichen Gegenden anzutreffen und manchmal mit einem "Table d'hôtes" (Mahlzeitenzubereitung) kombiniert. Die meisten Gastgeber sind der Organisation *Gîtes de France* angeschlossen, die ein zentrales Verzeichnis herausgibt und auch Reservierungen vermittelt. Die Übernachtungspreise sind sehr unterschiedlich; im allgemeinen muß man ab FF 100 je Person (inkl. Frühstück), teils erheblich mehr, rechnen. Das etwas unübersichtliche und vor allem sehr unhandliche Verzeichnis "Chambres et Tables d'hôtes" kann von der deutschen Buchungszentrale für stolze DM 25 bezogen werden (auch auf Englisch). Ein Scheck über diesen Betrag ist mit der Anforderung zu schicken an folgende Anschrift:

Gîtes de France
Sachsenhäuser Landwehrweg 108
W-6000 Frankfurt 70
Tel. (für Rückfragen) 069/683599 & 684314, Fax 686236

Ein englischsprachiges Gratisverzeichnis "ausgewählter" (sprich: teurer) Chambre d'hôtes gibt's bei der gleichen Anschrift.

Übersichten über Privatzimmer (meist Teilverzeichnisse des oben genannten) werden teilweise auch von den regionalen Tourismusbehörden gratis zugesandt.

Niedrigpreisunterkünfte: Jugendherbergen und Gîtes d'étape

Das Angebot an Niedrigpreisunterkünften ist in Frankreich erheblich größer, als die diversen Organisationen und das Französische Fremdenverkehrsamt angeben. Alle Beteiligten sind sich nämlich einig in einer ausgesprochenen Desinformationspolitik; so gibt es nicht nur zwei konkurrierende Jugendherbergsverbände, sondern außer den Gîtes de France weitere Organisationen mit Wandererunterkünften, die sich weitgehend gegenseitig totschweigen. Vom Deutschen Jugendherbergswerk erhält man lediglich ein Verzeichnis der Herbergen des Verbandes FUAJ, und die diversen Organisationen von Wandererherbergen sind außerhalb Frankreichs so gut wie unbekannt. In allen Vereinigungen gibt es angeschlossene kommunale oder von Institutionen betriebene Häuser; häufig anzutreffen sind "Foyers des jeunes travailleurs" (F.J.T. - Arbeiterwohnheime/Freizeitheime) und die "Centres internationals de séjour" (C.I.S. - vorrangig für Gruppen gedachte internationale Begegnungszentren).

Es existiert jedoch ein sehr umfangreiches, verbandsunabhängig herausgegebenes Buch, in dem die meisten Jugendherbergen, Gîtes d'étape und Berghütten in Frankreich aufgeführt sind, geordnet nach Dép. und innerhalb dieser nach Landschaftsabschnitten. Im Vergleich zu den unten aufgeführten Einzelverzeichnissen ist es zwar etwas unhandlich, aber noch recht übersichtlich:

A. et S. Mouraret, Gîtes d'étape et Refuges de randonnée (Aufl. 1990)
Editions Cadole, Preis: 100 FF (in Frankreich; in Deutschland teurer)

Für das von diesem Reiseführer abgedeckte Gebiet sind die Informationen nach dem Stand von 1991/92 im Rahmen der Streckenbeschreibungen koordiniert; da es aber ständig Veränderungen gibt, ist es ratsam, die jeweils neuesten Listen direkt bei den betreffenden Vereinigungen zu bestellen. Die meisten Veränderungen bedeuten allerdings nur einen Wechsel der "Vertriebsorganisation": von FUAJ zur LFAJ und umgekehrt, von JH-Verbänden zu Verbänden von Studentenzentren, zu Gîte-Vereinigungen etc. Teils fallen diesen Schwankungen die Möglichkeiten für Einzelgast-Übernachtungen zum Opfer. Sprich: die schriftliche oder telefonische Nachfrage ist stets ratsam, auch bei neuesten Verzeichnissen, denn manche relevanten Maßnahmen werden erst im Lauf der Saison (unangekündigt) durchgeführt. Bei Saison-Herbergen und Campingplätzen ist zudem nie auszuschließen, daß bei geringer Nachsaison-Nachfrage schlicht früher zugemacht wird.

Im einzelnen gibt es folgende Verbände, deren Verzeichnis man am besten (unter Beifügung eines Internationalen Antwortscheines als Rückporto) bei den angegebenen Anschriften anfordert:

Fédération Unie des Auberges de Jeunesse (FUAJ)
27 rue Pajol
F-75018 Paris
Tel. (1) 46007001

Die FUAJ ist einziges französisches Mitglied im Internationalen Jugendherbergsverband IYHF und dementsprechend auch im internationalen JH-Verzeichnis aufgeführt. Sie ist wie üblich einheitlich durchstrukturiert; die etwa 200 Herbergen sind in drei Komfortkategorien eingestuft. Fast alle Häuser haben Selbstkocherküchen, bieten aber in der Regel zumindest das spärliche französische Frühstück an. Eine Übernachtung kostet je nach Kategorie zwischen FF 25 und FF 59 (örtliche Zuschläge möglich), das Frühstück FF 15.

Ligue Française pour les Auberges de la Jeunesse (LFAJ)
38 bd Raspail
F-75007 Paris
Tel. (1) 45486984
Fax (1) 45445747

Die LFAJ ist zwar ein Mitbegründer der IYHF, dort aber kein Mitglied. Die Ausweise der anderen JH-Verbände werden dennoch anerkannt. Die etwa 150 Häuser des Vereins bilden einen lockeren Zusammenschluß und haben keine einheitlichen Bedingungen - sowohl die Preise auch auch die Öffnungszeiten und der Standard schwanken stark (das FUAJ-Preisniveau wird aber nur selten überschritten). Nur in wenigen Fällen befinden sich Herbergen der LFAJ in den gleichen Orten wie die der FUAJ. Die Übernachtungskonditionen stehen im

Verzeichnis des Vereins; zusätzlich ist telefonische Rückfrage vor allem wegen der Öffnungszeiten außerhalb der Hauptsaison anzuraten, da das LFAJ-Verzeichnis viele Ungenauigkeiten und manche Fehler enthält.

Die Übernachtung in einer französischen Jugendherberge setzt außer einem gültigen Jugendherbergsausweis des Heimatlandes die Benutzung eines Leinenschlafsacks oder eines Mumienschlafsacks (Daune oder Kunststoff) voraus. Da die Ausstattung der Häuser mit Decken oft mangelhaft ist und diese zudem in den Wandererunterkünften (s.u.) meist nicht gestellt werden, ist es ratsam, statt des JH-Schlafsacks gleich einen Mumienschlafsack mitzunehmen. Man kann zwar in einigen Häusern auch Bettwäsche mieten, was aber bei häufigem Herbergswechsel ein teurer Spaß wird.

Wer vom Mahlzeitenangebot der Herbergen unabhängig sein möchte, kann in den meisten Herbergen in der Gästeküche sein Essen selbst zubereiten. Allerdings sind die Küchen im Vergleich mit anderen Ländern nicht übermäßig gut ausgestattet. Es gibt immer Kochstellen, selten Backöfen und meist zu wenig Kochgeschirr. Welche Häuser Gästeküchen haben, steht in den beiden Herbergsverzeichnissen.

Die Gästeküchen sind übrigens nur für Einzelwanderer gedacht; größere Gruppen werden an das Mahlzeitenangebot der jeweiligen Herberge verwiesen.

Einige Herbergen sind nur während der Sommerferien geöffnet, teils aber außerhalb dieser Zeit als Gruppenunterkunft im Einsatz. Falls bei einer solchen Gelegenheit das Haus nicht ausgebucht ist, nehmen die Leiter manchmal auch Einzelgäste an. Ein Anruf ist bei solchen Häusern ggf. stets angebracht; die Öffnungszeiten stehen in den JH-Verzeichnissen und sind außerdem bei den Orts- und Etappenbeschreibungen vermerkt.

Fast wichtiger für Radtouristen, weil zahlreicher und durchweg ganzjährig nutzbar sind die Wandererunterkünfte *Gîtes d'étape*, die es vor allem in Nordwestfrankreich recht häufig gibt. Ein Teil dieser nur für nichtmotorisierte Reisende (Wanderer, Radfahrer, Reiter, Kanucamper) gedachten Unterkünfte auf jugendherbergsähnlichem Niveau ist im Verzeichnis *Camping à la ferme* (DM 15, aktuelle Ausgabe immer erst ab April) der Gîtes de France (s. Camping) aufgeführt. Dieses Verzeichnis enthält aber fast keine Häuser der Bretagne, wo es einen eigenen umfangreichen Verband gibt:

Association bretonne des relais et itinéraires (ABRI)

9 rue des Portes Mordelaises

F-35000 Rennes

Die Bezeichnung "ABRI" ist ein französisches Wortspiel und bedeutet zu Deutsch schlicht "Unterkunft". Die Gîtes d'étape dieses und anderer Verbände befinden sich meist in ländlicher Umgebung nahe bei Fernwanderwegen, werden teils von kommunalen Verbänden, teils von Bauern oder anderen Privatleuten unterhalten und bieten außer einem Bett und einer einfachen, aber vollständigen Sanitärausstattung bis auf wenige Ausnahmen durchweg Küchen und Aufenthaltsräume. Während der Hauptsaison ist immer, in der Zwischensaison zumindest an Wochenenden telefonische Rückfrage wegen einer etwaigen Ausbuchung anzuraten, da fast alle Gîtes nur bis ca. 20 Gäste beherbergen können. Außerdem sind die Häuser oft abseits der in der Ortsbezeichnung genannten Ansiedlungen gelegen und dadurch nicht immer ohne weiteres zu finden; manchmal ist der Schlüssel an anderen Stellen zu bekommen. Soweit bekannt, sind diese Informationen in den Etappenbeschreibungen dieses Buches enthalten.

Die Übernachtungspreise je Nacht und Person sind sehr uneinheitlich, liegen aber meist auf Jugendherbergsniveau und gehören bei der ABRI übrigens zu den niedrigsten.

Loire Océan Gîtes et itinéraires (LOGI)
Maison de Tourisme
Place de Commerce
F-44000 Nantes

Auch der Name dieses Vereins tendiert zum Wortspiel ("logis"). Die LOGI ist ein etwas loserer Zusammenschluß als die ABRI, entspricht aber im übrigen dem bretonischen Verband. Sie ist tätig im Bereich der Loiremündung; diese Lage bringt mit sich, daß viele Häuser der LOGI auch im ABRI-Verzeichnis oder dem der Gîtes de France auftauchen.

Übrigens nennen sowohl ABRI als LOGI in ihren Prospekten zusätzlich die Jugendherbergen der FUAJ. Aber auch der LFAJ angeschlossene Häuser sind vereinzelt in den Übersichten aufgeführt.

Association des Gîtes d'étapes de Picardie (AGEP)
B.P. 0342
F-80003 Amiens Cedex

Die AGEP ist ein kleiner Interessensverband von knapp 30 Wandererunterkünften der Picardie, der analog zu ABRI und LOGI aufgebaut ist. Die bei obiger Anschrift erhältliche Übersichtskarte enthält außer Angaben zu den Gîtes Streckenbeschreibungen zu Fernwanderwegen.

Das runde Dutzend von Gîtes in der Pariser Umgebung ist in folgendem Verband zusammengefaßt:
Association de Gîtes d'étape de Randonnée en Ile-de-France
64 rue de Gergovie
F-75014 Paris

Zusätzlich zu den obenstehenden sieben Verbänden von Niedrigpreisunterkünften existieren weitere, meist kommunale Häuser (z.B. "Centre d'accueil"); entsprechende Details finden sich in den jeweiligen Streckenbeschreibungen dieses Buches.

Alle bekannten Jugendherbergen sind in der Übersichtskarte und in der folgenden Liste aufgeführt, und zwar nicht nur die von den Streckenbeschreibungen berührten, sondern alle Häuser des von diesem Reiseführer erfaßten Gebietes. Angesichts der großen Zahl von Gîtes war es nicht möglich, auf der Übersichtskarte auch diese Wandererunterkünfte aufzuführen; die Etappenbeschreibungen und die dazugehörigen Streckenskizzen nennen hingegen alle nahe der Streckenführung gelegenen Häuser, in Gegenden mit geringer Versorgung auch etwas abgelegenere Wandererherbergen.

Aus Gründen der Übersichtlichkeit sind auf der Karte mehrere dicht beeinanderliegende Herbergen jeweils unter einer Nummer zusammengefaßt und in der Liste dann einzeln aufgeschlüsselt. Hinter den Ortsnamen finden Sie die Abkürzung des JH-Verbandes, dem das jeweilige Haus primär zuzuordnen ist. Darüber hinaus fungieren etliche Jugendherbergen auch als Gîte d'étape.

Übersichtskarte:
Jugendherbergen in Nordwest-Frankreich

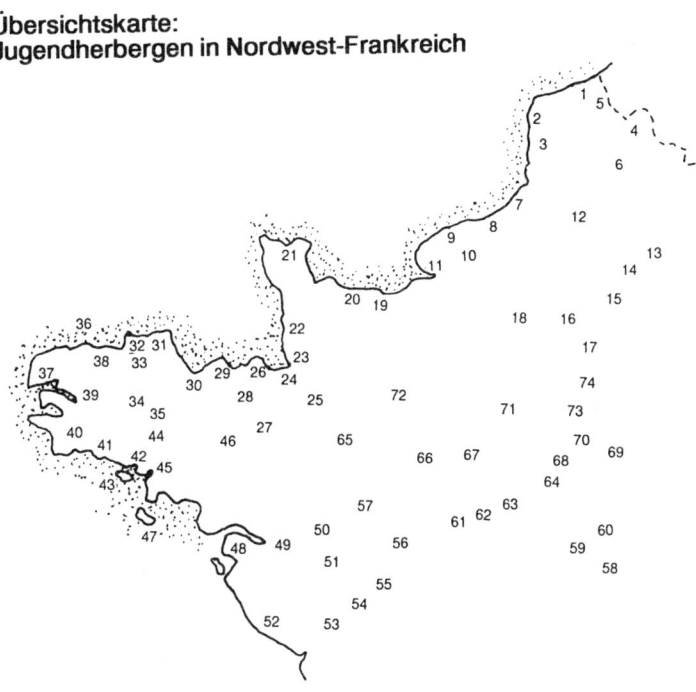

1 Dunkerque (FUAJ)	34 Plouguernevel (FUAJ)
Calais (LFAJ)	35 St.-Guen (FUAJ)
2 Boulogne (FUAJ)	36 Ile de Batz (FUAJ)
Le Touquet (LFAJ)	37 Brest (FUAJ)
3 Montreuil-sur-Mer (FUAJ)	38 Morlaix (FUAJ)
4 Lille (FUAJ)	39 Camaret-sur-Mer (LFAJ)
5 Cassel (FUAJ)	40 Quimper (FUAJ)
6 Arras (FUAJ)	41 Concarneau (FUAJ)
7 Le Tréport (LFAJ)	42 Lorient (FUAJ)
Eu (FUAJ)	Lanester (LFAJ)
Criel (LFAJ)	43 Ile-de-Groix (FUAJ)
8 Dieppe (FUAJ)	44 Pontivy (FUAJ)
9 Fécamp (FUAJ)	45 Vannes (LFAJ)
10 Yvetot (FUAJ)	46 Choucan (FUAJ)
11 Le Havre (LFAJ)	47 Belle-Ile (FUAJ)
12 Amiens (LFAJ)	48 St.-Brevin (FUAJ)
13 Chauny (FUAJ)	49 Nantes (FUAJ)
14 Compiègne (LFAJ)	50 St.-Florent-le-Vieil (LFAJ)
15 Creil (FUAJ)	51 Cholet (FUAJ)
St.-Leu-d'Esserent (LFAJ)	52 Les Sables d'Olonne (FUAJ)
16 Oinville (FUAJ)	53 Fontenay-le-Comte (FUAJ)
17 Paris (s. *Start in der Haupt-*	54 Pugny (LFAJ)
stadt)	58 Poitiers (FUAJ)
18 Vernon (FUAJ)	55 Thouars (FUAJ)
19 Caen-Herouville (FUAJ)	56 St.-Cyr-en-Bourg (LFAJ)
Caen (FUAJ)	57 Angers (LFAJ)
20 Bayeux (LFAJ)	58 Bourges (FUAJ)
21 Cherbourg (FUAJ)	59 Vierzon (FUAJ)
22 Granville (FUAJ)	60 Aubigny-sur-Nere (FUAJ)
23 Genets (FUAJ)	61 Tours (FUAJ)
Avranches (LFAJ)	62 Amboise (LFAJ)
24 Pontorson (FUAJ)	63 Blois-Montlivault (FUAJ)
Pleine-Fougères (LFAJ)	Blois Les-Grouets (FUAJ)
25 Fougères (FUAJ)	64 Beaugency (FUAJ)
26 St.-Malo (FUAJ)	65 Laval (LFAJ)
St.-Malo (LFAJ)	66 Le Mans (FUAJ)
Dinard (LFAJ)	66 Le Plessis-Dorin (LFAJ)
St.-Lunaire/Dinard (LFAJ)	66 Orléans (LFAJ)
27 Rennes (FUAJ)	69 Cepoy-Montargis (FUAJ)
28 Dinan (FUAJ)	70 Pithiviers (LFAJ)
29 Cap Fréhel (FUAJ)	71 Chartres (FUAJ)
30 St.-Brieuc (FUAJ)	72 Alençon-Damigni (FUAJ)
31 Paimpol (FUAJ)	73 Boissy-la-Rivière (LFAJ)
32 Trébeurden (FUAJ)	74 Arpajon (FUAJ)
33 Lannion (FUAJ)	

Keine Jugendherberge: Erdkeller-Wohnung in der Loireregion

Studentenwohnheime

Für Studenten besteht die Möglichkeit, in französischen Universitätsstädten in Wohnheimen zu übernachten. Einer bilateralen Regierungsvereinbarung entsprechend wurde ein "Deutsch-Französischer Sozialausweis" geschaffen, der berechtigt, subventionierte Universitätseinrichtungen auch im jeweils anderen Land in Anspruch nehmen zu dürfen. Dies umfaßt in erster Linie die Wohnheime und Mensen.

Um sich anzumelden, sollte man sich zunächst vor Ort an das Studentenwerk (CROUS) wenden, wo man erfährt, welches Wohnheim Plätze frei bzw. geöffnet hat.

Warme Mahlzeiten in der Mensa kosten ab etwa 10 FF, die Übernachtungen ca. 25 bis 50 FF. Diese Preise beziehen sich jedoch nur auf Inhaber des Sozialausweises, der bei jedem deutschen Studentenwerk erhältlich ist. Dort gibt es auch eine Broschüre, in der die einzelnen Adressen der Wohnheime und Mensen aufgeführt sind. Wer nur mit dem Internationalen Studentenausweis (s. *Service*) unterwegs ist, kann diese Leistungen zwar ebenfalls in Anspruch nehmen, aber zu meist höheren Preisen.

Camping

Frankreich ist ein ausgesprochenes Campingland: fast 10.000 Plätze stehen zur Verfügung. Sie sind in sechs Kategorien eingeteilt; außerdem ist "wildes" Zelten mit Einwilligung des Grundstückseigentümers (sprich ggf. der Gemeindeverwaltung) grundsätzlich erlaubt. Angesichts der großen Zahl zur Verfügung stehender Plätze existiert kein vollständiges Verzeichnis; man kann aber regionale Übersichten vom Fremdenverkehrsamt erhalten. Die unterste, aber stilvollste Ausstattungsstufe ist das sogenannte "Aire naturelle" (naturbelassenes Areal); in der gleichen familiären Kategorie ist "Camping à la ferme" (Camping auf dem Bauernhof) anzusiedeln. Die übrigen Campingplätze unterliegen einem "Sterne"-Klassifizierungssystem. Die einfachen 1-Sterne-Plätze bieten eigentlich nur Sanitäreinrichtungen, auf 2-Sterne-Plätzen gibt es zumindest Versorgungseinrichtungen in der Nähe, 3-Sterne-Plätze haben Gemeinschaftsräume und Einkaufsmöglichkeiten auf dem Platz, die Luxusplätze mit vier Sternen sind besonders schön gelegen und haben umfangreiche Gemeinschaftseinrichtungen, teils auch gastronomische Versorgung. Die aktuellen Sterne-Einteilungen lagen zum Zeitpunkt der Drucklegung dieses Reiseführers nicht für alle Regionen vor; aus dem Fehlen der Klassifizierung in den Etappenbeschreibungen kann daher nicht geschlossen werden, daß es sich um einen einfach ausgestatteten Platz handelt.

Ein Verzeichnis der Plätze bei Bauernhöfen mit Anschluß an den Verband *Gîtes de France* (s. Privatzimmer) gibt es für DM 15 bei dieser Organisation; angesichts der gratis zur Verfügung stehenden Regionalverzeichnisse ist vom Erwerb dieses Kataloges aber eher abzuraten.

Die Preise für die Übernachtung sind unterschiedlich (je nach Standard des Platzes) und liegen für Alleinreisende zwischen FF 5 und FF 20.
Am unteren Ende der Preisskala liegen Campingplätze, die speziell für Jugendliche zwischen 13 und 25 Jahren gedacht (Point d'accueil de jeunes) und entsprechend weniger auf beschaulichen Familienurlaub à la Français ausgerichtet sind.

Auch für Campingplätze gilt die Regel, daß die Öffnungszeiten teils jährlich variieren oder sogar während der Saison noch gekürzt werden. Vor allem Nachsaison-Touristen sollten deshalb (auch bei Besitz neuester Verzeichnisse) auf die telefonische Kontrolle nicht verzichten.

Kulinarisches

Über die französische Küche sind sich Laien wie Fachleute einig: sie ist herausragend. Dabei wird allerdings meist ignoriert, daß es zumindest zwei grundsätzlich verschiedene französische Küchen gibt, von regionalen Varianten einmal völlig abgesehen, nämlich zum einen die "Grande Cuisine" der Schlemmerlokale, in denen man bei aufwendigen Ritualen kleine Vermögen in Wohlschmeckendes umsetzen kann, und zum anderen die bodenständige Küche des französischen Alltags, die zwar auch noch um Längen den Fast-Food-Katastrophen in Kantinen und ähnlichen Abfütterungsbetrieben überlegen, aber bei aller Qualität dem Geldbeutel eines Durchschnittsreisenden durchaus angemessen ist. Das gilt naturgemäß für jenen Teil des gastronomischen Angebots, der von französischen Normalbürgern ebenfalls regelmäßig wahrgenommen wird: die kompletten Menüs aus mehreren Gängen zur mittag- wie abendlichen Verköstigung. Diese beiden Mahlzeiten sind die einzigen, denen in Frankreich Beachtung geschenkt wird.

Essen

Das französische Frühstück (petit déjeuner) hingegen ist eine abgemagerte Variante jener Frechheit, die gewöhnlich in den meisten deutschen Jugendherbergen den Tag einleitet, und besteht aus einem Drittel Baguette oder einem Croissant (Hörnchen), etwas Butter und Marmelade sowie einer Schale Milchkaffee - also aus Luft, Wasser und Zucker. Eine solche Morgenmahlzeit ist als Vorbereitung auf einen Fahrrad-Reisetag vollkommen unreichend; es empfiehlt sich daher, soweit möglich (z.B. bei Übernachtung in Niedrigpreisunterkünften) selbst eine kulinarische Tagesgrundlage zuzubereiten. In Übernachtungsbetrieben wird das Frühstück im allgemeinen etwa um 9 Uhr serviert; in Hotels ist es oft zusätzlich zum Zimmerpreis mit mindestens FF 10 zu bezahlen.

Die Mißachtung, die Franzosen dem Frühstück widmen, wird durch die Rituale des Mittagessens (déjeuner) wieder ausgeglichen. Das Mittagessen wird in Restaurants ab 12 h bis etwa 14 h eingenommen; Kernzeit ist 12.15 h bis 13.15 h. Danach muß man damit rechnen, daß die jeweiligen Tagesspezialitäten vergriffen sind, und in der Regel ist die *plat du jour* das kulinarisch günstigste und preiswerteste Angebot im Rahmen der Menüs. Eine normales "déjeuner" besteht aus mindestens einer Vorspeise (meist in Form einer Salatplatte oder einer Pastete, selten als Suppe), einem Fleischgericht mit Beilagen, einem Dessert (Käse, Kuchen, Eis oder ähnliches) und - meist nicht im Menüpreis enthalten - einer kleinen Tasse schwarzen Kaffee. Derartige Menüs werden von kleinen Restaurants vor allem als Mittagessen für Berufstätige schon ab ca. FF 40 angeboten, Standard für das preiswerteste Menü ist ab etwa FF 60 (manchmal inklusive dem obligaten Glas Wein), und meist gibt es Variationen mit mehr oder höherwertigen Bestandteilen und entsprechend kletternden Menüpreisen. Einzeln zusammengestellte Mahlzeiten "à la carte" sind grundsätzlich erheblich teurer. Für den Radtouristen besteht das Hauptproblem bei den gebotenen Mittagsmenüs vor allem in dem Umstand, daß nach dem Genuß eines "déjeuner" eigentlich erst eine längere Ruhepause angesagt ist, da ein voller Bauch bekanntlich nicht gern radelt.

Wer ein etwas weniger üppiges Mittagsmahl zu sich nehmen möchte, kann dabei auf die französische Variante der Imbißstube zurückgreifen, die Crêperie. In dieser werden jene hauchdünnen, eigentlich aus der Bretagne stammenden Pfannkuchen geboten, die in der Weizenmehlart mit süßer Füllung als *crêpe* firmieren, mit Buchweizenmehl und herzhafter Füllung *gallette* heißen. Obwohl diese Köstlichkeiten eigentlich die typische Zwischenmahlzeit darstellen, haben die meisten Crêperies nur zu den Restaurant-Standardzeiten (12-14 und 19-21 h) geöffnet. Außerhalb dieser Zeiten ißt ein ordentlicher Franzose nichts und erwartet vom Touristen prinzipiell das gleiche. Nur in größeren Städten oder an stark befahrenen Fernstrecken findet man auch zu anderen Tageszeiten geöffnete Snack-Bars oder Restaurants; die weltweit grassierende Fast-Food-Seuche mit Hamburgern und ähnlichen Möchtegern-Essen ist in Frankreich vergleichsweise wenig verbreitet. Als nordfranzösische Imbiß-Spezialität ist außerdem noch auf die Waffeln (gaufre) hinzuweisen, die z.B. auf Märkten der Picardie an Ständen ofenfrisch, pur oder mit Zucker bzw. Sahne versehen, verkauft und konsumiert werden.

Zu jeder Tageszeit kann man hingegen ein Getränk in einer Bar oder einem Café zu sich nehmen, wobei es in letzterem zwar auch Kaffee gibt, Cafés prinzipiell aber mit einer Kneipe gleichzusetzen sind. Sie öffnen in der Regel gegen 9 Uhr morgens und bleiben durchgehend bis zum frühen Abend einsatzbereit zur Versorgung der Bevölkerung mit flüssiger Nahrung. Manche Cafés werden zu den oben genannten Essens-Kernzeiten zu Restaurants erweitert, servieren außerhalb dieser Zeiten aber allenfalls Kleinigkeiten wie z.B. belegte Baguettes. Übrigens sind Cafés auch die einzigen Verkaufsstellen für Tabakwaren (sofern mit einem rautenförmigen *TABAC*-Schild gekennzeichnet).

Ein Café im deutschen Sinne, also ein Ort zum Konsum von Kaffee und Kuchen, heißt in Frankreich "Salon de thé" und ist wie üblich meist mit einer Konditorei (patisserie) kombiniert. Das Angebot an solchen nachmittäglichen Verpflegungsstätten ist aber sehr gering, da die Sitte des Kaffeetrinkens in Frankreich kaum verbreitet ist.

Das französische Abendessen (diner) ist im Prinzip eine Wiederholung des Mittagessens, fällt aber oft etwas umfangreicher (und teurer) aus, da der Zeitdruck nicht wie bei der begrenzten Mittagspause zur Eile zwingt. Entsprechend ist in vielen Restaurants die Speisekarte um das billigste Menü bereinigt.

Trinken

Lieblingsgetränk aller Franzosen zum Essen ist der Wein, den es bekanntlich in so vielen Sorten gibt wie kaum in einem anderen Land. Extrem groß ist vor allem das Angebot an preiswerten einfachen Landweinen, die auch in Restaurants erheblich billiger als in deutschen Landen serviert werden. Außerhalb der Mahlzeiten trinken Franzosen hingegen fast nie Wein - ein abendlicher Schoppen im Freundeskreis ist vollkommen unbekannt.

In Nordwestfrankreich beheimatet ist der französische Apfelwein, der *Cidre*. In der Normandie und der Bretagne mit ihren umfangreichen Apfelanbaugebieten entsteht diese regionale Spezialität in ihren diversen Formen: "doux" (süß, etwa 2 % Alkohol) und "brut" (herb, ca. 4 % Alkohol) sind die zwei Standardversionen, eine höherwertige Ausführung ist der in Champagnerflaschen verkaufte "cidre supérieur" bzw. "cidre bouché", den es ebenfalls in süßer und herber Variante gibt. Genauso wohlschmeckend, aber erheblich billiger ist der naturtrübe, unpasteurisierte "cidre fermier" bzw. "cidre traditionel", den es nur in den Ursprungsgebieten gibt; seine Geschmacksrichtung ist herb-fruchtig.

Aus Cidre wird außerdem der bekannte Apfelbranntwein *Calvados* hergestellt, der nach jenem Département der Normandie benannt ist, wo er beheimatet ist. Calvados ist eine geschützte Herkunftsbezeichnung und darf für Produkte anderer Regionen nicht verwendet werden. Da Calvados meist nur einmal destilliert wird, hängt seine Qualität sehr stark von den Grundstoffen und der Verarbeitungssorgfalt ab; es gibt dementsprechend neben ausgesprochenen Rachenputzern auch hochwertige, mild-fruchtige Lebenswässerchen. Da die Steuern auf hochprozentigen Alkohol in Frankreich recht hoch sind, kann Calvados außerhalb der Landesgrenzen übrigens durchaus billiger sein als im Herkunftsgebiet.

Die übrigen hochprozentigen Köstlichkeiten Frankreichs wie Cognac und Armagnac stammen aus Gebieten, die außerhalb der Regionen dieses Reiseführers liegen - was natürlich nicht bedeutet, daß sie nicht ebenfalls überall im Land konsumiert werden.

Während derart geistige Getränke von Franzosen hauptsächlich als "digestive" (Verdauungsschnaps) genossen werden, dienen die diversen Anis- und sonstige Liköre auch während des Tages als Muntermacher. Wer sich auf einer Frankreichreise durch die entsprechende Getränkepalette hindurchkosten will, sollte mit unangenehmen Folgen für seine Leber rechnen - das Angebot ist unüberschaubar groß.

Stetig auf dem Vormarsch in der Gunst der Franzosen ist seit etlichen Jahren Bier vor allem aus Brauereien des Elsaß und der nördlichen Landesteile. Während die Importbiere aus Belgien und den Niederlanden meist stark mit Zucker und ähnlichen Zutaten versetzt und somit weitgehend ungenießbar sind, können die bekannteren Marken des Elsaß durchaus Bierfreunde zufriedenstellen, auch wenn die Schnellzapfmethode und die oft winzigen Gläser zu umfangreicherem Bierkonsum wenig Anlaß bieten.

Service

Krankenversicherung

Deutsche Krankenkassenmitglieder sollten sich vor der Abreise unbedingt das Formular E111 besorgen. Damit kann man in Frankreich im Krankheitsfall weitgehend kostenlose ärztliche Behandlung und Medikamente bekommen. Welche Formalitäten man dabei beachten muß, steht in dem Informationsblatt der Krankenkasse, das man zusammen mit dem Anspruchsausweis E111 erhält.

Alle Behandlungen und Medikamente müssen stets zuerst an den Arzt gezahlt werden; die Erstattung kann entweder vor der Rückreise bei einer französischen Stelle (Auskunft in örtlichen Verwaltungsstellen, z.B. beim Bürgermeisteramt) oder nach der Rückkehr bei der heimischen Krankenkasse beantragt werden.

In der Regel übernimmt die französische Krankenversicherung jedoch nur einen Teil der tatsächlichen Kosten. Wer auf Nummer Sicher gehen will, sollte deshalb eine entsprechende Zusatzversicherung abschließen.

Privatversicherte aus Deutschland sowie Reisende aus Nicht-EG-Staaten können bei ihrer jeweiligen Versicherung erfragen, welche Leistungen in Frankreich ggf. gewährt bzw. erstattet werden.

Notwendige Behandlungen von Touristen in französischen Krankenhäusern werden im gleichen Umfang gewährt. Öffentliche Krankenhäuser berechnen üblicherweise nur den von der französischen Kasse erstatteten Betrag, so daß keine Zusatzkosten entstehen.

Die Heimführung (Flug o.ä.) im Fall schwerster Erkrankungen wird von deutschen Krankenkassen nicht ersetzt. Auch dafür kann man sich ggf. (evtl. im Rahmen der Reisegepäckversicherung) zusätzlich reisekrankenversichern.

Preisermäßigungen

Für Auszubildende, Schüler und Studenten gibt es in Frankreich vereinzelt Preisnachlässe. Um in den Genuß zu kommen, braucht man meist den standardisierten Ausweis der International Student Travel Conference (ISTC), Weinbergstr. 31, CH-8006 Zürich, den es in Jugendreisebüros gibt; nächstgelegene Ausweisausgabestelle ggf. bei der ISTC erfragen.

Der gleiche Ausweis ist auch erhältlich bei der Zentrale des Deutschen Jugendherbergswerks in Detmold (Auskunft bei jeder Jugendherberge) und bei den ASTAs der meisten Universitäten.

Hilferufe

Wenn man sich finanziell verkalkuliert hat oder völlig ausgeraubt wurde, wird man in die Zwangslage kommen, um Hilfe betteln zu müssen.

Die einfachste und auch billigste Art ist immer noch, von Freunden oder Verwandten Geld nachschicken zu lassen. Da die französische Post hinreichend zuverlässig ist, kann man die Zusendung einer Internationalen Postanweisung riskieren. Wichtig: der Empfänger muß sich bei Entgegennahme der Barschaft ausweisen können. Bei Verlust des Personalausweises oder Passes also lieber einen Ersatzempfänger suchen (z.B. Leiter der Unterkunft, in der man aufs Geld wartet).

Internationale Postanweisungen sind bis zum Höchstbetrag von FF 22000 (auch telegrafisch, Eilzustellung und/oder eigenhändig) möglich. Wer mehr haben will, muß sich eine Scheck-Postanweisung (bis zum Gegenwert von DM 20000) oder mehrere Anweisungen schicken lassen. Falls man sich ausweisen kann, ist die schnellste Empfangsadresse immer das jeweilige Hauptpostamt ("Office de Poste Principal"), postlagernd ("poste restante"). Allerdings sind die Höchstbeträge bei solch "anonymen" Anschriften meist deutlich niedriger (beim Postamt erkundigen).

Nur bei abgelegenen Dörfern muß man mit längeren Laufzeiten rechnen; telegrafische Anweisungen sind normalerweise innerhalb von 24 Stunden am Zielort.

Wenn alle Stricke reißen, ist die jeweilige Botschaft zur Hilfe verpflichtet. Da man hinterher aber alles mit Zinsen und Gebühren zurückzahlen muß, sollte man dort wirklich nur im äußersten Notfall anklopfen.

Die Anschriften:

- Deutsche Botschaft
  Konsularabteilung
  34 ave d'Jéna
  75116 Paris
  Tel. (1) 3593351
- Österreichische Botschaft
  6 rue Fabert
  75007 Paris
  Tel. (1) 5559566
- Schweizer Botschaft
  142 rue de Grenelle
  75007 Paris
  Tel. (1) 5503446

Ansonsten haben die deutschsprachigen Länder im Bereich dieses Reiseführers keine Generalkonsulate, und von den deutschen Honorarkonsuln in Brest, Le Havre, Nantes und Rouen sollte man besser keine nennenswerte Hilfe erwarten.

Das Fahrrad

Die Streckenbeschreibungen in diesem Buch gehen davon aus, daß zum Erfahren Frankreichs ein tourentaugliches Fahrrad benutzt wird. *

Angesichts der Steigungen der französischen Hügel vor allem der Normandie und der Bretagne kann nur vor dem Versuch gewarnt werden, mit einem behäbigen Hollandrad aufzubrechen. Auch eine Dreigangschaltung ist den verschiedenen Anforderungen nur sehr bedingt gewachsen. Wer die Absicht hat, für die Reise ein Fahrrad neu anzuschaffen oder ein vorhandenes umzurüsten, sollte den folgenden Empfehlungen folgen:

Fahrradtyp:	sogenanntes Leicht- oder Rennsportrad bzw. explizites Reiserad richtiger Rahmenhöhe; wegen des höheren Gewichtes macht die Nutzung eines MTB allenfalls bezüglich der Gangschaltung Sinn.
Reifengröße:	28-622, 32-622 oder 37-622
	Keine schmaleren Reifen verwenden, da sie für die Belastung mit Gepäck und vor allem für die manchmal etwas rauhen Straßenbeläge nicht geeignet sind. Keine 27-Zoll-Reifen benutzen, da Ersatzteile in Frankreich so gut wie nicht zu bekommen sind.
Gangschaltung:	Mindestens 5-6, besser 10 oder mehr Gänge mit Kettenblättern (vorn) 52/42 Zähne oder weniger bzw. übliche Dreifachkettenblätter 48/38/28, Freewheel (Mehrfachfreilaufzahnkranz hinten) mit 14-28 oder 15-28 Zähnen (aber auch größere Ritzel bis 32 Zähne durchaus sinnvoll einsetzbar).
	Diese Übersetzung ist unbedingt erforderlich, da sonst Steigungen nicht bewältigt werden können. Hingegen können die Schnellgänge wegen des Straßenbelags und der Gepäckbelastung ohnehin meist nicht genutzt werden, so daß kleinere Zahnkränze als 14 Zähne in jedem Fall überflüssig sind.
Ausstattung:	Schutzbleche und solide Gepäckträger sind das Wichtigste. Zum Schutz der Kette und der Füße am vorderen Schutzblech Schmutzfänger anbringen.
	Wegen des teils langen und steilen Gefälles sind zwei gut funktionierende Bremsen unverzichtbar.

---

* Die Kriterien für ein tourentaugliches Fahrrad sind ausführlich dargestellt in dem Buch "Der Wind kommt immer von vorn" von J. Rieck (s. Reiseführer und -Literatur).

Mitnehmen, mieten, kaufen?

Das Mitnehmen des eigenen, tourentauglichen Fahrrades ist eigentlich stets die beste Lösung. Nur wer kein Rad besitzt oder den Transport scheut, sollte auf ein Mietrad zurückgreifen. Der Kauf vor Ort ist ebenfalls eine durchaus erwägenswerte Möglichkeit, da bei ähnlichem Preisniveau wie in deutschsprachigen Ländern im allgemeinen Räder ordentlicher bis guter Qualität verkauft werden. Nur in Bezug auf berggängige und besonders bedienungsfreundliche Schaltungen hinken die französischen Produzenten dem mitteleuropäischen Trend hinterher - sie sind weitgehend auf sportliche Radler eingestellt.

Fahrradvermieter sind in Frankreich relativ selten anzutreffen; allerdings sind Spezialverleiher für MTBs (franz.: vélo tout terrain = VTT) im Vormarsch. Außer bei einigen Touristeninformationen, Fahrradhändlern und Fahrradreise-Spezialunternehmen sind Fahrräder vor allem bei ca. 240 Bahnhöfen der SNCF (meist nur in der Saison: Mai-Okt) auszuleihen; eine Liste ist in der Broschüre *guide du train et du vélo* der SNCF enthalten, die es bei den Auslandsvertretungen der Französischen Eisenbahnen (s. *Verkehrsverbindungen in Frankreich*) und an jedem Bahnhof in Frankreich gibt. Die SNCF vermietet drei Gruppen von Rädern: "klassische" Mixte-Räder mit oder ohne Kettenschaltung, 10-Gang-Sporträder (Herren- bzw. Damenversionen) und MTBs, letztere merkwürdigerweise nur mit 6-Gang-Schaltung.
Eine Zusammenstellung der bekannten Fahrradvermieter findet sich in den Etappenbeschreibungen bei den jeweiligen Ortsinformationen.

Der Mietpreis für ein Fahrrad beträgt bei der SNCF ab FF 40 je Tag bei kurzer Mietdauer und sinkt bis auf FF 20 je Tag bei längeren Mietzeiten; insgesamt ist mit FF 230 je Woche für ein Rad mit einfacher Kettenschaltung zu rechnen, außerdem ist üblicherweise eine Kaution von FF 1000 fällig; die SNCF verzichtet auf letztere, sofern mit Kreditkarte (VISA oder Eurocard) bezahlt wird, was aber nicht an allen Bahnhöfen akzeptiert wird, und für Inhaber der Rabattkarten *France Vacances* und *Carrissimo*.
Jedes Fahrrad muß grundsätzlich beim Ausleihort zurückgegeben werden.

Ein besonders heikler Punkt bei Mietfahrrädern sind üblicherweise die Sättel. Wer schon einmal seinen Allerwertesten auf einem zu weichen oder zu harten Sattel wund gesessen hat, wird den folgenden Rat nicht mehr als Obskurität abtun: Wer zu Hause ein Fahrrad mit ihm genehmen Sattel besitzt, möge, wenn schon nicht das ganze Rad, zumindest den Sattel (samt Sattelkloben) mitnehmen und gleich im Vermietergeschäft ummontieren.

Reparaturausstattung

So dicht das Servicenetz für Radfahrer in Frankreich auch ist, die fast aus-
schließliche Fixierung des französischen Fahrradmarktes auf die heimischen
Produkte und Normen macht es ggf. erforderlich, gewisse Werkzeuge und Er-
satzteile mitzunehmen. Folgende Dinge gehören deshalb ins Gepäck:
Luftpumpe
Flickzeug, Reifenheber, Ersatzschlauch
Ersatzreifen (bei von der Empfehlung abweichender Norm)
Maul- oder Ringschlüssel
Schraubendreher
Inbusschlüssel
Zahnkranzabzieher für Kettenschaltung
Ersatzspeichen, Nippel, Nippelspanner
Nähmaschinenöl oder Kettenfließfett
Putzlappen, Taschenmesser
Brems- und Schaltzüge
Bremsschuhe mit Bremsgummis

Sperriges Werkzeug wie Hammer oder große Schraubenschlüssel läßt sich
meist unkompliziert bei Tankstellen, Werkstätten, auf dem Land auch bei
Bauern, ausleihen und kann somit zu Hause gelassen werden.

Fahrradteile-Vokabular

Im Falle eines Falles werden Sie in keinem normalen Wörterbuch die Übersetzungen für die wichtigsten Fahrradteile finden. Damit Sie sich gegenüber Fahrradhändlern und -werkstätten verständlich machen können, ist hier eine Liste der entsprechenden Vokabeln zusammengestellt.

Rahmen	**cadre**
Oberrohr	tube horizontal
Unterrohr	tube diagonal
Sattelrohr	tube de selle
Steuerkopfrohr	tube de direction
Gabel	fourche
Ausfallende	patte
Hinterrohre	bases
Hinterstreben	haubans

Laufrad	**roue**
Reifen	pneu
Schlauch	chambre à air
Felge	jante
Speiche	rayon
Nabe (hinten, vorne)	moyeu (avant, arrière)
Achse	essieu

Antrieb	**entraînement**
Tretlager	boîte de pédalier
Tretkurbel	manivelle
Kurbelkeil	clavette
Kettenblatt	plateau
Pedal	pédale
Kette	chaîne
Kettenwerfer (vorn)	dérailleur avant
Schaltwerk (hinten)	dérailleur arrière
Schaltzug	câble de dérailleur
Schalthebel	manette de dérailleur
Gangschaltung	dérailleur

Freilauf-Zahnkranz	roue libre
Kettenritzel	plateau
Kugellager	roulement à billes

Ausstattung

équipement

Lenker	guidon
Glocke	sonnette, timbre
Lampe	phare
Vorbau	potence
Steuerkopfsatz	jeu de direction
Bremsgriff	poignée de frein
Bremszug	câble de frein (transmission)
Felgenbremse	frein
Bremsschuh	porte-patin
Sattelstütze	tige de selle
Sattel	selle
Schutzblech	garde-boue
Kettenschutz	carter
Fahrradstütze, Ständer	béquille
Gepäckträger	porte-bagages
Packtaschen	sacoches
Luftpumpe	pompe à air

Werkzeuge

outils, outillage

Schraubendreher	tournevis
Schraubenschlüssel	clé anglaise
Inbusschlüssel	clé 6 pans
Zange	pinces
Hammer	marteau
Kurbelabzieher	arrache manivelles

Unterwegs

Ehemaliges Kloster in Saint-Gabriel-Brécy (Normandie)

Unterwegs

Nordwest-Frankreich ist flächendeckend, in 174 Etappen unterteilt, ausführlich behandelt. Der Reigen der Streckenbeschreibungen geht von der Region um Paris aus nach Norden zur Atlantikküste und daran entlang nach Südwesten, durch die Bretagne in die Loire-Region und schließlich zurück in den Pariser Raum.

Die Etappenbeschreibungen nennen die benutzten Straßen (mit Numerierung, soweit vorhanden), schildern die durchradelten Ortschaften und am Wege liegende Sehenswürdigkeiten, verweisen auf interessante Abstecher. Orte und Stätten, die einer ausführlichen Darstellung gewürdigt werden, sind in umrandeten "Kästen" hervorgehoben. Dort finden Sie auch Details wie Adressen von Touristeninformationsbüros, Niedrigpreisunterkünfte aller Art, Fahrradläden (Vermietung, Verkauf und Reparatur) und Waschsalons (Selbstbedienung) sowie Verkehrsverbindungen.

Alle Angaben entsprechen dem Stand von 1991/92. Die Übernachtungskapazitäten der Jugendherbergen werden in der Hauptsaison vereinzelt durch Anbauten oder Zelte etc. erhöht.

Den Etappenbeschreibungen sind Kartenskizzen im Maßstab 1:400.000 zugeordnet, die den Streckenverlauf markieren. Die Skizzen enthalten alle befahrenen Straßen, alle Hauptstraßen der entsprechenden Region (d.h. alle auf Landkarten farblich gekennzeichneten Strecken) und - ansatzweise gezeichnet - alle Abzweigungen von der befahrenen Straße. Das ermöglicht die Umsetzung der Kartenskizzen auf die während der Reise benutzten Landkarten; die Skizzen sind hingegen nicht dazu gedacht oder geeignet, als Landkartenersatz zu dienen.

In die Kartenskizzen sind Ortschaften, Niedrigpreisunterkünfte wie Jugendherbergen und Campingplätze eingezeichnet. Dabei werden folgende Zeichen und Symbole verwendet:

✳ Anfangs- oder Endpunkt einer Etappe
🐚 Ortschaft
♟ historische Bauten (Burgen, Schlösser, Klöster etc.)
♟ Office de Tourisme (OTSI)
◌ Syndicat d'Initiative
Ⓢ Studentenwerk
🏛 Jugendherberge
Ⓖ Gîte d'étape
⛺ Campingplatz
✈ Flughafen

Neben Wochentagen, Monaten und Bezeichnungen wie z.B. "Stpl." (Standplätze auf Campingplätzen) werden häufig auch Straßennamen abgekürzt: r = rue, bd = boulevard, av = avenue, rte = route, all = allée, pl = place.

Die Symbole für Touristeninformationsbüros etc. sind den jeweiligen Orten - nach Möglichkeit lagerichtig - zugeordnet; bei unmittelbar nebeneinanderliegenden gleichartigen Punkten, z.B. zwei Campingplätzen, ist das betreffende Symbol nur einmal enthalten. Näheres ist dem Text zu entnehmen.

Die genaue Lage von Ortschaften, Übernachtungsstätten usw. kann nur präzisen Landkarten entnommen werden. Für die Umsetzung der Lageskizzen ist mindestens die empfohlene Michelinkarte 1:200000 erforderlich.

Die Skizzen sind nicht dazu gedacht oder geeignet, als Landkartenersatz zu dienen; eine derart präzise Darstellung würde ein eigenes Kartenwerk in entsprechendem Maßstab und vielfarbigem Druck erfordern. Eine Umsetzung der Skizzen auf die während der Reise benutzten Landkarten ist unbedingt erforderlich!

Nobody is perfect

Und Reiseführer sind "schnellverderbliche Ware".
Deshalb werden sich auch in diesen Reiseführer Fehler eingeschlichen haben. Bei aller Sorgfalt ist es unvermeidlich, daß dieses Buch dem Anspruch der Unfehlbarkeit nicht gerecht werden kann.

Wir bemühen uns, bei jeder Neuauflage eine komplette Aktualisierung aller Informationen durchzuführen, und sind deshalb dankbar für jeden Hinweis zu Korrekturen, Ergänzungen, für Tips zu der Streckenführung, für jede Art konstruktiver Kritik.

Schreiben Sie uns:

Verlag Wolfgang Kettler
Redaktion "Nordwest-Frankreich per Rad"
Czeminskistr. 5
W-1000 Berlin 62

Die Regionen Nordwest-Frankreichs

Zwar ist das nordwestliche Frankreich klimatisch ein weitgehend homogenes Gebilde - gemäßigte Temperaturen und mittlere Sonnenstunden- und Niederschlagswerte liegen vor -, dennoch kann durch die Auswahl bestimmter Teilgebiete der Charakter einer Fahrradreise stark variiert werden. Das *Pariser Bekken* mit seiner Mischung aus großem Ballungsgebiet mit Industrie und aus weiten landwirtschaftlichen Flächen ist radtouristisch zweifellos die uninteressanteste Region, aufgrund der relativ ebenen Topographie (markante Ausnahme: das Seine-Tal mit den begleitenden Höhenzügen) aber recht gut geeignet zum Anwärmen der Wadenmuskeln.

Zu Unrecht vernachlässigt sind hingegen die sich nördlich anschließenden Gebiete der *Ile-de-France* und der *Picardie*, die mit einigen schönen alten Städten, abwechslungsreichen Hügellandschaften und großen Waldgebieten eine durchaus erfahrenswerte Zusammenstellung zu bieten haben. In diesem Übergangsbereich zur nordfranzösischen Industrielandschaft verdienen vor allem Compiègne, die Gegend um Amiens und die zwischen diesen Punkten liegenden Wälder Beachtung. Und der Teil des Pariser Beckens, der auf dem Weg zur Picardie durchradelt wird, ist landschaftlich deutlich abwechslungsreicher als die südlich der Hauptstadt gelegenen Flächen; schon wenige Kilometer nördlich des Flughafens Charles-de-Gaulle können attraktive Dörfer durchradelt, verwitterte Abteien und Schlösser besucht werden. Speziell den per Flugzeug angereisten Radtouristen sei daher ans Herz gelegt, die nördliche Ile-de-France und die Picardie nicht durch Mißachtung zu strafen.

Südwestlich schließt sich der Pariser liebstes Ausflugs- und Feriengebiet an: die *Normandie*. Zwar hat die Industrialisierung der unteren Seine dafür gesorgt, daß zwischen Paris und der Mündung hinter Rouen eine Menge des Flußtalcharmes verloren gegangen ist, aber die weitläufigen Apfelgärten, die braunweißen Fachwerkhäuser, das friedliche Bild grasender Kuhherden gibt es noch, und dies vor allem abseits der großen Verkehrsströme, also dort, wo sich der Fahrradreisende ohnehin bevorzugt aufhält. Am eindrucksvollsten verknüpfen sich diese Qualitäten im Département Eure, also nur wenige Kilometer vom Lärm der Großstadt Rouen entfernt und dennoch auch ohne Verkehrshektik erreichbar.
Nördlich der Seinemündung verfügt die Normandie über eine markante Steilküste aus Kreidefelsen, die bei *Etretat* am bizarrsten, bei *Le Tréport* am höchsten ist. Wer der Küstenlinie unmittelbar folgen möchte, muß sich auf ein nicht unbeträchtliches Auf und Ab der Straßen einstellen, weshalb die Etappenempfehlungen dieses Buches auch eine Mischung mit gemäßigteren Binnenlandstraßen vorsehen.
Weniger steil wird die normannische Küste dann in ihrem fast geradlinigen Ver-

lauf westlich der Seinemündung, wo sich ein breiter Strand an den nächsten anschließt. Die kulturelle Hauptattraktion dieses Gebiets ist *Bayeux* mit seiner attraktiven Altstadt und vor allem einem mittelalterlichen Comic-Strip in Form eines Wandteppichs mit der Darstellung der Schlacht von Hastings. Die wie ein Daumen in den Ärmelkanal hineinreichende Halbinsel *Cotentin* dient eher der Entspannung von Urlaubern in einem der zahlreichen Badeorte. Hügeliger und waldreicher geht es hingegen zu, wenn man von Caen oder Bayeux quer durch das normannische Binnenland zur Grenzfeste zwischen Normandie und Bretagne fährt, dem *Mont St.-Michel*, einem Wunderwerk klerikaler Architektur, das sicher eines der meistfotografierten Touristenziele in Frankreich ist.

Muß man allgemein mit Regionenbezeichnungen in Frankreich großzügig verfahren, da häufig unterschiedliche Abgrenzungen für alte Gebietsnamen, touristische Bereiche und neue Verwaltungsregionen bestehen, so ist das im Fall der *Bretagne* besonders sinnvoll: die landschaftliche Einheit des Armorikanischen Massivs umfaßt ein erhebliches größeres Gebiet als die Verwaltungsregion der Bretagne, und auch das gemeinsame kulturelle Erbe der Halbinsel ist beträchtlich. Die bis ins 15. Jahrhundert bestandene Unabhängigkeit von französischen Oberherrschern und die Abgeschiedenheit haben dafür gesorgt, daß die Bretonen Zeugen ihrer althergebrachten bäuerlichen Kultur bis heute erhalten konnten. Eindrucksvollstes Beispiel sind die *Kalvarien*, jene christlichen Skulpturengruppen, die es in dieser Form und Häufigkeit nur in der Bretagne gibt. Und die herbe Schönheit der Landschaft, an den Küsten ebenso wie im Binnenland, hat ein Übriges getan, um die Bretagne zum zweitwichtigsten Feriengebiet Frankreichs zu machen. Erstaunlicherweise ist lediglich in den Badeorte an den Küsten davon etwas zu merken, und selbst dort erinnert außerhalb der Saison nur die Tristesse geschlossener touristischer Einrichtungen an den Ansturm der Ferienzeit. Von den im Zweiten Weltkrieg zerstörten und heute modernistisch-ausufernden Städten Brest und Lorient einmal abgesehen, ist die Bretagne ein einzig großes und durchweg attraktives Ferien- und Reisegebiet, bei der die Qual der Wahl geeigneter Strecken nur durch die Vorauswahl "Küste oder Binnenstrecke" gemildert wird.

Eindeutiger sind die Qualitäten schon zu unterscheiden in jenem Teil des Gebietes dieses Reiseführers, der Überseetouristen die Hälfte Frankreichs bedeutet: das Loire-Tal (die andere Hälfte Frankreichs ist der Eiffelturm...). Nur ein Besuch des Naturschutzgebietes *Grande Brière* nahe St.-Nazaire oder der Schlenker durch das Vendée-Gebiet bei La Roche-sur-Yon rechtfertigen eigentlich eine Überquerung der Loiremündung unmittelbar an der Küste; ansonsten ist es eher anzuraten, einen Bogen um St.-Nazaire und Nantes zu schlagen. Jener Teil der Loireregion, der Touristen aus aller Welt anzieht, beginnt ohnehin erst etwa ab Ancenis. Landeinwärts fahrend haben Sie dann bis hinter Saumur die Wahl zwischen den stark befahrenen Hauptstraßen im Tal der Loire und den erheblicher ruhigeren, aber deutlich hügeligeren Strecken über die Höhenzüge vor allem auf der Südseite der Loire. Wer nicht absolut schloßbesichtigungssüchtig ist, sollte zumindest einen Teil jener Strecke abseits der Standard-Touristenstrecke im Loiretal wählen: die Weinberge des Anjou, die Erdsiedlungen bei Doué-la-Fontaine, die landschaftlichen Attraktionen des Tales des Loir (nicht mit der Loire verwechseln!) sind mindestens ebenso sehenswert wie die Prachtbauten von Azay-le-Rideau, Chenonceaux, Amboise oder des zu Unrecht hochgelobten Schlosses von Blois.

Normandie, Bretagne, Pariser Becken und die sich aus mehreren kleineren Teilen zusammensetzende Loire-Region stoßen ungefähr an der Linie Laval-Le Mans-Chartres zusammen; ein Gebiet, in dem aufgrund der geringen touristischen Auslastung - von Renommierorten wie Chartres einmal abgesehen - französisches Leben besonders unverfälscht genossen werden kann.

Wer östlich an Paris vorbeifahren möchte, z.B. als Verbindung zum Flughafen, kommt dabei durch die Übergangsbereiche zwischen Ile-de-France und Champagne, durch die Gebiete von Meaux und Epernay, wo Gelegenheit zum Einkauf und Verzehr kulinarischer Spezialitäten besteht: in Meaux der berühmte Brie-Käse, in der Champagne der weltberühmte Schaumwein. Sowohl als Auftakt wie als Ende einer Fahrradreise durch Nordwest-Frankreich durchaus empfehlenswert. Die östlichsten Strecken dieses Buches berühren zudem in Provins und Laon Orte mit extrem gut erhaltenen mittelalterlichen Stadtkernen, die auch einen längeren "Umweg" verdienen.

Ville Close, Saint-Malo (Bretagne)

Etappenübersicht

Eine Etappen-Übersichtskarte befindet sich am Schluß des Buches (ausklappbar).

Etappe 1: Paris - Beaumont-sur-Oise - Chambly - Méru - Auteuil - Allonne - Beauvais (91 km)

Etappe 2: Paris - Sarcelles - Fontenay-en-Parisis - Survilliers - Plailly (45 km)

Etappe 3: Plailly - Fontaine-Chaalis - Rully - Néry - Saint-Sauveur - Lacroix - Compiègne (49 km)

Etappe 4: Paris - Aulnay-sous-Bois - Mitry-Mory - Messy - Villeroy - Meaux (47 km)

Etappe 5: Meaux - Betz - Crépy-en-Valois - Pierrefonds - Vieux-Moulin - Compiègne (70 km)

Etappe 6: Compiègne - Lassigny - Roye (38 km)

Etappe 7: Compiègne - Tracy - La Pommeraye - Blérancourt - Coucy - Anizy - Laon (76 km)

Etappe 8: Laon - Cessières - Saint-Gobain - La Fère (30 km)

Etappe 9: La Fère - Brissay-Choigny - Séry-lès-Mézières - Saint-Quentin - Pontru - Jeancourt - Roisel - Péronne - Albert (83 km)

Etappe 10: Roye - Rosières - Bray-sur-Somme - Albert (39 km)

Etappe 11: Albert - Millencourt - Vadencourt - Amiens (31 km)

Etappe 12: Beauvais - Luchy - Croissy - Amiens (59 km)

Etappe 13: Amiens - Molliens - Hornoy (35 km)

Etappe 14: Hornoy - Senarpont - Gamaches - Eu - Le Tréport (48 km)

Etappe 15: Hornoy - Senarpont - Blangy-sur-Bresle - Fresnoy (45 km)

Etappe 16: Hornoy - Bettembos - Marlers - Fouilloy - Romescamps - Gaillefontaine - Forges-les-Eaux (54 km)

Etappe 17: Forges-les-Eaux - Argueil - Elbeuf-sur-Andelle - Ry (26 km)

Etappe 18: Beauvais - Savignies - Lhéraule - Gournay-en-Bray - Argueil - Elbeuf-sur-Andelle - Ry (69 km)

Etappe 19: Paris - St.-Cloud - Versailles - Neauphie - Jouars - Montfort-l'Amaury (60 km)

Etappe 20: Paris - Nanterre - Poissy - Meulan - La Roche-Guyon - Gasny - Vernon (82 km)

Etappe 21: Vernon - Port-Mort - Les Andelys - Muids - Herqueville - Amfreville - Pont-St.-Pierre - Boos - Rouen (75 km)

Etappe 22: Ry - Blainville - Roncherolles - Darnétal - Rouen (28 km)

Etappe 23: Rouen - Pont-de-l'Arche - Léry - Louviers - Cailly-sur-Eure - Pacy (67 km)

Etappe 24: Le Tréport - Mesnil-Val - Criel-sur-Mer - Touffreville - Guilmécourt - Intraville - Envermeu - Saint-Nicolas - Torcy (50 km)

Etappe	25:	Fresnoy - Envermeu - St.-Nicolas - Arques-la-Bataille - Offranville (35 km)
Etappe	26:	Offranville - Longueil - Quiberville - Veules-les-Roses - Saint-Valery-en-Caux (31 km)
Etappe	27:	Offranville - Auppegard - Hermanville - Brachy - Saâne - Saint-Laurent - Berville - Yvetot - Duclair (72 km)
Etappe	28:	Duclair - Rouen (20 km)
Etappe	29:	Torcy - Bellencombre - Bosc-le-Hard - Isneauville - Rouen (48 km)
Etappe	30:	St.-Valery-en-Caux - Paluel Vittefleur - Cany-Barville - Grainville - Yvetot (52 km)
Etappe	31:	Saint-Valery-en-Caux - Veulettes - Fécamp - Etretat - Montivilliers - Le Havre (91 km)
Etappe	32:	Le Havre - Pont de Tancarville - Foulbec - Berville-sur-Mer - Honfleur (58 km)
Etappe	33:	Duclair - Jumièges - Bourneville - Pont-Audemer - Cormeilles - Lisieux (76 km)
Etappe	34:	Rouen - Bourg-Achard - Montfort - St.-Georges-du-Vièvre - Moyaux - Lisieux (89 km)
Etappe	35:	Lisieux - Manerbe - Rumesnil - Troarn - Caen/Hérouville (62 km)
Etappe	36:	Honfleur - Trouville - Tourgeville - Varaville - Caen/Hérouville (64 km)
Etappe	37:	Caen - Ifs - Fontenay-le-Marmion - Villers-Canivet - Falaise (45 km)
Etappe	38:	Caen - Evrecy - Aunay-sur-Odon - Estry (48 km)
Etappe	39:	Caen - Creully - Saint-Gabriel-Brécy - Bayeux (32 km)
Etappe	40:	Isigny-sur-Mer - Colombières - Trévières - Bayeux (38 km)
Etappe	41:	Bayeux - Le Molay-Littry - Tournières - Sainte-Marguerite-d'Elle - Couvains - Villiers-Fossard - Saint-Lô (45 km)
Etappe	42:	Estry - Bernières-le-Patry - Tinchebray - Beauchêne - Mortain (47 km)
Etappe	43:	Saint-Lô - Tessy-sur-Vire - St.-Sever-Calvados - St.-Pois - Mortain (75 km)
Etappe	44:	Saint-Lô - Canisy - Gavray - La Haye-Pesnel - Avranches (62 km)
Etappe	45:	Avranches - Genêts - Granville - Bréhal - Coutainville (69 km)
Etappe	46:	Coutainville - Barneville-Carteret (48 km)
Etappe	47:	Barneville-Carteret - Cap de la Hague - Cherbourg - Quettehou - Quinéville - Utah Beach (130 km)
Etappe	48:	Barneville-Carteret - Valognes - Quinéville - Utah Beach (60 km)
Etappe	49:	Utah Beach - Carentan - Isigny-sur-Mer (28 km)
Etappe	50:	Montfort-l'Amaury - Epernon - Maintenon (35 km)
Etappe	51:	Pacy-sur-Eure - Ezy-sur-Eure - Broué - Maintenon (53 km)
Etappe	52:	Maintenon - Jouy - Chartres (20 km)
Etappe	53:	Thiron - Magny - Bailleau-le-Pin - Chartres (42 km)
Etappe	54:	Chartres - Senonches - La Ferté-Vidame (50 km)

Etappe	55:	La Ferté-Vidame - Longny-au-Perche - Mortagne-au-Perche (33 km)

Etappe 55: La Ferté-Vidame - Longny-au-Perche - Mortagne-au-Perche (33 km)

Etappe 56: Mortagne-au-Perche - Sées - Médavy (40 km)

Etappe 57: Lisieux - Fervaques - Vimoutiers - Exmes - Médavy (64 km)

Etappe 58: Falaise - Montgaroult - Argentan - Médavy (40 km)

Etappe 59: Médavy - Forêt d'Écouves - Alençon (45 km)

Etappe 60: Médavy - Carrouges - La Ferté-Macé - La Chapelle-d'Andaines - Lassay (44 km)

Etappe 61: Lassay - Le Horps - Jublains - Montsûrs - Argentré - Laval (62 km)

Etappe 62: Laval - Changé - Le Bourgneuf-la-Forêt - Vitré (40 km)

Etappe 63: Mortain - Buais - Fougerolles - Landivy - Landéan - Fougères - Vitré (80 km)

Etappe 64: Vitré - Domalain - Visseiche - Retiers - Fercé - Châteaubriant (60 km)

Etappe 65: Vitré - Champeaux - Servon-sur-Vilaine - Acigné - Rennes (40 km)

Etappe 66: Rennes - Montfort-sur-Meu (22 km)

Etappe 67: Montfort - Irodouër - St.-Pern - St.-Juvat - Dinan (45 km)

Etappe 68: Mont St.-Michel - Pleine-Fougères - Le Boussac - Lanhélin - St.-Pierre-de-Plesguen - Dinan (56 km)

Etappe 69: Dinan - Rance-Tal - Dinard (22 km)

Etappe 70: Dinan - Corseul - Pléven - La Poterie - Lamballe - Quessoy - Saint-Brieuc (75 km)

Etappe 71: St.-Brieuc - Hillion - Planguenoual - Le Val-André - Sables-d'Or - Cap Fréhel - Matignon - Ploubalay - St.-Lunaire - Dinard (100 km)

Etappe 72: Dinard - St.-Malo - Pointe du Grouin - Dol-de-Bretagne - St.-Broladre - Beauvoir - Mont St.-Michel (88 km)

Etappe 73: Mont St.-Michel - Céaux - Pontaubault - Avranches (24 km)

Etappe 74: Montfort - Gaël - Guilliers - Josselin (56 km)

Etappe 75: Josselin - Les Forges - Rohan - Pontivy (38 km)

Etappe 76: Josselin - Les Forges - La Chèze - Loudéac (35 km)

Etappe 77: Loudéac - Le Quillio - St.-Mayeux - Plussulien (32 km)

Etappe 78: Loudéac - Moncontour - Quessoy - St.-Brieuc (46 km)

Etappe 79: Saint-Brieuc - Cohiniac - Saint-Gildas - Plésidy - Maël-Pestivien (60 km)

Etappe 80: Maël-Pestivien - Locarn - Carhaix-Plouguer (28 km)

Etappe 81: Plussulien - Plouvénez-Quintin - Maël-Carhaix - Carhaix-Plouguer (43 km)

Etappe 82: Carhaix-Plouguer - Plévin - Langonnet - Le Faouët - Quimperlé (57 km)

Etappe 83: Pontivy - Plouay - Quimperlé (54 km)

Etappe 84: Maël-Pestivien - Callac - Plougonven - Morlaix (54 km)

Etappe 85: Carhaix-Plouguer - Huelgoat - Morlaix (51 km)

Etappe 86: Carhaix-Plouguer - Saint-Goazec (24 km)

Etappe 87: Morlaix - Saint-Thégonnec - Guimiliau - Sizun (33 km)

Etappe 88: Sizun - Le Faou - Châteaulin - Locronan (54 km)

Etappe	89:	Morlaix - Le Plessis - Commana - Pleyben - Briec (70 km)
Etappe	90:	Briec - Quimper (14 km)
Etappe	91:	Saint-Goazec - Trégourez - Langolen - Quimper (36 km)
Etappe	92:	Locronan - Quimper (17 km)
Etappe	93:	Quimper - Plonéour-Lanvern - Plozévet - Audierne - Lescoff - Douarnenez - Locronan (112 km)
Etappe	94:	Locronan - Plomodiern - Saint-Nic - Le Fret (- Fähre - Brest) (43 km)
Etappe	95:	Sizun - Daoulas - Plougastel-Daoulas - Brest (40 km)
Etappe	96:	Sizun - Landerneau - Le Relecq-Kerhuon - Brest (42 km)
Etappe	97:	Brest - Le Conquet - Portsall - Lannilis - Plouguerneau - Goulven - Plouescat (110 km)
Etappe	98:	Plouescat - Saint-Pol-de-Léon - Carantec - Morlaix (50 km)
Etappe	99:	Morlaix - Lannion - Trébeurden - Trégastel - Perros-Guirec (62 km)
Etappe	100:	Perros-Guirec - Paimpol (36 km)
Etappe	101:	Paimpol - Saint-Quay-Portrieux - Saint-Brieuc (47 km)
Etappe	102:	Quimper - Fouesnant - Concarneau - Pont-Aven - Quimperlé (57 km)
Etappe	103:	Quimperlé - Lorient - Plouhinec - Carnac (57 km)
Etappe	104:	Carnac - Auray - Baden - Vannes (43 km)
Etappe	105:	Carnac - Locmariaquer - Sarzeau - Vannes (47 km)
Etappe	106:	Josselin - Plumelec - Saint-Avé - Vannes (40 km)
Etappe	107:	Josselin - Malestroit - Saint-Gravé (40 km)
Etappe	108:	Vannes - Rochefort-en-Terre - Saint-Gravé (41 km)
Etappe	109:	Vannes - Questembert - La Roche-Bernard (50 km)
Etappe	110:	Vannes - Noyal - Surzur - Muzillac - Arzal (41 km)
Etappe	111:	Arzal - Camoël - Pompas - Saint-Lyphard - Guérande - Batz-sur-Mer - La Baule - Saint-Nazaire (70 km)
Etappe	112:	La Roche-Bernard - Crossac - Saint-Joachim - Saint-Nazaire (38 km)
Etappe	113:	Saint-Gravé - Redon - Guémené-Penfao (40 km)
Etappe	114:	Guémené-Penfao - Pierric - Messac - Pléchâtel - Bruz - Rennes (80 km)
Etappe	115:	Guémené-Penfao - Blain - La Pâquelais - Nantes (56 km)
Etappe	116:	Guémené-Penfao - Nozay - Nort-sur-Erdre (37 km)
Etappe	117:	Châteaubriant - Issé - Nort-sur-Erdre (35 km)
Etappe	118:	Nort-sur-Erdre - La Chapelle-sur-Erdre - Nantes (27 km)
Etappe	119:	Saint-Nazaire - Paimboeuf - Le Pellerin - Nantes (61 km)
Etappe	120:	Saint-Nazaire - Pornic - Les Moutiers-en-Retz (44 km)
Etappe	121:	Les Moutiers-en-Retz - Bouin - a) Saint-Jean-de-Monts - Challans (60 km) b) Bois-de-Céné - Challans (36 km)
Etappe	122:	Challans - Apremont - Maché - Beaulieu-sous-la-Roche - La Roche-sur-Yon (50 km)

Etappe 123: La Roche-sur-Yon - Chauché - Saint-Fulgent - Les Herbiers - Les Epesses (54 km)

Etappe 124: Les Epesses - Cholet - Jallais - Chalonnes (62 km)

Etappe 125: Les Epesses - Les Châtelliers - Rorthais - Saint-Clémentin - Argenton (46 km)

Etappe 126: Laval - Quelaines - Laigné - Ampoigné - Saint-Quentin-les-Anges - Segré (50 km)

Etappe 127: Nort-sur-Erdre - La Lirais - La Meilleraye-de-Bretagne - Saint-Julien - Juigné - Combrée - Segré (68 km)

Etappe 128: Alençon - Courgains - Ballon - Le Mans (60 km)

Etappe 129: Laval - Argentré - St.-Léger - Sainte-Suzanne - Torcé-Viviers-en-Charnie (42 km)

Etappe 130: Segré - Chambellay - Marigné - Miré - Sablé-sur-Sarthe - Chantenay-Villedieu (67 km)

Etappe 131: Chantenay-Villedieu - Souligné-Flacé - Le Mans (32 km)

Etappe 132: Torcé-Viviers-en-Charnie - Bernay - Le Mans (40 km)

Etappe 133: Nort-sur-Erdre - Ligné - Couffé - Ancenis (27 km)

Etappe 134: Nantes - Saint-Sébastien - Liré - Ancenis (45 km)

Etappe 135: Ancenis - Liré - Saint-Florent-le-Vieil - Montjean - Chalonnes (37 km)

Etappe 136: Chalonnes - Rochefort-sur-Loire - Béhuard - Bouchemaine - Angers (30 km)

Etappe 137: Segré - La Pouëze - Saint-Clément-de-la-Place - Angers (40 km)

Etappe 138: Angers - La Bohalle - Abbaye de St.-Maur - Gennes - Saumur (48 km)

Etappe 139: Argenton - Doué-la-Fontaine - La Fosse - Dénezé-sous-Doué - Gennes - Saumur (66 km)

Etappe 140: Angers - Corné - Baugé - Le Lude (63 km)

Etappe 141: Le Lude - Château-du-Loir - La Chartre-sur-le-Loir (37 km)

Etappe 142: Le Lude - Pontvallain - Arnage - Le Mans (45 km)

Etappe 143: Le Mans - Ruaudin - St.-Mars-d'Outillé - Le Grand-Lucé - Tresson (43 km)

Etappe 144: Le Mans - Yvré-l'Evêque - Parence - Montfort-le-Gesnois - Lombron - La Chapelle-St.-Rémy - Tuffé (40 km)

Etappe 145: Tuffé - Saint-Martin-des-Monts - La Ferté-Bernard - Ceton - Nogent-le-Rotrou - Thiron-Gardais (54 km)

Etappe 146: Tresson - Saint-Calais - Sargé-sur-Braye - Beauchêne - Chauvigny-du-Perche (55 km)

Etappe 147: La Chartre-sur-le-Loir - Artins - Montoire - Le Gué-du-Loir - Vendôme (65 km)

Etappe 148: Saumur - Montsoreau - Chinon (31 km)

Etappe 149: Chinon - Huismes - Bréhémont - Savonnières - Tours (53 km)

Etappe 150: Chinon - Azay-le-Rideau - Artannes - Montbazon (45 km)

Etappe 151: Chinon - St.-Epain - Louans (43 km)

Etappe 152: Louans - Dolus-le-Sec - Chanceaux - Loches - Montrésor (40 km)

Etappe 153: Montbazon - Saint-Branchs - Tauxigny - Dolus-le-Sec - Chanceaux - Loches - Montrésor (50 km)
Etappe 154: Montbazon - Truyes - Bléré - Chenonceaux - Montrichard (41 km)
Etappe 155: Tours - Vouvray - Noizay - Onzain (42 km)
Etappe 156: Onzain - Blois - Chambord (40 km)
Etappe 157: Montrichard - Sambin - Cour-Cheverny - Bracieux - Chambord (47 km)
Etappe 158: Montrésor - Luçay-le-Mâle - Valençay - Chabris - Mur-de-Sologne - Bracieux - Chambord (92 km)
Etappe 159: Vendôme - Oucques - Marchenoir - Josnes (40 km)
Etappe 160: Chauvigny-du-Perche - Rougemont - Binas (35 km)
Etappe 161: Binas- Villermain - Meung-sur-Loire - St.-Hilaire - Orléans (45 km)
Etappe 162: Josnes - Beaugency - Jouy-le-Potier - Orléans (44 km)
Etappe 163: Chambord - La Ferté-Saint-Cyr - Ligny-le-Ribault - Jouy-le-Potier - Orléans (52 km)
Etappe 164: Orléans - Bricy - Patay - Sancheville - Chartres (80 km)
Etappe 165: Chartres - Béville-le-Comte - Sainville (32 km)
Etappe 166: Sainville - Étampes - Champmotteux (41 km)
Etappe 167: Orléans - Chécy - Trainou - Ingrannes - Chambon - Boynes (54 km)
Etappe 168: Boynes - Puiseaux - Guercheville - La Chapelle-la-Reine - Fontainebleau - Fontaine-le-Port (58 km)
Etappe 169: Champmotteux - Tousson - Ury - Fontainebleau - Fontaine-le-Port (47 km)
Etappe 170: Fontaine-le-Port - Melun - Seinetal - Paris (61 km)
Etappe 171: Fontaine-le-Port - Le Châtelet-en-Brie - Les Ecrennes - Donnemarie-Dontilly - Provins - Beton-Bazoches (68 km)
Etappe 172: Beton-Bazoches - Chevru - Amillis - Faremoutiers - Maisoncelles-en-Brie - Meaux (51 km)
Etappe 173: Beton-Bazoches - La Ferté-Gaucher - Montdauphin - Artonges - Crézancy - Fère-en-Tardenois (75 km)
Etappe 174: Fère-en-Tardenois - Fismes - Laon (53 km)

Start in der Hauptstadt

In einem zentralistisch verwalteten Land wie Frankreich ist die Fixierung der Verkehrswege auf die Hauptstadt nahezu unvermeidlich. Für den Radtouristen folgt daraus, daß bei Anreise mittels öffentlicher Verkehrsmittel Paris meist Start- und Endpunkt der Fahrradreise sein wird, falls Sie nicht schon vorher einen Provinz-Bahnhof zur Anknüpfung an eine Etappenbeschreibung nutzen möchten.

Paris ist nicht gerade eine fahrradfreundliche Stadt. Sie sollten sich deshalb darauf einrichten, eine Stadtbesichtigung vor oder nach der Fahrradreise ohne Drahtesel durchzuführen. Auf die Vielzahl der Sehenswürdigkeiten der französischen Hauptstadt soll hier nicht weiter eingegangen werden; jede Buchhandlung hält eine Fülle von Stadtführern bereit. Als Beispiel der Kuriositäten sei hier nur genannt, daß in der ehemaligen Fahrradfabrik *Motobécane* im Vorort Pantin ein internationales Automobil-Zentrum existiert, das für sich das Paradoxon einer Präsentation "umweltfreundlicher" Autos beansprucht, diesen Anspruch aber allenfalls mit einer Pyramide aus Kinder-Tretautos erfüllen kann...

Falls Sie mit der Eisenbahn anreisen, werden Sie am Gare du Nord (Züge aus dem nord- und nordwestdeutschen Raum) oder am Garde de l'Est (aus Richtung Frankfurt oder südlicher) ankommen. Dort wartet (hoffentlich) auch Ihr Fahrrad bei der Gepäckaufbewahrung auf Sie, falls Sie es als Reisegepäck vorgeschickt haben (s. *Anreise*). Beide Bahnhöfe liegen im Nordosten von Paris und bieten deshalb recht gute Ausgangspunkte für eine nach Norden oder Osten führende Tour. In jedem Fall ist anzuraten, das Fahrrad für die Dauer einer vorgeschobenen Stadtbesichtigung am Bahnhof zu belassen, da es dort sicherer aufgehoben ist als bei irgendeiner Unterkunft im Stadtgebiet. Vergewissern Sie sich aber spätestens einen Tag vor dem geplanten Start, daß das Rad angekommen und intakt ist, damit Sie bei verspäteter Ankunft Gelegenheit zu Nachforschungen bzw. bei Defekten noch Zeit für evtl. Reparaturen haben.
Für die Fahrt per Rad aus der Hauptstadt hinaus sollten Sie sich an die großen Ausfallstraßen halten; die Orientierung auf womöglich gepflasterten Nebenstraßen ist für Ortsunkundige weitgehend unmöglich. Je nachdem, in welche Richtung Sie starten wollen, ist evtl. sinnvoll, für den Weg aus dem Pariser Ballungsgebiet einen Vorortzug zu benutzen, bei dem der Radtransport im Rahmen der vorhandenen Möglichkeiten gratis ist. Das gleiche gilt natürlich auch für das letzte Stück bei Reiseende. Allerdings ist der Fahrradtransport in Pariser Vorortzügen nur samstags und sonntags (ganztägig) sowie mo-fr außerhalb der Berufsverkehrszeiten erlaubt.

Information: Zentrale: 127 av des Champs-Elysées, 75008 Paris, Tel. 47236172, tägl. geöffnet. Außerdem Büros in den Fernbahnhöfen (so geschl.) und während der Hauptsaison am Eiffelturm. Auskünfte und schriftliche Vorausbuchung für preisgünstige Jugendunterkünfte bei der Organisation "Accueil des Jeunes en France" (AJF), 12 rue des Barres, 75004 Paris, Tel. 42727209. Städtische Unterkunftsvermittlung: 29 r de Rivoli, Tel. 42771540; Empfangsbüros der AJF im Gare du Nord, im Rathaus (an der Brücke Pont Louis-Philippe) und gegenüber vom Centre Pompidou.
Alle Touristeninformationsbüro sind während der Hauptsaison hoffnungslos überlastet. Man sollte daher besser vor der Ankunft bereits schriftlich alle gewünschten Informationen einholen.

Verkehrssystem: Wichtigstes Verkehrsmittel innerhalb von Paris ist die Métro (U-Bahn), ergänzt von Bussen und drei S-Bahnlinien (R.E.R.). Ein erweiterter Innenstadtbereich wird dadurch voll erschlossen; die Métro ist in Hinblick auf Schnelligkeit in Paris unschlagbar. Nützlich für einen mehrtägigen Aufenthalt ist zweifellos der Erwerb einer Touristennetzkarte Paris Visite für 1, 3 oder 5 Tage zu Preisen zwischen FF 75 und 180, die auf allen drei Verkehrsmitteln Im Gesamtnetz gilt. Fahrscheine müssen für jedes Verkehrsmittel separat gelöst werden (Ausnahme: Métro und R.E.R.-Innenstadtstrecken) und sind dadurch teuer; auch die "carnets" mit 10 Métro-/Bus-Karten sind dann noch nicht besonders billig. Ansonsten ist für einen mehrtägigen Aufenthalt im inneren Stadtbereich die *carte jaune* am preisgünstigsten, eine Wochenkarte für alle Verkehrsmittel. Man bekommt sie (als *carte orange* auch für einen Monat) an den meisten Métro-Stationen und benötigt dafür ein Paßbild.

Mitfahrzentralen: Allostop, 84 passage Brady, Tel. 42460066; Paris-Stop, 35 rue Jacob, Tel. 42604209; Provoya, 14 rue du Faubourg St.-Denis, Tel. 47702859.

Studentenwerk: CROUS, 39 av Georges Bernanos, Tel. 40513600, 6 Wohnheime.

Jugendherberge: *FUAJ:* 8 bd Jules Ferry, 11. Arrondissement (Stadtbezirk), Tel. 43575560, 99 Betten, ganzj.; "Le d'Artagnan", 80 r Vitruve, 20. Arr., Tel. 43610875, 411 Betten, ganzj.; Cité Universitaire, Maison des Arts et Métiers, 27 boulevard Jourdan, 14. Arr., Sommerherberge Juli-Mitte Sept., Tel. s. "Jules Ferry", dort auch alle Auskünfte.
LFAJ-angeschlossene Jugendgästehäuser; etwas teurer als die FUAJ-Herbergen, insgesamt rund 1200 Betten, zu buchen bei der LFAJ-Zentrale (s. *Ein Dach überm Kopf*) bzw. bei AJF (s. oben, Information).
Außerdem einige FUAJ-Herbergen in den Vororten sowie unabhängige Jugendhotels, über AFJ zu buchen.

Camping: Bois du Boulogne, All du Bord de l'Eau, 16. Arr., Tel. 45061498; Tremblay, Quai de Polangis, Champigny-sur-Marne (Vorort mit S-Bahn), Tel. 42833824; Camp des Cigognes, Créteil, am Marneufer, Tel. 42070675, (mit S-Bahnanschluß); bei der FUAJ-Herberge in Coisy-le-Roi, 125 av de Villeneuve St.-Georges, Tel. 48909230, zusätzl. zu 280 JH-Betten 500 Standpl., per Vorortzug erreichbar.

Fahrradvermietung: am Bahnhof Porte-Maillot; Deux Roues de France, 50 r Legrendre, 17 Arr., Tel. 47667744; Relais du Bois, 9 r de la Faisanderie, Juli/Aug. tägl., sonst mi/sa/so; Paris vélo, 2 r du Fer à Moulin, 5. Arr., Tel. 43375922; Bicy club de France, 8 pl de la Porte Champerret, 17. Arr., Tel. 47665592; Autothèque, 80 r Montmartre, 2. Arr., Tel. 42368790; La Maison du Vélo, 8 r de Belzunce, 10. Arr., Tel. 42812472; Mountain Bike Trip, Tel. 48425787; Paris by cycle, Tel. 42633663; einige Anbieter in Vororten.

Anknüpfungsstrecken ab Flughafen Charles-de-Gaulle

Etappe 1 (80 km)

Im Flughafengelände den Wegweisern Rchtg. Paris folgen. Das erste Hinweisschild nach Roissy-en-France steht an der Brücke über die Autobahn, gleich dahinter beginnt der Ort. Rechts halten ("Toutes Directions"), im Ort erneut rechts Rchtg. Goussainville. An einer etwas irritierend angelegten T-Mündung links ("Route de l'Arpenteur") unbeschildert auf die D47A, die die N17 kreuzt und danach halbrechts/geradeaus in die D47 mündet. In *Goussainville* (mehrere preiswerte Hotels) folgen Sie der Beschilderung Rchtg. Luzarches und radeln vorbei an Fontenay-en-Parisis, wobei der Verlauf von Etappe 1 erreicht ist.

Etappe 2 (18 km)

An der das Flughafengelände durchquerenden Zufahrtstraße halten Sie sich rechts Rchtg. Le Mesnil-Amelot und Dammartin. Nach ca. 2 km links auf der D212 nach Mauregard und weiter Rchtg. Vémars. An der Départementsgrenze neue Straßennummer D16, von dieser rechts hinein nach Vémars; hier müssen Sie der Beschilderung Richtung Ermenonville folgen, die Sie direkt nach Plailly bringt.

Etappe 4 (34 km)

Analog zu Etappe 2 bis zur D212 bei Le Mesnil-Amelot, hier jedoch rechts Rchtg. Mitry-Mory bzw. Claye-Souilly. Gleich hinter der Brücke über die autobahnähnliche N2 links ab auf die D83 nach Thieux, geradeaus weiter D9 durch Juilly, später D27 nach Iverny, dort mit der D27 rechts halten Rchtg. Esbly, die nach 2 km auf die D129 nach Meaux trifft (s. Etappenbeschreibung).

Etappe 20 (121 km)

Wie bei der Anknüpfung an Etappe 1 und auf dieser weiter bis Beaumont-sur-Oise. Links auf der D922 nach L'Isle-Adam, rechts über die Oise-Brücke und steil den Berg hinauf nach Nesles. Bei diesem Ort kurz rechts auf der D928 und gleich wieder links auf die D927, bald darauf rechts abbiegen nach Livilliers-Génicourt. Im Gegensatz zur Kartendarstellung gibt es an der D915 keine direkte Überquerungsmöglichkeit, deshalb erst darauf einbiegen, dann links nach Boissy-l'Aillerie, weiter Rchtg. Menucourt. Dadurch werden Sie westlich von Courdimanche zur D922 geleitet, auf der Sie rechts Meulan und damit die Etappenbeschreibung erreichen; auf der D28 geht's links in den Ort und rechts ab nach Oinville.

Etappenbeschreibungen

Etappe 1:
Paris - Beaumont-sur-Oise - Chambly - Méru - Auteuil - Allonne - Beauvais
(91 km)

Nach einer etwaigen Besichtigung der französischen Hauptstadt führt diese erste Etappe in nördlicher Richtung aus der Stadt. Zur Vermeidung des recht langen, nervigen Hauptstraßenteilstücks zu Anfang ist empfehlenswert, auf die S-Bahn (R.E.R.) oder einen SNCF-Vorortzug auszuweichen, um z.B. in Roissy oder Goussainville die Querverbindung zu erreichen, die vom Flughafen Charles-de-Gaulle nach Fontenay führt (s. "Start in der Hauptstadt").
Per Fahrrad ist der Start denkbar einfach, falls Sie per Bahn angereist sind und Ihr Fahrrad am Gare du Nord oder Gare de l'Est bei der Gepäckaufbewahrung gelassen haben: Sie müssen lediglich dem Boulevard Magenta folgen, den Sie von beiden Bahnhöfen nach rechts (Rchtg. Sacré Coeur) fahrend erreichen. Die Verlängerungen dieser Ausfallstraße heißen Boulevard Barbès, Boulevard Ornano und schließlich Avenue de la Porte de Clignancourt; an der letztgenannten "Stadtpforte" (nahegelegener Wochenendflohmarkt) unterqueren Sie den Pariser Autobahnring. Fahren Sie geradeaus weiter auf der N14, die Sie nach ca. 2 km rechts auf die N410 verlassen. Die Vorstadt St.-Denis durchqueren Sie und folgen der Beschilderung Rchtg. Chantilly und Creil, wodurch Sie zur N16 geleitet werden. Innerhalb des Bebauungsgebietes der Vorstädte Sarcelles und Villiers-le-Bel verlassen Sie die Hauptstraße nach rechts auf die D10 nach Fontenay-en-Parisis, wo Sie am Ortsrand links in die D47 einbiegen.
Falls Sie am Flughafen Charles-de-Gaulle gestartet sind, ist dies die Stelle, wo Sie die Etappenbeschreibung erreichen.
Die D47 geht nach wenigen Kilometern in die D9 über, streift Mareil, kreuzt die N16 und erreicht Villiers-le-Sec. Dort müssen Sie wegen eines kurzen Radfahrverbots rechts/links in den Ort, biegen rechts auf die D85 nach dem ansehnlichen Dorf Belloy ab und folgen der gleichen Straße weiter Rchtg. Luzarches. Die Nebenstraße trifft auf die D909, auf der Sie 800 m weit fahren, um erneut links auf die D85 nach *Beaumont-sur-Oise* abzubiegen. Die Straße erklimmt eine Kuppe und verläuft durch ein kleineres Waldgebiet.
Gîte d'étape: CDLPA-Coderando, Chemin de la Fontaine d'Amour, Viarmes, Tel. (1) 30358182 & 30358722, 35 Betten, ganzj., 8 km östl.; Mme Gambier, 22 sente de Sorel, Précy-sur-Oise, Tel. 44277416, 10 Betten, 12 km nordöstl.; Poney Club de la Poterie, Montagny la Poterie, Bornel, Tel. 44085836, 12 Betten, 8 km nordwestl.
Von Beaumont aus kreuzen Sie die Oise, durchfahren die angrenzenden Stadt Persan und biegen in Chambly links auf die D105 nach *Méru* ab. Radeln Sie durch dieses Städtchen und folgen der Beschilderung Richtung Beauvais, die Sie zur D927 bringt. Auf dieser Straße erreichen Sie beim Vorort Allonne die N1 und kurz darauf das Zentrum von Beauvais.

Kartenskizze Etappen 1 & 2

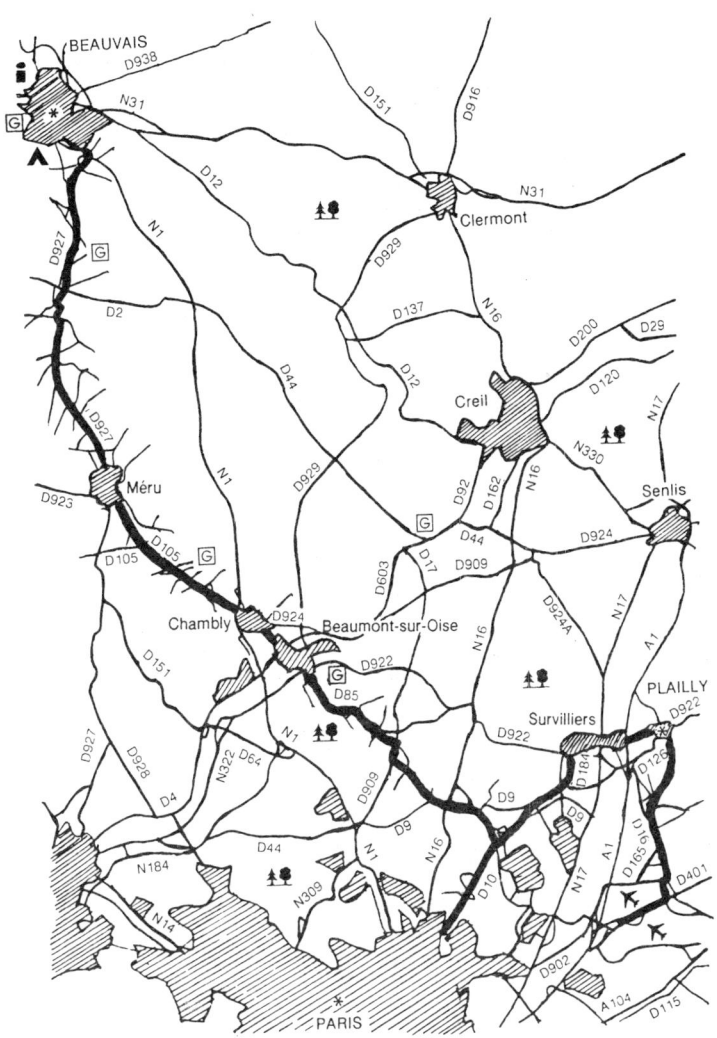

Beauvais, 54000 Einw., Dép. Oise, ist die Hauptstadt des Départements und kann damit renommieren, daß die Stadt eine Kathedrale mit dem höchsten gotischen Chor der Welt (48 m) besitzt. Die Kathedrale beherbergt außerdem eine astronomische Uhr, die im Rahmen von Führungen tägl. (bis zu 5 Termine) besichtigt werden kann. Das Départementsmuseum ist tägl. außer di 10-12 und 14-18 h geöffnet. Nur vormittags (9-13 h außer sa/so) ist das "Ecomusée" zugänglich, ein Heimatmuseum besonderer Art mit Schwerpunkt auf regionalen Wirtschaftszweigen (gratis).

Teuerster Kulturtempel der Stadt ist die Ausstellung von Wandteppichen, die mit der üblichen Mittagspause tägl. besucht werden kann.

Information: OTSI, 1 rue Beauregard, 60005 Beauvais Cedex, Tel. 44450818, ganzj. außer so/mo.

Verkehrsverbindungen: Eisenbahnhauptstrecke Paris-Amiens; Expreßbusse nach Amiens, Compiègne und Paris.

Gîte d'étape: La Briqueterie, Poney-Club du Bonheur, La Vallée, St-Sulpice, Tel. 44811016 (Mme Kende-Romareck), 12 Betten, 12 km südl.; M. Villette, Ferme de l'Ancien Comté, Ons-en-Bray, Tel. 44816124, 20 Betten, auch Mahlzeiten und Fahrradverleih, 15 km westl. von Beauvais, über die N31 zu erreichen.

Camping: **, 2 Chemin de Camard, Tel. 44020022, 100 Stpl., Mitte Juni-Mitte Sept., am südlichen Rand der Innenstadt; Le Clos Normand **, 1 r de l'Abbaye, St.-Paul, Tel. 44822730, 70 Stpl., ganzj., 6 km westlich.

Fahrradvermietung: am Bahnhof, Tel. 44215050.

Waschsalon: Martine Dupont, 44 rue Desgroux, Tel. 44531511.

Etappe 2:

Paris - Sarcelles - Fontenay-en-Parisis - Survilliers - Plailly (45 km)

Zur Vermeidung des recht langen, nervigen Hauptstraßenteilstücks zu Anfang ist wie bei Etappe 1 empfehlenswert, auf die S-Bahn (R.E.R. Linie B) auszuweichen, um die Querverbindung zu erreichen, die vom Flughafen Charles-de-Gaulle nach Plailly führt (s. "Start in der Hauptstadt").

Ansonsten folgt dieses erste Teilstück der Strecke nach Compiègne bis Fontenay der Etappe 1. Biegen Sie dort aber nicht ab, sondern radeln Sie geradeaus auf der D10 nach Puiseux, auf der D9 nach Marly und weiter auf der D184 in die Industriestadt *Survilliers*, wo Sie auf die D922 stoßen. Biegen Sie rechts ein und fahren durch den ganzen Ort Rchtg. Ermenonville bzw. Nanteuil. Sie kreuzen dabei die N17, unterqueren die A1, überschreiten die Grenze zum Département Oise und treffen dort auf das Städtchen **Plailly**, einen kleinen Ort mit recht ausgeprägtem gastronomischen Angebot. Eine der neuesten Attraktionen nicht nur Plaillys, sondern der ganzen Region, ist der *Asterix*-Freizeitpark mit einem "wehrtüchtigen Gallierdorf" nördlich des Ortes - eine Ausnahme im Reigen französischer Freizeitparks, die ansonsten meist nach einer Saison schon wieder bankrott sind.

Etappe 3:
Plailly - Fontaine-Chaalis - Rully - Néry - Saint-Sauveur - Lacroix - Compiègne
(49 km)

Das zweite Teilstück der Strecke Paris-Compiègne beginnt in Plailly auf der
D922 Rchtg. Ermenonville. Hinter Mortefontaine verlassen Sie die Landstraße
nach links auf die D126, die mit einer Fülle touristischer Hinweisschilder, u.a.
zur Abtei Chaalis, markiert ist. Diese Nebenstraße verläuft durch ein Waldgebiet
und passiert dann die Sand- und Heidelandschaft des *Mer de Sable*. Gleich
zu Anfang geht's in Stufen 3 km weit bergan; hinter der Kuppe gibt es eine erste
deutliche, steile Abfahrt, die nach 600 m merklich flacher wird. An dieser Stelle
befindet sich links ein Parkplatz und (etwas versteckt) das Forsthaus "Maison
Forestière de la Maison Blanche", eine Übersichtskarte des Forsts steht am
Parkplatz. 10 m südlich beginnt auf der anderen Straßenseite ein (hier asphal-
tierter) Waldweg, auf dem Sie einen Abstecher zur Abtei **Chaalis** machen können, bei deren Ruinen es außerdem einen Park, ein Schloß des 17. Jh. und ein
Museum (März-Okt. mo/mi/sa/so jeweils 13.30-18.00 h, so ganztägig, FF 25,
Park FF 12) gibt: immer geradeaus, später auf löchrigem Asphalt, gerade über
die N330 hinweg und auf Waldboden genau bis vor den Haupteingang der Ab-
teigebäude (*in Gegenrichtung* als Fernwanderweg GR11 markiert). Den Anschluß an die Etappe finden Sie auf der direkten Nebenstraße nach Fontaine-
Chaalis.
Camping: Les Campéoles **, Parc Jean-Jacques Rousseau, Ermenonville, Tel. 44540008,
300 Stpl., ganzj., 3 km südl. der Abtei.
Ohne den Abstecher bleiben Sie einfach weiter auf der D126 (über die N330
hinweg) nach Fontaine-Chaalis, kreuzen die D330A und folgen der Nebenstraße nach *Montépilloy*. Dort halten Sie sich am Ortseingang zweimal rechts, so
daß Sie gar nicht in den Ort hineinfahren, radeln einen kurzen, steilen Hügel
hinunter und dann links auf die D113 (Blick auf bizarren halbrunden Rest eines
verfallenen Turmes) nach Rully und weiter nach Néry. Die D98 bringt Sie von
dort aus über Vaucelles und durch St-Sauveur, wo Sie sich vor und im Ort jeweils links halten müssen, und trifft 2 km später auf die D932A nach Compiègne.
Gîte d'étape: Château d'Aramont, Verberie, Tel. 44405565 & 44409611, 30 Betten, 5 km
westl. von St-Sauveur.
Die D932A verläuft bis zum Stadtrand durch ein Waldgebiet.

Compiègne, 45000 Einw., Dép. Oise, ist nur in den ausufernden Vororten
modernistisch-unattraktiv, besitzt aber einen sehenswerten alten Stadtkern,
der auf engstem Raum fußgängerfreundlich Sehenswürdigkeiten vereinigt.
Dazu gehören das Rathaus mit dem Stadtmuseum (Zinnfigurensammlung
im 1. Stock, mo geschl.), die Reste eines mittelalterlichen Klostergartens,
einige Kirchen und ein paar nette Altstadtgassen. Prunkstück der Stadt ist
das Schloß des 18. Jh. (di geschl., sonntags halber Eintrittspreis), das außer
historischen Räumen ein Kutschenmuseum enthält und an das sich ein weit-
läufiger Park anschließt. Compiègne ist außerdem von großen Waldgebieten

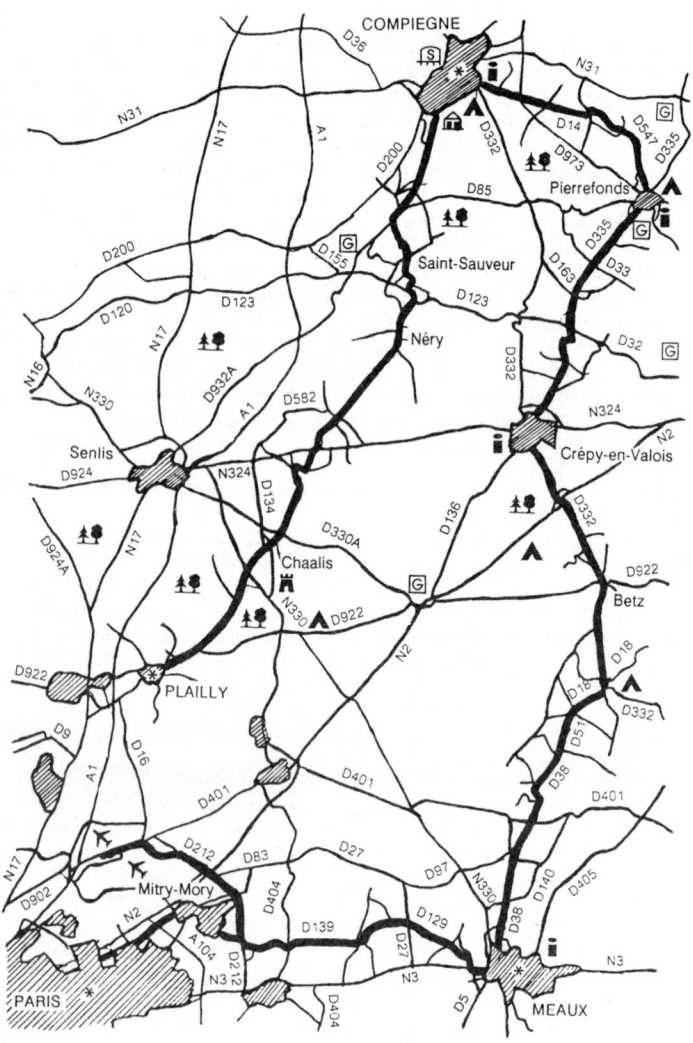

umgeben (s. Etappen 5 und 7).

6 km östlich der Stadt befindet sich die *Clairière de l'Armistice* ("Waffenstillstandslichtung"), wo am 11.11.1918 die Unterzeichnung des Waffenstillstands den Ersten Weltkrieg beendete. Damals war hier allerdings keine Lichtung, sondern dichter Wald, durch den zwei Nachschub-Eisenbahnlinien führten. Auf diesen kamen die Züge mit den Unterzeichnerparteien angerollt; der Wagen des französischen Kommandierenden Maréchal Foch ist am Ende "seines" Gleises in einem Museum ausgestellt (di geschl.), Gleisstücke beider Linien sind erhalten und mit Gedenksteinen markiert. Die Lichtung ist aus Compiègne beschildert (N31 & D546), kann aber auch über den bei Etappe 7 beschriebenen Abstecher erreicht werden.

Information: O.T, Hôtel de ville, BP 106, 60321 Compiègne Cedex, Tel. 44400100.

Verkehrsverbindungen: Eisenbahnstrecke Paris-Lille.

Studentenwerk: CLOUS, Service de l'Accueil, Résidence Universitaire Roberval, 6bis r Winston Churchill, Tel. 44203628, 1 Wohnheim an gleicher Anschrift.

Jugendherberge: 6 rue Pasteur (LFAJ-angeschl.), Tel. 44402600 (App. 402, Bürgermeisteramt), 24 Betten, März-Okt., kleines Haus nahe der Kirche St.-Antoine.

Camping: L'Hippodrome **, Av Baron Roger de Foultrait, Tel. 44402858, Mitte März-Mitte Nov., 150 Stpl.

Fahrradvermietung: am Bahnhof, Tel. 44215050.

Etappe 4:
Paris - Aulnay-sous-Bois - Mitry-Mory - Messy - Villeroy - Meaux (47 km)

Eine Strecke für diejenigen, die entweder in einer größeren Kurve nach Norden oder ostwärts an Paris vorbei nach Süden möchten. Sie beginnt in Paris auf der Rue La Fayette, die in etwa zwischen den Bahnhöfen Gare du Nord und Gare de l'Est verläuft. Auf dieser Straße fahren Sie ostwärts; vom Place Stalingrad an heißt sie Avenue Jean-Jaurès. An der Porte de Pantin wird der Autobahnring unterquert. Kurz danach biegen Sie links in die D115 (Rue Hoche) ein, der Sie in den Vorort Aulnay folgen.

Radeln Sie geradewegs hindurch und weiter nach Mitry-Mory; etwa 3 km vor diesem Ort wird die Départementsgrenze überquert, von der ab die Straße die Bezeichnung D9 trägt. In Mitry-Mory können Sie ggf. auf der D9 weiter nach Thieux fahren, wo die Querverbindung vom Flughafen (s. "Start in der Hauptstadt") verläuft; ansonsten wählen Sie die rechts durch Mitry-Mory verlaufende D139 über Messy nach Charny und weiter die D129 Rchtg. Meaux; kurz vor der Stadt mündet die Nebenstraße in die N3.

Meaux, 46000 Einw., Dép. Seine-et-Marne, Fabrikationsstätte der berühmtesten aller Brie-Käsearten, hat eine sehenswerte, wenn auch stark beschädigte Kathedrale und ein erzbischöfliches Palais mit Museum. Im sich anschließenden Park sind noch einige Überreste einer Stadtmauer aus römischer Zeit.

Information: OTSI, 2 rue Notre-Dame, 77100 Meaux, Tel. (1) 64330226.
Verkehrsverbindungen: Eisenbahnstrecke Paris-Epernay.
Fahrradvermietung: am Bahnhof, Tel. (1) 64305050.

Etappe 5:

Meaux - Betz - Crépy-en-Valois - Pierrefonds - Vieux-Moulin - Compiègne
(70 km)

Eine Strecke, die an ihrem Ende längere Zeit durch Waldgebiete verläuft.

Sie beginnt in Meaux am nördlichen Stadtrand auf der D38 (im Stadtgebiet mit
der N330 identisch), die kurz hinter Puisieux die Départementsgrenze überquert und danach die Nummer D51 führt. In Nogeon mündet die Straße in die
D18 nach *Acy-en-Multien*.

Camping: Camping Club de France ***, Ancien Moulin, Tel. 44872128, 120 Stpl., ganzj.;
Regain **, Chemin des Gendarmes, Rosoy-en-Multien, Tel. 44873590, 100 Stpl., ganzj.

Hier biegen Sie links ab auf die D332, der Sie durch Betz bis **Crépy-en-Valois**
folgen.

Dieses Städtchen ist ein beliebtes Zentrum für Wanderungen und andere Frei-
zeitaktivitäten in den Waldgebieten der umliegenden Hügellandschaft. Entsprechend gibt es außer den nahegelegenen Gîtes weitere in der Umgebung.

Crépy verfügt über eine Abteiruine mit an Wochenenden geöffnetem Museum,
eine restaurierte Kirche, etliche alte Häuser und über ein Regionalmuseum in
den Überresten eines Schlosses mit wechselnden Ausstellungen sowie einer
permanenten Abteilung zum Lokalsport Bogenschießen, das Mitte März-Mitte
Nov. tägl. außer di geöffnet ist.

Information: OTSI, 7 rue de Soissons, 60800 Crépy-en-Valois, Tel. 44590397.
Gîte d'étape: Le Lonval, Bonneuil-en-Valois, Tel. 44885111, 20 Betten, Fahrradverl.,
Mahlzeiten, ca. 10 km nordöstl. von Crépy; M. Vantroys, Poney-club, 3 r des Pavillons, Nan-
teuil-le-Haudouin, Tel. 44880018, 13 Betten, 12 km südwestl. von Crépy.
Camping: La Fertille *, Boissy-Fresnoy, Tel. 44881487, 250 Stpl., ganzj., einfacher, aber
relativ teurer Platz ca. 10 km südlich von Crépy zwischen Betz und Nanteuil.
Fahrräder: Drieux, 17 r St.-Lazare, Tel. 44591268; Verleih bei der Touristeninformation.

Die Streckenführung geht von Crépy aus auf der D335 geradewegs nach **Pierrefonds**, am Rande des Forsts von Compiègne gelegen und von einer Festung
überragt (ganzj. außer di, im Winter außerdem mi geschl.).

Information: OTSI, Place de l'Hôtel de Ville, 60350 Pierrefonds, Tel. 44428144.
Gîte d'étape: Ferme St.-Victor, Autreches, Cuises-la-Motte, Tel. 444221106, 20 Betten,
ca. 7 km nördl.; Relais d'étape (spartanische Gîte), Château de Joval, Tel. 44428097, 50
Betten.
Camping: **, Rue de l'Armistice, Tel. 44428083, 60 Standpl., Mai-Okt.

Vom nördlichen Ortsrand wählen Sie in Pierrefonds die Nebenstraße (D547,
später D14) durch den Wald vorbei an den Fischteichen Étangs de St.-Pierre
über das Dorf Vieux-Moulin zur Straßenkreuzung Carrefour de la Faisanderie.
Dort stoßen Sie auf die D973 (teils analog zur früheren Nationalstraße noch als
D373 beschildert), der Sie nach **Compiègne** folgen (s. Etappe 3).

Etappe 6:
Compiègne - Lassigny - Roye (38 km)

Das erste Teilstück der Verbindung nach
Amiens beginnt in Compiègne auf der
N32 Rchtg. Noyon. Am Ortsrand biegen
Sie von der Hauptstraße links ab auf die
D142 nach **Lassigny**, eine Strecke, die
größtenteils durch Wald- und Hügelland
führt. Sie streifen dieses Städtchen nur
am Westrand, kreuzen die D938 und fah-
ren geradeaus weiter nach **Roye** (ab
Départementsgrenze neue Straßennum-
mer D221). Am Ortseingang von Roye
treffen Sie auf die D930, auf der Sie ins
Ortszentrum gelangen.
Camping: **, 24 r Carmot, Tel. 44850274, 100
Stpl., Feb.-Mitte Dez., bei der Gîte; La Terrière,
R de la Ténière, Boulogne-la-Grasse, Tel.
44850234, 25 Stpl., April-Okt., naturbelassener Platz ca. 10 km westl. von Lassigny.

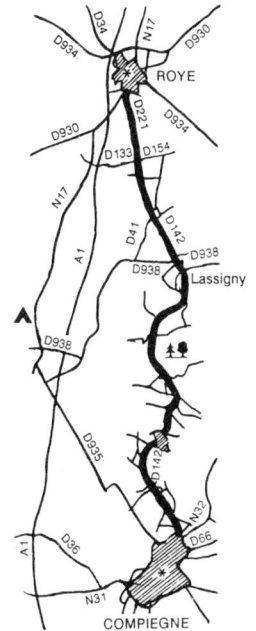

Etappe 7:
Compiègne - Tracy - La Pommeraye -
Blérancourt - Coucy - Anizy - Laon
(76 km)

Diese Strecke führt zum nordöstlichsten Punkt des von diesem Reiseführer beschriebenen Gebietes. Sie beginnt in Compiègne auf der D66, die von der N31
(Rchtg. Soissons) am östlichen Stadtrand abzweigt (Wegweiser "Z.I. Nord").
Auf dieser Straße erreichen Sie nach ca. 5 km eine Brücke links über die Aisne
in den Ort Choisy-au-Bac, in dem Sie sich gleich rechts halten und dann links
auf der D130 durch den Forêt de Laigue nach *Tracy-le-Monts* fahren - der auf
der Karte eingedruckte Ort *Ollencourt* ist heute Bestandteil von Tracy.
(Alternative mit Besichtigung der *Clairière de l'Armistice*, s. Compiègne,
Etappe 3: In Choisy zweimal rechts halten und auf der D81 nach Francport fahren, rechts über die Aisne, die Lichtung liegt nach 300 m an der Straße. Anschluß an die Etappe: zurück über die Aisne, geradeaus auf die Forststraße hinauf zur D130, dort rechts nach Tracy.)
Gîte d'étape: Jacques d'Orsetti, Saint-Crépin-aux-Bois, Tel. 44856158, 17 Betten, 6 km
südl.; Ferme du Moulin, Mme Dubeaux, 411 r de Picardie, Ribécourt-Dreslincourt, Tel.
44768164, 19 Betten, 8 km nordwestl.

Weiter geht auf der D130 durch Tracy-le-Val (links halten) und Carlepoint (an
der T-Mündung bei der Kirche rechts abbiegen) nach Cuts. Bei dessen west-

lichem Ortsrand mündet die Straße auf die D934, der Sie rechts durch Blérancourt über die D1 hinweg nach **Coucy-le-Château** folgen. Die im Ersten Weltkrieg zu Ruinen verwandelten Reste des namensgebenden Schlosses können ganzjährig (außer di) besichtigt werden.

Gîte d'étape: Michel Declercq, Ferme du Lieu Buin, CHS de Prémontré, Tel. 23236666, 4 Betten, nördl. von Brancourt an der weiteren Streckenführung.

Camping: Le Clos du Val Serein **, Av Altenkessel, Coucy, Tel. 23527065, 20 Stpl., April-Sept., in der Unterstadt.

Über eine beachtliche Steigung gelangen Sie in den Ort, in dem Sie links auf die D5 nach Anizy abbiegen. Die gleiche Straße bringt Sie weiter nach Chivy, ein Dörfchen, in dem Sie links auf die D542 abbiegen und über die N2 hinweg zum südlichen Stadtrand von Laon fahren.

(Wenn Sie Coucy nicht besuchen wollen, können Sie sich die Steigung ersparen: An der T-Mündung auf die D937 unmittelbar vor dem Ort rechts halten und auf der als Umgehung geführten Straße um den Berg Rchtg. Soisson herum fahren. Dann links auf die D1500 nach Jumencourt, dort links auf der D532 durch Quincy-Basse zur D5, weiter wie oben. *In Gegenrichtung* ist das aber kaum lohnend, da die Steigung nach Coucy hier deutlich sanfter und nur 1 km lang, die D5-Route aber 2 km kürzer ist.)

Laon, 30000 Einw., Dép. Aisne, dessen Altstadt sehr schön auf einem Hügel gelegen ist, war im Mittelalter zeitweise Hauptstadt des Karolingerreiches. Aus der Blütezeit des 12. Jh. sind eine Kathedrale und einige weitere klerikale Bauten erhalten; die (ganzj. zugängliche) Kathedrale galt im 13. Jh. als imposanteste Kirche der Christenheit und diente als Vorbild für die Kathedralen von Reims, Paris und Chartres. Die alte Oberstadt von Laon ist mit Stadtmauern und Toren versehen und seit 1989 durch eine Seilbahn mit der nördlichen Unterstadt verbunden (einfache Fahrt: FF 5).

Laon verfügt über den größten denkmalgeschützten Bereich Frankreichs (über 80 Gebäude) und garniert seine Schätze mit dreisprachigen Beschilderungen. Drei verschiedene Stadtwanderungen sind ausgeschildert. Der fahrradmäßige Aufstieg zur Oberstadt ist allerdings mit schweißtreibenden Kilometern verbunden.

Information: OTSI, Place du Parvis, 02000 Laon, Tel. 23202862, auch sonntags.

Verkehrsverbindungen: Eisenbahnstrecken in Richtung Paris, Reims, Amiens und Hirson.

Unterkunft: Maison des Jeunes et Culture, 20bis r de la Cloître, dicht bei der Kathedrale, keine reguläre Unterkunft, aber Fragen lohnt ggf.

Camping: ***, 38 r J.-Pierre Timbaud, Tel. 23232907, 61 Stpl., Mitte April-Okt.

Fahrräder: am Bahnhof, Tel. 23675050; Vidoni, 6 r Jean-Jaurès, Anizy, Tel. 23801081.

(*In Gegenrichtung:* Der Beschilderung Rchtg. Soisson folgen, und zwar entweder auf der N2 [grüne Wegweiser], dann rechts nach Chivy, oder z.B. vom "Continent"-Einkaufszentrum aus mit den weißen Schildern [= D542] geradewegs nach Chivy.)

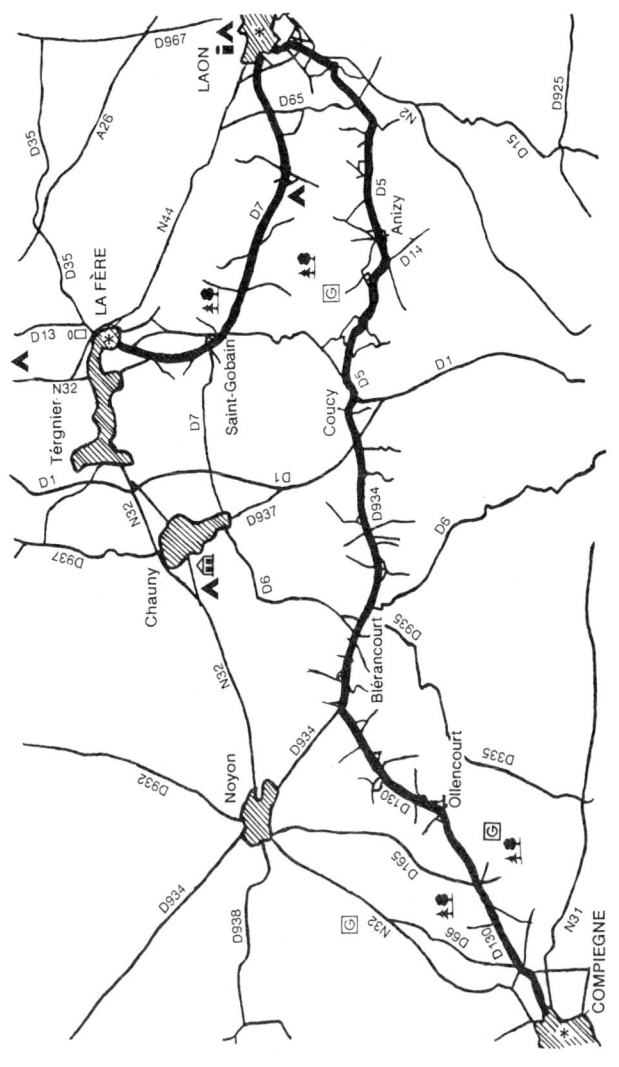

Etappe 8:
Laon - Cessières - Saint-Gobain - La Fère (30 km)

Der erste Teil der Verbindung Richtung Amiens führt im Bogen durch die Waldgebiete nordwestlich von Laon.

Die Etappe beginnt am westlichen Stadtrand auf der D7 über Molinchart und Cessières nach **Saint-Gobain**, eine landschaftlich besonders schöne Strecke.

Camping: Étangs du Moulin, 7 r de l'Arbre-Rond, Suzy, Tel. 23809564, 20 Stpl., Mai-Sept., naturbelassener Platz, ca. 3 km abseits der Strecke nahe Cessières.

Von St.-Gobain aus erreichen Sie über die D13 das etwa 10 km entfernt liegende Städtchen **La Fère**.

Information: SI, Rue du-Gén.-de-Gaulle, 02800 La Fère, Tel. 23562905 (Mairie).

Unterkunft: Jugendherberge (FUAJ) und Camping ** erst im 15 km entfernten Ort Chauny (Verwaltungseinheit in kommunalem Besitz).

Camping: Les Peupliers **, Vendeuil, Tel. 23078181, 96 Stpl., April-Sept., 7 km nördl.

Etappe 9:
La Fère - Brissay-Choigny - Séry-lès-Mézières - Saint-Quentin - Pontru - Jeancourt - Roisel - Péronne - Albert (83 km)

Der zweite und längste Teil der Verbindung Laon-Amiens führt weitgehend durch Gegenden, die vom Tourismus nur geringfügig berührt werden.

Die Strecke beginnt in La Fère auf der D13 (im Ortsbereich identisch mit der D35 Rchtg. Crécy) östlich des Canal de la Sambre, der Sie bis Séry-lès-Mézières folgen. Dort biegen Sie links ab auf die D34 (später D57) nach St.-Quentin.

Saint-Quentin, 70000 Einw., Dép. Aisne, wurde wie viele nordfranzösische Städte im ersten Weltkrieg stark zerstört, weist aber noch einige Gebäude auf, die an die wirtschaftliche Blütezeit des späten Mittelalters erinnern, als St.-Quentin eine bekannte Weberstadt war; die wichtigsten Bauwerke sind das spätgotische Rathaus von 1509 und die nahegelegene Basilika. Freunde konservierter Natur finden im Entomologischen Museum in der Bibliothek eine Schmetterlingssammlung von immerhin 500000 Exemplaren (mo geschl.). Technikfans werden wohl mit der Museumseisenbahn zwischen St.-Quentin und Origny besser bedient sein (Juni-Sept., nur sonntags).

Information: OTSI, Espace St-Jacques, 14 r de la Sellerie, 02100 St.-Quentin, Tel. 23670500.

Verkehrsverbindungen: außer der Museumsbahn Eisenbahnverbindungen Richtung Creil und Lille.

Gîte d'étape: Gîte du Val d'Omignon, Hubert Wynand, Rue Principale Trefcon, Vermand, Tel. 23665864, 17 Betten, vorrangig für Gruppen, ca. 15 km westl. von St-Quentin südl. des weiteren Etappenverlaufs.

Camping: **, 91 bd Jean Bouin, Verwaltungseinheit mit der JH, 70 Stpl., März-Nov.; Homblières ** (6 km östlich an der N29), Tel. 23682208, 200 Stpl., ganzj., relativ teuer.

Fahrräder: Roux et Guette, Pl Cordier; Verleih bei der Touristeninformation.

Kartenskizze Etappen 9 & 10

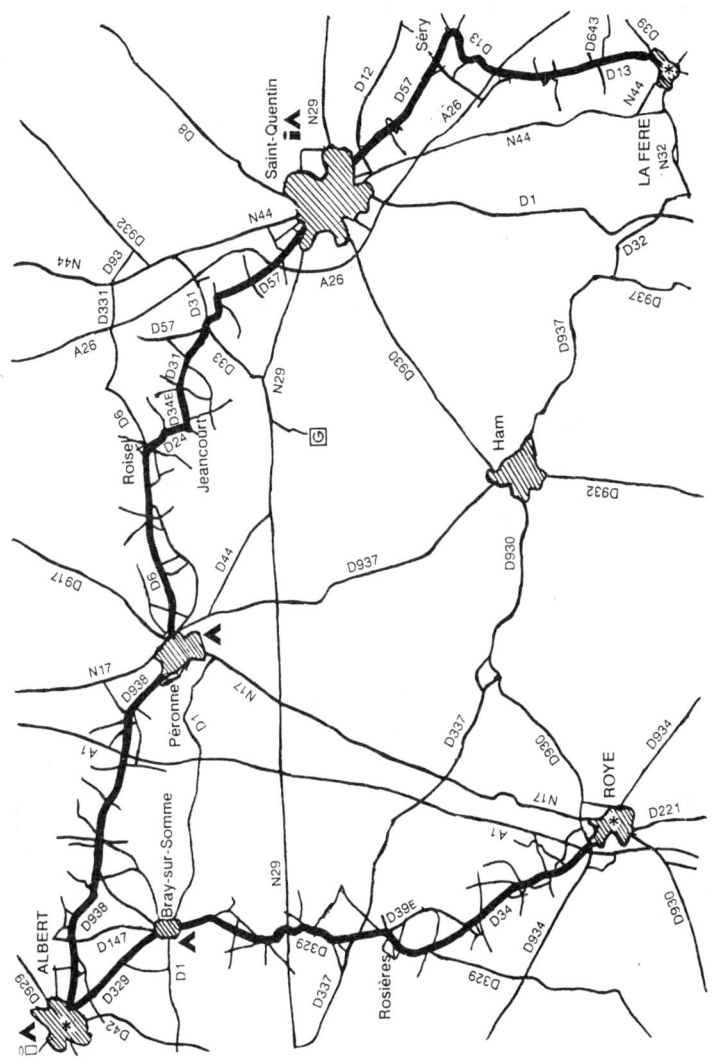

Von Saint-Quentin aus führt die Etappe weiter über die D57 durch Fayet nach Pontru; ggf. leichter zu finden über die N44 Rchtg. Cambray und links ab nach Fayet. In Pontru schwenkt die D57 nach links und kreuzt kurz darauf eine Landstraße, die aus D33 (nach links) und D31 (nach rechts) gebildet wird. Wenige hundert Meter nach dieser Kreuzung biegen Sie links auf die D31 nach Jeancourt ab und folgen den Straßen D31, D34E (ab Départementsgrenze) und D24 (rechts einbiegen) nach Roisel. Dort wählen Sie die links nach **Péronne** führende D6. Durch die Stadt, in der es eine Burgruine aus dem 13. Jh. (Juli/Aug. außer di) und zwei Campingplätze gibt, radeln Sie geradeaus auf der N17 (Rchtg. Roye), biegen aber noch im Stadtgebiet rechts auf die D938 durch Cléry-sur-Somme und *Curlu* (mehrere Campingplätze südl. der Strecke an der Somme) nach Albert ab.

Albert, Dép. Somme, ist keine Touristenattraktion im eigentlichen Sinne, aber gerade für deutsche Besucher durchaus sehenswert. In der Nähe dieser Stadt existiert nämlich eine ganze Reihe von Gedenkstätten an die Stellungskämpfe des Ersten Weltkrieges, die hier an der Somme die gesamte Landschaft grundlegend umgekrempelt haben. Über die Wunden des Krieges ist zwar im wahrsten Sinne des Wortes Gras gewachsen, der Geist des Militarismus schwebt hingegen ungewollt weiter über den Kriegsgräbern, in denen die toten Soldaten aller Beteiligten noch heute liegen, wie sie "fielen": in Reih und Glied. Zentrum des Kriegsgräbertourismus ist die Gedenkstätte von *Hamel* ca. 8 km nördlich von Albert, wo Schützengräben zu einem makabren Freilichtmuseum hergerichtet wurden. Die wichtigsten Gedenkstätten sind zu einem ausgeschilderten "Circuit du Souvenir" (Rundweg der Erinnerung) verknüpft worden.
Information: SI, 4 rue Gambetta, 80300 Albert, Tel. 22751642.
Camping: Bellevue **, Rte d'Albert, Authuille, Tel. 22745929, 96 Stpl., März-Okt., 5 km nördlich von Albert im Tal der Ancre.

Etappe 10:
Roye - Rosières - Bray-sur-Somme - Albert (39 km)

Der zweite Teil der Strecke Compiègne-Amiens verläuft weitgehend geradlinig. Die Etappe beginnt im Zentrum von Roye entsprechend der Beschilderung zur Autobahn ("autoroute"), wodurch Sie automatisch auf die D34 gelangen. Unterqueren Sie die Bahnlinie, kreuzen die D934 und fahren Sie auf der D34 nach Vrély, wo Sie auf die D329 über Rosières und das Anglerstädtchen *Bray-sur-Somme* (3 Campingpl.) nach **Albert** (s. Etappe 9) treffen.

Etappe 11:
Albert - Millencourt - Vadencourt - Amiens (31 km)

Widerstehen Sie der Versuchung, alternative Strecken durch das Somme-Tal zu suchen: Sie würden unweigerlich auf der D1 landen, die extrem stark befahren ist.

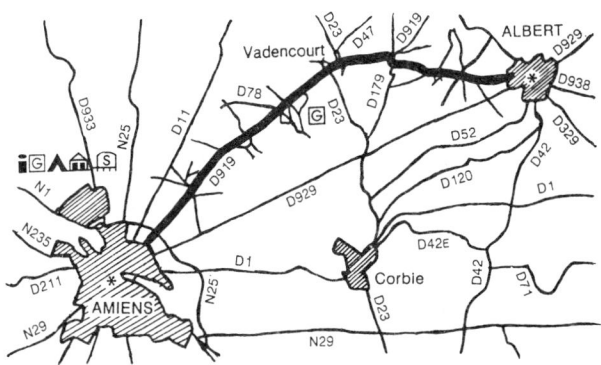

Die Etappe beginnt in Albert auf der D938 Rchtg. Doullens, die Sie aber noch im Stadtgebiet nach Unterquerung der Eisenbahnlinie nach links auf die D91 verlassen. Fahren Sie auf dieser Nebenstraße bis Warloy-Baillon, wo Sie auf die D919 treffen, die Sie über Vadencourt geradewegs nach Amiens bringt.

Amiens, 130000 Einw., Dép. Somme, firmiert als Hauptstadt der Picardie. Prunkstück der Großstadt ist die Kathedrale Notre-Dame aus dem 13. Jh., die größte Kirche Frankreichs, die ein prachtvoll geschnitztes Chorgestühl (16. Jh.) enthält, zu besichtigen Mai-Sept. Wie es sich für eine Regionalhauptstadt gehört, gibt es in Amiens auch ein Museum (gratis, mo geschl.) und ein paar kleinere Sammlungen und Ausstellungen, darunter ein Zentrum mit Kostümen und eines mit Dokumenten über Jules Verne. Dekorativ sind die *Hortillonages* (Gemüsegärten) zwischen verschiedenen Armen der Somme, nur mit Booten zugänglich, und die von restaurierten alten Häusern gesäumten Ufer unterhalb der Kathedrale.
Information: OTSI, Rue Jean-Catelas, 80000 Amiens, Tel. 22917928, ganzj.; zusätzl. in der Saison ein Büro an der Kathedrale und eines am Bahnhof.
Verkehrsverbindungen: Eisenbahnverbindungen Richtung Reims, Boulogne, Paris und Rouen.
Studentenwerk: CROUS, 25 r St.-Leu, Tel. 22918433, 5 Wohnheime.
Jugendherberge: 6 r St.-Fuscien (LFAJ-angeschl.), Tel. 22896910, 16 Betten, ganzj.
Gîte d'étape: Henri Devogelaere, 8 rte principal, Bavelincourt, Tel. 22405364, 22 Betten, auf halbem Weg südl. der Etappe; Christian Lenne, 4 chemin du domaine,

Saveuse, Tel. 22434824, 50 Betten, 4 km westl. am Verlauf von Etappe 13.
Camping: Camp du Château ****, Château de Bertangles, Tel. 22933773, 30 Stpl.,
Mitte April-Mitte Sept., 6 km nördl.; **, Tel. 22913596, 100 Stpl., ganzj.
Fahrradvermietung: Bigaillon, 72 rue Jean-Jaurès.
Waschsalon: Lavomatique, D. Bazile, 1 rue St.-Maurice, Tel. 22436140.

Etappe 12:
Beauvais - Luchy - Croissy - Amiens (59 km)

Eine recht geradlinige, aber angenehm zu radelnde Verbindung zur Hauptstadt
der Picardie. Sie beginnt in Beauvais auf der Zufahrt zur D901 (Rchtg. Abbeville); an der Anschlußstelle zu dieser Hauptstraße fahren Sie jedoch geradeaus
darüber hinweg auf die D11, der Sie über Luchy bis **Croissy** folgen.
Gîte d'étape: Francis Gravelle, Haute-Epine, Tel. 44462390, 32 Betten, Fahrradverl., ca.
10 km nordwestl. von Luchy nahe der D930; Mme Petit, Fontaine-Bonneleau, Tel.
44829110, 18 Betten, Mahlzeiten, Tandemverleih, 5 km südlich von Croissy an der D106;
Fam. Richoux, 36 r de Conty, Loeuilly, Conty, Tel. 22421219, 15 Betten, 9 km nördl. von
Croissy im Tal der Selle.
Camping: à la ferme, Ourcel-Maison, Tel. 44468155, 6 Stpl., ganzj., ca. 3 km östl. der
Strecke in Höhe von Crèvecoeur; La Briqueterie, 70 r de Granvilliers, Crèvecoeur-le-Grand,
Tel. 44460084, 25 Stpl., April-Okt., Fahrradverl., naturbelassener Platz ca. 5 km nordwestl.
von Luchy; Naturcamping bei der Gîte in Fontaine-Bonneleau, 25 Stpl., April-Okt.; **, R du
Marais, Loeuilly, Tel. 22420388, 80 Stpl., März-Okt., Lage s. Gîtes.

In Croissy treffen Sie auf den Straßenzug der D106/D210, in den Sie rechts einbiegen. Die D210 verläuft parallel zur Selle geradewegs bis **Amiens** (s. Etappe
11).

Etappe 13:
Amiens - Molliens - Hornoy (35 km)

Die Strecke beginnt in Amiens auf dem linken (südlichen) Somme-Ufer. Die D3
(Rchtg. Abbeville, identisch mit der N235) bringt Sie in die Vororte von Amiens,
bis Sie links in die D211 abbiegen, die über *Saveuse* (Gîte s. Amiens, Etappe
12) und Molliens geradewegs nach **Hornoy** führt, dem Endpunkt der Etappe.
Hier müssen Sie sich entscheiden, ob Sie südwärts (Etappe 16) oder zur Küste
(Etappe 14/15) weiterfahren möchten.
Camping: Bois des Pêcheurs ***, Rte de Forges-les-Eaux, Poix-de-Picardie, Tel.
22901171, 86 Stpl., April-Sept., 11 km südöstl.

Kartenskizze Etappen 12 & 13

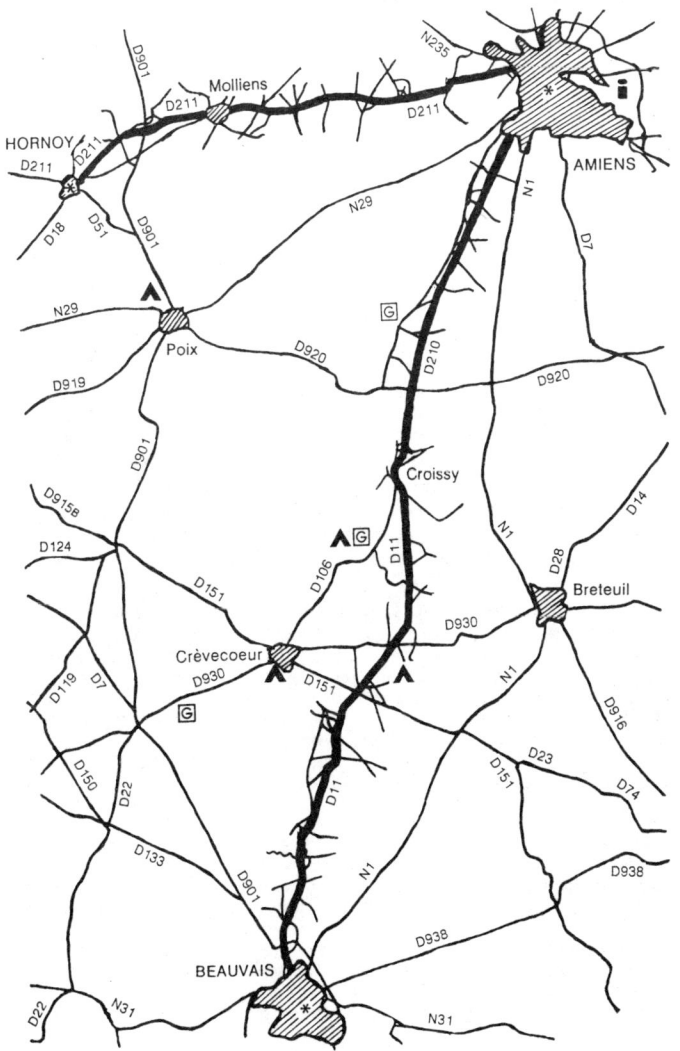

Etappe 14:
Hornoy - Senarpont - Gamaches - Eu - Le Tréport (48 km)

Die Anschlußstrecke zur Kreidefelsenküste am Nordwestrand der Normandie
beginnt in Hornoy auf der D211 (falls Sie nahtlosen Anschluß an Etappe 13
wünschen, müssen Sie innerörtlich rechts abbiegen) nach *Senarpont*. Der
Wechsel auf das Südufer der Bresle (s. Etappe 15) ist hier zwar möglich, bringt
aber keinen Gewinn durch ruhigere Streckenführung. Bleiben Sie deshalb auf
dem rechten Ufer und folgen Sie der D1015 über Bottencourt nach
Gamaches.

Gîte d'étape: Écurie de Lieu Dieu, Mme Maillard-de-Thézy, Beauchamps, Tel. 22309223,
20 Betten, 4 km weiter auf dem rechten Flußufer.

Dort wechseln Sie auf die andere Flußufer (Rchtg. Guerville - falls Sie nicht zur
Gîte möchten, s.o.), wodurch Sie normannischen Boden unter die Reifen bekommen, und fahren rechts auf der D49 geradewegs nach Eu, durch das Ortszentrum vorbei am Schloß (s.u.) und auf der D1915 weiter nach Le Tréport.

Eu und **Le Tréport**, je ca. 8000 Einw., Dép. Seine-Maritime, sind zwei nahe
beieinanderliegende Städtchen mit recht umfangreichem Tourismus. Eu hat
eine interessante Altstadt (Fußgängerzone) und im Ortszentrum eine impo-
sante Kirche sowie ein Renaissanceschloß, das außer Verwaltungseinrich-
tungen ein Museum (April-Okt. außer di) enthält. Le Tréport ist ein beliebtes
Seebad, gelegen unterhalb der höchsten Steilküste Frankreichs. Die imposanten Kreidefelsen sind erst zu bewundern, wenn man den ganzen Ort bis
zur Strandpromenade durchquert hat - man bekommt gleichzeitig einen
Vorgeschmack auf die weitere Strecke, denn der Weg nach Süden führt
zwingend über diese Klippen (s. Etappe 24) hinweg. Ein schöner Ausblick
bietet sich auch bei einer Fahrt mit dem Sessellift auf den Kalvarienberg.

Information: OTSI, 41 rue Paul-Bignon, 76200 Eu, Tel. 35860468; OTSI, Esplanade de
la Plage Louis-Aragon, 76470 Le Tréport, Tel. 35860569.

Verkehrsverbindungen: Eisenbahn über Amiens nach Paris.

Jugendherberge: Centre des Fontaines (FUAJ-angeschl.), R des Fontaines, Eu, Tel.
35860503, 55 Betten, ganzj., gut ausgestattetes Haus in einem Jugendzentrum unterhalb des Schlosses; 25 av des Canadiens (LFAJ), Le Tréport, Tel. 35862347, 55 Betten,
März-Sept., mäßiger Standard, an der Straße aus Rchtg. Eu wenige hundert Meter nach
Ortseingang, unauffällig beschildert.

Gîte d'étape: S.O.P.I.C.E.M., 12 r Raspail, Mers-les-Bains, Tel. 35503434, 50 Betten,
im Nachbarort von Le Tréport.

Camping: ***, Eu, Tel. 35862004, 120 Stpl., April-Okt.; Les Boucaniers ****, Le
Tréport, Tel. 35863547, 400 Stpl., April-Sept.; Le Golf ****, Le Tréport, Tel. 35863380,
200 Stpl., Ostern-Sept.; aire naturelle in Le Tréport; etliche Plätze in allen Nachbarorten.

Fahrradvermietung: Cycles Régnier, 133 chaussée de Picardie, Eu, Tel. 35862099;
Roger Mallet, 19 rue G. Clemenceau, Eu, Tel. 35861781; M. Vavasseur, 19 pl Carnot,
Eu, Tel. 35860855; Bahnhof Le Tréport, Tel. 22925050.

Kartenskizze Etappen 14 - 16

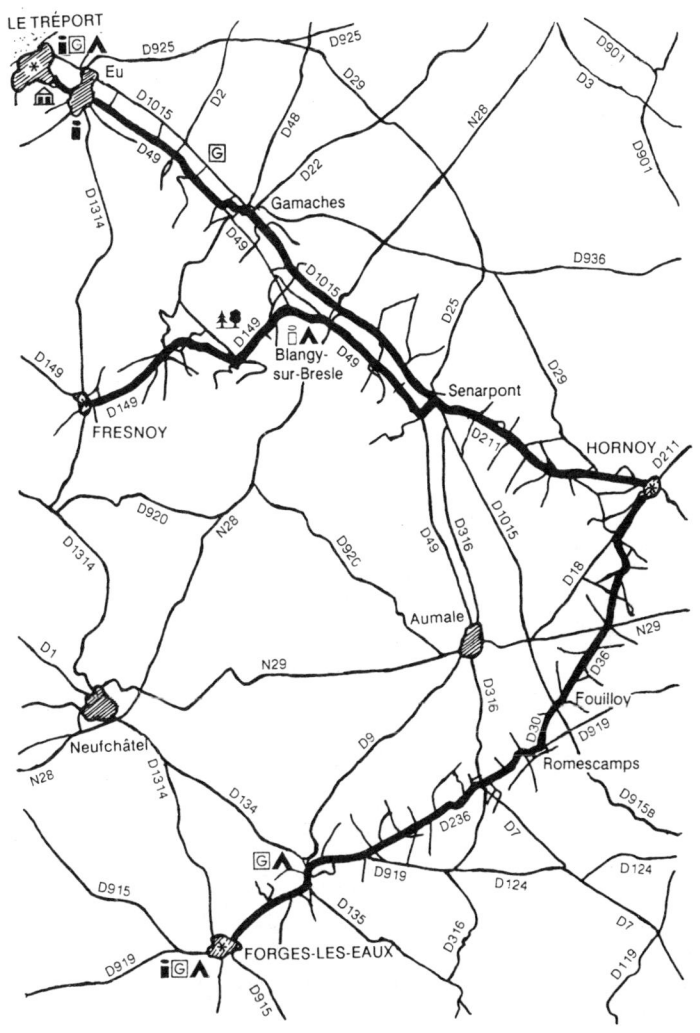

Etappe 15:
Hornoy - Senarpont - Blangy-sur-Bresle - Fresnoy (45 km)

Diese nach Südwesten zur normannischen Küste gerichtete Strecke beginnt in Hornoy auf der D211 und führt geradewegs bis *Senarpont* (s. Etappe 14). Dort wechseln Sie auf die D7 zur anderen Seite der Bresle nach Guimerville und biegen rechts ein auf die D49 nach *Blangy-sur-Bresle*.
Information: SI, 1 r Chekroun, B.P. 12, 76340 Blangy-sur-Bresle, Tel. 35935248, Fahrradvermietung.
Camping: Les Étangs ***, Tel. 35945565, 59 Stpl., April-Sept.

Etwa 3 km hinter Blangy fahren Sie links auf die D149 nach **Fresnoy**, dem Etappenziel, wo Sie nahtlosen Anschluß an Etappe 25 finden.

Etappe 16:
Hornoy - Bettembos - Marlers - Fouilloy - Romescamps - Gaillefontaine - Forges-les-Eaux (54 km)

Das Mittelstück der Verbindung Amiens-Rouen beginnt in Hornoy auf der D18 Rchtg. Aumale, die Sie aber nach ca. 4 km links auf die D36 ins Dorf Bettembos verlassen. Von dort folgen Sie der gleichen Nebenstraße über Lignières (rechts in N29 Rchtg. Aumale einbiegen, gleich wieder links in D36) nach Marlers und Fouilloy. Die Ortsdurchfahrt erfolgt auf der D915 (Rchtg. Grandvilliers); nach der Eisenbahnüberquerung zweigt dann rechts die D30 nach Romescamps ab, wo sie auf die D919 trifft. Auf dieser Straße, die hinter Abancourt die Nummer D236 erhält und bei Pierrement wieder auf eine andere D919 stößt, radeln Sie nach *Gaillefontaine* (Ortsdurchfahrt links auf D135, rechts erneut D919) und weiter nach **Forges-les-Eaux**, einem kleinen Urlaubs- und Kurort, der während der Hauptsaison zwei kleine Museen bereithält: ein Fayencenmuseum im Rathaus und eine Sammlung vom Kutschenmodellen in einem umgebauten Omnibus.
Information: OTSI, Pl de l'Hôtel-de-Ville, Pavillon Louis-XIII, 76440 Forges-les-Eaux, Tel. 35905210, Fahrradvermietung.
Verkehrsverbindungen: Eisenbahn nach Rouen, Amiens und Beauvais.
Gîte d'étape: Gîte communal, 43 grande rue, Gaillefontaine, Tel. 35909511, 19 Betten, in einer ehemaligen Gendarmerie; Jacques Dubreuil, Mauquenchy, Tel. 35905822, 19 Betten, abseits der D919 ca. 7 km südwestl. von Forges.
Camping: La Minière **, Tel. 35905391, 125 Stpl., April-Sept.; naturbelassener Platz in Gaillefontaine, Hameau du Camp d'Os, Tel. 35942233 (M. Michel).

Etappe 17:
Forges-les-Eaux - Argueil - Elbeuf-sur-Andelle - Ry (26 km)

Kurzetappe in eines der malerischsten Gebiete nahe bei Rouen.
Die Strecke beginnt in Forges-les-Eaux auf der D921 nach Argueil und weiter

bis Nolleval, wo Sie rechts auf die D262 nach Le Boulay abbiegen. Durch das hübsche Tal der Andelle verläuft die Etappe auf der D62 weiter zur D46, der Sie nach links bis Elbeuf-sur-Andelle (nicht mit dem halben Dutzend weiterer Orte des Namens "Elbeuf" in der Gegend verwechseln!) folgen. Dort zweigt erneut rechts die D62 nach **Ry** ab, einem malerischen Dorf im Crevontal, das Vorbild für Flauberts Roman über Madame Bovary gewesen sein soll. Konsequenterweise gibt es in Ry ein kleines Bovary-/Flaubert-Museum (Ostern-Okt. sa/so/mo 11-12 und 14-19 h).
Anschluß nach Rouen erfolgt über Etappe 22.
Information: SI, Mairie, Maison de l'Abreuvoir, 76116 Ry, Tel. 35020999.
Camping: La Malmaison **, Pierreval, Tel. 35349153, 80 Stpl., April-Sept., ca. 12 km nordwestl. abseits der Streckenführung von Etappe 22.

Etappe 18:
Beauvais - Savignies - Lhéraule - Gournay-en-Bray - Argueil - Elbeuf-sur-Andelle - Ry (69 km)

Eine Strecke über ruhige Nebenstraßen als Teilverbindung zwischen Beauvais und Rouen.
Sie beginnt in Beauvais auf der N31 Rchtg. Gournay, die Sie aber noch vor dem Stadtrand, kurz vor einer Bahnlinie, nach rechts auf die D1 nach Savignies verlassen. Folgen Sie der gleichen Straßennummer nach Lhéraule (links halten) und Auchy, wo Sie die Grenze zum Département Seine-Maritime überschreiten. Die Straße erhält die Nummer D21 und erreicht kurz darauf die N31, auf der Sie nach **Gournay-en-Bray** hineinfahren. Gournay ist das Zentrum eines fruchtbaren Milchwirtschaftsgebietes und verfügt außerdem mit der Kirche St.-Hildebert über ein interessantes Gebäude des 12. Jh.
Information: SI, 76220 Gournay-en-Bray, Tel. 35902834.
Verkehrsverbindungen: Eisenbahn nach Rouen und Beauvais.
Gîte d'étape: Le Bord-du-Bois, Mont-Roty, Tel. 35902188 (Madeleine Bourdier), 12 Betten, 7 km südwestl.; Maison du Guet, Gerberoy, Tel. 44824523 (M. Vallois), 21 Betten, 11 km nordöstl.; Point d'Accueil Randonneur Communal, 12 r du Centre, Cuigy-en-Bray, Tel. 44816504 & 44816057 (M. Godefroy), 18 Betten, April-Okt., 12 km südöstl.; Antoine Trancart, Bézancourt, Tel. 35901642, 15 Betten, auf einem Bauernhof 12 km südwestl.
Camping: La Haute Haye **, Avesnes-en-Bray, Tel. 35900371, 30 Stpl., April-Sept., ca. 5 km westl.; zwei Plätze auf Bauernhöfen in St.-Quentin-des-Prés, 6 km nördl.
Fahrradvermietung: am Bahnhof Gournay-Ferrières, Tel. 35985050; bei der École d'Agriculture, 4 rue Heuillard, Tel. 35900334 (nur für Gruppen).

Radeln Sie auf der N31 (Rchtg. Rouen) durch die Stadt; im Vorort St.-Aubin biegen Sie rechts auf die D915 (Rchtg. Forges-les-Eaux) ab, die Sie aber schon nach etwa 1 km wieder links auf die D21 verlassen. Im Dorf Bellozanne trifft diese Nebenstraße auf die D145, der Sie nach links über Merval nach Argueil folgen. Dort treffen Sie auf die Streckenführung der Etappe 17 nach **Ry**.

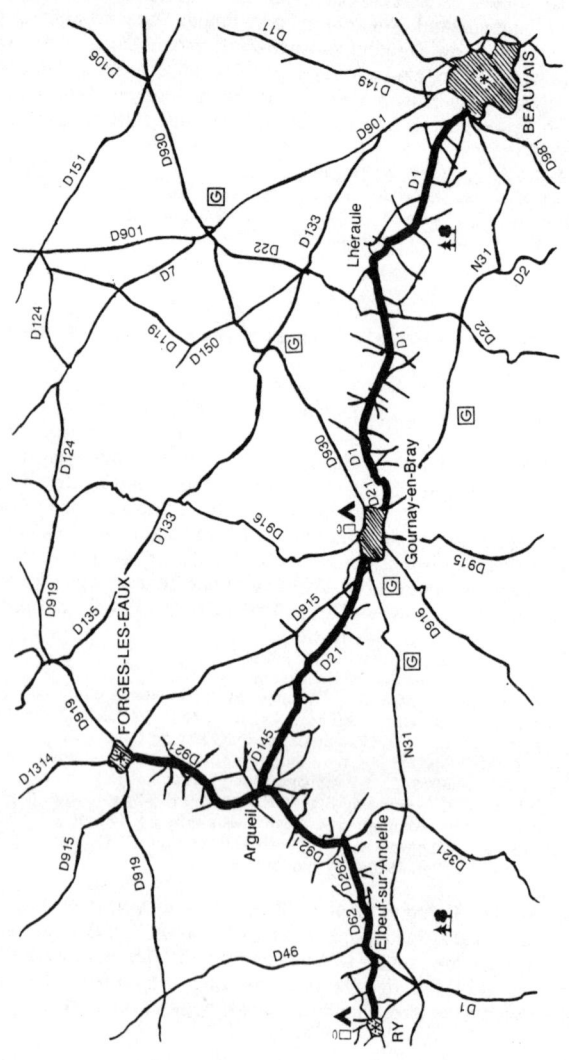

Etappe 19:
Paris - St.-Cloud - Versailles - Neauphie - Jouars - Montfort-l'Amaury (60 km)

Das erste Teilstück der Verbindung nach Chartres führt über die Pariser Renommier-Vorstadt Versailles. Es beginnt in Paris auf der Verlängerung der Avenue des Champs-Elysées, die hinter dem Triumpfbogen zuerst Avenue de la Grande Armée heißt. Bei der Porte Maillot wird der Pariser Autobahnring überquert und unmittelbar danach links in die Allée de Longchamp abgebogen. Diese Straße führt geradewegs durch den Bois de Boulogne; auf der sich halbrechts anschließenden Route de Suresnes überqueren Sie die Seine und treffen auf die N185, die Sie in Windungen durch den Pariser Vorort St.-Cloud bringt. Sie gelangen dadurch zur vierspurigen N10 nach Versailles.

Versailles, 100000 Einw., Dép. Yvelines, wird jährlich von rund 4 Millionen Touristen besucht. Obwohl die Stadt selbst auch ein paar sehenswerte Straßen und Gebäude besitzt, richtet sich das allgemeine Interesse ausschließlich auf das unter Louis XIV erbaute Schloß mit den dazugehörigen Parks. Obwohl auf einer Frankreichreise kein Mangel an Schloßbesichtigungen aufkommen muß, darf man Versailles zu Recht als Pflichtprogramm ansehen. Teile des Schlosses können sogar gratis besichtigt werden; außer dem Park gibt es aber selbst in Versailles noch den üblichen Ruhetag: montags zeigt sich das Schloß von der ungastlichen Seite.
Information: OTSI, 7 rue des Réservoirs, 78000 Versailles, Tel. (1) 39503622; Pavillon am Schloß.
Verkehrsverbindungen: Eisenbahn und S-Bahn nach Paris.
Camping: kommunaler Platz mit 160 Standpl.

Von Versailles aus führt die Etappe auf der D11 nach Neauphle, wo Sie links auf der D13E ins Nachbarstädtchen Pontchartrain radeln. Durchqueren Sie den Ort, wobei Sie die N12 kreuzen, und fahren Sie weiter nach Les Mousseaux, wo Sie auf die D13 (rechts einbiegen) nach **Montfort-l'Amaury** stoßen. Dieses am Rand des Waldes von Rambouillet gelegene Städtchen verfügt über ein guterhaltenes altes Stadtbild mit strohgedeckten Häusern, einer Burgruine und dem unvermeidlichen Kopfsteinpflaster. Der Komponist Maurice Ravel hat hier lange Zeit gelebt; sein Haus beherbergt jetzt ein Museum (di geschl.).
In Montfort-l'Amaury finden Sie Anschluß an Etappe 52.
Information: SI, Hôtel de Ville, 78490 Montfort-l'Amaury, Tel. (1) 34860040.
Fahrradvermietung: am Bahnhof, Tel. (1) 30645050.

Etappe 20:
Paris - Nanterre - Poissy - Meulan - La Roche-Guyon - Gasny - Vernon (82 km)

Der erste Teil der Verbindung zwischen Paris und Rouen durch das Seine-Tal beginnt in der Hauptstadt genau wie Etappe 19. Hinter der Porte Maillot bleiben Sie jedoch auf der geradeaus durch die Vororte Neuilly und **Nanterre** führenden N13. In Nanterre halten Sie sich halbrechts und fahren auf der N186 nach *Saint-Germain-en-Laye*, wo Sie zum dritten Mal auf dieser Etappe die Seine überqueren. Diese Residenzstadt besitzt ein schönes Schloß mit sehenswertem Museum. Die S-Bahn (R.E.R.) ist bis hier leider keine Alternative, da die Linie A keine Fahrräder mitnimmt.

Unterkunft: Centre d'Accueil international, 25 r du 8 mai 1945, Achères, Tel. (1) 39111497, 130 Betten, ganzj., Jugendbegegnungszentrum ca. 6 km nördl. von Poissy.

Hinter der Kirche am zentralen Platz der Stadt, an dem auch Bahnhof und Schloß liegen, beginnt die N190 durch den Wald von St.-Germain nach Poissy. Folgen Sie der N190 weiter entlang der Seine bis **Meulan**. Dort bietet sich schließlich eine günstige Gelegenheit, in ein abseits gelegenes Tal auszuweichen und damit dem nun folgenden langgezogenen Industriegebiet zu entgehen; dazu halten Sie sich in Meulan rechts (Rchtg. Magny-en-Vexin) und kommen auf die D913 durch das schöngelegene Tal des Flüßchens Montcient. In **Oinville** existieren eine jener kleinen, extrem gemütlichen Jugendherbergen mit viel Atmosphäre, wie es sie nur abseits der Touristenströme gibt.

Jugendherberge: Impasse de la rue de Gournay (FUAJ), Tel. (1) 34753391 & 42439003, 25 Betten, Campingmöglichkeit, nur Juli/Aug. sowie an Wochenenden von einem Herbergs-"Vater" betreut, ansonsten bekommt man den Schlüssel in einem nahegelegenen Café oder dem örtlichen Supermarkt. Näheres ist an der Tür zur JH angeschlagen. Café und Laden schließen um 19.30 h; die Ruhetage überschneiden sich nicht, so daß man immer zu einem Schlüssel kommen müßte. Die Herberge ist gut mit Küchenmaterial ausgestattet, was auch wichtig ist, da die örtlichen Restaurants abends geschlossen sind.

Gîte d'étape: La Cavale, 11 r du Moulin, Brueil-en-Vexin, Tel. (1) 34753932 (Fam. Dauwe), 25 Betten, am weiteren Streckenverlauf; Ferme de la Tanière, Le Perchay, Tel. (1) 34660425, 30 Betten, 16 km nördl. von Meulan.

Es geht weiter auf der D913, die allerdings hinter *Brueil-en-Vexin* links abknickt. Die Straße führt durch Teile von Sailly und weiter etwa 4 km weit bergauf, über die N183 hinweg und trifft bei **Vétheuil**, einem von Claude Monet mehrfach gemalten Ort, wieder auf den Verlauf der Seine, der sie rechts bis La Roche-Guyon folgt. In diesem Bereich ist das Flußtal besonders attraktiv: zahlreiche bizarr erodierte Kalsteinfelsen säumen die Strecke - in einem (bei Chantemesle) ist sogar eine Höhlenkirche untergebracht. *La Roche-Guyon* verfügt über ein recht großes Schloß, das allerdings wegen Renovierung wohl noch jahrelang unzugänglich ist und von einem alten Wachtturm auf einem Felsen (*donjon*) überragt wird.

Gîte d'étape: Ferme du Grand Chemin, Villers-en-Arthies, Tel. (1) 34781773 (Fam. Vandeputte), 35 Betten, 4 km nördl. von Vétheuil; Ancien Presbytère, La Roche-Guyon, Tel. (1) 34797055 (Mairie) & 34797047, 19 Betten, ganzj.

Die Straße führt nun einen steilen Hügel hinauf (Beschilderung Rchtg. Vernon); 100 m hinter der Kuppe biegen Sie links ab auf die Nebenstraße durch Gommecourt und weiter auf der D200 nach Limetz-Villez. In diesem langgezogenen Dorf zweigt rechts die D201 Rchtg. Vernon ab und mündet gleich hinter der Epte-Brücke auf die D5, die links gleich darauf das Örtchen **Giverny** erreicht. Hier ist im ehemaligen Wohnsitz von Claude Monet ein Museum eingerichtet (April-Okt. tägl. außer mo).

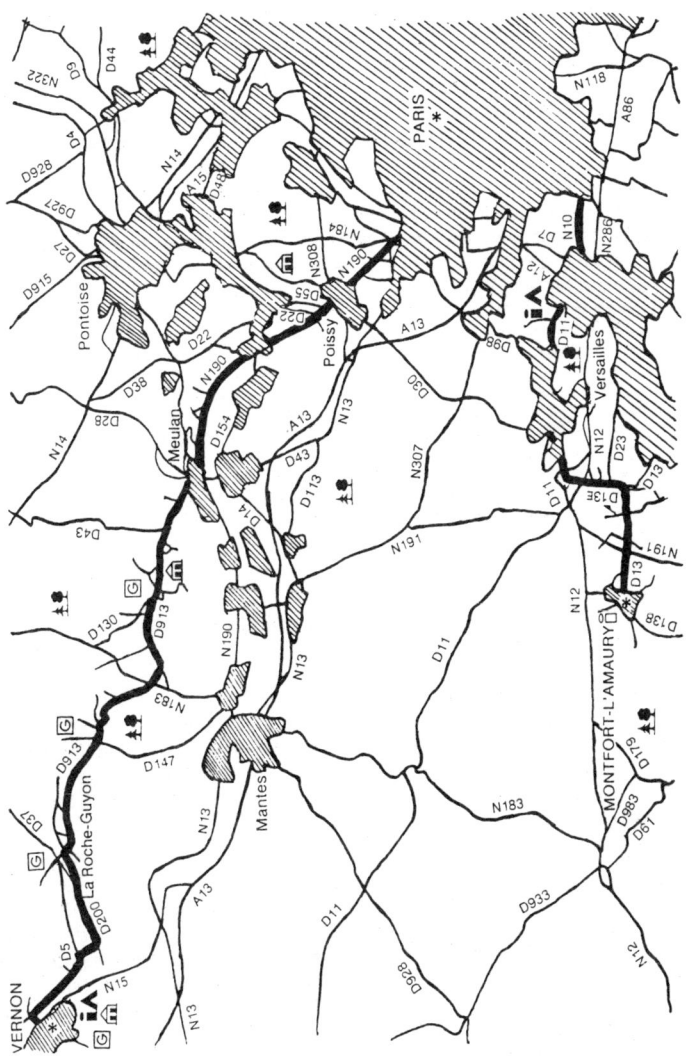

(*In Gegenrichtung:* an der ersten Brücke hinter Giverny über den Fluß; Wegweiser steht schon 100 m vorher.)

Den beschilderten Fuß-/Radweg Rchtg. Vernon, der am Ortsende von Giverny auf einer ehemaligen Bahntrasse beginnt, sollten Sie wegen des miserablen Zustandes besser ignorieren. Auf der D5 radelt es sich deutlich besser zum Etappenziel.

(Wer nicht hinein nach Vernon will, kann vor der Seine-Brücke dem Wegweiser nach Vernonnet folgen und findet direkten Anschluß an Etappe 21).

Vernon, 24000 Einw., Dép. Eure, hat bei den Bombardements des Zweiten Welkrieges glücklicherweise nicht das Schicksal anderer normannischer Städte (die "Flächensanierung") teilen müssen. Deshalb ist ein Teil der Altstadt ebenso erhalten wie eine Kirche und Reste einer mittelalterlichen Brücke und zweier Schlösser (in Bizy und Vernonnet).

Information: OTSI, 36 r Carnot, BP 110, 27200 Vernon, Tel. 32513960.
Verkehrsverbindungen: Eisenbahn nach Paris und Rouen.
Jugendherberge: 28 av d'Ile de France, Tel. 32516648, 20 Betten, April-Sept., oft überfüllt.
Gîte d'étape: Pierre Delbeke, St.-Vincent-des-Bois, Tel. 35524002, 14 Betten (+ 12 Notliegen), ca. 8 km südwestl. von Vernon nahe der D57.
Camping: Fosses Rouges **, St.-Marcel, Tel. 32515986, 70 Stpl., März-Okt., in einem westlichen Vorort der Stadt.
Fahrradvermietung: am Bahnhof, Tel. 32510172.
Fahrradservice: Martin, Tel. 32512408, beim Museum.

Etappe 21:
Vernon - Port-Mort - Les Andelys - Muids - Herqueville - Amfreville - Pont-St.-Pierre - Boos - Rouen (75 km)

Zum Beginn des zweiten Teils der Verbindung Paris-Rouen fahren Sie in Vernon zuerst wieder auf das rechte Seine-Ufer zurück, auf dem Sie angekommen sind. Vom Vorort Vernonnet aus folgen Sie dann der D313 seineabwärts nach *Les Andelys*; auf dem Weg dorthin kommen Sie unmittelbar an der schön gelegenen Burgruine von *Gaillard* vorbei, zugänglich März-Okt. außer dienstags und Mittwochvormittag.

Information: SI, 1 r Philippe-Auguste, 27700 Les Andelys, Tel. 32544193.
Camping: Ile des Trois Rois ***, Tel. 32542379, 300 Stpl., Fahrradverm., April-Okt.; Château-Gaillard ****, Bernières, Tel. 32541820, 195 Stpl., ganzj.
Fahrradvermietung: Cycles Tanton, Rue M.-Lefebvre, Tel. 32542625.

Am Ortsanfang von Les Andelys, gleich hinter dem Château-Gaillard, halten Sie sich links Rchtg. Pont-St.-Pierre und folgen weiter der D313 entlang der Seine, die hier eines ihrer attraktivsten Teilstücke hat. Etwa 2 km hinter Les Andelys müssen Sie dazu die Landstraße Rchtg. Rouen (ab hier: D126) verlassen; letztere ist zwar eine 9 km kürzere Verbindung, aber anfangs mit einer sehr kräftigen Steigung gewürzt.

Kartenskizze Etappen 21 - 23

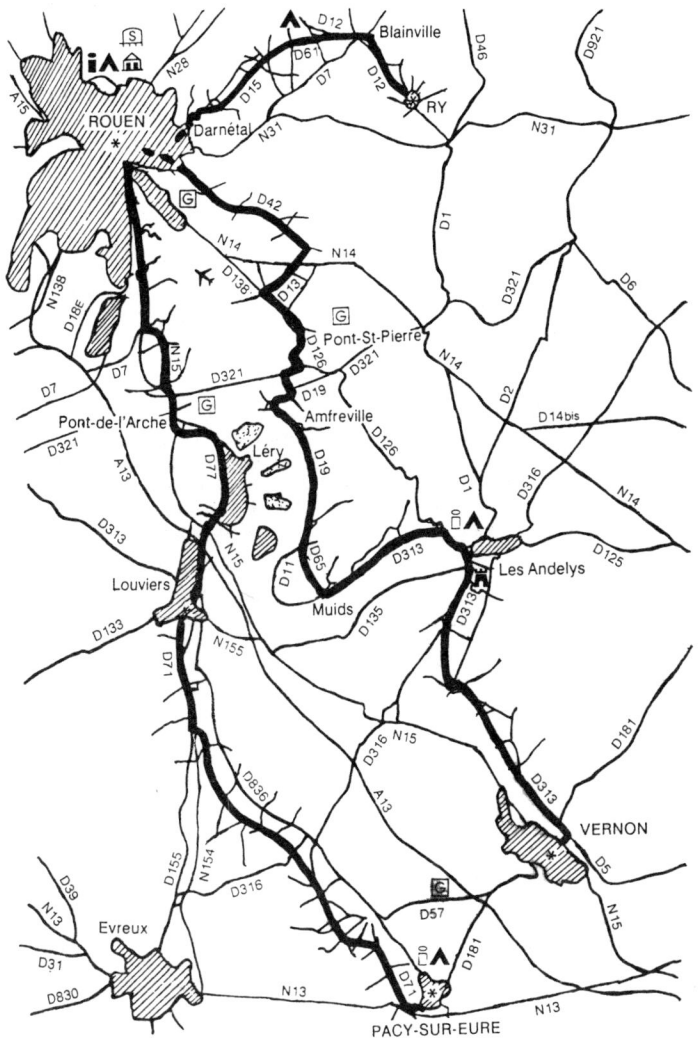

Immer der Seine entlang radeln Sie über Muids und Herqueville (Straßennummer wechselt zuerst auf D65, dann auf D19) Rchtg. Pont-St.-Pierre. Nachdem Sie die Seine wieder verlassen haben, geht's links hinein nach Romilly-sur-Andelle.

Gîte d'étape: Le Petit Cardonet, Pont-St.-Pierre, Tel. 35802419 (Richard Valognes), 25 Betten, im Nachbarort; weitere Gîte ca. 6 km südwestl. bei Alizay, s. Etappe 23.

Dort rechts auf der D321 Rchtg. Boos und mit gleicher Wegweisung links auf die D126/D138 über einen bewaldeten Hügel (120 m Höhenunterschied) nach La Neuville-Chant-d'Oisel. Dort biegen Sie an einer unbeschilderten Kreuzung (rechts liegt ein Dorfweiher und steht ein Campingwegweiser, links ist ein Kirchturm sichtbar) rechts ab; die Bestätigung, daß Sie sich auf der D13 befinden, kommt am Ortsendeschild. Die N14 wird gekreuzt, und in Mesnil-Raoul weist die Beschilderung links auf die C1 nach Montmain. An der dortigen T-Mündung auf die D42 geht's links und steil hinab nach Epinay sowie durch St.-Aubin und St.-Léger-du-Bg.-Denis zur T-Mündung auf die N31. Diese ist links nach Rouen zwar größtenteils mit Radfahrverboten versehen, es gibt aber jeweils einen Gegenrichtungsradweg auf dem Mittelstreifen mit etwas merkwürdigen Einfädelungen in die "normalen" Straßen-Teilstücke.

(*In Gegenrichtung*: Von der N31 ist Rchtg. St.-Léger beschildert.)

Rouen, 120000 Einw. (zzgl. 300000 im Ballungsraum), Dép. Seine-Maritime, ist eine von historischen Bauwerken übersäte Provinzmetropole. Die Innenstadt auf dem rechten Seine-Ufer ist trotz schwerer Schäden im Zweiten Weltkrieg eine einziges großes Museum für normannische Gotik. Freunde alter Gemäuer dürfen sich hier einmal so richtig austoben. Da Rouen wegen seiner Verkehrslage und wegen der Kombination von Kopfsteinpflaster und Einbahnstraßen nicht gerade fahrradfreundlich ist, sollte der Drahtesel für die Besichtigung der Altstadt, Kirchen und Museen eine Ruhepause erhalten. Die örtliche Tourismuswerbung empfiehlt auch den Autofahrern die Nutzung der eigenen vier Beine, was in Frankreich zu den extremen Ausnahmen gezählt werden darf. - Aus dem Rahmen des Üblichen fällt das *Musée le Secq des Tournelles*, das eine umfangreiche Sammlung schmiedeeiserner Geräte aus zwei Jahrtausenden enthält (di geschl.).

Information: OTSI, 25 pl de la Cathédrale, 76000 Rouen, Tel. 35714177.
Verkehrsverbindungen: Eisenbahn nach Paris, Le Havre, Dieppe, Amiens und Caen; Regionalflugplatz in Boos (s.o.).
Mitfahrzentrale: Allostop, 12 quai Corneille, Tel. 35070900.
Studentenwerk: CROUS, 3 r d'Herbouville, Tel. 35984450, 4 Wohnheime.
Jugendherberge: C.d.S., 17 rue Diderot, Tel. 35720645, 100 Betten, ganzj., nicht verbandsgebunden.
Gîte d'étape: La Caillette, Franqueville-St.-Pierre, Tel. 35798208 (Renée Lainey), 12 Betten, ganzj., 10 km südöstlich von Rouen nahe bei Boos.
Camping: Municipal **, Déville-les-Rouen, Tel. 35740759, 100 Stpl., März-Okt., in einem neubauten Vorort; Cheval Rouge **, Isneauville, Tel. 35603131, 100 Stpl., ganzj., ca. 6 km nördl. von Rouen abseits der N28; L'Aubette, St.-Léger-du-Bourg-Denis **, Tel. 35084769, 50 Stpl., ganzj., ca. 5 km nordöstl. an der D42.
Fahrradvermietung: Freeway, 21 rue des Bonnetiers, Tel. 35700404.

Etappe 22:
Ry - Blainville - Roncherolles - Darnétal - Rouen (28 km)

Zur Vermeidung der Hauptstraßen wählen Sie in Ry die D12 nach Blainville und weiter Rchtg. Morny; ca. 2 km hinter Blainville biegen Sie links ab (zum Campingplatz in Pierreval ggf. geradeaus weiterfahren, s. Etappe 17) auf die D6 nach La Vieux-Rue und radeln geradeaus weiter auf der D15 nach Roncherolles. Von dort sind es nur noch wenige Kilometer hinunter nach Darnétal, wo Sie auf die N31 nach *Rouen* (s. Etappe 21) treffen.

Etappe 23:
Rouen - Pont-de-l'Arche - Léry - Louviers - Cailly-sur-Eure - Pacy (67 km)

Das erste Teilstück der Verbindung nach Chartres verläuft mangels geeigneter Nebenstraßen etwa zur Hälfte auf stark befahrenen Nationalstraßen. Es beginnt in Rouen auf der N15 (rechtes Seine-Ufer), die Sie nach ca. 20 km, in Pont-de-l'Arche, verlassen, um auf der D77 durch Léry und Val-de-Reuil hindurchzuradeln.
Gîte d'étape: Mairie de Manoir-sur-Seine, Alizay, Tel. 32498296 & 32494015, 12 Betten, in einem kommunalen Freizeitzentrum 4 km östl. der Strecke am nördl. Seine-Ufer.
Nach der Brücke über die N15 und A13 streifen Sie auf der N154 die Stadt *Louviers* und müssen dann nach rechts von der Hauptstraße abbiegen, um im Bogen unter der N154 hindurch auf der D71 nach Acquigny und Les Planches zu gelangen. Kurz hinter diesem Dorf zweigt die D71 links von der als D155 geradeaus weiterführenden Straße ab und verläuft längs der Eure geradewegs nach **Pacy-sur-Eure**, dem Etappenziel.
Information: SI, Place Dufay, 27120 Pacy-sur-Eure, Tel. 32261821.
Verkehrsverbindungen: Eisenbahn nach Rouen und Paris.
Gîte d'étape: in St.-Vincent-des-Bois (s. Vernon, Etappe 20).
Camping: Le Haut Boisset, Boisset-les-Prévanches, Tel. 32368149, 25 Stpl., ganzj., ca. 7 km südwestl. abseits der D141 Rchtg. St.-André; C.E.M. Dassault (unklass.), Breuilpont, Tel. 32363170, 297 Stpl., 6 km südl. nahe der Streckenführung von Etappe 53.

Etappe 24:
Le Tréport - Mesnil-Val - Criel-sur-Mer - Touffreville - Guilmécourt - Intraville - Envermeu - Saint-Nicolas - Torcy (50 km)

Diese Strecke kann durch Kombination mit Etappe 25 auch Rchtg. Offranville (Küstenstrecke) variiert werden. Sie beginnt in Le Tréport mit einer kräftigen Steigung auf den Hügel der Kalksteinfelsen (beschildert Rchtg. "Golf International"), biegt dort rechts auf die D126E nach Mesnil-Val ab und trifft auf die D222 (in Mesnil-Val rechts abbiegen) nach Criel-Plage und **Criel-sur-Mer**, einem beliebten Seebad.
Information: SI, Manoir de Brainçon, 76910 Criel-sur-Mer, Tel. 35867033.

Jugendherberge: Château de Chantereine, R de Chantereine, Tel. 35501846 & 35867387 (Mairie), 65 Betten, ganzj., am östl. Ortsrand.

Camping: Les Mouettes **, Tel. 35867073, 80 Stpl., April-Sept.; Le Mont Joli Bois ***, Tel. 35508119, 114 Stpl., Ostern-Okt.

In Criel wählen Sie die leicht versetzt geradeaus über die Dorfstraße hinwegführende D226 Rchtg. Touffreville; hinter Criel kreuzen Sie dabei die neue Streckenführung der D925. Am Ortseingang von Touffreville biegen Sie rechts auf die C1 nach Litteville ab (in Gegenrichtung dort beschildert Rchtg. Criel, nicht Rchtg. Touffreville), wo Sie auf die D454 nach Guilmécourt stoßen. Fahren Sie geradeaus durch den Ort und auf der D222 weiter nach Envermeu; hinter Intraville mündet die D222 dabei in die D22.

Envermeu verlassen Sie auf der D149 nach St.-Nicolas (hier Abzweigung auf Etappe 25 nach Offranville möglich) und weiter nach St.-Aubin-le-Cauf. Der Ort wird (ca. 100 m nach rechts versetzt) durchradelt; die D149 kreuzt dann das von den Flüssen Béthune und Varenne gebildete Tal und führt südwärts nach **Torcy**, wo das Etappenende erreicht ist.

Camping: L'Orival **, Les Grandes Ventes, Tel. 35834590, 25 Stpl., März-Okt., ca. 5 km südöstl. an der D915; La Varenne ***, Martigny, Tel. 35856082, 110 Stpl., April-Mitte Okt., 7 km nördl. abseits der D154.

Kartenskizze Etappen 24 & 25

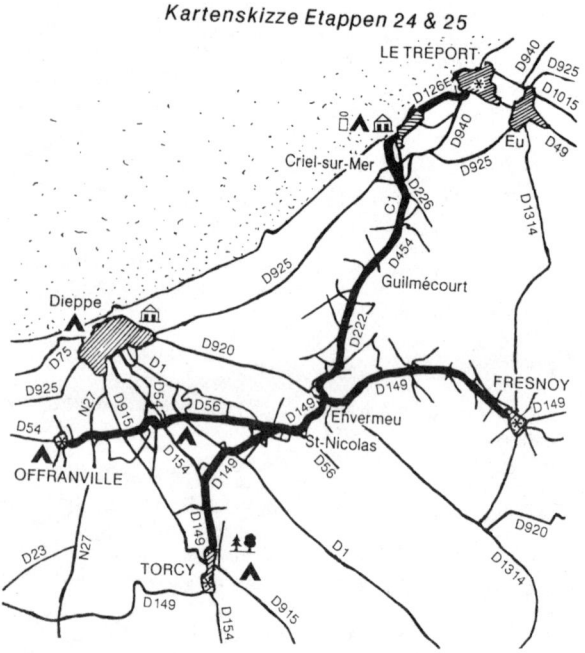

Etappe 25:
Fresnoy - Envermeu - St.-Nicolas - Arques-la-Bataille - Offranville (35 km)

Diese Strecke läßt sich mit Etappe 24 kombinieren bzw. Rchtg. Rouen variieren. Sie beginnt in Fresnoy auf der D149, die durchgehend über Envermeu bis St.-Nicolas benutzt wird. Dort wechseln Sie auf die geradeaus weiterführende D56 nach **Arques-la-Bataille**, einem Städtchen, auf dessen beeindruckende Burgruine Sie bei der Weiterfahrt einen Blick werfen können.
Camping: in Martigny, s. Etappe 24.
Auf der D23 erklimmen Sie den Hügel westlich der Stadt und gelangen zur D54 nach *St.-Aubin-sur-Scie*, wo Sie die N27 leicht nach links versetzt kreuzen und in das 2 km entfernte Städtchen **Offranville** weiterfahren.
Jugendherberge: 48 r Louis Fromager (FUAJ), Quartier Janval, Chemin des Vertus, Dieppe, Tel. 35848573, 45 Betten, ganzj.
Camping: Du Colombier ***, Tel. 35852114, 90 Standpl., ganzj.; 2 Plätze in Dieppe.

Etappe 26:
Offranville - Longueil - Quiberville - Veules-les-Roses - Saint-Valery-en-Caux (31 km)

Die Strecke beginnt in Offranville auf der D54 nach Ouville-la-Rivière, wo die Straße auf die D925 stößt. Auf dieser Straße (links einbiegen) überqueren Sie das Flüßchen Saâne und wählen dann die rechts abzweigende D127 durch Longueil zur Küste nach Quiberville; dort biegen Sie links ein auf die D75 nach St.-Aubin, an die sich die D68 nach Veules-les-Roses anschließt. Dieser Teil der normannischen Küste ist mit Campingplätzen sehr gut versorgt; die Auflistung entfällt deshalb hier.
In Veules-les-Roses mündet die D68 wieder in die D926 zum Etappenende, nach **Saint-Valery-en-Caux**, einem beliebten Seebad.
Information: OTSI, Pl de l'Hôtel de Ville, 76460 St.-Valery-en-Caux, Tel. 35970063.
Verkehrsverbindungen: Eisenbahnregionalstrecken nach Dieppe, Rouen und Fécamp.
Camping: GC Etennemare ****, Tel. 35971579, 115 Stpl., ganzj.; Falaise d'Amont **, Tel. 35970507, 100 Stpl., ganzj.; Les Lauriers *, Manneville-ès-Plains, Tel. 35972075, 22 Stpl., April-Sept., ca. 5 km südöstl.

Etappe 27:
Offranville - Auppegard - Hermanville - Brachy - Saâne - Saint-Laurent - Berville - Yvetot - Duclair (72 km)

Diese Strecke bietet eine Alternative für jene Radler, die wenig Wert auf Küstenstrecken legen. Sie beginnt in Offranville auf der D55 nach Colmesnil und Auppegard. Falls Sie sie nahtlos an Etappe 25 anschließen möchten, so fahren Sie bereits am Ortseingang von Offranville nach links durch ein Industriegebiet; Sie gelangen dadurch direkt zur D55.

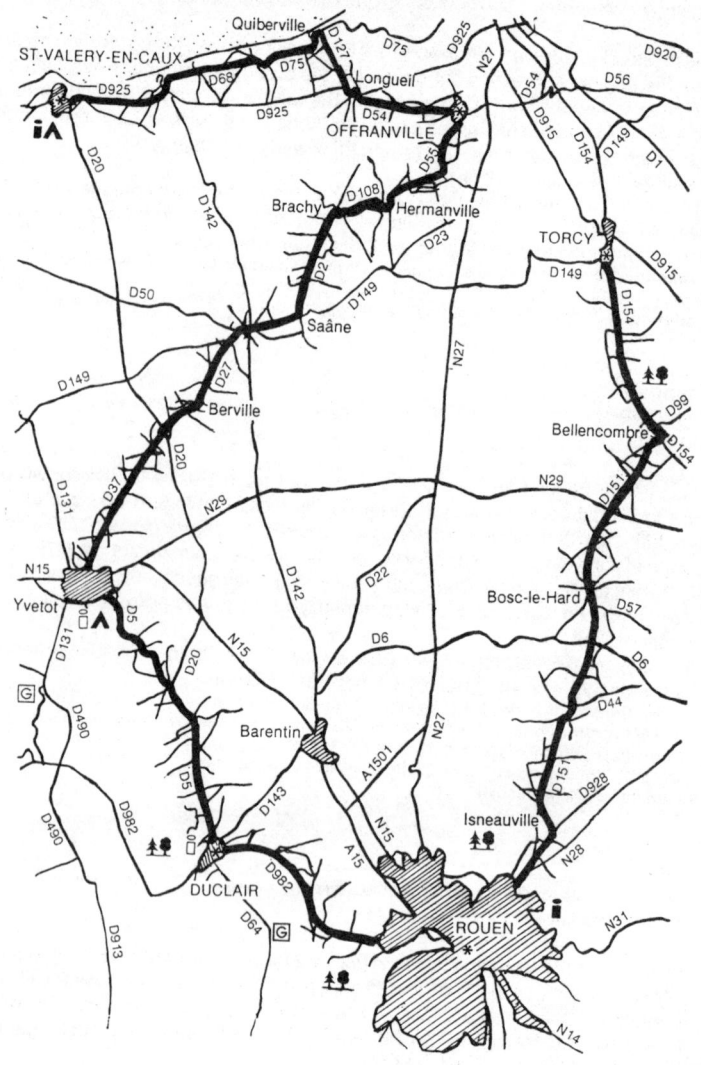

In *Auppegard* biegen Sie rechts in die D108 nach Hermanville und Brachy ein; dort schließt sich links die D2 nach Saâne-St.-Just an. In diesem Ort wechseln Sie auf die nach rechts führende D149 nach St.-Laurent-en-Caux und weiter Rchtg. Doudeville. Etwa 1 km hinter St.-Laurent verlassen Sie die Landstraße geradeaus auf die D27 nach **Yvetot**, einem weitgehend modernen, da im Zweiten Weltkrieg stark zerstörten Landstädtchen am Knotenpunkt diverser Straßenverbindungen.

Information: SI, Place Victor-Hugo, 76190 Yvetot, Tel. 35950840.
Verkehrsverbindungen: Eisenbahn nach Rouen und Le Havre.
Jugendherberge: beim Campingplatz, 4 r de la Briquetterie, Tel. 35953701, 8 Betten (!), ganzj. geöffn. Mini-Herberge der FUAJ in Nähe des Stadtzentrums, klein aber fein...
Gîte d'étape: Ste.-Gertrude, Maulévrier, 30 Betten, 9 km südl., anmelden bei Claude Lerouge, Ouville-l'Abbaye, 76760 Yerville, Tel. 35961571.
Camping: Le Clos Normand *, Verwaltungseinheit mit JH (s.o.), 40 Stpl., April-Okt. Nicht erlaubt, aber mögl.: Mitbenutzung der JH-Küche (Zugang von den gemeinsamen Sanitäreinrichtungen aus).

Der Abzweig zur weiteren Streckenführung ist in Yvetot nicht beschildert; bei nahtlosem Anschluß an der Kirche links abbiegen und geradeaus durch die Stadt fahren. Von JH/Camping aus rechts vom Gelände, nächste kreuzende Hauptstraße rechts, dann immer geradeaus.

Für die Weiterfahrt wird die D5 benutzt, auf der Sie geradewegs nach **Duclair** kommen, einem mäßig interessanten Ort an einer Seine-Schleife, von dem aus sich aber günstige Anknüpfungsmöglichkeiten bieten.

Information: SI, Hôtel de Ville, 76480 Duclair, Tel. 35375214 & 35375114.
Verkehrsverbindungen: Fähre über die Seine.
Gîte d'étape: Allée des hêtres, Bardouville, Tel. 35370t873744, 19 Betten, kommunale Gîte 6 km südl. (Fährbenutzung).

Etappe 28:
Duclair - Rouen (20 km)

Diese Kurzetappe führt durchgehend auf der D982 von Duclair aus über die bewaldeten Hügel bei Montigny nach **Rouen** (s. Etappe 21). In Gegenrichtung ab Rouen auf der N15 Rchtg. Autobahn A15 (Yvetot) fahren; die D982 zweigt unmittelbar vor Autobahnanfang links ab.

Etappe 29:
Torcy - Bellencombre - Bosc-le-Hard - Isneauville - Rouen (48 km)

Diese Strecke verläuft während der ersten 10 km auf der D154 parallel zum *Forêt d'Eawy* bis Bellencombre, wo Sie rechts auf die D151 abbiegen, die über Bosc-le-Hard und *Fontaine-le-Bourg* südwärts führt. Die D928 wird nahe dem Örtchen *Isneauville* (Campingplatz, s. Rouen, Etappe 21) erreicht. Rechts mündet diese Straße nach 2 km in die N28/E402, die Sie nach 8 km ins Zentrum von **Rouen** (s. Etappe 21) bringt.

Etappe 30:
St.-Valery-en-Caux - Paluel Vittefleur - Cany-Barville - Grainville - Yvetot (52 km)

Diese Strecke dient als Zubringer zur Etappe 27. Sie beginnt in St.-Valery auf der Küstenstraße D79 Rchtg. Veullettès-sur-Mer; nach dem Passieren eines neuen Atomkraftwerks ca. 7 km von St.-Valery biegen Sie links ab nach Paluel Vittefleur und weiter auf der D10 nach **Cany-Barville**, einem Städtchen, in dessen Nähe (auf der weiteren Streckenführung nahe der D131) ein Schloß aus dem 17. Jh. (Juli-Sept. außer freitags) steht.
Camping: Les Grands Prés ***, Vittefleur, Tel. 35975382, 100 Stpl., April-Sept.

Fahren Sie geradeaus über die D925 hinweg und auf der D268 weiter; falls Sie das Schloß besichtigen wollen, müssen Sie nach ca. 2 km rechts auf einer kleinen Straße den Fluß überqueren, da das Schloß westlich des Wasserlaufs ist. Ansonsten stoßen Sie nach knapp 4 km auf die D131, der Sie nach links über **Hericourt** (**Camping:** La Durdent **, Tel. 35964212, 30 Stpl., Mitte März-Mitte Nov.) bis **Yvetot** (s. Etappe 27) folgen.

Etappe 31:
Saint-Valery-en-Caux - Veulettes - Fécamp - Etretat - Montivilliers - Le Havre (91 km)

Eine Umrundung der Halbinsel von Le Havre mit Berührung der spektakulärsten Küstenteile; da die Campingplätze hier in dichter Reihe gelegen sind, wird auf die Auflistung bis Etretat verzichtet.
Die Strecke beginnt in St.-Valery genau wie Etappe 30 auf der D79, folgt dieser Küstenstraße jedoch durch die Seebäder Veulettes-sur-Mer und St-Pierre-en-Port bis hinter Elelot zur D925 nach Fécamp und weiter nach Etretat.

Fécamp ist kulturell in doppelter Hinsicht von den Benediktinern geprägt, nämlich zum einen wegen der eindrucksvollen ehemaligen Abtei und zum anderen wegen des Likörs, der hier noch heute produziert wird. **Etretat** hingegen ist von bizarren Steil-Felsformationen eingerahmt, deren Bild mehr als nur ein Buch über die Region ziert.
Information: OTSI, Place Bellet, 76400 Fécamp, Tel. 35282051, ganzj., während der Saison ein weiteres Büro am Strand; SI, Place de la Mairie, 76790 Etretat, Tel. 35270521.
Verkehrsverbindungen: Eisenbahn von beiden Orten nach Rouen und Le Havre.
Jugendherberge: 348 rte du Commandant Roquigny (FUAJ), Côte de la Vierge, Fécamp, Tel. 35297579, 24 Betten, Juli-Mitte Sept.
Camping: De Renneville **, Fécamp, Tel. 35282097, 160 Stpl., ganzj.; Le Rivage ***, Yport, Tel. 35273378, 60 Stpl., Mitte Juni-Mitte Sept.; La Chenaie **, Yport, Tel. 35273356, 65 Stpl., ganzj.; Municipal ***, Etretat, Tel. 35270767, 120 Stpl., Ostern-Sept.
Fahrradvermietung: am Bahnhof Fécamp, Tel. 35435050; Folio Sports, Arcade du Théâtre, Fécamp, Tel. 35284509; Hôtel de l'Univers, Fécamp.

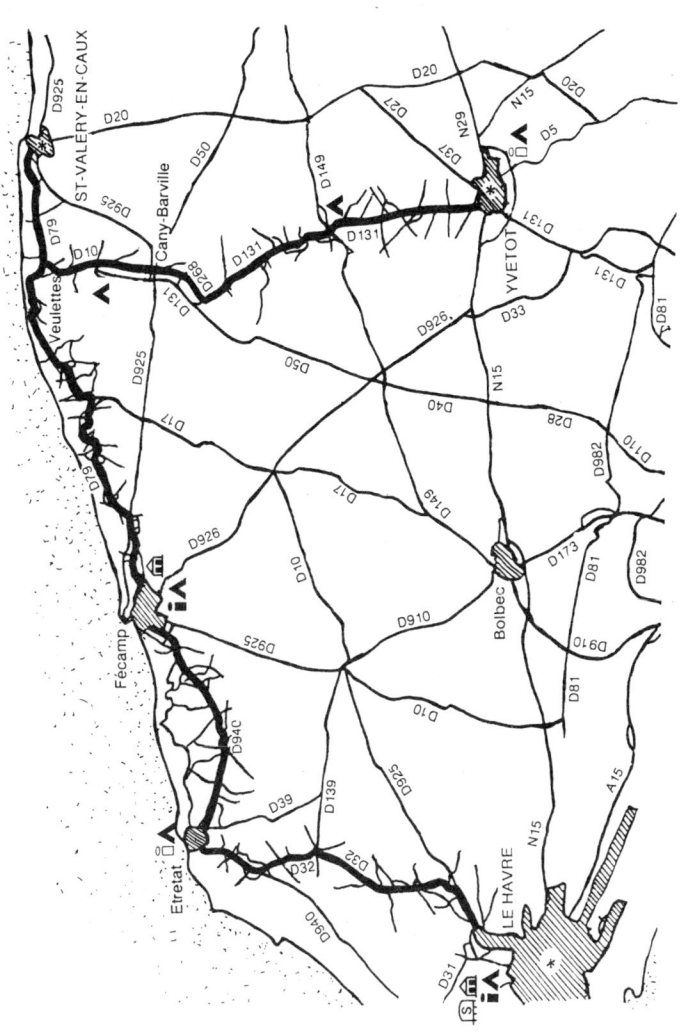

Von Etretat aus folgen Sie noch etwa 5 km lang der D940, um die Straße bei Ste.-Marie-au-Bosc nach links auf die D32 nach Gonneville-la-Mallet zu verlassen. Dort halten Sie sich entsprechend dem Verlauf der D32 links und radeln über Le Bec nach *Epouville*, wo die Nebenstraße sich mit der D925 vereinigt. Über *Montivilliers* geht es nun geradewegs nach Le Havre.

Le Havre, 220000 Einw., Dép. Seine-Maritime, ist der zweitwichtigste Handelshafen Frankreichs und verfügt über die größte Schleuse der Welt. Die frei zugänglichen Hafenanlagen können im Sommerhalbjahr zudem per Bootsrundfahrt besichtigt werden. Der Hafen, den auch Fährschiffe nach Südengland und Irland nutzen, ist die einzige bedeutende Sehenswürdigkeit der Stadt; das Stadtbild stammt fast vollständig aus der Zeit nach dem Zweiten Weltkrieg, in dem Le Havre durch Luftangriffe "flächensaniert" wurde.
Information: OTSI, Place de l'Hôtel de Ville, 76600 Le Havre, Tel. 35212288.
Verkehrsverbindungen: Eisenbahn über Rouen in alle Himmelsrichtungen sowie Regionalstrecke über Fécamp nach Dieppe; Flugplatz Octeville im Nordwesten; Fährverbindungen nach Portsmouth/Southampton und Rosslare.
Studentenwerk: Service des Oeuvres universitaires et scolaires, Résidence universitaire du Havre-Caucriauville, Pl Robert Schuman, Tel. 35472586, 2 Wohnheime (im Aug. geschl.).
Jugendherberge: U.C.J.C., 153 bd de Strasbourg, Tel. 35424786, 16 Betten, ganzj., an der Hauptstraße im Zentrum, LFAJ-Neueröffnung für 1992 angekündigt.
Camping: Forêt de Montgeon ****, Tel. 35465239, 222 Stpl., Ostern-Sept., in einem Waldgebiet nördlich der Stadt, von der D32 aus zu erreichen.

Etappe 32:
Le Havre - Pont de Tancarville - Foulbec - Berville-sur-Mer - Honfleur (58 km)

Zu Zeit der Drucklegung dieses Buches wurde an einer neuen Brücke (*Pont de Normandie*) gearbeitet, die in Le Havre eine südlich parallel zur Hafenstraße verlaufende Nebenstrecke mit Honfleur verbinden soll und damit daraus zwar eine Hauptstrecke, aber andererseits den Umweg über Tancarville überflüssig macht; Etappe 36 kann dann in Honfleur angeknüpft werden.
Bis zur Fertigstellung der Brücke ist aber folgende Streckenführung erforderlich: Am Ende des Hafens von Le Havre vollführt die hindurchführende Straße eine langgezogene Linkskurve; kurz bevor eine bewegliche Brücke überquert und die Autobahn A15/E05 erreicht würde, biegen Sie erneut rechts auf eine kleine Straße ab, die genau ostwärts verläuft und erst unmittelbar an der Brücke von **Tancarville** den Hafenkanal kreuzt. Diese Brücke ist eine technische Sehenswürdigkeit besonderen Ranges, denn sie überspannt mit 51 m Höhe eine Distanz von 1410 m. Um auf die Hängebrücke zu gelangen, müssen Sie entweder einen Bogen durch den Ort Tancarville und über die D39 zur D910 schlagen oder - kürzer - westlich der Brücke auf der D982 ca. 2 km Rchtg. Le Havre zurückfahren und dann rechts auf die N182 zur Brücke einbiegen.

Nach der Überquerung der Seine auf der Brücke radeln Sie rechts auf der N178 weiter bis Foulbec, wo endlich Gelegenheit zum Verlassen der Hauptstraße besteht. Wählen Sie die rechts abzweigende D312 über Conteville zum östlichsten Seebad dieser Küste, *Berville-sur-Mer*, und weiter Rchtg. Honfleur. Die D312 stößt an der Grenze zum Département Calvados bei *Fiquefleur* auf die Hauptstraße (D180/D580).
Camping: Domaine Catinière ***, Équainville, Tel. 32576351, 82 Stpl., April-Okt., 2 km südl. an der D22.

Dem Hauptstraßenverkehr können Sie jedoch ausweichen, indem Sie geradeaus durch den Vorort La Rivière-St.-Sauveur nach **Honfleur** radeln. Dieses Städtchen verdankt sein weitgehend intaktes altes Stadtbild zum Teil dem Umstand, daß es immer im wirtschaftlichen Schatten von Le Havre stand; Honfleur war ein bevorzugter Aufenthaltsort (und Motiv) impressionistischer Maler.
Information: OTSI, 33 cours des Fosses, BP 83, 14602 Honfleur, Tel. 31892330.
Verkehrsverbindungen: Eisenbahn-Küstenstrecke Rchtg. Rouen und Deauville.
Camping: Du Phare **, Tel. 31891026, 110 Stpl., April-Sept.; La Briquerie ****, Equemauville, Tel. 31892832, 250 Stpl., April-Sept., Waschm., 5 km südl. an der D579.
Fahrradvermietung (auch Reparaturen/Ersatzteile): M. Grégory, 12 quai Lepaulmier, Tel. 31893466; M. Grandval, 31 rue de la République, Tel. 31894287.

Etappe 33:
Duclair - Jumièges - Bourneville - Pont-Audemer - Cormeilles - Lisieux (76 km)

Mit dieser Strecke wird das Ballungsgebiet von Rouen besonders günstig umgangen. Sie beginnt in Duclair, wo es übrigens auch eine Fähre über die Seine (Rchtg. La Bouille) gibt, auf der D982 Rchtg. Pont de Brotonne. Falls Sie einen ausgiebigen (6 km längeren) Schlenker über die Halbinsel von Jumièges machen möchten, fahren Sie schon nach ca. 1 km links auf der D65 weiter, die der gesamten Seine-Schleife folgt. Ansonsten biegen Sie erst bei Yainville links auf die D143 nach **Jumièges** ab.
In diesem Ort stehen die imposanten Überreste einer romanischen Zisterzienserabtei, die als die schönste zumindest der Normandie gilt. Die in einem Park gelegenen Ruinen können ganzj. und tägl. besichtigt werden.
Camping: Base de Plein Air et Loisirs ***, Tel. 35379384, 120 Stpl., Febr.-Nov.; Municipal **, Tel. 35372415, 50 Stpl., ganzj.

Fahren Sie weiter zum 1 km entfernten Fähranleger der (für Radfahrer kostenlosen) Fähre über die Seine nach Heurteauville (Abfahrt zu jeder vollen Stunde, in Gegenrichtung jeweils um xx.30 h). Auf jeder Seite der Fährstrecke existieren nette kleine Restaurants mit preisgünstigen Mittagsmenüs; falls Sie also genügend Zeit haben, ist die Gelegenheit zum Schlemmen hier günstig.
Auf der anderen Seine-Seite führt die D143 den Hügel hinauf zur N313, in die Sie links einbiegen.
Gîte d'étape: Centre équestre du Parc «Wuy», La Mailleraye-sur-Seine, Tel. 35373446 (René Trajin), 18 Betten, Mahlzeitenzubereitung, Reiter-Gîte 6 km nordwestl.

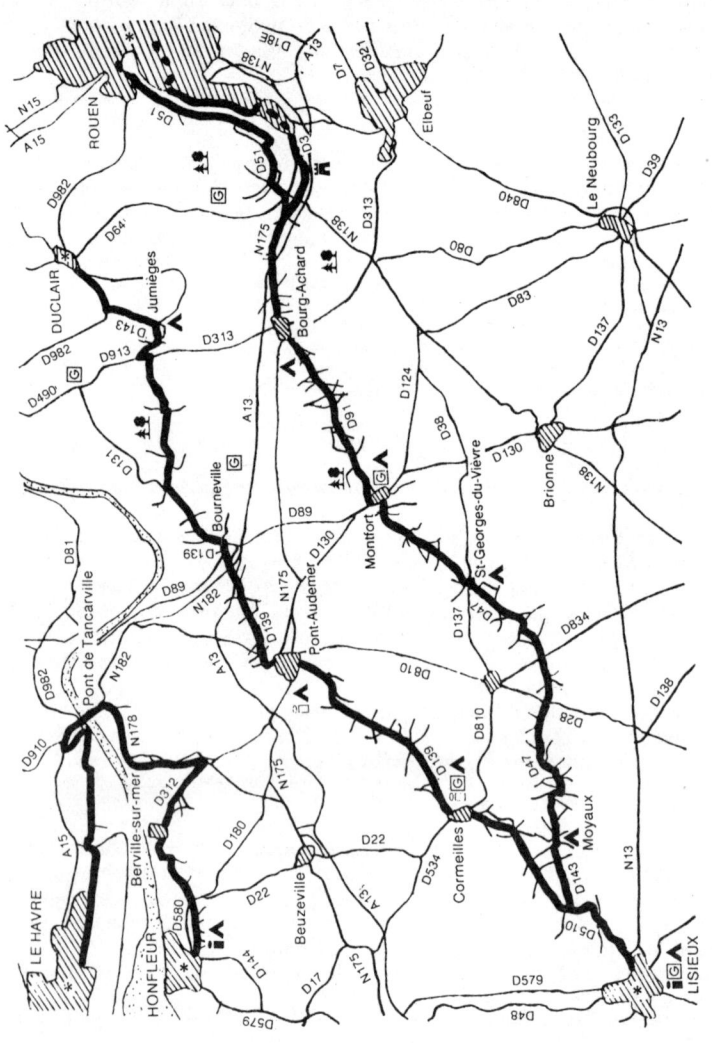

Nach 250 m fahren Sie erneut rechts in die "Route Forêstière de Jumièges" (beschildert), am Ende dieser Straße im Wald links und nach 100 m wieder rechts in die "Route Forêstière des Mares de Timare" (*in Gegenrichtung:* von der RF des Mares de Timare links Rchtg. Mailleraye, nach 100 m rechts in die RF de Jumièges). Die Forststraße mündet in spitzem Winkel in die D40 (keine Beschilderung) Rchtg. Routot; nach 50 m verlassen Sie sie wieder rechts auf die "Route Forêstière de Mare des Chèvres" und biegen schließlich nach 2½ km links in die kreuzende D131 (keine Beschilderung) nach **Bourneville** ein. In diesem kleinen Städtchen gibt es ein bemerkenswertes landwirtschaftliches Ausstellungszentrum "Maison des Métiers" mit Museum (tägl. außer di) und handwerklichen Betrieben.

Gîte d'étape: Fam. Verhaeghe, La Haye-Aubrée, Tel. 32573109, 12 Betten, Campingmöglichkeit, 7 km östl.

Verlassen Sie Bourneville auf der D139 nach **Pont-Audemer**, einem Städtchen mit hübschem Zentrum und einer sehenswerten Kirche des 11.-15. Jh.

Information: SI, Pl Maubert, 27500 Pont-Audemer, Tel. 32410821.

Camping: Les Carmes *, Tel. 32411736, 20 Standpl., ganzj.

Auf der D139 radeln Sie weiter nach **Cormeilles**, wo es links auf der Hauptstraße durch den Ort geht.

Information: SI, R de l'Abbaye, 27260 Cormeilles, Tel. 32578018.

Gîte d'étape: Le Brévédent, Tel. 31647598 & 31647428 (Fam. Coutable), 24 Betten, 8 km südwestl., Anmeldung erforderlich.

Camping: Castel Camping ****, Le Brévédent, Tel. 31647288, 130 Stpl., Mitte Mai-Mitte Sept.

Den Abschluß der Etappe bildet die D810 Rchtg. Lisieux, die ab der Grenze zum Département Calvados D510 heißt und geradewegs zum Etappenziel führt. Die Michelinkarte unterschlägt den Umstand, daß es auf den letzten 8 km nicht nur steil hinab nach Hermival geht, sondern auf dem Weg nach Lisieux ein weiterer Hügel zu überwinden ist, bevor schließlich kurz vor Stadtanfang die N13 ins Zentrum erreicht wird.

Lisieux, 26000 Einw., Dép. Calvados, gehört schon aufgrund der für Ausflüge günstigen Lage, aber auch wegen etlicher Baudenkmäler zu den größeren Sehenswürdigkeiten der Normandie. Zu den interessanten Bauwerken gehören die Kathedrale aus dem 12. Jh. und damit das älteste gotische Bauwerk der Normandie, die Kirche St.-Jacques aus dem 15. Jh., das Musée du Vieux Lisieux in einem Renaissancehaus (di geschl.) und eine Basilika, die erst ab 1929 zur Bewältigung des Pilgerandrangs erbaut wurde: Lisieux ist Wallfahrtsort für die heilige Thérèse. Die Altstadt befindet sich deutlich abseits des Zentrums und wartet mit teils arg heruntergekommenen Häusern auf.

Nordwestlich der Stadt liegt an der Etappenführung der Zoo *Cerza Park*, der exotische Tierarten präsentiert.

Information: OTSI, 11 r d'Alençon, BP 97, 14107 Lisieux, Tel. 31620841.

Verkehrsverbindungen: Eisenbahn Rchtg. Caen, Rouen und Paris.

Jugendherberge: FJT Lexoviens, 6 r du Docteur Degrenne, Tel. 31620566, 10 Betten, ganzj.

Gîte d'étape: La Ferme de Belles-Croix, Rte du Pré d'Auge, St-Désir-de-Lisieux, Tel. 31620853 & 31312686, 19 Betten, im westl. Vorort; Montmain, Firfol, Tel. 31630822 & 31625654 (J.-M. Lefevre), 19 Betten, nur auf Voranmeldung, 6 km östl.
Camping: Rue de la Vallée **, Tel. 31620040, 100 Standpl., April-Sept.
Fahrradvermietung: am Bahnhof, Tel. 31629349.

Etappe 34:

Rouen - Bourg-Achard - Montfort - St.-Georges-du-Vièvre - Moyaux - Lisieux (89 km)

Diese Strecke verläuft weitgehend auf ruhigen Nebenstraßen und durch Wald- und Heidegebiete; der Anfang ist jedoch unerquicklich, da die Seine hier kilometerlang von Hafen- und Industrieanlagen gesäumt ist. Die Etappe beginnt in Rouen je nach Ausgangspunkt wie folgt:
- Bei Startpunkt nordwestlich der Seine (z.B. Campingplatz Déville) auf der N15 Rchtg. Yvetot bis zum Beginn der Autobahn A15, dort links auf die D982 und gleich darauf erneut links auf die D51 entlang der Seine nach *Sahurs*, wo Sie die Fähre nach *La Bouille* nehmen (ggf. Abstecher nach Moulineaux, s.u.) und entsprechend den Wegweisern Rchtg. Pont Audemer hinauf zur N175 fahren.
Gîte d'étape: Gîte du Valnaye, Saint-Pierre-de-Manneville, Tel. 35320456 (M. Bachelet), 15 Betten, in einem Forsthaus 4 km nördl. von Sahurs.
- Ansonsten auf der südlichen Verlängerung der Pont Jeanne-d'Arc (D3) durch Petit Quevilly nach Grand Quevilly. Sobald ein Radfahrverbot die D3 für Sie sperrt, fahren Sie rechts hinunter zum Seinehafen und dann links immer durch Industrie- und Hafenanlagen nach Grand Couronne. (Alternativ können Sie direkt an der Pont Jeanne-d'Arc rechts auf die Uferstraße abbiegen, die im Bogen ebenfalls in den Hafen führt.) Hier erfolgt eine automatische Rückführung zur D3, auf der Sie rechts Rchtg. Pont-Audemer weiterfahren. (*In Gegenrichtung* die D3 links verlassen, wenn ein LKW-Verbot auf ihr beginnt und alle LKWs ebenfalls links fahren.)
Vom Städtchen **Moulineaux** klettert die Straße hinauf zur N175 und passiert dabei die Zufahrt (= D64) zu den Resten des *Château de Robert-le-Diable* (mit Wikingermuseum, März-Nov. tägl., sonst sonntags, Eintritt FF 12), die ca. 1 km abseits der Strecke liegen. Die D3 mündet an einer Autobahnabfahrt in die hier beginnende N175, die leider recht starken Autoverkehr aufweist. Folgen Sie der Hauptstraße bis *Bourg-Achard*. Kurz vor dem dortigen Ortsende biegen Sie links ab in die Nebenstraße D91 nach **Montfort-sur-Risle**. Dort nutzen Sie nach links für ca. 800 m die D130 und überqueren rechts die Risle zum Nachbarort St.-Philbert.
Gîte d'étape: La Haye-Aubrée, s. Bourneville, Etappe 33; Gîte de la Prieuré, Saint-Philbert, Tel. 32561057 (Mairie) & 32410528 (Mme Parfondin, hier auch Schlüssel), 12 Betten, an der D39 Rchtg. Pont-Audemer.
Camping: Le Clos Normand ****, Bourg-Achard, Tel. 32563484, 85 Stpl., April-Sept.; De la Motte *, Montfort, Tel. 32561020, 60 Stpl., ganzj.

Nun radeln Sie auf der D47 zuerst 2½ km bergauf und weiter nach *Saint-Georges-du-Vièvre* ins Tal, wo die Landstraße am Ortsende rechts schwenkt und in einer Nebenstraße gleicher Numerierung Fortsetzung findet. Nach rechts versetzt werden die D27 um 100 m, die D834 nur minimal, und kurz vor Asnières trifft die D47 auf eine unbeschilderte T-Mündung, an der es rechts in den Ort geht (*in Gegenrichtung* ca. 500 m hinter dem Ortsende links abbiegen, sobald eine Links*kurve* angekündigt wird). In Asnières biegen Sie mit der D47 links ab, überqueren die Grenze zum Département Calvados und gelangen zu einer Einmündung in die D51 kurz vor **Moyaux** (nicht beschildert, *in Gegenrichtung* erste Straße - 100 m - hinterm Ortsende); am Etappenziel gruppieren sich Häuser im normannischen Fachwerkstil um den Dorfplatz (kleines Hotel am Ort).

Gîte d'étape: Brévedent, s. Cormeilles, Etappe 33, 6 km nordwestl.

Camping: *, St.-Georges-du-Vièvre, Tel. 32428042, 33 Stpl., Mai-Mitte Sept.; Du Colombier ****, Moyaux, Tel. 31636308, 170 Stpl., Mai-Mitte Sept.

Von Moyaux aus führt die D143 zur D510 und passiert kurz vor der Einmündung den Zoo *Cerza Park* (s. Lisieux, Etappe 33). Die letzten Kilometer nach **Lisieux** werden entsprechend Etappe 33 absolviert und sind dementsprechend noch mit einer Tal- und Bergfahrt verbunden.

Etappe 35:
Lisieux - Manerbe - Rumesnil - Troarn - Caen/Hérouville (62 km)

Die Strecke beginnt in Lisieux auf der N13 (Av du Six Juin) Rchtg. Caen, die Sie aber schon im Stadtgebiet nach rechts auf die D45 (Rue Guizot) nach Manerbe verlassen. Dort biegen Sie links auf die D270 Rchtg. Le Pré d'Auge ein, davon nach wenigen hundert Metern wieder rechts ab auf die D270A Rchtg. Manerbe École. Die D270A und anschließend die D270B bringen Sie nach *Le Val Richer* (das dortige Gutshaus ist nicht zu besichtigen), wo Sie rechts auf die D59 nach La Roque-Baignard einbiegen. In diesem Ort fahren Sie links auf die D117 nach *Léaupartie*, eine sehr schöne Strecke auf einem Hang längs eines Flußtals. In Léaupartie nehmen Sie die D16 (nach links), verlassen sie aber schon nach 500 m wieder auf die D85 ins benachbarte Dorf Rumesnil, wo Sie links auf die D117 einbiegen. Nach etwa 10 km trifft die Nebenstraße auf die D78 über Le Ham nach Janville; dort geht es schließlich rechts ab nach *Troarn*. Die N175, auf die Sie in diesem Städtchen links einbiegen, ist für eine Nationalstraße mäßig befahren, da die parallel laufende Autobahn offensichtlich den meisten Autoverkehr aufnimmt. Auf der N175 fahren Sie nach *Sannerville*, wo Sie wählen können zwischen der geraden Verbindung weiter auf der N175 nach Caen oder der rechts abzweigenden D226 über Cuverville und das Industriegebiet von Colombelles zur Vorstadt *Hérouville* (s.u.).

Caen, 120000 (mit Vororten 200000) Einw., Dép. Calvados, ist seit dem Mittelalter Zentrum der unteren Normandie. Schon seit 1432 hat Caen eine Universität; das alliierte Bombardement hat 1944 vom alten Stadtbild nur die Kirchen und Klöster weitgehend unbeschädigt hinterlassen, der Rest der heutigen Altstadt ist nach dem Krieg restauriert worden. Im übrigen ist Caen - vor allem in seinen Satellitenstädten - eine jener städtebaulichen Missetaten, wie sie in Frankreich in den 50er und 60er Jahren verschiedentlich aus dem Boden gestampft wurden: seelenlose Betonwüsten, autogerecht und mit riesigen Einkaufszentren ausgestattet.

Die Altstadt erstreckt sich im engeren Umkreis der Orne etwa zwischen den Männer- und Frauenklöstern, die Wilhelm der Eroberer und seine Frau zur "Buße" für ihre Eheschließung (sie waren nahe Verwandte) errichten ließen, und dem Schloß. Als Kriegsfolge erhielt das Château seine alten Außenmauern wieder, die vorher mit Häusern überbaut waren, nun aber im Rahmen der Schuttbeseitigung freigelegt werden konnten. Heute beherbergt es ein Kunst- und das normannische Regionalmuseum (di geschl.). Südlich des Schloßparks befindet sich in der Rue St.-Pierre das Postmuseum (Juli-Sept. ebenfalls außer di, sonst außer so/mo). Die beiden Abteien können im Rahmen von Führungen besichtigt werden (die Frauenabtei nur nachm.).

Ganz anders sind Themen und Ambiente des *Mémorial Caen Normandie*, dessen Motto "ein Museum für den Frieden" lautet. Es präsentiert die französische Rolle im Zweiten Weltkrieg von der Kriegserklärung bis zur alliierten Invasion in der Normandie, ergänzt durch eine filmische Nachkriegsanalyse. Das Mémorial befindet sich am Boulevard Dwight Eisenhower (tägl. geöffn., im Sommer bis 22 h).

Information: OTSI, Place St.-Pierre, 14300 Caen, Tel. 31862765.

Verkehrsverbindungen: Eisenbahnverbindungen Rchtg. Paris, Rouen, Rennes und Tours; Flugplatz Carpiquet am westl. Stadtrand; Fährverbindung nach Portsmouth.

Studentenwerk: CROUS, 23 av de Bruxelles, Tel. 31947337, 6 Wohnheime.

Jugendherberge: FJT Robert Rème (FUAJ-angeschl.), 68 bis r E. Restout, Tel. 31521996, 58 Betten, Juni-Sept., kleine Gästeküche, südl. der Altstadt nahe der D562; C.I.S. (FUAJ-angeschl.), 1 pl de l'Europe, 5.01 La Cité, Hérouville-St.-Clair, Tel. 31954100, 282 Betten, ganzj., in einem Hochhaus der nördl. Vorstadt ("La Cité" ist beschildert), komfortabel (aber keine Gästeküche), jedoch ungemütlich.

Camping: **, Tel. 31736092, 130 Stpl., Juni-Sept.

Fahrradvermietung: am Bahnhof, Tel. 31341128; M. Lortie, 2 rue Renoir.

Waschsalon: Lavomatique, Tel. 31546669, mit 12 Filialen im Stadtgebiet; Self Lavarie, 12 r Jules Rame, Tel. 31947757; Guillemette, 6 pl Commerce, Tel. 31342211, und 64 r Vaucelles, Tel. 31342144.

Etappe 36:
Honfleur - Trouville - Tourgeville - Varaville - Caen/Hérouville (64 km)

Diese Strecke verläuft teilweise durch Badeorte, um dann auf einer Binnenlandroute die fast durchgängige Küstenbebauung zu umgehen. Auf der D513 ra-

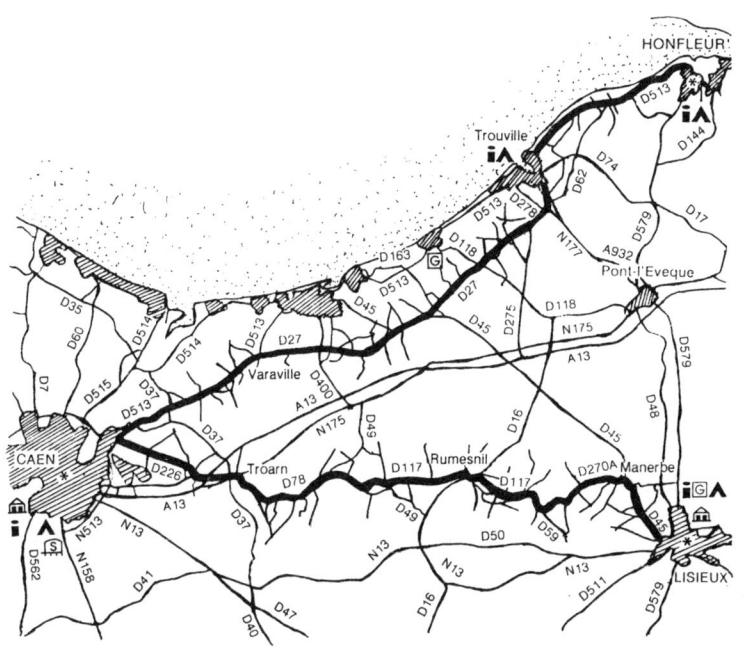

deln Sie an der Küste entlang zu den Nobel-Badeorten *Trouville* und *Deau-ville*, die unmittelbar nebeneinander liegen, aber dennoch unabhängige Gemeinden darstellen; beide Orte haben Touristeninformationsbüros, Campingplätze und einen gemeinsamen Bahnhof (mit Fahrradverleih).
Gîte d'étape: Villers-Animation, 8 r Boulard, Villers-sur-Mer, 16 Betten, Anmeldung unter Tel. 31874646, Schlüssel unter Tel. 31875407.

Falls Sie nicht unter Badesnobs lustwandeln möchten, lassen Sie Deauville rechts liegen und fahren in Trouville an der Brücke über die Touques geradeaus weiter Rchtg. Pont-l'Evêque. Dadurch kommen Sie zur N117, auf der Sie aber nur wenige hundert Meter bleiben, um rechts auf die D27 über Tourgeville nach Varaville einzubiegen. Dort trifft die Landstraße auf die D513 nach **Caen** (s. Etappe 35); falls Sie in den Vorort *Hérouville* möchten, z.B. zur Jugendherberge, biegen Sie im Industrievorort Combelles rechts ab (beschildert).

Etappe 37:
Caen - Ifs - Fontenay-le-Marmion - Villers-Canivet - Falaise (45 km)

Diese Strecke verläuft vollständig auf ruhigen Nebenstraßen. Sie beginnt in Caen auf der am Südrand des Stadtzentrums beginnenden D235 (Rue de Falaise, anfangs identisch mit der N158 Rchtg. Falaise). Wenn die Hauptstraße links auf die Rte de Guénière abbiegt, bleiben Sie geradeaus auf der Rue de Falaise, die Sie durch den Vorort Ifs nach *Fontenay-le-Marmion* und Bretteville-sur-Laize bringt.
Gîte d'étape: La Colinerie, Clinchamps-sur-Orne, Tel. 31798233 (Fam. Colin), 35 Betten, ca. 5 km westl. von Fontenay.

Biegen Sie rechts in den Ort ein und verlassen Sie ihn links abzweigend auf die D132 nach Urville, von dort aus mit wechselnden Straßennummern (D167, später D237) weiter nach Fontain-le-Pin und Villers-Canivet. Bei diesem Dorf treffen Sie auf die D6 nach Falaise, die kurz vor der Stadt in die aus Caen kommende N158 mündet.

Falaise, 9000 Einw., Dép. Calvados, wird von einer Burg überragt, in der im Jahre 1027 Wilhelm der Eroberer geboren wurde. Außer der Festung (April-Sept. tägl.) sind drei Kirchen und das Rathaus die einzigen historischen Gebäude der Stadt, die die Kämpfe im August 1944 überstanden haben. Falaise ist ein günstiger Ausgangspunkt für Ausflüge in die *Normannische Schweiz*, die östlich der Stadt als hügeligster Teil der Normandie Urlauber anzieht.
Information: SI, 32 r G.-Clemenceau, 14700 Falaise, Tel. 31901726, Fahrradverm.
Verkehrsverbindungen: Eisenbahn Rchtg. Caen und Lisieux.
Camping: Du Château ***, Tel. 31901655, 66 Stpl., Ostern-Sept.

Etappe 38:
Caen - Evrecy - Aunay-sur-Odon - Estry (48 km)

Eine Strecke über die Ausläufer der *Normannischen Schweiz* mit Steigungen vor allem in der zweiten Etappenhälfte. Sie beginnt in Caen auf der N175 (Av H.-Chéron) Rchtg. Vire, zweigt aber noch im Stadtgebiet davon links ab auf die D8 über Evrecy nach *Aunay-sur-Odon*, einem Städtchen, das wie die meisten dieser Region 1944 zerstört wurde. Die Lage nahe einiger Waldgebiete macht Aunay zu einem günstigen Standort für erholungssuchende Urlauber.
Camping: La Closerie **, Tel. 31776288, 59 Stpl., Mitte Juni-Mitte Sept.

Bis auf fast 300 m klettert die D26 auf ihrem Weg von Aunay nach **Estry**, dem Etappenziel, wo Sie unmittelbaren Anschluß an Etappe 42 haben.
Gîte d'étape: Escures, St.-Jean-de-Blanc, Tel. 31696295 (M. Vallée), 31 Betten, auf halbem Weg von Aunay östlich der Strecke.

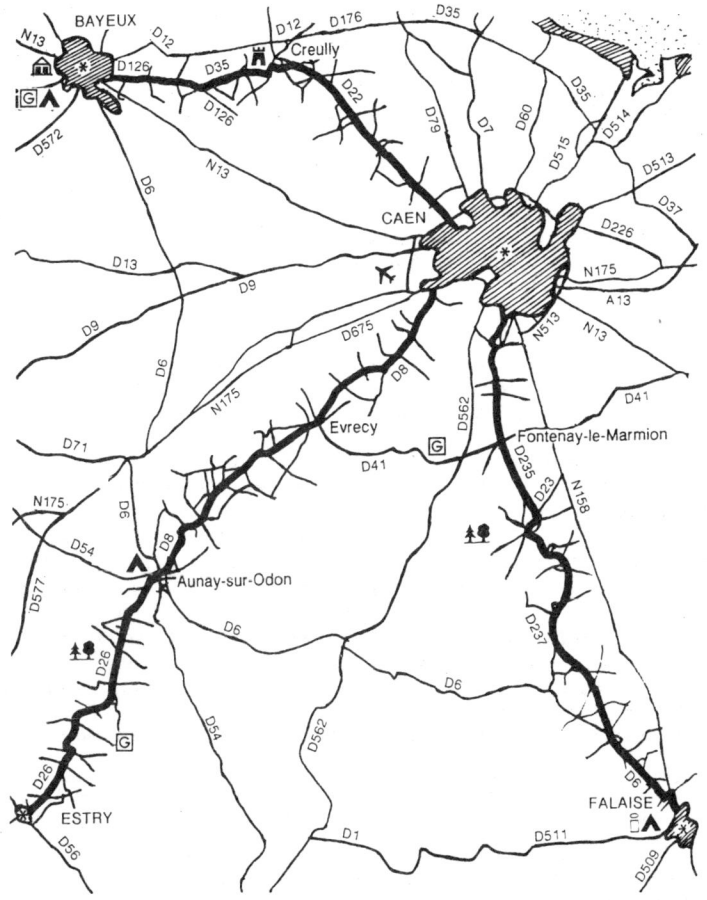

Etappe 39:
Caen - Creully - Saint-Gabriel-Brécy - Bayeux (32 km)

Eine Kurzetappe über ruhige Straßen zu einer der sehenswertesten Städte der Normandie. Sie beginnt in Caen bzw. Hérouville mit einer Fahrt in den Vorort La Folie (ab Innenstadt über die D79 Rchtg. Courseulles). Am Nordrand dieses

Viertels verläuft der Boulevard Maréchal Juin, auf dem Sie westwärts fahren, bis rechts die D22 abzweigt. Auf dieser Landstraße durchradeln Sie das Örtchen St.-Contest und erreichen nach etwa 20 km **Creully**, ein von einer dekorativen Burg (Juli/Aug. zu besichtigen) überragtes Städtchen. Entweder schon vor dem Ortsanfang über die D22A (Rchtg. Bayeux beschildert) oder aus Creully über die D35, auf die die D22A westlich des Ortes trifft, gelangen Sie zum benachbarten Städtchen **Saint-Gabriel-Brécy**, wo ein heute als Berufsschule für Gärtner tätiges Kloster (12. Jh., zu besichtigen) existiert. Die Strecke ist teilweise identisch mit der touristischen *Route des Moulins*, nach der Beschilderung kann aber nicht gefahren werden. Auf der D35 fahren Sie weiter Rchtg. Bayeux, verlassen sie aber nach etwa 4 km auf die rechts abzweigende D126 (D35 führt zurück zur N13) nach Bayeux.

(*In Gegenrichtung*: von der Ortsumgehung auf die D126 Rchtg. Esquay abbiegen.)

Bayeux, 15000 Einw., Dép. Calvados, ist berühmt für den hier ausgestellten Wandteppich mit der eingestickten Darstellung der Schlacht von Hastings, mit der Wilhelm der Eroberer sich zum Herrscher über England machte. In der Tat ist dieser Vorfahre heutiger Comics außergewöhnlich sehenswert. Da Bayeux nicht nur für französische Urlauber, sondern auch für die vielen über Cherbourg einreisenden Briten ein begehrtes Ziel ist, muß man in der Hauptsaison beim Betrachten der *tapisserie* mit ziemlichem Gedränge rechnen. Aber auch ansonsten bietet Bayeux einiges, angefangen beim alten Stadtzentrum (der Zweite Weltkrieg hat es weitgehend verschont, Bayeux war zudem die erste von den Alliierten befreite Stadt) und der imposanten Kathedrale Notre-Dame über die in einem Haus nahe der Kathedrale untergebrachten Museen für sakrale Kunst und Klöppelspitzen bis zum Gedenkmuseum "Schlacht der Normandie" an der westlichen Umgehungsstraße, in dem jede Menge Kriegsmaterial mit lebensgroßen Soldaten-Puppen garniert zu betrachten ist.

Information: OTSI, 1 r des Cuisiniers, 14400 Bayeux, Tel. 31921626, im Sommer auch so.
Verkehrsverbindungen: Eisenbahn Richtung Caen, Cherbourg und Coutances.
Jugendherberge: Family Home (familienorientiert, LFAJ-angeschl.), 39 r du Général de Dais, Tel. 31921522, Fax 31925572, 60 Betten, ganzj., relativ teuer, keine Gästeküche, aber zubereitete Mahlzeiten.
Gîte d'étape: Mairie de Crouay, Tel. 31924116/31929314, 18 Betten, in einem winzigen Ort 10 km westl. abseits der D5 (s. Etappe 43), kein Lebensmittelgeschäft am Ort oder auf dem Weg dorthin, nur für Gruppen ab 10 Personen.
Camping: ***, Bd d'Eindhoven, Tel. 31920843, 225 Stpl., Mitte März-Mitte Nov., an der nördl. Umgehungsstraße; etliche Plätze nördlich an der Küste.
Fahrradvermietung: beim Family Home (nur im Sommer, s.o.); am Bahnhof, Tel. 31920462; Charny, 53-55 rue St.-Martin, Tel. 31920449.

Etappe 40:
Isigny-sur-Mer - Colombières - Trévières - Bayeux (38 km)

Die Etappe knüpft an die Umrundung der Halbinsel *Cotentin* (s. Etappen 47-49) an. Sie beginnt in Isigny-sur-Mer (s. Etappe 49) auf der D5 (Rchtg. St.-Clair-sur-l'Elle) und folgt dieser Straße bis *Colombières*. Dort biegen Sie links ab auf die D29 nach *Trévières* ab.

Camping: Sous les pommiers **, Tel. 31225044 & 31225752, 76 Stpl., Ostern-Mitte Sept.; La Roseraie ****, Surrain, Tel. 31211771, 40 Stpl., Ostern-Aug., nördlich.

Hier können Sie nach rechts auf die D96 über Rubercy nach **Bayeux** (s. Etappe 39) wechseln.

(*In Gegenrichtung:* in Bayeux von der westl. Umgehungsstraße auf die D5 Rchtg. Littry einbiegen, gleich wieder rechts auf die D96 über Barbeville nach Trévières. Der von älteren Ausführungen des Stadtplans von Bayeux suggerierte direkte Zugang zur D96 von der Umgehungsstraße existiert nicht mehr.)

Kartenskizze Etappen 40 & 41

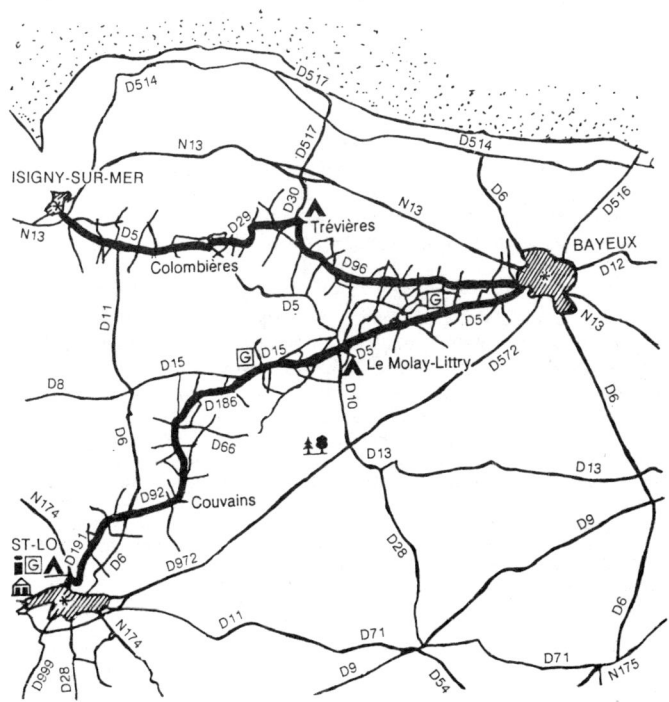

Etappe 41:

Bayeux - Le Molay-Littry - Tournières - Sainte-Marguerite-d'Elle - Couvains - Villiers-Fossard - Saint-Lô (45 km)

Eine Strecke über ruhige Nebenstraßen Richtung Südwesten. Sie beginnt in Bayeux auf der D5, die von der westlichen Umgehungsstraße abzweigt und vorbei an *Crouay* (Gîte d'étape, s. Bayeux, Etappe 39) über *Le Molay-Littry* (ab dort neue Numerierung D15) nach *Tournières* führt. In Le Molay-Littry gibt es je ein Museum zu Ehren des Müllerhandwerks und des Kohlebergbaus (April-Sept. außer mi).

Gîte d'étape: Fumichon, St.-Martin-de-Blagny, Tel. 31225015 (M. Vallée), 18 Betten, im nördl. Nachbarort.

Camping: Val de Siette **, Molay-Littry, Tel. 31229514, 40 Stpl., Juni-Sept.

Knapp 2 km hinter Tournières verlassen Sie nach der Bewältigung eines Hügels die D15 auf die geradeaus führende D186, über die Sie nach *Sainte-Marguerite-d'Elle* kommen. Der auf Landkarten verzeichnete Ort *Baynes* ist ein Teil von Ste.-Marguerite; auf dem Weg dorthin ist die Führung der D186 streckenweise mit der D145 identisch. An der Einmündung der D186 in die D29 fahren Sie links, nach 500 m rechts und gleich wieder links, nach 2 km schließlich halblinks auf die D59 (Beschilderung nach St.-Lô führt hier zur D6, deshalb ignorieren). Bis *Couvains* bleiben Sie auf dieser Straße und wählen dort die rechts zur D6 verlaufende D92. Etwa 500 m folgen Sie der D6 Rchtg. St.-Lô, biegen dann aber von dieser ziemlich stark befahrenen Straße erneut rechts ab auf die D92 nach Villiers-Fossard und fahren auf der D191 geradewegs nach Saint-Lô.

(*In Gegenrichtung:* in St.-Lô auf der N174 Rchtg. Carentan fahren, oben auf dem Berg rechts in die D191 nach Villiers-Fossard abbiegen.)

Saint-Lô, 25000 Einw., Dép. Manche, verfügt im Stadtzentrum über einen von Wällen eingerahmten scheinbaren Burgberg, der einmal die Altstadt trug. 1944 ist St.-Lô aber zu ca. 95 % zerstört worden; ein gutes Beispiel für die erforderlichen Restaurierungen bietet die interessant-asymmetrische Kirche Nôtre-Dame, die ihre alten und neuen Teile deutlich vorzeigt.

Information: OTSI, 2 rue Havin, 50000 Saint-Lô, Tel. 33050209.

Verkehrsverbindungen: Eisenbahn Rchtg. Caen und Coutances.

Jugendherberge: Rue Mesnilcroc, Tel. 33572107, 19 Betten, Juli-Aug., nördlich des "Burgbergs".

Gîte d'étape: La Heutière, Tel. 33577098 (M. Dubos), 18 Betten, auf einem Bauernhof ca. 3 km südöstl. der Stadt, zu erreichen über die N174 (Rchtg. Vire), davon in spitzem Winkel abzweigend die D555 (beschildert).

Camping: **, Tel. 33575701 & 33551614 (Sommer), 25 Stpl., Mai-Sept.

Fahrradvermietung: am Bahnhof, Tel. 33575050.

Waschsalon: Lavomatique St.-Lois, Le Gros Chêne, Tel. 33573607.

Etappe 42:
Estry - Bernières-le-Patry - Tinchebray - Beauchêne - Mortain (47 km)

Das zweite Stück der Verbindung Caen-Mortain führt zu einem erheblichen Teil über ausgesuchte schöne Straßen. Die Strecke beginnt in Estry auf der D56 Rchtg. Vassy, wird aber schon am Ortseingang nach rechts auf die D57 verlassen. In der Häuseransammlung *Les Hauts-Vents* kreuzen Sie (leicht nach rechts versetzt) die D512 und folgen weiter der D57 (hinter der Départementsgrenze D22) nach Tinchebray.
Camping: **, Cerisy-Belle-Étoile, Tel. 33665172, 12 Stpl., Fahrradverm., April-Okt., ca. 7 km östl. der Etappenführung.
Bleiben Sie auf der Straße Rchtg. Domfront bis zur Kreuzung mit der D25, in die Sie links nach Mortain einbiegen; nach der erneut überquerten Départementsgrenze heißt die Straße D157.

Mortain, 3040 Einw., Dép. Manche, ist ein schön gelegenes Städtchen im Tal der Cance, die mit Schluchten und Wasserfällen ein malerisches Bild vor dem Hintergrund des Regionalparks Normandie-Maine bietet. Am Nordrand des Ortes liegt die Weiße Abtei, im 12. Jh. gegründet und heute ein Missionszentrum, das in der Sommersaison tägl. außer dienstags besichtigt werden kann, ansonsten nur sonntagnachmittags.
Information: = SI, Grande Rue, 50140 Mortain, Tel. 33591974.
Gîte d'étape: Ferme de la Cour, St.-Pois (s. Etappe 45), Tel. 33598042 oder 33598282 (Bürgermeisteramt, Mme Burnouf), 26 Betten.
Camping: Municipal **, Chérence (s. Etappe 45), Tel. 33598416, 10 Stpl., Juni-Mitte Sept.; Des Cascades *, Mortain, Tel. 33590051, 16 Stpl., Ostern-Okt.

Etappe 43:
Saint-Lô - Tessy-sur-Vire - St.-Sever-Calvados - St.-Pois - Mortain (75 km)

Diese Strecke führt zur Westecke des Regionalparks Normandie-Maine. Sie beginnt in St.-Lô auf der D28 (Rue de Tessy) nach *Tessy-sur-Vire*.
(Von der Gîte "La Heutière" aus die D555 bis Baudre, links in die D86, hinter dem Ort rechts in die D88 zur D28, links einbiegen.)
Gîte d'étape: L'Écluse Hébert, Troisgots, Tel. 33563653 (Michel Herve), 19 Betten, ganzj., kommunale Gîte 7 km nördl. von Tessy an der Nebenstrecke (D159/D359).
Camping: Aire naturelle, M. le Maire, Tel. 33563042.

Tessy durchradeln Sie auf der D13 (Rchtg. Granville), biegen aber am Ortsende wieder auf die D374 Rchtg. Vire ab. Wegen mehrfachen Überschreitens von Départementgrenzen wechselt die Straße ihre Nummer zu D21, D52, erneut D374 und schließlich wieder D52 und führt über *Pont-Farcy* (Camping **) zu einer kleinen Siedlung namens La Cornière. Kurz hinter dieser Häuseransammlung biegen Sie rechts ab auf die D297A nach Landelles-et-Coupigny, wo Sie

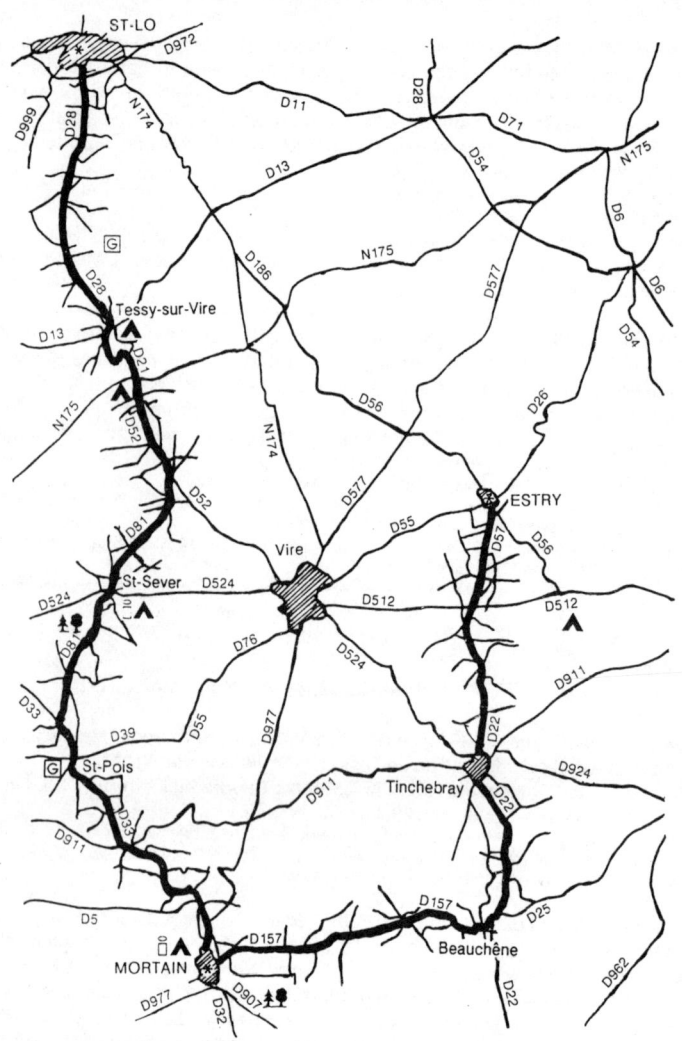

rechts auf die D81 nach *Saint-Sever-Calvados* (SI; Camping **) gelangen, einem Dorf mit etlichen Granitbauten, wie sie eigentlich eher für die Bretagne typisch sind. Kreuzen Sie die D524 und fahren Sie weiter auf der D81 Rchtg. St.-Pois. Nach der Durchquerung eines Waldgebietes kommen Sie durch das Dorf *Le Gast* und schließlich zur D33, in die Sie links nach *Saint-Pois*, Chérence und **Mortain** (s. Etappe 42) einbiegen.

Etappe 44:
Saint-Lô - Canisy - Gavray - La Haye-Pesnel - Avranches (62 km)

Diese Etappe stellt die Verbindung zur Nachbarschaft der größten Touristenattraktion im Übergangsbereich von Normandie und Bretagne, dem *Mont St.-Michel*, her. Sie beginnt in St.-Lô auf der D999 (Hauptstraße Richtung Avranches), die Sie nach 4 km verlassen, um auf der D38 über Canisy nach **Gavray** (Herkunftsort von Wurstspezialitäten; SI; Camping *) zu gelangen. Falls Sie einen Abstecher machen möchten: die Abtei von *Hambye*, 8 km östlich, kann besichtigt werden.

In Ermangelung geeigneter Nebenstraßen fahren Sie die restliche Strecke auf der D7 über *La Haye-Pesnel* (SI; Camping **) bis zur Einmündung in die N175 kurz vor Avranches.

Avranches, 11000 Einw., Dép. Manche, liegt auf einem stattlichen Hügel unmittelbar an der Bucht von Saint-Michel. Vom alten Stadtbild ist dank der tätigen Mithilfe kriegerischer Heerscharen des Zweiten Weltkrieges nicht viel übriggeblieben; außer einigen wenigen alten Häusern lenkt sich das touristische Interesse hier deshalb vor allem auf die Handschriftensammlung des Klosters Mont-St.-Michel im ehemaligen Bischofspalast (Ostern-Sept. außer di).
Information: OTSI, 2 rue du Général de Gaulle, 50300 Avranches, Tel. 33580022.
Verkehrsverbindungen: Eisenbahn Rchtg. Coutances, Rennes und Brest.
Jugendherberge: F.J.T. (LFAJ-angeschl.), 15 rue du Jardin des Plantes, Tel. 33580654, 10 Betten, Mai-Sept., unbedingt telefonisch voranmelden; Ancienne Gare (FUAJ), Genêts, Tel. 33708263, 20 Betten, März-Nov., klein, spartanisch, gemütlich, aber etwas schmuddelig, ca. 11 km westlich an der Streckenführung von Etappe 47 (nördlicher Ortsausgang von Genêts).
Gîte d'étape: Petit Celland, Tel. 33486922 & 33486953 (Bürgermeisteramt), 12 Betten, 10 km östl.
Camping: Les Mares *, Tel. 33580545, 33 Stpl., Mitte Juni-Mitte Sept.
Waschsalon: Lavarie Libre Service, 15 rue St.-Gervais, Tel. 33581595.

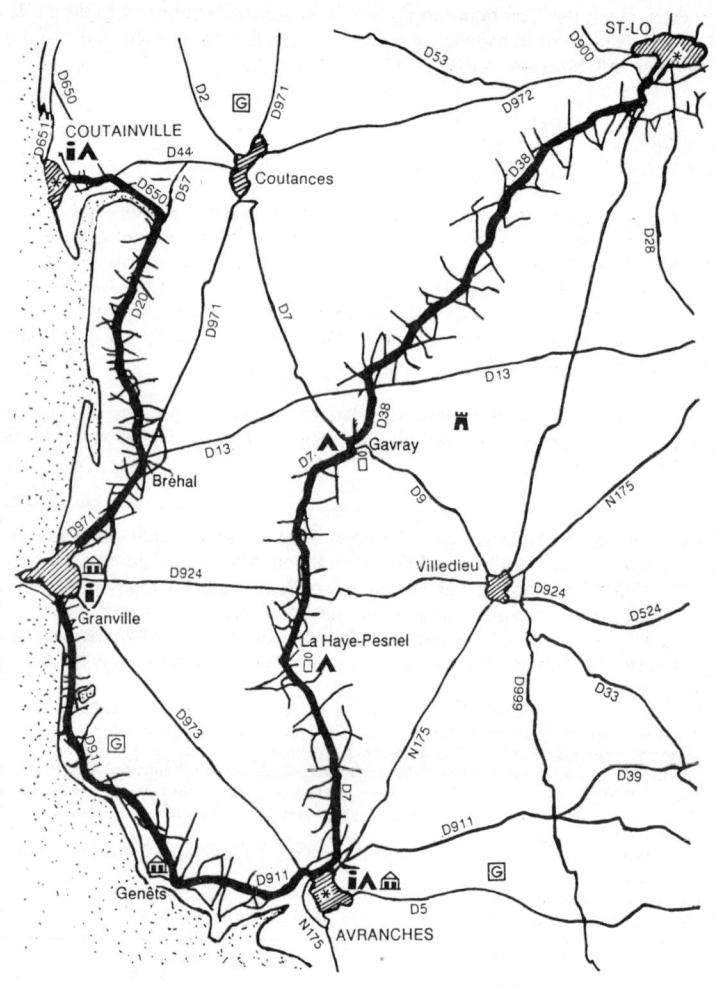

Etappe 45:
Avranches - Genêts - Granville - Bréhal - Coutainville (69 km)

Küstenstrecke und Nebenstraße sind in diesem Teil der Normandie nur schwer kombinierbare Eigenschaften. Man muß auf allen Straßen dieser Etappe mit viel Verkehr rechnen. Die gesamte Strecke ist mit Touristeninformationsbüros und Campingplätzen gespickt (über 10 Plätze), auf eine Nennung wird deshalb verzichtet.

Die Strecke beginnt in Avranches auf der beschilderten Hauptstraße D973 Rchtg. Granville, die Sie aber nach der Überquerung der Eisenbahnlinie links auf die D911 verlassen können. Diese Straße folgt der Küstenlinie und passiert konsequenterweise etliche Badeorte; am nördlichen Ortsausgang von *Genêts* gibt es eine kleine Jugendherberge (s. Etappe 44, Avranches). Nach 33 km erreichen Sie **Granville**, den größten Ferienort dieser Küste, hoch über dem Meer auf einem Steilfelsen gelegen.

Jugendherberge: Centre Régional de Nautisme (FUAJ-angeschl.), Bd des Amiraux, Tel. 33501895, 160 Betten, ganzj., (Sept.-April so/feiert. geschl.), keine Gästeküche.

Gîte d'étape: La Ferme-de-Cheux, St.-Michel-des-Loups, Tel. 33481742 (Laveille), 19 Betten, ganzj., Reiter-Gîte 5 km östl. von Carolles.

Fahrradvermietung: am Bahnhof, Tel. 33500545.

Waschsalon: Lavomatique, 10 rue St.-Sauveur, Tel. 33503264.

Auf der D971 (Rchtg. Coutances) geht es weiter nordwärts, bis in Bréhal links die D20 abzweigt und durch weitere Ferien- und Badeorte schließlich in die D650, dann D651, nach **Coutainville** übergeht. Hier haben Sie unmittelbaren Anschluß an Etappe 46.

Gîte d'étape: La Foulerie, Ancteville, Tel. 33452764 (M. Esnouf), 21 Betten, 6 km nördl. von Coutances.

Etappe 46:
Coutainville - Barneville-Carteret (48 km)

Diese Strecke längs der Küste der Halbinsel Cotentin muß in Ermangelung geeigneter Nebenstraßen fast ausschließlich auf breit ausgebauten Hauptstraßen absolviert werden. Ebenso wie bei Etappe 45 reihen sich auch hier Badeorte, touristische Informationsstellen und Campingplätze aneinander; auf die Auflistung wird daher verzichtet. Die Strecke beginnt in Coutainville auf der D651, die als Zubringer zur D650 Rchtg. Barneville-Carteret dient. Auf der D650 folgen Sie der Küstenlinie fast 40 km lang, bis die D50 über Portbail nach **Barneville-Carteret** abzweigt. Diese Stadt ist nicht nur das soundsovielte Seebad an der Westküste der Halbinsel Cotentin, sondern auch einer der Häfen, von denen Fährverbindungen zu den vorgelagerten britischen Kanalinseln *Jersey* und *Guernsey* bestehen. Das sich auf den ersten Blick anbietende "Springen" vom Festland über die Inseln z.B. nach St.-Malo ist wegen der extrem hohen Preise für die Fähren und des Preisniveaus auf den Inseln aber nur etwas für betuchtere Reisende.

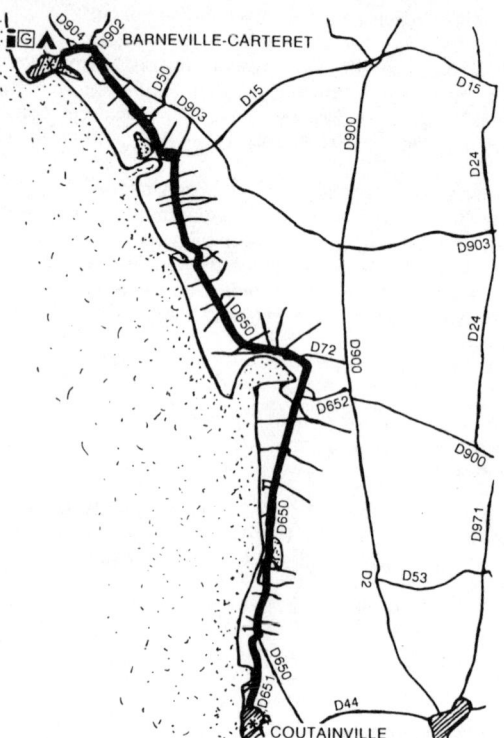

Information: OTSI, Place du Dr. Auvret, 50270 Barneville-Carteret, Tel. 33509058.
Verkehrsverbindungen: Eisenbahn (nur im Sommer) Rchtg. Coutances und Carentan.
Gîte d'étape: Carrefour Boudet, Tel. 33046131 (M. Davodet), 19 Betten, Ostern-Okt.
Camping: Les Bosquets **, Tel. 33047362, 240 Stpl., Ostern-Sept.; Le Bocage **, Tel.
33538691, 180 Stpl., April-Sept.; La Gerfleur **, Tel. 33046131, 75 Stpl., Mitte April-Mitte
Sept.

Etappe 47:

Barneville-Carteret - Cap de la Hague - Cherbourg - Quettehou - Quinéville -
Utah Beach (130 km)

Auf dieser Strecke wird die Nordspitze der Halbinsel Cotentin vollständig umrundet. Sie beginnt in Barneville-Carteret auf der D904 Rchtg. Cherbourg. Touristisch ist jener abgelegenste Teil der Normandie wenig erschlossen, und

134

dementsprechend fallen die Urlaubsorte an dieser mit teils immensen Stränden gesegneten Küste weniger aufdringlich aus als z.B. im Bereich von Deauville.

Gîte d'étape: Le Sémaphore, Flamanville, Tel. 33521898 (Fam. Pelletant), 19 Betten, westl. von Benoitville; Centre d'accueil Thomas Helye, Maison des Missionaires, Biville, Tel. 33045219 (Françoise Levillayer), 30 Betten, Mitte Febr.-Mitte Dez., südl. von Beaumont.

Nach 20 km, hinter Benoîtville, biegen Sie links auf die D37 ab, die östlich von Beaumont auf die D901 zum **Cap de la Hague** trifft. Bis vor einigen Jahren gehörte diese Felsspitze mit ihren malerischen Ausblicken und den Schlössern, Kirchen und Herrensitzen der Umgebung ganz den Natur- und Kulturfreunden. Mittlerweile ist aber beim Dorf **Jobourg** Europas wichtigste Wiederaufbereitungsanlage für Atommüll errichtet worden (für ganz Mutige ist ein Informationszentrum gedacht); strahlende Abfälle aus aller Welt werden im nuklearseligen Frankreich verarbeitet...

Gîte d'étape: Ferme de Coulon, Auderville, Tel. 33527346 (Alain Lecouvey), 15 Betten, ganzj., kurz vor der Kap-Spitze.

Wenn Sie auf der D901 die Kapspitze erreicht haben, wenden Sie sich auf der D45 (Küstenstraße) nach rechts und radeln auf dieser mit wadenstärkenden Steigungen gewürzten Straße über *Urville-Nacqueville* (Schloß und Herrenhaus, im Sommer zu besichtigen außer di) nach Hameau-de-la-Mer, wo die Nebenstraße auf die D901 nach Cherbourg mündet.

Cherbourg, 30000 Einw., Dép. Manche, ist eine wichtige Hafenstadt für Handels-, Militär- und Fährschiffe mit strategischer Bedeutung. Dementsprechend beherbergt die Stadt nicht nur ein Kunst- und ein Völkerkundemuseum, sondern auch eines der Kriegsmuseen, mit denen die Normandie aufgrund ihrer geschichtlichen Bedeutung im Zweiten Weltkrieg überreichlich versehen ist. Dieses befindet sich auf einer Befestigungsanlage (im Sommer tägl., sonst außer di). Die Militäranlagen dürfen, wie in Frankreich allgemein üblich, von Ausländern nicht besucht werden.

Information: OTSI, 2 quai Alexandre III, 50100 Cherbourg, Tel. 33435202.
Verkehrsverbindungen: Eisenbahn Rchtg. Coutances und Caen; Flugplatz Maupertus, 12 km östl.; Fährverkehr in verschiedene südenglische Häfen, zu den Kanalinseln und nach Rosslare/Irland.
Jugendherberge: Av L. Lumière (FUAJ-angeschl.), Tel. 33442631, 60 Betten, April-Okt.
Camping: La Saline ⁎⁎, Equeurdreville-Hainneville, Tel. 33938833, 80 Stpl., ganzj., im nordwestlichen Vorort; Du Fort ⁎, Bretteville, Tel. 33222760, 100 Stpl., ganzj., 7 km östl. abseits der weiteren Streckenführung.
Waschsalon: Albéric Hochet, 62 rue Au Blé, Tel. 33530939.

Von Cherbourg aus fahren Sie weiter auf der D901 Rchtg. Barfleur und biegen hinter dem Flugplatz in Théville rechts auf die D26 nach Quettehou ab.

Gîte d'étape: La Lorette, Cap Lévy, Fermanville, Tel. 33444949 (M. Geismar), 19 Betten, ganzj., 8 km nördl. des Flugplatzes an der Küste.

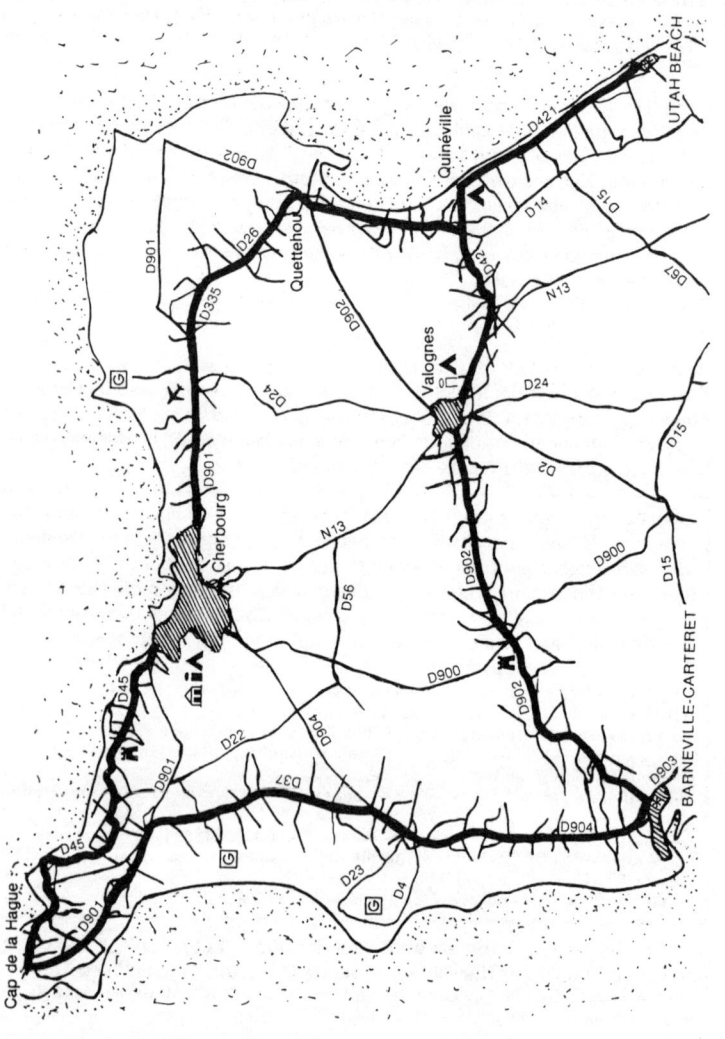

Den Ort durchfahren Sie auf der D902 (Rchtg. Valognes), biegen aber noch im Ort wieder auf die D14 ab, auf der Sie durch kleine Orte wie Morsalines und Aumeville-Lestre zur Kreuzung mit der D42 gelangen. Wählen Sie die links nach *Quinéville* (Camping **, Mitte Juni-Mitte Sept.) führende Straße und folgen Sie von dort an der D421, die immer an der Küste entlang südwärts verläuft. Dieser Küstenstreifen trägt den Namen **Utah Beach**, was wie andere englischsprachige Bezeichnungen auf die Codebezeichnungen der alliierten Truppenteile bei der Invasion 1944 zurückgeht: an diesen Stränden landete die Gruppe mit dem Codenamen "Utah".

Etappe 48:
Barneville-Carteret - Valognes - Quinéville - Utah Beach (60 km)

Diese Abkürzungsvariante zu Etappe 47 kreuzt den Nordteil der Halbinsel Cotentin unter Vermeidung der Küstenstrecke. Sie beginnt in Barneville-Carteret auf der D902 Rchtg. Valognes. Nach 15 km Fahrt durch eine bewaldete Hügellandschaft durchfahren Sie das Städtchen **Bricquebec**, das über ein schönes Schloß aus dem 16. Jh. verfügt. Das darin befindliche Regionalmuseum kann nur während der französischen Sommerferien besucht werden (außer di).
Über die D902 geht es weiter geradewegs nach **Valognes**, einer Kleinstadt, die zwar 1944 größtenteils zerstört, nach dem Krieg aber teilweise im alten Stil wiederaufgebaut worden. Erfolgreich restauriert wurden u.a. eine Kirche und Patrizierhäuser; das Hôtel de Beaumont als das bemerkenswerteste kann im Sommer nachm. (außer mi) besichtigt werden. Außerdem gibt es im Vorort *Alleaume* Ruinen eines römischen Kastells.
Information: SI, Place du Château, 50700 Valognes, Tel. 33401155.
Verkehrsverbindungen: Eisenbahn Rchtg. Carentan/Caen.
Camping: Le Bocage **, Tel. 33400804, 50 Stpl., ganzj.
Fahrradvermietung: am Bahnhof, Tel. 33575050.
In Valognes folgen Sie der Beschilderung Rchtg. Carentan, die Sie zur Schnellstraße N13 bringt. Nach etwa 5 km können Sie jedoch davon abbiegen auf die D42 über Montebourg nach **Quinéville**, wo Sie Anschluß an Etappe 47 zur Utah Beach erhalten.

Etappe 49:
Utah Beach - Carentan - Isigny-sur-Mer (28 km)

Auf dieser Kurzetappe wird die Bucht von Carentan umrundet; sie beginnt am Südende der Utah Beach (s. Etappe 47) auf der D913 Rchtg. Carentan, die nach 12 km in die N13 nach **Carentan** einmündet. Diese Stadt ist Mittelpunkt der Milchproduktion in diesem Teil der Normandie, wird aber hinsichtlich der Milchverarbeitung von **Isigny-sur-Mer** noch übertroffen, das nach 10 km, kurz nach Überschreiten der Grenze zum Dép. Calvados, erreicht wird.

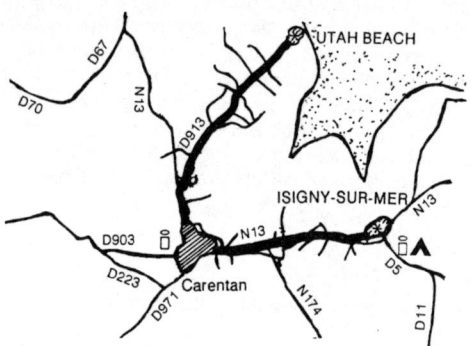

Information: SI, Bd de Verdun, 50500 Carentan, Tel. 33420587; SI, 1 r Victor-Hugo, 14230 Isigny-sur-Mer, Tel. 31214600.
Verkehrsverbindungen: Eisenbahn in Carentan nach Cherbourg, St.-Lô und Caen.
Gîte d'étape: Le Château, Auvers, Tel. 33420435 (Alain Hinard), 11 Betten, Reiter-Gîte 5 km westl. von Carentan.
Camping: Le Fanal ****, Tel. 31213320, 80 Stpl., ganzj.; Du Stade *, Tel. 31220003, 30 Stpl., Ostern-Okt.
Fahrradvermietung: Cycles Peugeot, Place de Gaulle, Isigny, Tel. 31220175.

Etappe 50:
Montfort-l'Amaury - Epernon - Maintenon (35 km)

Diese durch waldreiche Gegenden führende Anschlußstrecke an Etappe 19 bildet das Mittelstück der Verbindung Paris-Chartres und ermöglicht außerdem über Etappe 51 einen Richtungswechsel Rchtg. Rouen. Sie beginnt in Montfort-l'Amaury auf der D138 nach St.-Léger-en-Yvelines, verläuft ca. 4 km auf der D936 Rchtg. Rambouillet und biegt dann halbrechts ab in die D107E nach *Poigny-la-Forêt*, wo die Straße in die D107 nach **Epernon** mündet.
Gîte d'étape: Martien et Dominique de France, 47bis rte de Saint-Léger, Poigny, Tel. 34847052, 8 Betten; Bergerie National, Parc-du-Château, Rambouillet, Tel. 34838309, 20 Betten, in einem Schulungszentrum 8 km südöstl. der Strecke.

Unmittelbar vor Epernon, das im Zentrum über einige hübsche Fachwerkhäuser aus dem 15. Jh. verfügt, wird die Grenze zum Département Eure-et-Loir überschritten; auf den letzten hundert Metern trägt die Straße die Nummer D4.

(*In Gegenrichtung:* in Epernon die D4 Rchtg. Nogent-le-Roi wählen, an der sternförmigen Kreuzung beim Zentrum rechts in die Nebenstrecke nach Poigny-la-Forêt abbiegen.)

138

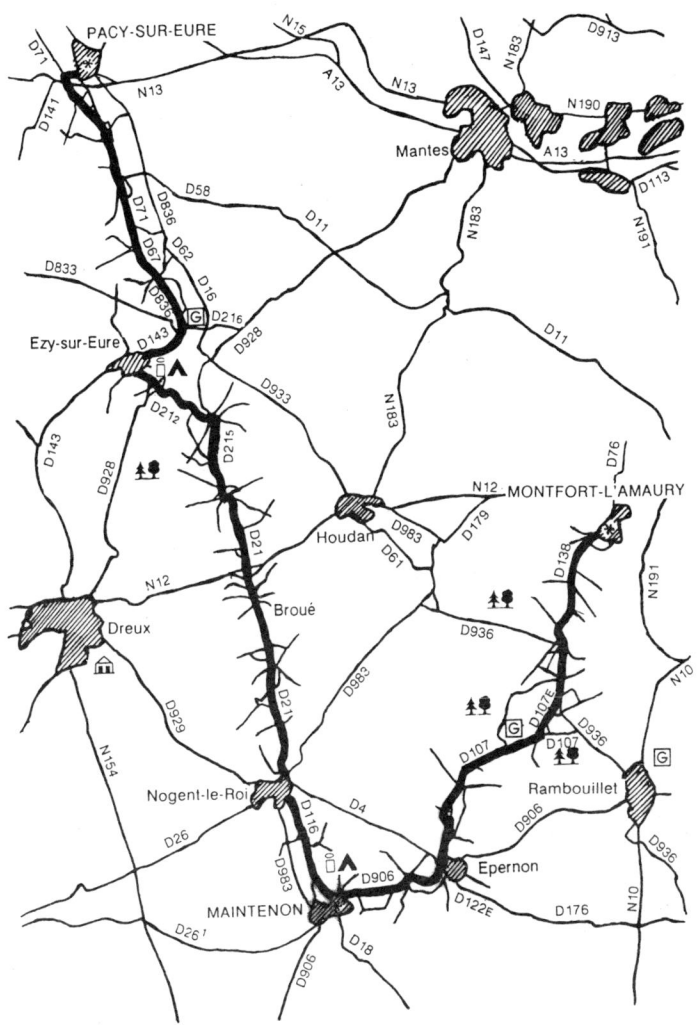

Folgen Sie in Epernon der Beschilderung zur D906 nach Maintenon; Sie werden auf diese Art auf einer Umgehungsstrecke am Zentrum vorbeigeführt. Auf dieser Straße radeln Sie geradewegs in die 10 km entfernte Stadt **Maintenon**. Dieser Ort verfügt nicht nur über ein hübsches Renaissanceschloß (im Sommerhalbjahr nachm., außer di), sondern liegt auch am Eingang zu den Tälern der Eure und der Voise. Am Beginn des Euretals Rchtg. Chartres (Etappe 52) existiert außerdem ein unvollendet gebliebenes Aquädukt des 17. Jh.

Information: SI, Pl A.-Briand, 28130 Maintenon, Tel. 37230504.

Verkehrsverbindungen: Eisenbahn Rchtg. Chartres, Rambouillet und Nogent-le-Roi.

Camping: Ilot de St.-Val ***, Villiers-le-Morhier, Tel. 37827130, 199 Stpl., ganzj., 4 km nördl. von Maintenon an der Führung von Etappe 51; **, Rte de Bouglainval, Maintenon, Tel. 37230911, 53 Stpl.

Etappe 51:
Pacy-sur-Eure - Ezy-sur-Eure - Broué - Maintenon (53 km)

Die Anschlußstrecke an Etappe 23 beginnt in Pacy-sur-Eure mit einem Wechsel auf die westliche Seite der Eure in den Vorort St.-Aquilin-de-Pacy. Dort wählen Sie die D71 Rchtg. Ezy-sur-Eure, der Sie durch Neuilly folgen; die geradeaus immer längs der Eure verlaufende Straße erhält nacheinander die Nummern D67, hinter Garennes D836 und in *Ivry-la-Bataille* schließlich D143.

Gîte d'étape: M.F. Camboulive, 21 r Henri IV, Ivry, Tel. 32364839, 22 Betten, im Winter geschl.

In *Ezy-sur-Eure* biegen Sie links ab, um die Eure gleichzeitig mit der Grenze zum Dép. Eure-et-Loir zu überqueren. Auf der anderen Seite, in *Anet*, harren die Reste eines Renaissance-Schlosses der Besichtigung (im Sommerhalbjahr nachm. außer di; sonntags ganztägig).

Information: SI, BP 48, 27530 Ezy-sur-Eure, Tel. 37647736.

Camping: **, Ezy, Tel. 37647586, 50 Stpl., Mitte April-Sept.; *, Rte des Cordeliers, Anet, Tel. 37414267, 80 Stpl.

Von Anet aus radeln Sie auf der D21 über Rouvres, Bû und Broué nach Coulombs, einer Art Vorort des Städtchens **Nogent-le-Roi** auf dem anderen Eure-Ufer. Während Nogent über etliche Gebäude des 16. Jh. verfügt, kann **Coulombs** immerhin eine alte Abtei und eine Mühle aufweisen.

Von Coulombs aus folgen Sie der Nebenstraße D116 auf dem Ostufer der Eure bis **Maintenon** (s. Etappe 50); lassen Sie sich nicht durch die Beschilderung verleiten, die Hauptstraße D983 zu benutzen.

Etappe 52:
Maintenon - Jouy - Chartres (20 km)

Für diese Kurzetappe wird durchgehend die im Tal der Eure verlaufende D6 benutzt; die Straße ist über weite Strecken von Ausweichquartieren der Städter gesäumt. Im Vorort Le Lèves trifft die Nebenstraße auf die N154, auf der Sie das Zentrum von Chartres erreichen.

Chartres, 40000 Einw., Dép. Eure-et-Loir, ist vor allem wegen seiner imposanten Kathedrale berühmt. Diese Kirche, auf einem Berg inmitten des Stadtzentrums errichtet und von einer pittoresken Altstadt umgeben, ist um 1200 herum innerhalb von nur 30 Jahren errichtet worden und dient seitdem als Wallfahrtsort. Die kurze Bauzeit hat einen ungewöhnlich einheitlichen Stil bewirkt. Chartres ist so stolz auf die Kathedrale, daß der Zutritt nicht nur ganzjährig und täglich, sondern zudem gratis ermöglicht wird. Die übrigen Kirchen und Museen der Stadt folgen diesem finanzschonenden Beispiel im allgemeinen. Die Altstadtstraßen um die Kathedrale sind größtenteils sehr steil und eng, so daß der Autoverkehr weitgehend ausgesperrt worden ist. Die geografische Lage Chartres' bewirkt, daß Frankreichtouristen auf dem Weg zwischen Paris und der Loire hier häufig eine Zwischenstation einlegen; das gastronomische Angebot ist entsprechend üppig.

Information: OTSI, 2 r de l'Étroit-Degré, 28005 Chartres, Tel. 37215000.
Verkehrsverbindungen: Eisenbahn Rchtg. Paris und Le Mans; Flugplatz Champhol im Nordosten der Stadt.
Jugendherberge: 23 av Neigre (FUAJ), Tel. 37342764, 68 Betten, ganzj., modernes Haus östl. des Stadtzentrums, von der Straße ums Zentrum aus beschildert; Centre Régional Jeunesse et Sports, R Jean-Monnet, Tel. 37300630 (Mme Gasnier), 70 Betten.
Camping: Bords de l'Eure ***, Rue de Launay, Tel. 37287943, 105 Stpl., April-Mitte Okt., im Südosten des Stadtzentrums.
Fahrradvermietung: am Bahnhof, Tel. 37285050; Fahrradhändler in großer Zahl.
Waschsalon: Centre Commercial de Beaulieu, Av de Beaulieu, so geschl.

Etappe 53:
Thiron - Magny - Bailleau-le-Pin - Chartres (42 km)

Diese Strecke bewirkt den Anschluß an Etappe 145. Sie beginnt in Thiron auf der D302 über Combres (Gîte s. Etappe 145) und Magny nach Bailleau-le-Pin, wo Sie links auf die D-921 nach **Chartres** (s. Etappe 52) einbiegen. Diese Straße hat zwar "die französische Krankheit", d.h. sie ist uninteressant-schnurgerade, sinnvolle Alternativen existieren aber leider nicht.

Gîte d'étape/Camping: Camping de Monjouvin, Rte de Brou, Illiers, Tel. 37240304 (Mme Joffard), 10 Betten, Fahrradverm., 8 km südl. der Etappe, 2 km südwestl. von Illiers.

Etappe 54:
Chartres - Senonches - La Ferté-Vidame (50 km)

Dieses erste Teilstück der Verbindung Chartres-Argentan beginnt in Chartres auf der unmittelbar südlich des Bahnhofs verlaufenden D24 (Rue de Mainvilliers), die Sie geradewegs nach **Senonches** bringt. Dort gibt es ein im Wald gelegenes Schloß (zu besichtigen April-Sept. mo/mi/sa/so).

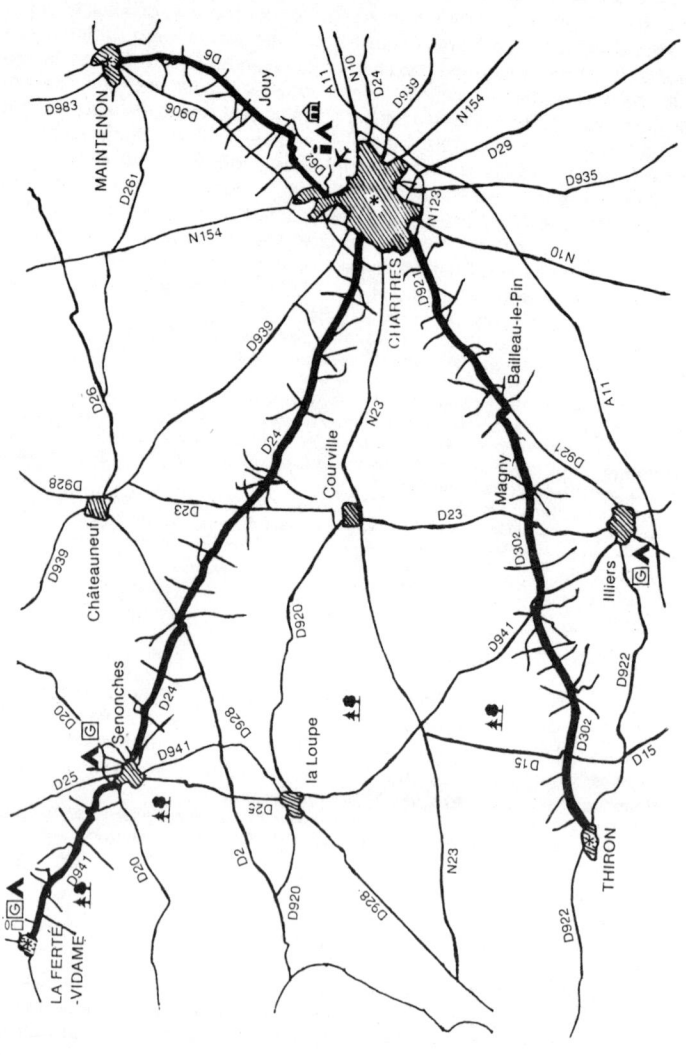

Gîte d'étape: Ferme-de-la-Hutte, Rte de Pontguin, Tel. 37377404, 13 Betten in einem Reiterzentrum.

Camping: **, Av de la Tourbière, Tel. 37379463, 50 Stpl., April-Sept.

Durch einen Teil des Waldes, der Senonches fast vollständig umrahmt, fahren Sie weiter: zuerst innerörtlich auf der D25 (Rchtg. Verneuil), am nördlichen Stadtrand dann links auf die D941 nach **La Ferté-Vidame**, eine landschaftlich besonders schöne Strecke.

Am Endpunkt der Etappe gibt es zwar nur die Ruine eines Schlosses aus dem 18. Jh., die dazugehörigen Parkanlagen sind hingegen noch vorhanden.

Information: SI, Pavillon St-Dominique, 28340 La Ferté-Vidame, Tel. 37376409.

Gîte d'étape: La Puisaye, Tel. 37376055 & 37376601 (Bürgermeisteramt), 12 Betten, 5 km östl.

Camping: De la Forêt **, Rte de la Lande, La Ferté-Vidame, Tel. 37376400, 23 Stpl., April-Okt.

Etappe 55:
La Ferté-Vidame - Longny-au-Perche - Mortagne-au-Perche (33 km)

Dieses zweite Stück der Verbindung Chartres-Argentan beginnt in La Ferté-Vidame auf der D4, die nach ca. 5 km die Grenze zum Dép. Orne überschreitet und von dort an D11 heißt. Sie führt geradewegs nach **Longny-au-Perche**, einem Städtchen am Rande eines fruchtbaren Viehzuchtgebietes, das allgemein mit Herrenhäusern und Pferdezucht-Gestüten gut versorgt ist. Zentraler Ort der Perche-Region ist **Mortagne-au-Perche**, das 20 km weiter über die D8 erreicht wird, eine Provinzstadt mit einigen sehenswerten Kirchen und etlichen alten Häusern.

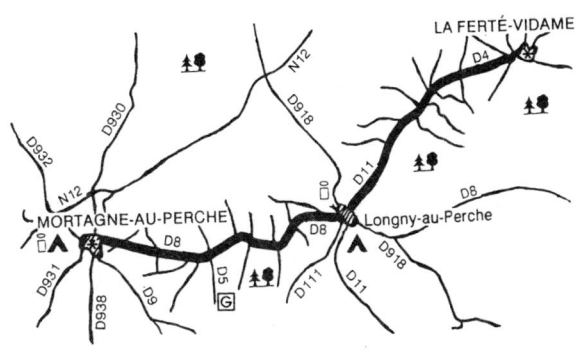

Information: SI, Mairie, 61190 Longny-au-Perche, Tel. 33736542; SI, Pl du Général de Gaulle, 61400 Mortagne-au-Perche, Tel. 33251921.

Gîte d'étape: Marie, La Chapelle-Montligeon, Tel. 33838020, 33 Betten, Fahrradverm., ca. 10 km südöstl. von Mortagne abseits der Streckenführung; Marie, Tourouve, Tel.

33257455, 2 Gîtes mit 38 (einfach) bzw. 55 (komfortabel) Betten, Fahrradverl., 15 km nordöstl. von Mortagne.
Camping: *, Longny-au-Perche, Tel. 33735607, 17 Stpl., Ostern-Mitte Okt.; **, R Ferdinand de Boyères, Mortagne, Tel. 33250435, 60 Stpl., Fahrradverm., Mitte April-Mitte Sept.
Fahrradvermietung: Garage Peugeot, M. François, Longny-au-Perche, Tel. 33736722.

Etappe 56:
Mortagne-au-Perche - Sées - Médavy (40 km)

Diese Kurzetappe beginnt in Mortagne-au-Perche auf der D912 Rchtg.
Alençon, biegt nach 3 km links ab auf die N12 und verläßt die Hauptstraße nach
knapp 2 km wieder nach rechts auf die D8. Nach gut einem Kilometer zweigt da-
von links die D227 ab, die nun benutzt wird; in *Laleu* wird die D6 gekreuzt, in
Montchevrel die D4 und vor *Le Ménil-Guyon* die D31. Erst kurz vor dem Etap-
penziel mündet die Nebenstraße in die D3 nach **Sées**. Diese alte Bischofsstadt
verfügt über eine bedeutende Kathedrale des 13. Jh. und einige weitere sakrale
Gemäuer wie eine Abteiruine und einen Bischofspalast.
Information: SI, Pl du Général-de-Gaulle, 61500 Sées, Tel. 33287479 & 33279808.
Verkehrsverbindungen: Eisenbahn Richtung Argentan und Le Mans.
Camping: Le Clos Normand **, Tel. 33288737 (oder SI), 50 Stpl., Mai-Sept.

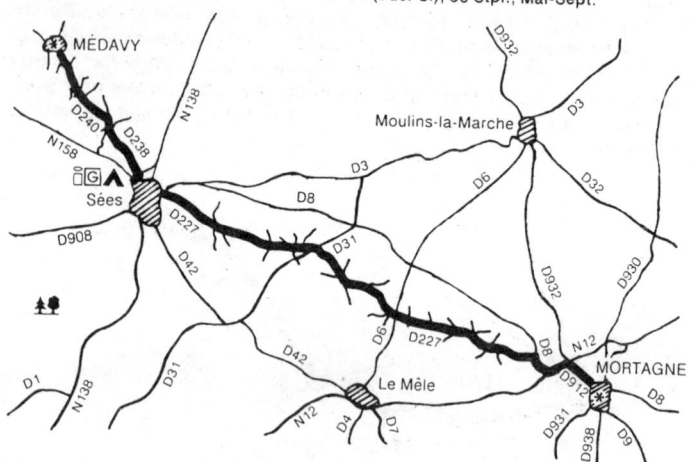

In Sées beginnt die D238 im Nordwesten des Städtchens an der N138 (Rchtg.
Bernay) und führt über Macé nach **Médavy**, wobei hinter Macé links auf die
D240 abzuzweigen ist. Das Schloß des 15./18. Jh. in Médavy ist Juli-Mitte Sep-
tember zu besichtigen (tägl. 10-12 & 15-18.30 h).
Gîte d'étape: Sainte-Yvière, Montmerrei, Tel. 33353175 (Fam. Avenel), 16 Betten, 7 km
südl. an Etappe 60.

144

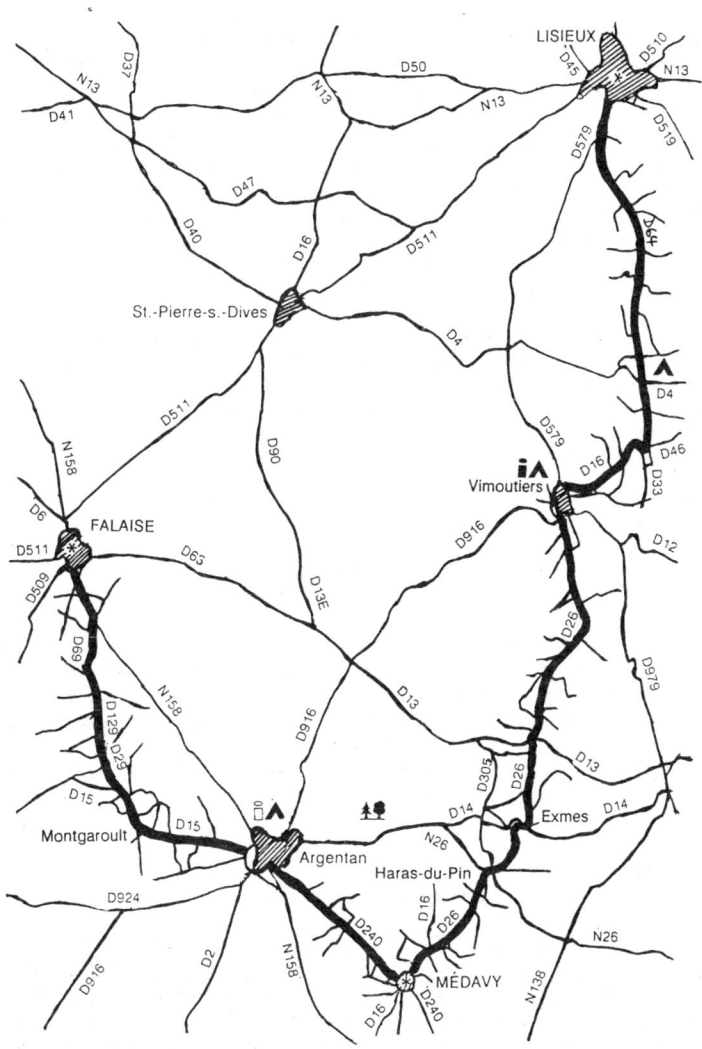

Etappe 57:
Lisieux - Fervaques - Vimoutiers - Exmes - Médavy (64 km)

Diese Nord-Süd-Strecke bietet eine Vielzahl von Anknüpfungsmöglichkeiten an andere Etappen. Sie beginnt in Lisieux auf der D579 Rchtg. Livarot, verläßt die Hauptstraße aber nach 5 km links in St.-Martin-de-la-Lieu, um längs des Flusses Touques auf der D64 südwärts zu führen. Die D64 kreuzt in *Notre-Dame-de-Courson* (ganzj. Camping) die D4 und trifft bei einer namenlosen Ansammlung von Häusern (Karte: *Le Bourg*) auf die Grenze zum Département Orne und gleichzeitig auf die D16 nach **Vimoutiers** (5500 Einw.), bei dessen Marktplatz der Bäuerin Marie Harel ein Denkmal errichtet wurde: sie erfand 1791 im wenige Kilometer entfernten Ort **Camembert** einen nicht ganz unbekannten Käse... Viemoutiers wurde 1944 zu 80 % zerstört, und dementsprechend ist das heutige (von einer amerikanischen Käse-Fabrik gestiftete!) Harel-Denkmal von 1956 eine Neufassung des 1944 zerstörten Originals von 1928: letzteres steht heute (kopflos) bei der Kirche, das neue Denkmal am Marktplatz.
Im Gebäude des OTSI ist ein Camembertmuseum untergebracht (Mai-Okt. tägl. außer mo., im Winter di-sa).
Information: OTSI, 10 av du Général-de-Gaulle, 61120 Vimoutiers, Tel. 33393029.
Camping: La Campière ***, Tel. 33391886 & 33390910, 40 Stpl., ganzj., im Nordwesten.
Fahrradvermietung: R. Lemaitre, Quai des Augustines.

In Viemoutiers wählen Sie D916 Rchtg. Argentan, noch vor dem Ortsende jedoch links die D16 Rchtg. Chambois, von der nach 2 km halblinks die D26 nach Exmes abzweigt.
Direkt vor diesem auf einem Hügel gelegenen Ort gibt es eine T-Mündung auf die D14, die rechts hineinführt; am westlichen Ortsrand biegen Sie dann erneut links auf die D26 nach Pin-au-Haras. An einer etwas merkwürdig angelegten Kreuzung mündet die Straße in die N26 ein, die 300 m weit benutzt wird, bis direkt vor dem **Haras-du-Pin** sich links die D26 fortsetzt. Der Haras ist eines der berühmtesten Gestüte Frankreichs, im 18. Jh. von bedeutenden Architekten und Gartenbauern angelegt und heute im Besitz des Landwirtschaftsministeriums ganzjährig und täglich gratis zu besichtigen.
Fahren Sie weiter auf der D26 nach Almenêches, wo die D16 die Verbindung nach **Médavy** herstellt (s. Etappe 56).

Etappe 58:
Falaise - Montgaroult - Argentan - Médavy (40 km)

Diese Anschlußstrecke an Etappe 37 beginnt in Falaise auf der N158 Rchtg. Argentan; nach ca. 5 km verlassen Sie jedoch die Hauptstraße nach rechts auf die D69 nach Rouffigny. Kurz vor diesem Dorf wird die Grenze zum Dép. Orne überschritten, und die Straße bekommt die Nummer D129. Folgen Sie der Nebenstraße weiter Rchtg. Montgaroult; nach ca. 4 km geht sie in die D29 über, die wiederum in die D15 mündet. Montgaroult wird gestreift, und nach weiteren 10 km erreichen Sie Argentan.

Argentan, 18000 Einw., Dép. Orne, ist eine jener normannischen Städte, denen die alliierte Invasion des Zweiten Weltkriegs nur wenig alte Substanz gelassen hat. Außer einigen Kirchen sind nur noch ein paar Ruinen alter Befestigungsanlagen erhalten. Als Verkehrsknotenpunkt und Zentrum eines reichen Viehzuchtgebietes ist Argentan hingegen bedeutend.
Information: SI, Pl du Marché, 61200 Argentan, Tel. 33671248.
Verkehrsverbindungen: Eisenbahn in alle Himmelsrichtungen.
Camping: De la Noé **, Tel. 33360569, 25 Stpl., April-Sept.; aire naturelle, Le Val de Baize, 18 Mauvaisville, Tel. 33672711 (Mme. Huet de Aunay).

Verlassen Sie Argentan Rchtg. Sées. Noch bevor Sie die Hauptstraße (N158) erreichen, zweigt links die D240 nach **Médavy** (s. Etappe 56) ab.

Etappe 59:
Médavy - Forêt d'Écouves - Alençon (45 km)

Mit dieser Strecke finden Sie direkten Anschluß von den Etappen 56-58; sie verläuft etwa zur Hälfte durch ein attraktives Waldgebiet. Die Etappe beginnt in Médavy auf der D16, etwas später D26, die geradeaus nach *Mortrée* führt. Etwas vor diesem Ort befindet sich das *Château d'O* westlich der Straße, das u.a. ein Restaurant beherbergt. Die gleiche Straße verläuft anschließend durch den hügeligen, zum Regionalpark Normandie-Maine gehörenden *Forêt d'Écouves* bis Alençon. Die Duchquerung des Waldes mit den bis über 400 m hohen Bergen ist vor allem für leistungsbewußte Radler interessant.

Alençon, 32000 Einw., Hauptstadt des Dép. Orne, war früher ein Zentrum der Spitzenklöppelei und ist heute eher als Verwaltungs- und Wirtschaftsstadt bedeutend. Für den traditionellen Erwerbszweig ist ein Museum eingerichtet worden (mo geschl.), und die Klöppelschule kann ebenfalls (di-sa, im Sommer auch mo) besichtigt werden.
Information: OTSI, Maison d'Ozé, Pl Lamagdelaine, 61000 Alençon, Tel. 33261136.
Verkehrsverbindungen: Eisenbahn Rchtg. Argentan und Le Mans.
Jugendherberge: La Croisette (FUAJ-angeschl.), 1 rue de la Paix, Damigny, Tel. 33290048, 50 Betten, ganzj., im Norden der Stadt an der Etappenführung; 5 r du Guéde-Gesnes, verbandsunabhängig, Tel. 33294076/33296266, 140 Betten, nur Juli/Aug., relativ teuer.
Gîte d'étape: Les Noyers, Radon, Tel. 33281064 (Fam. Cotentin), 18 Betten, zubereitete Mahlzeiten, 6 km nördl. unweit der Etappenführung.
Camping: Du Stade **, Jacques Fould, Tel. 33292329 oder 33324000, 60 Stpl., ganzj.; De Guéramé ***, Tel. 33263495 oder 33324000, 60 Stpl., April-Nov.
Fahrradvermietung: SODIAC, Pl du Général-de-Gaulle, Tel. 33290550.
Waschsalon: Foubet, 10 rue Marcel-Palmier, Tel. 33264626; Perrotel, 11 rue St.-Picare, Tel. 33260006.

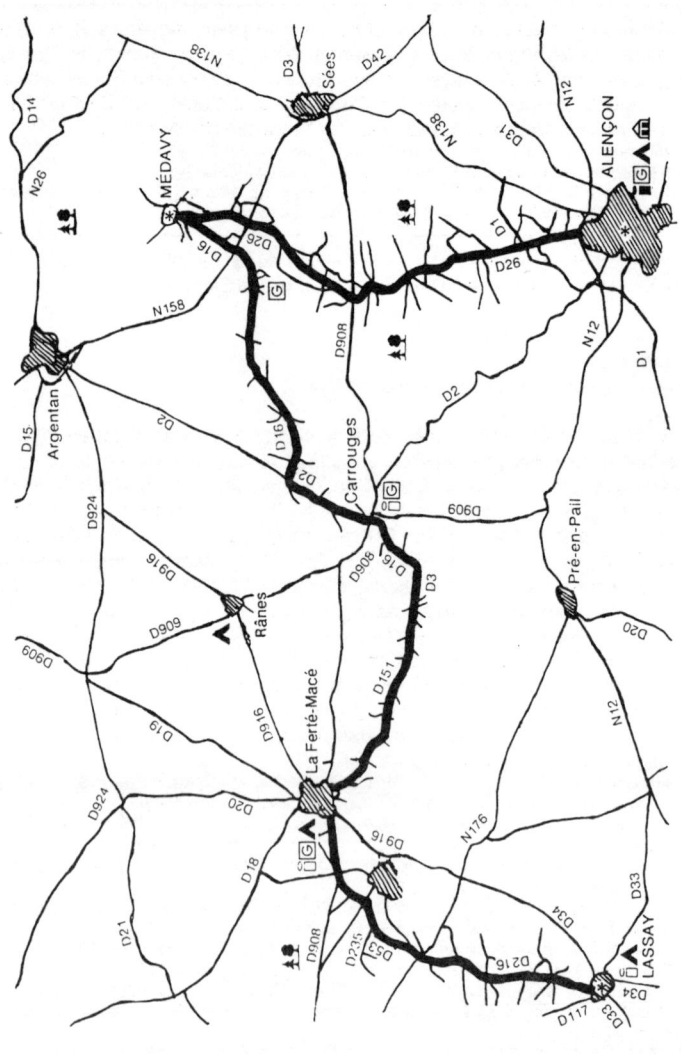

Etappe 60:
Médavy - Carrouges - La Ferté-Macé - La Chapelle-d'Andaines - Lassay (44 km)

Auf der D16 Rchtg. Mortrée verlassen Sie Médavy südwärts und halten sich mit dieser Straßennummer an der Gabelung nach 1 km rechts, kreuzen in den Randgebieten von Mortrée die N158 und erreichen bald darauf *Montmerrei* (Gîte d'étape südl. des Ortes, s. Médavy, Etappe 56). Mit der Beschilderung Rchtg. Bellière geht's weiter auf der D16 bis zur T-Mündung in Le Menil-Scelleur, wo Sie links auf die D2 nach **Carrouges** einbiegen. 500 m südlich dieses auf einem Hügel gelegenen Ortes befindet sich an der weiteren Streckenführung das Schloß, das ganzjährig täglich zu besichtigen ist (wechselnde Öffnungszeiten).
Information: SI, Mairie, Rte d'Argentan, 61320 Carrouges, Tel. 33272038.
Gîte d'étape: Le Chapitre, Carrouges, Tel. 33272115, 20 Betten, 11 km südl.

Die D2 endet hier an der D908, auf der Sie kurz links fahren und eine der nächsten zwei Straßen rechts wählen, die sich am Ortsende zur D16 vereinigen. Das Schloß unterhalb des Städtchens wird passiert, an der Départementsgrenze wechselt die Straßennummer zu D3, bevor *Lignières-Orgères* erreicht wird ("La Doucelles" steht nur noch auf der Karte). Dort halten Sie sich an der T-Mündung auf die D221 rechts (Rchtg. Kirche), wählen links die D3 Rchtg. Couptrain und nach 200 m an der Gabelung rechts die D292 nach Magny-le-Désert (ab Départementsgrenze D151), die ohne Umwege nach **La Ferté-Macé**, dem zentralen Ort des Regionalparks Normandie-Maine, weiterführt.
(*In Gegenrichtung* ab innerörtl. Hauptstraße Rchtg. Magny beschildert.)
Information: SI, 13 r de la Victoire, 61600 La Ferté-Macé, Tel. 33371097.
Gîte d'étape: Le Village du Cheval, St.-Michel-des-Andaines, Tel. 33371279 bzw. 33371550, 21 Betten, Frühstücksabnahme obligatorisch, am weiteren Etappenverlauf 1 km hinter St. Michel.
Camping: Vallée de l'Udon **, Vieux-Pont, Tel. 33352423 & 33352160, 30 Stpl., April-Okt.; Du Parc *, Rânes, Tel. 33397393 & 33397387, 30 Stpl., Ostern-Sept.; La Saulaie ***, La Ferté-Macé, Tel. 33374415, 33 Stpl., Mitte April-Mitte Okt.
Fahrradvermietung: Bahnhof Bagnoles-de-l'Orne, Tel. 33675050; bei der Gîte d'étape.

Die Etappe setzt sich fort auf der D908 Rchtg. Domfront, zweigt aber in St.-Michel-des-Andaines links auf die D53 ab. Die Nebenstraße kreuzt die D335 und trifft in einer T-Mündung gleich darauf auf die D235, auf die Sie rechts einbiegen. Nach 2 km folgt eine Gabelung, an der links erneut die D53 beginnt, nach *La Chapelle-d'Andaine* (relativ preiswertes 2-Sterne-Hotel) führt und dort die N176 kreuzt. Im Ortsbereich von Geneslay heißt die Straße D24; anschließend überquert die D53 die Grenze zum Département Mayenne und erreicht als D216 **Lassay**, wo sie an der D117 (links in den Ort) endet. Das Städtchen ist Standort einer ungewöhnlichen Burg: fünf Türme beherrschen das Bild dieser Befestigung, die April-Nov. täglich (nachmittags) besichtigt werden kann. Im Sommer werden (fr/sa) abends die in ganz Frankreich beliebten *son-et-lumière*-Veranstaltungen abgehalten, bei denen mit historischen Aufführungen und Musik die Gäste unterhalten werden.
Information: SI, 8 r du Château, 53110 Lassay-les-Châteaux, Tel. 43047433.

Camping: Les Troënes **, Rue de Chatenay, Tel. 43047153, 65 Stpl., Mitte April-Sept.

Etappe 61:
Lassay - Le Horps - Jublains - Montsûrs - Argentré - Laval (62 km)

Eine Nebenstraßenstrecke durch den interessantesten Teil des Départements Mayenne; bei Benutzung der Michelin-Regionalkarten ist während der Strecke ein Wechsel von Blatt 231 auf Blatt 232 erforderlich. Die Etappe beginnt in Lassay auf der D34 Rchtg. Mayenne; nach einer Steigung hinter dem Stadtrand zweigt sie dann links auf die D129 ab, die über Le Horps und La Chapelle-au-Riboul nach **Jublains** führt. Dieses Städtchen ist Standort einer römischen Befestigungsanlage (auf mehrere Stellen verteilt), die samt den dazugehörigen Thermen täglich außer montags besichtigt werden kann.

An den Ausflug in die Römerzeit schließt sich die Fahrt über die D129 durch ein Seengebiet nach **Montsûrs** (SI mit Fahrradvermietung; ganzj. Camping **) an; am nördlichen Ortsrand treffen Sie auf die D24, der Sie links in das Städtchen folgen. Im Zentrum ignorieren Sie die Beschilderung Rchtg. Laval (führt via D9 zur N162), sondern wählen danach die rechts durch *Argentré* (SI; Fahrradvermietung: Yvan Béal, Tel. 43373302) nach Laval führende D32. An einem Kreisverkehr mit der neuen Umgehungsstraße (N162) endet die Landstraße an der N157, die rechts ins Zentrum führt.

Laval, 55000 Einw., Hauptstadt des Dép. Mayenne, verfügt über einen intakten alten Stadtkern, der um eine Burg herum angeordnet ist. Der Fluß Mayenne trennt die alten und neuen Stadtviertel voneinander, trägt aber darüber hinaus ein bemerkenswertes Museumsschiff, die "St.-Julien", ein schwimmendes Waschhaus (Baujahr 1904), das (außer mo) nachmittags besichtigt werden kann. Ein kleiner Obolus ist zu entrichten, wenn Sie die Burg von innen betrachten wollen (ganzj. außer mo).

Information: OTSI, Pl du 11 novembre, 53000 Laval, Tel. 43530939.

Verkehrsverbindungen: Eisenbahnstrecke Paris-Brest; Flugplatz 8 km südl. der Stadt.

Jugendherberge: 109 av Pierre de Coubertin (LFAJ), Tel. 43670089, 90 Betten, keine Gästeküche, ganzj., beim Stadion in einem Sportlerheim, schlecht organisiert.

Gîte d'étape: nordwestl. der Stadt etliche GE an Fernwanderwegen; die nächstgelegenen sind: La Gastardière, Andouillé, Anmeldung unter Tel. 43681306, 30 Betten, ganzj., 14 km nördl. von Laval, Schlüssel bei M. Coupeau unweit der Gîte; Olivet, St.-Ouën-des-Toits, Tel. 43377323 (Bürgermeisteramt) oder 43371123 (M. Lorichon), 10 Betten, ganzj., 15 km nordwestl. abseits der Streckenführung von Etappe 62.

Camping: Le Potier **, Chemin St.-Pierre-Cumont, Tel. 43536886, 42 Stpl., April-Sept., abseits der Straße Rchtg. Angers am Ufer der Mayenne; Les Marchanderies *, St.-Jean-sur-Mayenne, Tel. 43011115, 30 Stpl., Juni-Mitte Sept., 10 km nördl.

Fahrradvermietung: Fluvien Laval (Bootsverleih), Tel. 43670952.

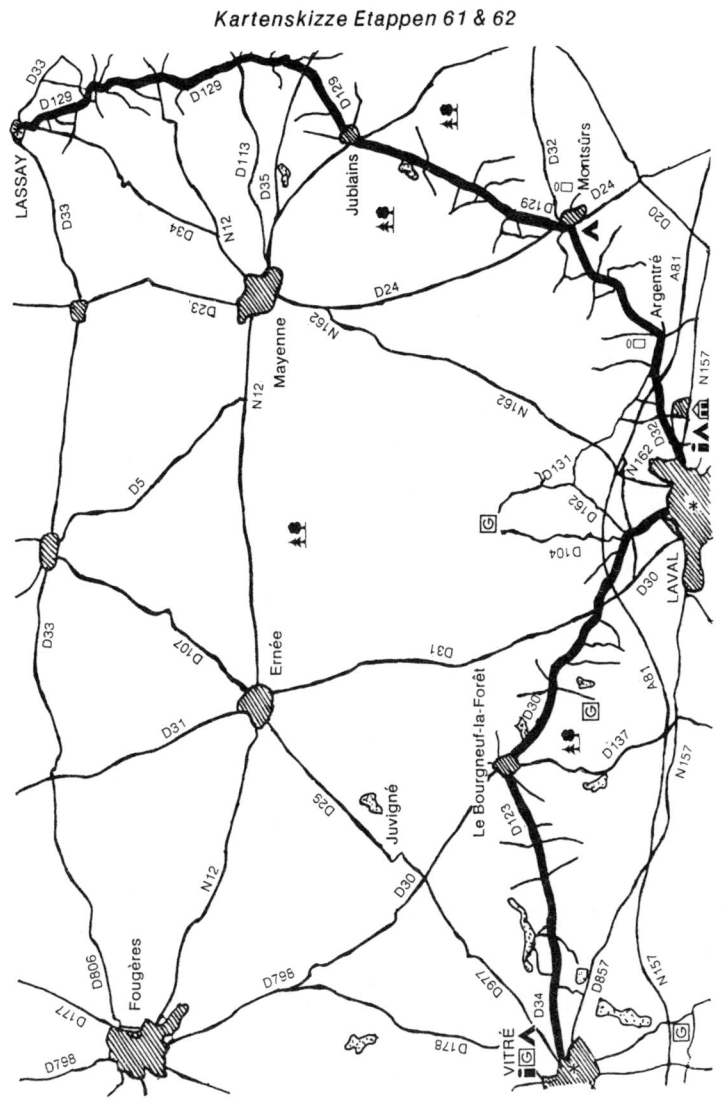

Etappe 62:
Laval - Changé - Le Bourgneuf-la-Forêt - Vitré (40 km)

Diese Verbindung zwischen zwei "Etappen-Knotenpunkten" beginnt in Laval auf der am westlichen Mayenne-Ufer nordwärts führenden D104 (Rchtg. Andouillé). In der Siedlung Changé halten Sie sich zuerst links (D254 Rchtg. Haut-Beauvais), biegen aber noch am Ortsende erneut links ab auf eine Nebenstraße, die die A81 kreuzt und bei Les Chênes-Secs auf die D30 nach Le Bourgneuf-la-Forêt trifft. Auf dem Weg dorthin wird der Ort St.-Ouën-des-Toits (Gîte d'étape s. Laval, Etappe 61) durchquert.

In *Le Bourgneuf-la-Forêt* können Sie ggf. einen Abstecher zum 10 km nordwestlich gelegenen Dorf **Juvigné** machen, wo ein privates Museum landwirtschaftlicher Geräte betrieben wird (nachm. Mitte April-Mitte Okt so, Juli/Aug. tägl.). Ansonsten biegen Sie links ab auf die D123 (ab der Départementsgrenze D34) nach Vitré.

Vitré, 13000 Einw., Dép. Ille-et-Vilaine, ist "das Tor zur Bretagne" und seit dem Mittelalter in eine Kette von Verteidigungsanlagen eingebunden. Die Burg mit ihren drei Rundtürmen und die Altstadt sind gut erhalten und lohnen einen ausgiebigen Stadtbummel.
Information: OTSI, Promenade St.-Yves, 35500 Vitré, Tel. 99750446.
Verkehrsverbindungen: Eisenbahnstrecke Brest-Paris.
Gîte d'étape: 12 rue du Rallon, Tel. 99745768 (Mme. Barbot im Nebenhaus), 20 Betten, ganzj.; Le Moulin Neuf, 32 r des Étangs, Argentre-de-Plessis, Anmeldung bzw. Schlüssel bei M. Blot, Tel. 99966127 (Bürgermeisteramt, vormittags) bzw. 99967669 (ab 18 h, 1 impasse Sauzon).
Camping: St. Etienne **, Tel. 99752528, 50 Stpl., ganzj.

Etappe 63:
Mortain - Buais - Fougerolles - Landivy - Landéan - Fougères - Vitré (80 km)

Die Nord-Süd-Etappe beginnt in Mortain auf der D977 Rchtg. Fougères, zweigt aber nach 3 km links auf die Nebenstraße D46 nach Buais ab. Etwas abseits der Strecke existiert in **St.-Symphorien-des-Monts** (an der N176) eine Parkanlage im englischen Stil mit angegliedertem Tierpark. In Buais kreuzen Sie die N176, überschreiten die Grenze zum Département Mayenne (neue Straßennummer D116) und erreichen das Städtchen *Fougerolles*. Dort biegen Sie rechts ab auf die D122, die über Landivy zur Grenze des Dép. Ille-et-Vilaine führt. Die Straße erhält die Nummer D19 und trifft in Landéan auf die D177, die über einen Hügel und durch ein Waldgebiet nach Fougères verläuft.

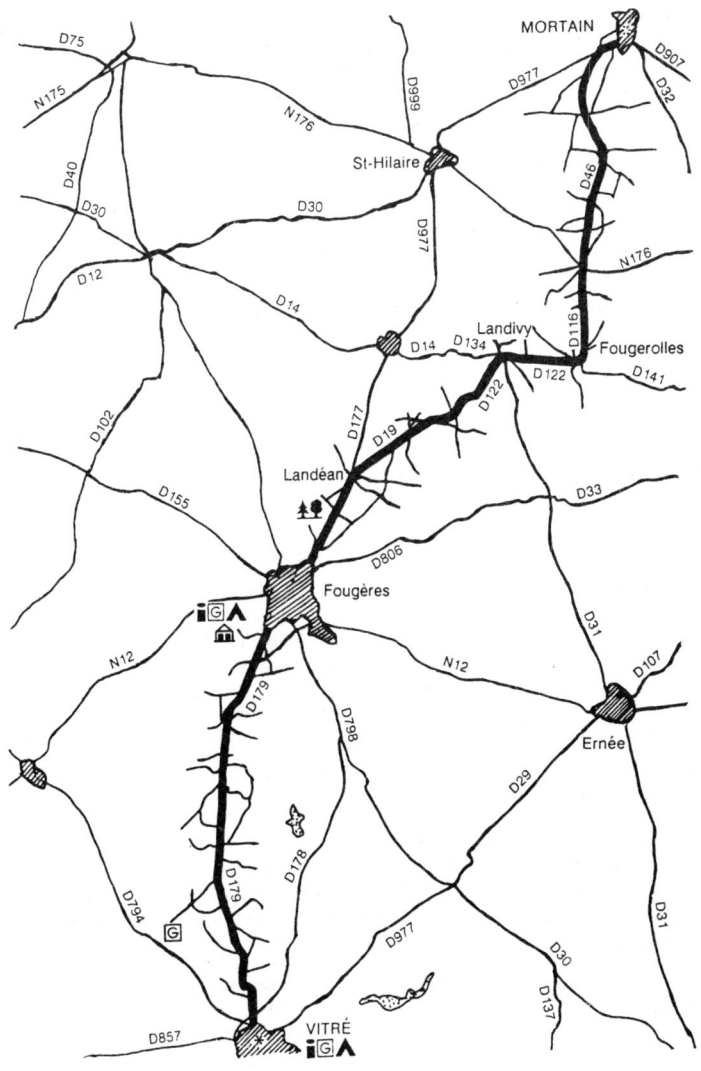

Fougères, 25000 Einw., Dép. Ille-et-Vilaine, ist Zentrum der französischen Schuhindustrie und verfügt über einen wöchentlichen bedeutenden Viehmarkt (freitags). Auf einem Hügel über der Stadt thronen die mächtigen Überreste einer Burg mit 13 Türmen, deren Inneres größtenteils zerstört ist (im Sommerhalbjahr im Rahmen von Führungen zu besichtigen).
Information: OTSI, 1 pl A.-Briand, 35300 Fougères, Tel. 99941220.
Verkehrsverbindungen: Eisenbahn nach Vitré.
Jugendherberge: 11 r Beaumanoir (FUAJ), Tel. 99942322 & 99952873, 65 Betten, ganzj.
Gîte d'étape: Chénedet, Landéan, Tel. 99973546, 26 Betten, ganzj.; La Garde, Montaudin, Tel. 43053415 (Mme. Merienne), 21 Betten, ganzj., 18 km östl. von Fougères bzw. 12 km südl. von Landivy.
Camping: Paron **, Tel. 99994081, 90 Stpl., ganzj.
Fahrradvermietung: M. Balembois, Domaine de Chenedet, Tel. 99992546.
Waschsalon: Self LavoNet, Av Normandie, Tel. 99991558.

Die restlichen 30 km nach **Vitré** (s. Etappe 62) werden durchgehend auf der D179 absolviert, da ein Ausweichen auf kleinere Nebenstraßen nur bei recht komplizierter Streckenführung möglich wäre.
Gîte d'étape: Val d'Ize, 4 impasse des Bourgéons, Tel. 99498333, 25 Betten, ca. 5 km westlich der Etappenführung 10 km vor Vitré.

Etappe 64:
Vitré - Domalain - Visseiche - Retiers - Fercé - Châteaubriant (60 km)

Diese Etappe führt auf ruhigen Nebenstraßen südwärts Rchtg. Nantes, ist aber mit Niedrigpreisunterkünften weitgehend unversorgt. Sie beginnt in Vitré auf der D777 Rchtg. Janzé, zweigt aber kurz hinter der Stadtgrenze davon links ab auf die D108 nach Domalain. Dort biegen Sie zuerst rechts, dann links ab auf die D48 nach Visseiche, wo Sie die D463 kreuzen und auf der D48 weiter entlang eines Stausees nach Marcillé-Robert fahren. Von da bringt Sie die D107 geradewegs nach Retiers. Radeln Sie rechts in die Stadt hinein, und biegen Sie im Zentrum wieder links ab auf die D107 (ab Grenze zum Dép. Loire-Atlantique D41) über *Fercé* nach **Châteaubriant**.
Diese Stadt verfügt über ein Schloß, dessen mittelalterliche Teile nur noch aus wenigen Ruinen bestehen, der neuere Renaissancebau wird hingegen heute von der Verwaltung genutzt. Teile des Schlosses können Mitte Juni-Mitte Sept. tägl. außer di besichtigt werden.
Information: OTSI, Rue de Couère, 44110 Châteaubriant, Tel. 40282090.
Verkehrsverbindungen: Eisenbahn nach Rennes und Nantes.
Camping: Les Briotais, Tel. 40810232, 35 Stpl., Juni-Sept.

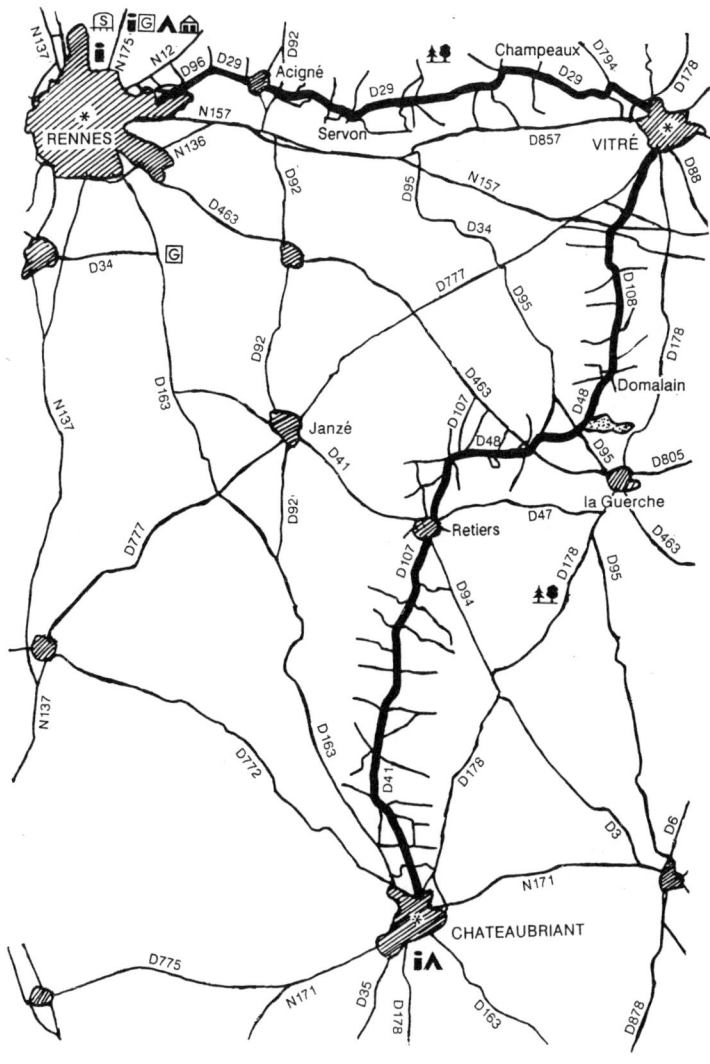

Etappe 65:
Vitré - Champeaux - Servon-sur-Vilaine - Acigné - Rennes (40 km)

Diese Etappe führt in die Verwaltungshauptstadt der Bretagne, die sich wegen günstiger Eisenbahnanschlüsse als Start- oder Endpunkt einer Fahrradreise gut eignet. Die Strecke beginnt in Vitré am nördlichen Stadtrand auf der D794 Rchtg. St.-Aubin (zweigt von der D178 Rchtg. Fougères ab), biegt aber schon nach ca. 3 km kurz vor einer Eisenbahnlinie links ab auf eine Nebenstraße, die nach 1 km auf die D29 nach *Champeaux* (rechts einbiegen) trifft. Der gleichen Straße folgen Sie über alle Abzweigungen nach Marpiré, Servon-sur-Vilaine und Acigné. Von dort aus radeln Sie anfangs ebenfalls auf der D29 Rchtg. Thorigné weiter, sobald die Straße aber nach rechts von der Vilaine wegschwenkt, bleiben Sie auf der geradeaus führenden D86, danach D96, nach Rennes, das Sie durch das Universitätsviertel erreichen.

Rennes, 200000 Einw., Dép. Ille-et-Vilaine, ist nicht erst seit kurzem Verwaltungsmetropole, sondern hat bereits im 17. Jh. dem damaligen bretonischen Parlament als Tagungsort gedient. Das dafür erbaute Parlamentsgebäude ist der heutige "Palais de Justice" (Besichtigung möglich). Der Stadtkern ist im wesentlichen nach einer Feuersbrunst von 1720 in geometrischem Grundriß neu erbaut worden und weist eine Patrizier-Architektur auf. Der Randbereich des Stadtkerns, speziell in der Nähe der Kathedrale, ist hingegen von den Flammen weitgehend verschont geblieben und daher teils älteren Datums. Vor allem auf dem anderen Ufer der Vilaine breiten sich neue Stadtviertel aus. Hingegen ist die Bestückung der Stadt mit Kulturtempeln eher bescheiden; einzig nennenswert ist das Regionalmuseum im "Palais des Musées" am Vilaine-Ufer (di geschl.). Auch für Touristen interessant hingegen ist das Festival, das jährlich um den Julianfang stattfindet.
Information: OTSI, 8 pl du Maréchal-Juin, 35000 Rennes, Tel. 99790198; Centre d'Information Jeunesse (Jugendinfozentrum), 6 cours des Alliés, Tel. 99792855.
Verkehrsverbindungen: Eisenbahnknotenpunkt zwischen Bretagne und Paris; Flugplatz St. Jacques 7 km südwestl., Flüge u.a. nach Paris und Strasbourg.
Mitfahrzentrale: Allostop, C.I.J. Bretagne, Maison du Champs de Mars, Tel. 99309887.
Studentenwerk: CROUS, 7 pl Hoche, Tel. 99364611, 10 Wohnheime.
Jugendherberge: 10-12 Canal St.-Martin (FUAJ), Tel. 99332233, 100 Betten, ganzj.
Gîte d'étape: Le Chalonge, Vern-sur-Seche, Tel. 99627123, 18 Betten, 10 km südöstl.; La Rabelière, Pacé, Tel. 99337956 (M. Cheruel), 20 Betten, 10 km nordwestl. bzw. nördl. der Führung von Etappe 66.
Camping: Les Gayeulles **, Tel. 99369122, 100 Stpl., April-Sept.
Fahrradvermietung: am Bahnhof, Tel. 99305726.
Waschsalon: EuropLavarie, 32 rue Trégain, Tel. 99363795; Lavarie Lucas, Centre Commercial, Pl Gros Chêne, Tel. 99631010; Lavomatique, 3 pl Bretagne, Tel. 99307077.

Etappe 66:
Rennes - Montfort-sur-Meu (22 km)

Diese Kurzetappe wird durchgehend auf der D125 absolviert und dient als Zubringer zu jenem Punkt, an dem im Rahmen einer Bretagne-Reise die Entscheidung gefällt werden muß, ob die Fahrt gen Westen durch das Binnenland, an der Süd- oder der Nordküste erfolgen soll.

Information: SI, l'Ecomusée, 35160 Montfort-sur-Meu, Tel. 99093181.

Gîte d'étape: La Croix Cormier, Domaine de Trémelin, Iffendic, Tel. 99097379, 20 Betten, ganzj., 7 km westl. an der Führung von Etappe 74, Anmeldung/Schlüssel beim Campingplatz (s.u.).

Camping: **, Montfort, Tel. 99090017, 28 Stpl., April-Mitte Okt.; Trémelin, Iffendic **, Tel. 99097379, 110 Stpl., Mitte März-Sept.

Etappe 67:
Montfort - Irodouër - St.-Pern - St.-Juvat - Dinan (45 km)

Diese Nebenstraßenstrecke führt zu einem der touristischen Renommierorte der Bretagne. Sie beginnt im Montfort auf der D72 nach Bédée, schwenkt dort innerörtlich links und wieder rechts, kreuzt die N12 und erreicht den Ort Irodouër. Danach bekommt die Straße die Nummer D70 und trifft nahe des klassizistischen Schlosses **Caradeuc** (zu besichtigende Parkanlagen) auf die D20.

Gîte d'étape: La Croix Calaudry, Longaulnay (bei Bécherel, 4 km östl.), Tel. 99667648, 18 Betten, ganzj.; Le Chauchix, Médréac, Tel. 99072314, 22 Betten, ganzj.; 8 km westl.

Ein weniger bedeutendes Schloß steht in **Saint-Pern**, 4 km westlich über die D20/D220 zu erreichen. In St.-Pern biegen Sie rechts ab auf die Nebenstraße nach Plouasne, wobei die Grenze zum Dép. Côtes-du-Nord überschritten wird. Die D12 bringt Sie nun nordwärts über Saint-Juvat geradewegs nach Dinan.

Dinan, 14000 Einw., Dép. Côtes-du-Nord, ist eine Hochburg des "Fassadentourismus": die auf einem steilen Berg oberhalb des Rance-Tals gelegene Stadt verfügt über ausgedehnte, gut konservierte mittelalterliche Viertel. Das Zentrum ist von weitgehend intakten Stadtmauern mit etlichen Wehrtürmen umgeben, zu denen auch das *Château* mit dem Stadtmuseum gehört. Eine ganze Reihe sehenswerter Kirchen, Klöstern und Patrizierhäusern befindet sich innerhalb des Mauerrings, aber das touristische Schmuckstück ist zweifellos der Straßenzug Jerzual - Petit-Port, ein extrem steiles Kopfsteinpflastergäßchen mit restaurierten alten Häusern, das die Innenstadt mit dem an der Rance gelegenen alten Hafen verbindet. Bevor die hohe Straßenbrücke gebaut wurde, war diese Gasse die wichtigste Zufahrtstraße Dinans, nicht zuletzt wegen des früher bedeutenden Hafens, der heute als Yachthafen dient. Die Gasse und der Hafen sind fest in der Hand von Gastronomie und Kunsthandwerk.

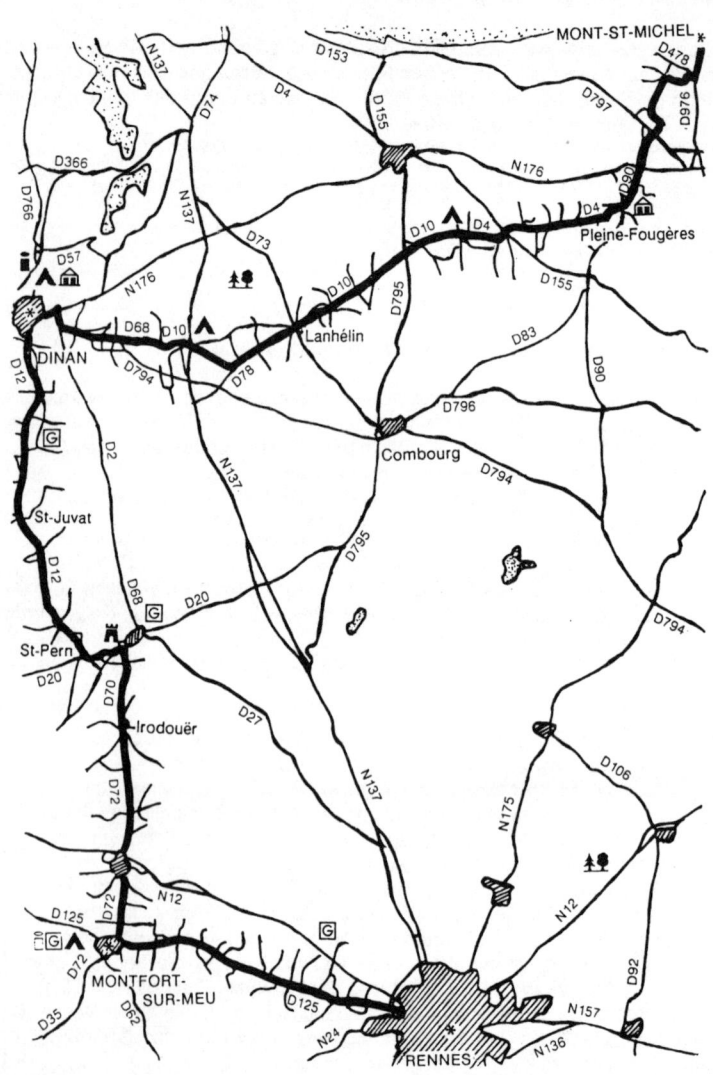

Etappe 68:
Mont St.-Michel - Pleine-Fougères - Le Boussac - Lanhélin - St.-Pierre-de-Plesguen - Dinan (56 km)

Eine Verbindung auf sehr ruhigen Straßen zwischen zwei Hauptanziehungspunkten des Armorikanischen Massivs. Sie beginnt am Mont St.-Michel (s. Etappe 72) auf der D976 Rchtg. Pontorson. Nach 4 km, im Örtchen Beauvoir, nehmen Sie die erste nach rechts führende Straße, die auf einer Brücke den Couesnon überquert; es bietet sich ein schöner Blick auf den Mont Saint-Michel. Hinter der Brücke fahren Sie sofort links und folgen der Nebenstraße bis zur ersten Kreuzung, an der Sie sich erneut links halten. Immer geradeaus fahrend kommen Sie zu einer T-Mündung, wo Sie sich nach rechts zur D90 wenden. Diese Straße bringt Sie über Mont-Rouault (Kreuzung mit der N176) nach **Pleine**-Fougères (LFAJ-Herberge, s. Etappe 72). Dort biegen Sie rechts ab auf die D4 über Le Boussac (Kreuzung mit der D155) nach *Epiniac* (Luxuscamping **** in der Hauptsaison), wo es geradeaus auf der D10 nach **Lanhélin** weitergeht. In diesem Städtchen, in dem es den *Cobac*-Freizeitpark gibt, fahren Sie geradeaus über die D73 hinweg und auf der D78 weiter, bis nach ca. 5 km rechts eine Nebenstraße nach *St.-Pierre-de-Plesguen* (kleiner Campingplatz ** in der Saison) führt. Hier kreuzen Sie auf der D10 die N137, überschreiten die Grenze zum Dép. Côtes-du-Nord (neue Straßennummer D68) und treffen vor St.-Solen auf einen "Nebenarm" der D794, auf dem Sie den Ort durchfahren, um schließlich auf die D794 nach Lanvallay zu gelangen. Von dort ist es auf der N176 nur noch ein kurzer Stück bis zur Brücke über das Rance-Tal nach **Dinan** (s. Etappe 67).

Etappe 69:
Dinan - Rance-Tal - Dinard (22 km)

Diese Kurzetappe durch das Tal der Rance führt zu einem bei Briten besonders beliebten Badeort. Sie beginnt in Dinan am alten Hafen (unterhalb des Viadukts) auf der D12 und führt auf dieser Straße immer geradeaus nordwärts über Plouer-sur-Rance bis zur Grenze zum Département Ille-et-Vilaine, wo die Straße die Nummer D114 erhält. Etwa 6 km danach gelangen Sie zum einzigen Gezeitenkraftwerk Westeuropas, das hier zwischen Dinard und St.-Malo den ungewöhnlich großen Tidenhub zur Erzeugung von Strom nutzt; Besichtigung möglich (Zugang direkt von der Etappenführung). Fahren Sie geradeaus weiter nach Dinard.

Dinard, 10000 Einw., Dép. Ille-et-Vilaine, gilt als der mondänste Badeort der Bretagne. Die Vorliebe englischer Urlauber für dieses Städtchen hat schon vor etwa 100 Jahren die Errichtung vieler großer Hotels und einer Strandpromenade begünstigt. Konsequenterweise zeigt Dinard außerhalb der Reisesaison wie alle Badeorte eher Geisterstadtcharakter.
Information: OTSI, 2 bd Féart, 35800 Dinard, Tel. 99469412.
Verkehrsverbindungen: Eisenbahn Richtung Dinan; Schnellboote nach St.-Malo und Dinan; Flugplatz Pleurtuit (Flüge zu den Kanalinseln) 6 km südwestl.
Jugendherberge: Ker Charles (LFAJ), 8 bd Lhôtelier, Tel. 99464002, 31 Betten, ganzj.; Les Horizons (LFAJ), R de St.-Briac, Saint-Lunaire, Tel. 99460505, 80 Betten, ganzj., 3 km nordwestl., C.I. du Port Blanc, R du Sergent-Boulanger, Tel. 99461032, 94 Betten, März-Okt.
Camping: La Ville Mauny, Tel. 99469473, 180 Stpl., Ostern-Okt.; Manoir de la Vicomte ***, Tel. 99461259, 60 Stpl., Juli/Aug.; Port Blanc **, Rue du Sergent-Boulanger, Tel. 99461074, 500 Stpl., April-Sept.; Le Prieuré ****, Tel. 99462004, 100 Stpl., April-Okt.
Fahrradvermietung: Duval, 53 r Gardiner, Tel. 99461963, Ostern-Okt.

Etappe 70:
Dinan - Corseul - Pléven - La Poterie - Lamballe - Quessoy - Saint-Brieuc (75 km)

Eine günstige Nebenstraßenverbindung zur bretonischen Nordküste. Sie beginnt in Dinan auf der N176 Rchtg. St.-Brieuc, biegt aber schon 3 km hinter Stadtende bei einem Kreisverkehr rechts ab auf die D794 nach *Corseul*; abseits der Straße liegen einige spärliche Ruinen aus römischer Zeit, beschildert als "Marstempel". Corseul wird durchradelt, und 1 km danach geht es dann nach links auf die D68 über Borseul nach **Pléven**, einem hübschen Dorf nahe einiger Stauseen, in dessen Nähe sich die Ruinen des Schlosses Hunaudaie befinden.
Die Weiterfahrt erfolgt auf der D28 vorbei am Herrenhaus Vaumadeuc und durch ein ausgedehntes Waldgebiet über La Poterie nach Lamballe. Auf diesem Teilstück gibt es nach erfolgtem Aufstieg auf die bewaldete Hochebene fast keine Höhenunterschiede mehr zu bewältigen. **Lamballe** ist eine mittlere Marktstadt mit einigen alten Häusern im Stadtzentrum und ausgedehnten Gestüten in der Nähe.
Information: OTSI, 2 pl du Martray, 22400 Lamballe, Tel. 96310538.
Verkehrsverbindungen: Eisenbahn nach Dinan, Rennes und St.-Brieuc.

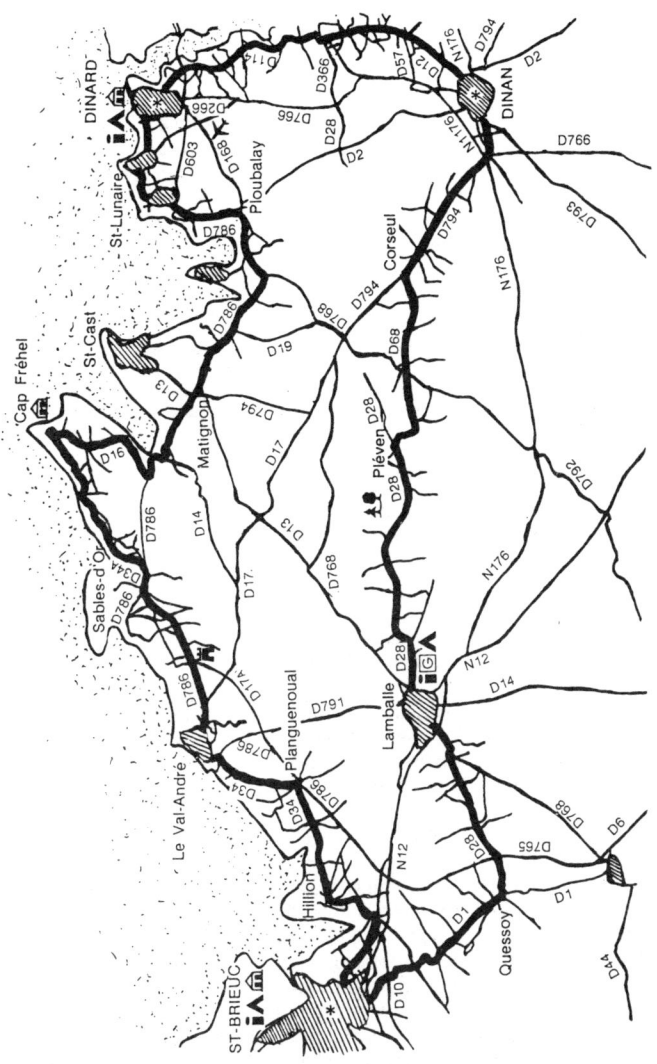

Gîte d'étape: Centre de randonnée équestre, La Poterie, Tel. 96311266, 22 Betten, ganzj., 4 km vor Lamballe an der Strecke.
Camping: St.-Sauveur **, Tel. 96310061, 35 Stpl., in den Sommerferien; außerdem Naturplatz in St.-Aaron (6 km nördl.), Manoir de la Villeneuve, Tel. 96310171, 25 Stpl., Mitte Juni-Mitte Sept.
Fahrradvermietung: beim Bahnhof, Tel. 96310056.

In Lamballe wählen Sie zuerst die D786 Rchtg. Moncontour, von der Sie nach Überquerung der Schnellstraße N12 rechts auf die D28 nach Meslin und Quessoy abbiegen. In diesem Städtchen nehmen Sie die rechts nach St.-Brieuc führende D1; das Etappenende wird durch den Vorort Trégueux erreicht.

Saint-Brieuc, 52000 Einw., Dép. Côtes-du-Nord, hat sich erst im 20. Jh. aus einem eher unscheinbaren Fischerdorf entwickelt. Die Gassen des kleinen Zentrums werden heute vom dichten Verkehr und den umliegenden Neubauvierteln weitgehend erdrückt. Als Ausgangspunkt für die gesamte nördliche Bretagne ist St.-Brieuc dennoch auch radtouristisch bedeutend.
Information: OTSI, 7 r St.-Guéno, 22000 St.-Brieuc, Tel. 96333250.
Verkehrsverbindungen: Eisenbahn nach Brest, Dinan und Rennes; Flugplatz.
Jugendherberge: Manoir de la Ville Guyomard (FUAJ), Les Villages, Tel. 96787070, 76 Betten, ganzj., Fahrradverm.; C.I.S. "Rocher Martin", 15 r du Vieux séminaire, Tel. 96942638, 64 Betten.
Camping: Brezillet, Tel. 96786687, 150 Stpl., ganzj.
Fahrradvermietung: an der JH (s.o.); am Bahnhof, Tel. 96016133.
Waschsalon: im Vorort Robien, an der Strecke von Etappe 80.

Etappe 71:
St.-Brieuc - Hillion - Planguenoual - Le Val-André - Sables-d'Or - Cap Fréhel - Matignon - Ploubalay - St.-Lunaire - Dinard (100 km)

Eine Strecke entlang einiger der schönsten Teile der nordbretonischen Küste; wie bei allen Küstenstrecken ist mit häufigen, teils kurzen Steigungen zu rechnen. Die Etappe führt durch etliche Badeorte, so daß die Versorgung mit Campingplätzen extrem dicht ist; auf eine detaillierte Auflistung wird daher verzichtet.
Die Strecke beginnt in St.-Brieuc auf der Schnellstraße N12 Rchtg. Rennes, biegt davon aber schon am Stadtrand ab, um Sie in den Vorort Langueux zu bringen. Von dort fahren Sie auf einer Nebenstraße parallel zur N12 nach Yffiniac, wo Sie sich links nach Hillion halten. Die D34 dient nun für etwa 15 km als Verbindung über Morieux nach Planguenoual (links halten) und weiter nach **Le Val-André**, einem Seebad mit besonders schönem Strand. Die D786 (Rchtg. St.-Malo) passiert auf dem Weg nach Osten nach etwa 6 km das Schloß *Bianassis*, einen rosa Sandsteinbau mit Parkanlagen (in der Hauptsaison zu besichtigen); kurz danach halten Sie sich halbrechts Rchtg. St.-Malo auf der D34, wenn die D786 links Rchtg. Erquy abzweigt. Nach 4 km kommt die D786 wieder

von der Küste zurück, verliert Sie jedoch als potentiellen Benutzer nach 1 km an die D34/D34A zum **Cap Fréhel**. Diese Landspitze bietet samt der dorthin führenden Straße besonders sehenswerte Ausblicke und Möglichkeit zu ausgedehnten Spaziergängen.

Jugendherberge: Kerivet-La Ville Hardrieux (FUAJ), Tel. 96414898 (Juli/Aug) bzw. 967870707 (JH St.-Brieuc), 40 Betten (zzgl. 40 in Zelten im Sommer), Juni-Aug, sonst nur Gruppen auf Voranmeldung.

Die D16 verläuft vom Cap Fréhel aus über Plévenon zurück zur D786, auf der Sie über Matignon um mehrere Meeresbuchten herum und durch Badeorte wie St.-Briac und St.-Lunaire bis **Dinard** (s. Etappe 69) radeln.

Etappe 72:
Dinard - St.-Malo - Pointe du Grouin - Dol-de-Bretagne - St.-Broladre - Beauvoir - Mont St.-Michel (88 km)

Diese Etappe folgt fast durchgehend der Küstenlinie; sie verbindet etliche touristische Hauptattraktionen miteinander. Sie beginnt in Dinan mit der Fahrt über den Staudamm des Gezeitenkraftwerks nach St.-Servan, wo Sie links nach St.-Malo fahren.

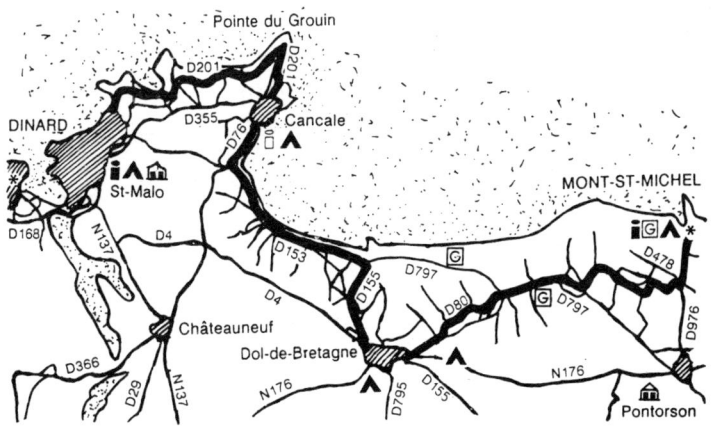

Saint-Malo, 50000 Einw., Dép. Ille-et-Vilaine, war schon vor Jahrhunderten eine mächtige Handels- und Seefahrerstadt und im 17./18. Jh. vor allem Heimathafen der französischen Korsaren, jener Piraten, die ihren (Un-) Taten mit Hilfe von Kaperbriefen einen patriotischen Deckmantel umhängten und in Frankreich bis heute in hohem Ansehen stehen. Es versteht sich von selbst, daß das städtische Museum diesem Thema breiten Raum widmet. Obwohl St.-Malo im Zweiten Weltkrieg völlig zerstört wurde, bietet sich den heutigen Besuchern das Bild einer ungewöhnlich geschlossenen Altstadt: die *Ville Close* vor den Hafenbecken bildet eine sorgfältig wiederaufgebaute Einheit historischer Bauten, umschlossen von massiven Befestigungsmauern. Im Grunde kann man die Altstadt nicht besichtigen, sondern darin spazierengehen; die meisten Gebäude werden in irgendeiner Form touristisch genutzt. Außerhalb der Altstadt existieren noch zwei weitere mächtige Forts. An der Nordostecke der Stadtmauern kann man ein Seewasser-Aquarium besuchen, und an der Straße zum Nachbarort Rothéneuf ist in der Avenue Pasteur ein Puppenmuseum eingerichtet worden. In Rothéneuf kann der Wohnsitz von Jacques Cartier besichtigt werden (Juni-Sept mi-so, Studentenrabatt), des Mannes, der die Kolonisierung Kanadas im 16. Jahrhundert für Frankreich einleitete.

Information: OTSI, Esplanade St-Vincent, 35400 St.-Malo, Tel. 99566448.
Verkehrsverbindungen: Eisenbahn Rchtg. Rennes und Paris; Fähren zu den Kanalinseln und nach Portsmouth, Ausflugsboote nach Dinan und zum Cap Fréhel.
Jugendherberge: CRI, 37 av du R.P. Umbricht (FUAJ-angeschl.), Tel. 99402980, 270 Betten, ganzj;. L'Hermitage (LFAJ-angeschl.), 13 r des Écoles, Paramé, Tel. 99562200, 74 Betten, ganzj., im nordöstl. Vorort.
Camping: La Ville Huchet **, Rte de la Passagère, Tel. 99811183, 150 Stpl., Ostern-Sept.; La Fontaine **, Tel. 99816262, 100 Stpl., Mitte April-Mitte Okt.; Le P'tit Bois ****, Tel. 99814836, 180 Stpl., Mai-Mitte Sept.; 4 kommunale Plätze; etliche Plätze in der Umgebung.
Fahrradvermietung: am Bahnhof, Tel. 99655050; Diazo, 3 bd des Talards, Tel. 99403163; Rouxel, 12 av Jean-Jaurès, Tel. 99561490.
Waschsalon: im Vorort St.-Servan, Ecke Bd Douville/Rue du Chapitre.

Die Weiterfahrt erfolgt auf der D201 durch die Vororte Paramé und Rothéneuf immer an der Küste entlang zur Landspitze **Pointe du Grouin** (Naturschutzgebiet) und im Bogen nach **Cancale**, einem bei Austernfreunden beliebten Urlaubszentrum.

Information: SI, 44 r du Port, 35260 Cancale, Tel. 99896372.
Camping: ein halbes Dutzend Plätze im Ort und in der Nähe.

Auf der D76 erreichen Sie nach weiteren 5 km die D155, die zuerst an der Küste entlang führt, um dann im Bogen vorbei am Mont-Dol nach **Dol-de-Bretagne** zu schwenken, einem Städtchen, das im Mittelalter bretonischer Bischofssitz war. An diese Zeit erinnern die mächtige gotische Kathedrale und ein kleines lokales Museum.

Camping: Les Tendières **, Tel. 99481468, 100 Stpl., Mai-Sept.; Du Vieux-Chêne ****, Baguer-Pican, Tel. 99480955, 150 Stpl., Ostern-Sept.; La Roche, Naturcamping, Mont-Dol, Tel. 99480165, 25 Stpl., Mitte Määrz-Mitte Sept.

Auf der D80 radeln Sie weiter nordostwärts nach St.-Broladre, wo Sie auf die D797 stoßen, der Sie aber nur ca. 5 km weit folgen.

Gîte d'étape: L'Aumône, Cherrueix, Tel. 99489728, 26 Betten, ganzj., 5 km nordwestl. an der Küste; Ancienne École, Saint-Marcan, Tel. 99802322 (Mme Lambert), nahe der D797.

Bei einer Ansammlung von Häusern namens Le Palais nahe Roz-le-Couesnon verlassen Sie die D797 nach links auf eine kleine Nebenstraße, halten sich bei der kurz darauf folgenden Gabelung rechts und fahren immer geradeaus, bis die Straße an einer T-Einmündung endet. Dort biegen Sie links und an der einige hundert Meter danach folgenden Kreuzung rechts ein. Die Straße erreicht das Flüßchen Couesnon und eine rechts hinüber führende Brücke nach Beauvoir (schöner Blick auf den Mont St.-Michel). *Beauvoir* ist die letzte Siedlung vor dem touristischen Hauptanziehungspunkt am Übergang von der Bretagne zur Normandie, der über die D976 nur etwa 4 km entfernt liegt.

Mont Saint-Michel ist der Name einer Felseninsel, deren Bild fast jeden Reiseführer der Region schmückt. Der gesamte Felsen ist seit dem frühen Mittelalter mit sakralen Gemäuern aller Art bebaut, von denen die Abteikirche mit ihrem schlanken Turm schon von weither zu sehen ist. Die Pilger des Mittelalters sind heute vom Massentourismus abgelöst, der den Berg ganzjährig bedrängt. Dennoch ist die Zusammenstellung von Natur und Baukunst so sehenswert, daß man den Mont St.-Michel in keinem Fall links liegen lassen sollte. Wer einigermaßen ruhige Besichtigungen bevorzugt, sollte möglichst in der Nebensaison und außerhalb der Wochenenden kommen; günstig ist auch die Übernachtung in der Nähe und der Besuch des Berges in den frühen Vormittagsstunden (ab 8.30 h ist Zutritt möglich).

Information: OTSI, Corps de Garde des Bourgeois, Tel. 33601430, Feb.-Nov.

Jugendherberge: Centre Duguesclin (FUAJ-angeschl.), R Patton, Pontorson, Tel. 33600018 (Bürgermeisteramt), 50 Betten, Ostern-Dez., einfachstes Haus 10 km südl.; AJ du Mont St.-Michel (LFAJ), R de Normandie, Pleine-Fougères, Tel. 99487569, 70 Betten, ganzj., 12 km südwestl. an Etappe 68.

Gîte d'étape: La Gourmette du Mont St.-Michel, La Grève, Moidrey, Tel. 33602773, 21 Betten, ganzj., abseits der D976 4 km nördlich von Pontorson.

Camping: Mont St.-Michel **, Tel. 33600933, 300 Stpl., Feb.-Okt.; 2 Plätze in Beauvoir, einer in Pontorson und einige auf der Strecke von Etappe 73.

Etappe 73:
Mont St.-Michel - Céaux - Pontaubault - Avranches (24 km)

Diese Strecke ist nicht sonderlich interessant, aber die einzige sinnvolle Möglichkeit zur Umrundung der Bucht zwischen dem Mont St.-Michel und Avranches. Sie beginnt beim Berg auf der von der D976 abzweigenden D275, die auf dem Weg nach *Courtils* die Nummer D75, danach schließlich D43 erhält.

Gîte d'étape: La Guintre, Bas-Courtils, Tel. 33601316 (Elie Lemoine), 19 Betten, ganzj.

Camping: St.-Michel **, Courtils, Tel. 33709690, 100 Stpl., April-Mitte Okt.

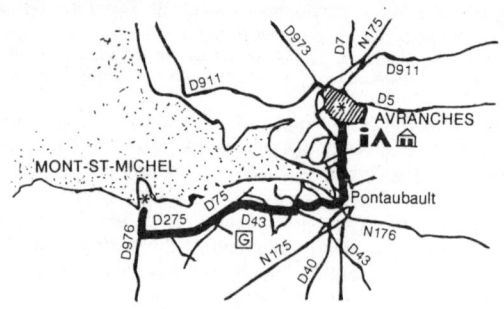

2 km östlich von Courtils biegen Sie links ab nach Ceaux, wo Sie sich rechts halten und auf einer kleinen Nebenstraße (D113/D313) das Dorf *Pontaubault* erreichen. Dort schwenken Sie nach links auf die D43E2, die bei einem der in der Normandie so häufigen Museen des Zweiten Weltkriegs zur N276 führt. Auf dieser vierspurigen Schnellstraße kommen Sie schließlich nach **Avranches** (s. Etappe 44); falls Sie nicht ins Stadtzentrum wollen, können Sie schon nach 1 km wieder links auf die D104 abbiegen, die als Umgehungsstraße um Avranches herumführt, wodurch Sie ggf. direkten Anschluß an Etappe 45 erhalten (z.B. als Zufahrt zur JH Genêts).

Etappe 74:
Montfort - Gaël - Guilliers - Josselin (56 km)

Diese Nebenstraßenetappe durch das bretonische Binnenland beginnt in Montfort auf der D30 über *Iffendic* (Gîte d'étape, s. Etappe 66) nach *Gaël*; kurz darauf wird die Grenze zum Dép. Morbihan überschritten.
Jugendherberge: Choucan-Isaugouët (FUAJ), Choucan-en-Brocéliande, Tel. 97227675, 21 Betten, März-Okt., ca. 11 km südl. von Gaël.
Gîte d'étape: Le Bois de la Roche, Domaine de l'École, Mauron, Tel. 97744214 (Mlle 97744214) bzw. 97744549 (Mme Texier), 20 Betten, ganzj., 5 km südl. von St.-Brieuc-de-Mauron.
Camping: Relais Manche Atlantique **, Gaël, Tel. 99077210, 40 Stpl., Ostern-Mitte Okt.

Die Straße erhält die Nummer D303 und führt geradewegs nach St.-Brieuc-de-Mauron; biegen Sie links in den Ort ein und verlassen ihn auf einer am Ortsende rechts abzweigenden Nebenstraße zur D16 nach Guilliers und weiter nach Josselin; kurz vor der Stadt mündet die D16 in die D793.

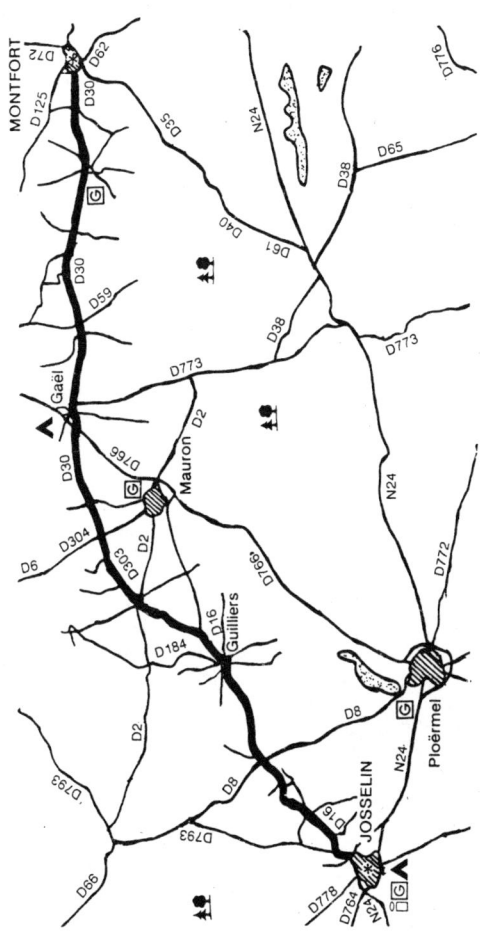

Josselin, 2800 Einw., Dép. Morbihan, ist ein Dorf wie aus dem bretonischen Bilderbuch: eine mittelalterliche Burg auf einer Plattform hoch über dem Tal der Oust (Juni-Anf. Sept. tägl. nachm., Juli/Aug. auch vorm. in der Vorsaison nur mi/so), eine spätgotische Kirche, alles umrahmt von einer großen Zahl alter Häuser des 15.-17. Jh. Auch die nähere Umgebung mit Wäldern und Seen ist äußerst reizvoll.

Information: SI, Pl de la Congrégation, 56120 Josselin, Tel. 97223643.
Gîte d'étape: Écluse, Tel. 97222169 oder 97222417 (Bürgermeisteramt), 17 Betten, ganzj.; Le Clos Hazel, Ploërmel, Tel. 97460632, 24 Betten, ganzj.; 12 km östl.
Camping: Bas de la Lande **, Guegon, Tel. 97222220, 70 Stpl., ganzj., 3 km südl.

Etappe 75:
Josselin - Les Forges - Rohan - Pontivy (38 km)

Diese Etappe bildet den Anfang der Hinwendung vom bretonischen Binnenland zur südwestlichen Küste. Sie verläuft von Josselin durchgehend auf der D778 bis zum Westrand des Waldgebietes von Lanouée bei *Les Forges* auf der D778 (Rchtg. Loudéac).

Camping: Du Cadoret *, Pleugriffet, Tel. 97753127, 50 Stpl., Mitte Juni-Mitte Sept., ca. 6 km südwestlich von Les Forges.

1 km hinter Les Forges schwenkt die Strecke nach links auf die D12, die nach 6 km in die D2 übergeht und über *Rohan* (Gîte d'étape s.u.) geradewegs nach Pontivy verläuft

Pontivy, 14000 Einw., Dép. Morbihan, war im ausgehenden Mittelalter Sitz der Herzöge von Rohan, die auch für die mächtige Burg der Stadt verantwortlich sind (im Sommerhalbjahr zu besichtigen, di/mi geschl.). Der Nordteil des Städtchens stammt größtenteils aus dem 15./16. Jh., während die südlichen Stadtviertel auf Befehl Napoleons ab 1805 errichtet wurden. Damals trug Pontivy den Namen "Napoléonville" und hatte für die Beherrschung der Bretagne strategische Bedeutung.

Information: OTSI, R du Général-de-Gaulle, 56300 Pontivy, Tel. 97250410.
Verkehrsverbindungen: Eisenbahn Rchtg. St.-Brieuc und Vannes.
Jugendherberge: Ile des Récollets (FUAJ), Tel. 97255827, 60 Betten, ganzj.
Gîte d'étape: Chez Maria, Arné, Crédin, Tel. 97389749, 17 Betten, ganzj., 5 km südl. von Rohan; St.-Gouvry, Rohan, Tel. 97515652, 25 Betten, ganzj., 2 km nordwestl. von Rohan.
Camping: bei den GE Credin (6 Stpl.) und St.-Gouvry (65 Stpl.), beide Juni-Sept.; Le Douric **, Pontivy, Tel. 97250951, 23 Stpl., ganzj.; *, Cléguérec, Tel. 97380015, 40 Stpl., Mitte Juni-Mitte Sept., 11 km nordwestl.

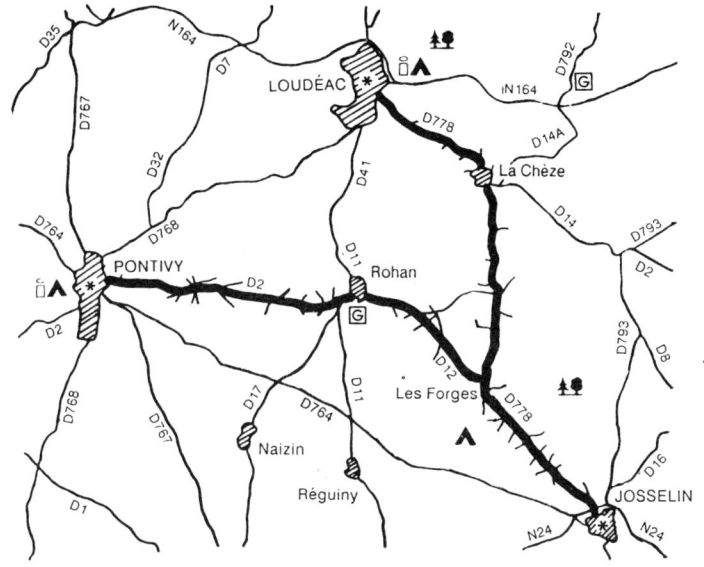

Etappe 76:
Josselin - Les Forges - La Chèze - Loudéac (35 km)

Diese Strecke ermöglicht Anschlüsse sowohl durch das bretonische Binnen-
land als auch zur Nordküste. Sie verläuft - anfangs identisch mit Etappe 75 -
durchgehend auf der D778 bis **Loudéac**, einem Landstädtchen von ca. 11000
Einw., das in Frankreich vor allem wegen der Pferderennen auf der im Süden
gelegenen Rennbahn bekannt ist.
Information: SI, PI du Général-de-Gaulle, 22600 Loudéac, Tel. 96282517.
Verkehrsverbindungen: Eisenbahn Rchtg. St.-Brieuc und Vannes.
Gîte d'étape: Ancienne gare, Pont Quéra, Plémet, Tel. 96256110 (Bürgermeisteramt), 21
Betten, Schlüssel bei Mme Le Goff, Tel. 96256934, 200 m von der Gîte.
Camping: Les Ponts es Bigot **, Tel. 96281492, 75 Stpl., Mitte Juni-Mitte Sept.; La
Rivière **, La Chèze, Tel. 96267099, 21 Stpl., ganzj., 10 km südöstl. an der Etappenfüh-
rung.

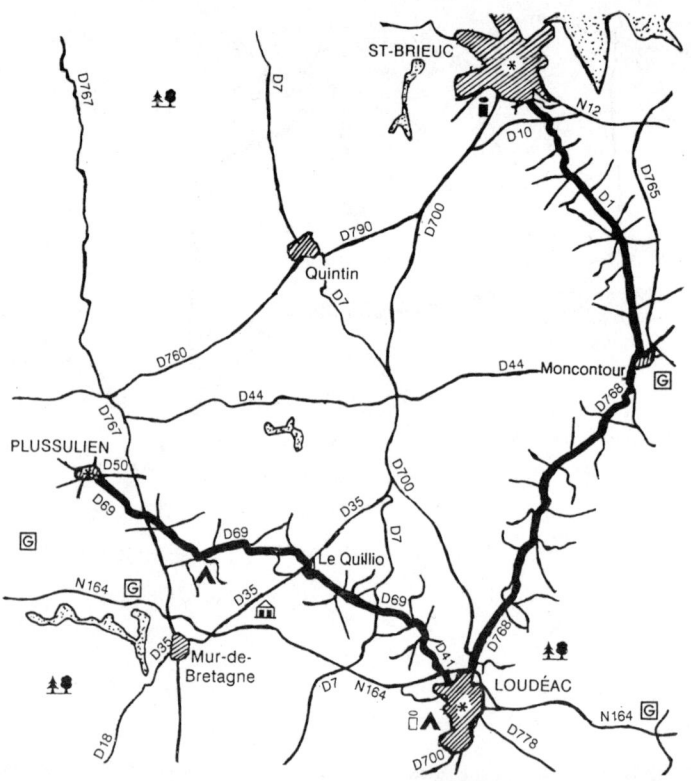

Etappe 77:
Loudéac - Le Quillio - St.-Mayeux - Plussulien (32 km)

Dies ist das erste Teilstück der Strecke zum westbretonischen Etappen-Knotenpunkt Carhaix; Sie können sich dabei ganz auf landschaftliche Genüsse konzentrieren, denn konventionelle touristische Sehenswürdigkeiten gibt es in diesem Teil der Bretagne kaum. Die Etappe beginnt in Loudéac auf der D41 nach Trévé; kurz hinter diesem Ort schwenkt sie links auf die D69 nach St.-Thélo und verläuft geradeaus mit wechselnder Numerierung (D69, D9, D69) über *Le Quillio* (Kreuzung mit der D35) nach *St.-Gilles-Vieux-Marché*. In diesem Dorf (Naturcampingplatz, 30 Stpl.) biegt nicht nur die D69, sondern auch die Etappenführung halbrechts ab nach St.-Mayeux, wo die D69 auf eine halblinks führende Nebenstraße über die D767 hinweg nach **Plussulien** verlassen wird.

Jugendherberge: St.-Guen (FUAJ), Tel. 96285434, 40 Betten, April-Okt., an der D35 zwischen Le Quillio und Mur-de-Bretagne.

Gîte d'étape: Ancienne École, Caurel, Tel. 96285221 (Bürgermeisteramt), 33 Betten, ganzj., 10 km südl. an der N164, Schlüssel bei der Epicerie Dufresne; Terrain des Sports, Laniscat, 20 Betten, ganzj., 6 km südwestl., Schlüssel bei Mme Christiane Coer, Pin Has, Rte de Ste-Tréphine, Tel. 96369463.

Camping: L'Étang **, Corlay, Tel. 96294041, 30 Stpl., Mitte Juni-Mitte Sept., 6 km nördl.

Etappe 78:
Loudéac - Moncontour - Quessoy - St.-Brieuc (46 km)

Diese Etappe führt vom Zentrum der Bretagne direkt zur Nordküste; sie beginnt in Loudéac auf der D700 Rchtg. St.-Brieuc, verläßt die Hauptstraße aber kurz hinter der nördlichen Umgehungsstraße (N164), um nach rechts auf die D768 nach **Moncontour** abzubiegen, einem Wallfahrtsort mit sehenswerter Kirche, bemerkenswert gut erhaltenem alten Stadtbild und einem Schloß auf dem gegenüberliegenden Hügel.

Gîte d'étape: Le Vau Héry, Trédaniel, Tel. 96735576 (M. Depauw), 18 Betten, östl.

Camping: **, Moncontour, 20 Stpl., Mitte Juni-Mitte Sept.

In Moncontour wählen Sie die links abzweigende D1, die in *Quessoy* auf die Führung der Etappe 70 nach **St.-Brieuc** (s. dort) trifft.

Etappe 79:
Saint-Brieuc - Cohiniac - Saint-Gildas - Plésidy - Maël-Pestivien (60 km)

Das erste Teilstück der Verbindungen nach Carhaix bzw. Morlaix (Binnenlandvariante) läßt sich durch einen Abstecher (s.u.) auch mit Etappe 81 kombinieren. Es beginnt in St.-Brieuc unkompliziert auf der schon innerstädtisch gut beschilderten Straße durch das Viertel Robien (Waschsalon, s. Etappe 70) zum Vorort Ploufragan und führt dadurch direkt zur D45. Sobald die Beschilderung Rchtg. St.-Donan beginnt, folgen Sie dieser nach St.-Donan und weiter nach *Cohiniac*. Kurz vor dem Ort kreuzen Sie die D7, biegen im Dorfzentrum links ab und kommen nach 1 km zu einer Kreuzung, an der Sie wieder rechts auf die D45 nach St.-Gildas gelangen. Dort biegen Sie rechts ab auf die D22, der Sie 11 km weit bis *Plésidy* folgen.

Gîte d'étape: La Grande Ile, St.-Bihy, Tel. 96324677, 16 Betten, ganzj., 7 km südl. von St.-Gildas.

Camping: Naturplatz in Plésidy.

Die D22 Rchtg. Bourbriac geht 2 km hinter Plésidy nahtlos in die D5 Rchtg. St. Nicholas-du-Pélem über. Nach weiteren 3 km biegen Sie davon rechts ab auf

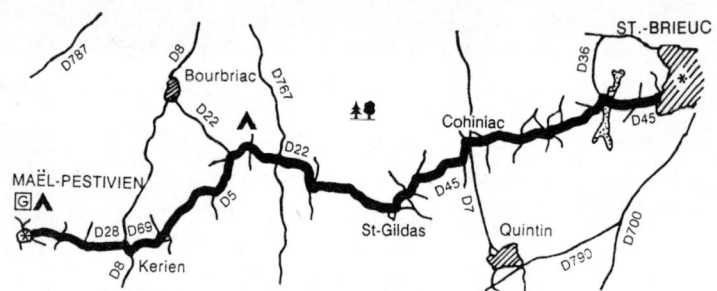

eine unnumerierte Nebenstraße nach Magoar. Ca. 1 km nach dem Verlassen der D5 steht 100 m links der Straße ein einzelner prachtvoller Hinkelstein, wie ihn Obelix nicht schöner in die Landschaft hätte setzen können. Er ist mit einem normalen Ortswegweiser von der Straße aus beschildert ("Le Menhir"), frei zugänglich und mit einer Wiese zum Wildcampen direkt dabei.

In Magoar treffen Sie auf die D69 nach Kerien, wo Sie Gelegenheit zu einem Abstecher über die D8 nach Süden haben, auf der Sie an der Kirche von Le Guiaudet und dem Calvaire von Lanrivain vorbeikommen und schließlich die Schlucht *Gorges de Toul Goulic* durchfahren. Falls Sie geradeaus weiterfahren möchten, erreichen Sie in Plouvénez-Quintin Anschluß an Etappe 81.

Ansonsten müssen Sie in Kerien 100 m weit auf der D8 Rchtg. Bourbriac radeln und dann wieder links abbiegen auf die D28 nach **Maël-Pestivien**. Dieses Dorf, das über eine Kirche mit sehenswerten Fenstern und eine gute Lebensmittelversorgung verfügt, bildet den Gabelpunkt für die Etappen Rchtg. Carhaix bzw. Morlaix. Eine weitere interessante Kirche befindet sich in Bulat-Pestivien, 5 km nördl.

Gîte d'étape: Ferme de Kérauffret, Tel. 96457528, 15 Betten (zusätzl. Platz für Gruppen), ganzj., bei einem Bauernhof 2 km östl. von Maël-Pestivien, von der D28 über beschilderte Zufahrtstraße; Kermin, Pont-Melvez, Tel. 96218210, 26 Betten, ganzj.
Camping: Le Corong **, Bulat-Pestivien, Tel. 96457200, 35 Stpl., ganzj., 5 km nördl.

Etappe 80:
Maël-Pestivien - Locarn - Carhaix-Plouguer (28 km)

Diese Strecke stellt die Verbindung zu einem wichtigen Etappen-Knotenpunkt der zentralen Bretagne her. Sie verläuft durchgehend auf der D20 über **Locarn** (interessante Kirche), überschreitet kurz vor Carhaix die Départementsgrenze und erreicht als D268 das Etappenziel.

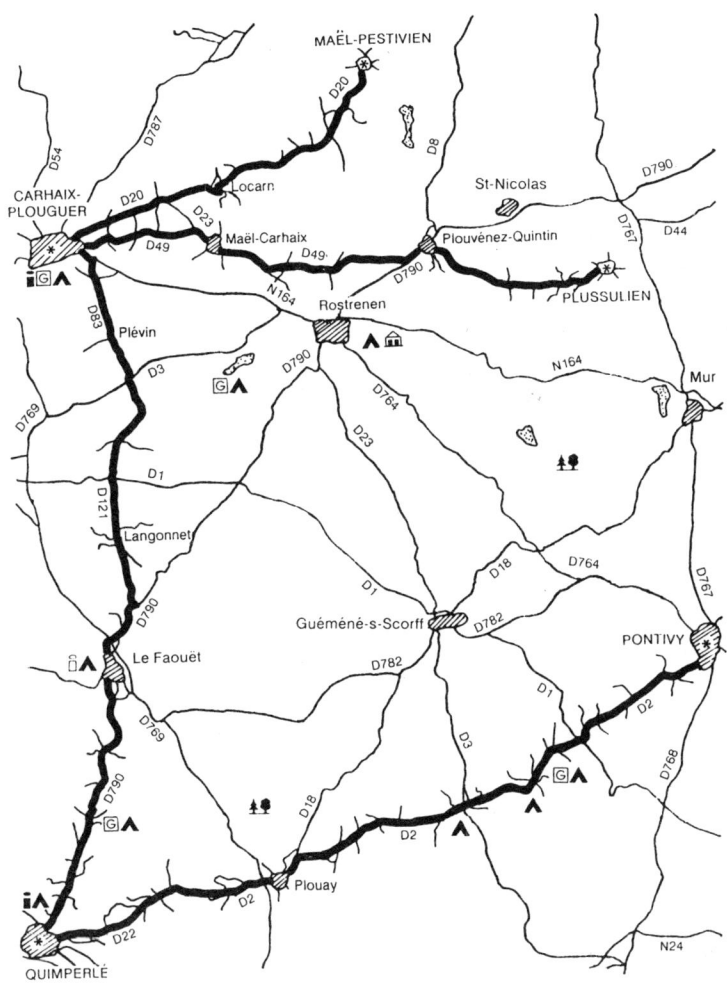

Carhaix-Plouguer, 90000 Einw., Dép. Finistère, liegt in einem Gebiet, das von Erinnerungen an die keltische Vergangenheit der Bretagne geradezu überquillt. Menhire, Kalvarien und Kirchen sind dicht gestreut, und die weitgehend unzerstörte Landschaft der Umgebung trägt ein übriges zum radtouristischen Genuß bei. In der Rue Brizeux im Zentrum finden sich etliche sehenswerte Häuser; eines davon beherbergt die Touristeninformation.

Information: OTSI, 3 rue Briseux, 29270 Carhaix-Plouguer, Tel. 98930442.

Verkehrsverbindungen: Eisenbahn Rchtg. Guincamp.

Gîte d'étape: Ancienne École, Port de Carhaix, Tel. 98931440 (Reserv.), 20 Betten, ganzj., Schlüssel im Ort (5 km südl. von Carhaix) bei Mme. Kergona, Café Priol, Tel. 98995442.

Camping: Municipal, Kerniguez, Carhaix; Le Moulin Vert ***, Cléden-Poher, Tel. 98938205, 45 Stpl, Juni-Aug., 10 km südwestl.

Fahrradvermietung: M. Vaillant, 3 rue des Martyrs, Tel. 98930113; M. Plantec, 9 rue Ferdinand Lancien, Tel. 98930456.

Etappe 81:

Plussulien - Plouvénez-Quintin - Maël-Carhaix - Carhaix-Plouguer (43 km)

Diese Strecke läßt sich über einen Abstecher (s.u.) auch mit Etappe 79 verknüpfen. Sie beginnt in Plussulien auf der D44 Rchtg. Laniscat, verläßt diese aber nach etwa 2 km auf eine rechts abzweigende Nebenstraße nach St.-Igeaux und weiter über Sainte-Tréphine nach *Plouvénez-Quintin*. Dort können Sie ggf. den eingangs erwähnten Abstecher über die D8 in die Schlucht der **Gorges de Toul Goulic** und weiter nach Kerien machen, wo Anschluß an Etappe 79 hergestellt wird.

Jugendherberge: Centre dé vacances de Kermac'h (FUAJ-angeschl.), Plouguernevel, Tel. 96291095, 25 Betten, ganzj., 6 km südl.

Camping: Kermac'h **, Plouguernevel, 29 Stpl., ganzj., s. JH.

Ansonsten biegen Sie in Plouvénez-Quintin links auf die D790 Rchtg. Rostrenen ein, nach 2 km aber wieder rechts ab auf die D49, die hinter Kerdouc'h in die D23 nach Maël-Carhaix mündet. 2 km hinter diesem Städtchen zweigt von der D23 in dem Weiler L'Enseigne links wieder die D49 nach **Carhaix-Plouguer** ab (s. Etappe 80); kurz vor dem Etappenziel wird die Grenze zum Département Finistère überschritten und erhält die Straße die Nummer D166.

Etappe 82:

Carhaix-Plouguer - Plévin - Langonnet - Le Faouët - Quimperlé (57 km)

Diese Nord-Süd-Verbindung zu einem der Etappen-Knotenpunkte der südlichen Bretagne führt am Rand der *Montagnes Noires* entlang und überschreitet gleich dreimal Départementsgrenzen. Die Etappe beginnt in Carhaix auf der N164 Rchtg. Rostrenen, biegt aber unmittelbar vor der Grenze zum Dép.

Côtes-du-Nord rechts ab auf eine Nebenstraße (D83) nach Plévin. Dort oder 4 km später an der D3 haben Sie ggf. Gelegenheit zu einem Abstecher zum Seengebiet bei **Glomel**.

Gîte d'étape: Manoir de St.-Péran, Glomel, Tel. 96296004, 25 Betten, ganzj.
Camping: Mouez ar Raned **, Tel. 96296051, 33 Stpl., Mitte Juni-Mitte Sept.

Ansonsten radeln Sie immer geradeaus weiter über die D3 hinweg, überschreiten die Grenze zum Dép. Morbihan, wo die Straße die Nummer D121 erhält, überqueren die D1 und erreichen das Dorf **Langonnet**, wo an der Abtei ein alter Kapitelsaal (13. Jh.) erhalten ist. Nach weiteren 4 km mündet die D121 in die D790 nach **Le Faouët**, wobei kurz vor diesem Städtchen die als Umgehungsstraße ausgeführte D769 gekreuzt wird.

Le Faouët verfügt über eine reizvolle Umgebung mit hübschen Tälern, etlichen sehenswerten Kirchen in umliegenden Orten und im Zentrum über eine immer noch genutzte Markthalle des 16. Jh. mit Holzdach.

Information: SI, 1 r de Quimper, 56230 Le Faouët, Tel. 97232323.
Camping: Beg-er-Roc'h ***, Tel. 97231511, 65 Stpl., März-Mitte Sept.

Der Rest der Etappe verläuft durchgehend auf der D790 und endet unmittelbar in der Altstadt von Quimperlé. Auf halbem Weg können Sie ggf. einen Abstecher zu den *Roches du Diable* machen, die oberhalb der Elle eine Art Felsenmeer bilden.

Quimperlé, 12000 Einw., Dép. Finistère, entwickelte sich ursprünglich auf einer Art Halbinsel, die von den Flüssen Elle und Isole vor ihrem Zusammenfluß zur Laïta gebildet wird. Die Abtei St.-Croix, die Ursprung der Stadt ist, mit ihrer bollwerkähnlichen Kirche bildet das Zentrum der Altstadt mit ihren Fachwerkhäusern. Außer einem Altstadtbummel ist ein Ausflug in den Wald von Carnoët, der südlich der Stadt an der Laïta liegt, lohnend.

Information: OTSI, Le Bourgneuf, 29130 Quimperlé, Tel. 98960432.
Verkehrsverbindungen: Eisenbahnstrecke Quimper-Vannes.
Gîte d'étape: Locunolé, Tel. 98063169 (Fam. Primas), 26 Betten, ganzj., 10 km nordöstl. nahe den Roches du Diable.
Camping: Kerbertrand **, Tel. 98393130, 45 Stpl., Mitte Juni-Mitte Sept.; etliche Plätze an der D24/D224 zwischen Pont-Aven und Guidel; außerdem in Locunolé (s.o.), Ty Nadan ****, Tel. 98717547, 200 Stpl., ganzj.

Etappe 83:
Pontivy - Plouay - Quimperlé (54 km)

Eine fast geradlinige Strecke über größtenteils schön gelegene Straßen, die durchgehend bis zur Départementsgrenze auf der D2 verläuft.

Gîte d'étape: Ancien Presbytère, Bieuzy-les-Eaux, Tel. 97395580, 17 Betten, ganzj., 15 km südwestl. von Pontivy 2 km abseits der Strecke; Village de Poul Fétan, Quistinic, Tel. 97397108 (Bürgermeisteramt), 27 Betten, ganzj., 8 km südl. von Bubry, Schlüssel bei M. Le

Gleuher, R Kernavevant, Tel. 97397269.
Camping: La Couarde **, Bieuzy-les-Eaux, Tel. 97518307, 150 Stpl., Mitte Juni-Mitte Sept.; Kerstraquel **, Melrand, Tel. 97395753, 13 Stpl., Juni-Sept.; Kerscaven *, Bubry, Tel. 97517007, 100 Stpl., Mitte Juni-Mitte Sept.

Hinter Plouay kreuzen Sie zuerst die D769, danach die Grenze zum Dép. Finistère und erreichen auf der D22 schließlich **Quimperlé** (s. Etappe 82); kurz vor der Stadtgrenze stoßen Sie auf die D765/D62 aus Rchtg. Lorient.

Etappe 84:
Maël-Pestivien - Callac - Plougonven - Morlaix (54 km)

Diese Etappe gibt Gelegenheit zur Besichtigung eines besonders interessanten *enclos paroissial*. Sie verläuft durchgehend auf der D28/D9; zuerst geht's vorbei am Forst von Duault (viele Menhire) über St.-Servais nach **Callac**, einem Städtchen, das Zentrum eines großen Forellenzuchtgebietes ist (fast 200 Teiche in der Umgebung). Kurz vor Callac wird noch die D787 gekreuzt.
Information: SI, Mairie, 22160 Callac, Tel. 96455019.
Verkehrsverbindungen: Eisenbahn nach Carhaix und Guincamp.
Camping: Verte Vallée **, Tel. 96455850, 60 Stpl., Mitte Juni-Mitte Sept.

Die D28/D9 erreicht nach weiteren knapp 30 km in **Plougonven** den Standort des dortigen bretonischen Pfarrbezirks. Der Enclos von Plougonven ist vollständig erhalten und umfaßt dementsprechend nicht nur eine Kirche, einen Calvaire und eine Kapelle, sondern auch noch ein Beinhaus. Die Pfarrgemeinden der Region um Morlaix wetteiferten im 17. Jh. darin, die prachtvollsten Pfarrbezirke zu bauen; die erhaltenen Enclos zeugen heute noch davon, daß an manchen Orten beträchtlicher Wohlstand herrschte. In Plougonven ist die Kirche von außen deutlich prächtiger als der Innenraum, bei dem sich heutige finanzielle Nöte der Gemeinde zeigen. Der Calvaire hingegen ist mit Abstand der originellste und besterhaltene der Gegend; die bäuerlich-humorvolle Figurendarstellung des unverwitterten Granit ist besonders sehenswert.
Gîte d'étape: Troyellou, Plougonven, Tel. 98786801, 20 Betten, ganzj., nördl. des Dorfes von der D9 aus beschildert; Club hippique de Kerret, Guerlesquin, Tel. 98728058 bzw. 98728179 (Bürgermeisteramt), 22 Betten, ganzj., 12 km östl. von Plougonven und 2 km südl. von Guerlesquin.

Nach weiteren 12 km Fahrt auf der D9 erreichen Sie das Etappenziel.

Morlaix, 20000 Einw., Dép. Finistère, liegt am Ende des tiefen Meereseinschnitts in die bretonische Halbinsel. Die Vergangenheit als Hafenstadt wird heute nur noch von den Segelyachten fortgeführt. Das Zentrum wird von einem großen Eisenbahn-Viadukt überragt. Im Altstadtviertel Saint-Mathieu gibt es eine große Zahl alter Häuser mit Holzverzierungen und Schieferdächern; Renommierstück ist das Haus der Königin Anne. Das städtische Museum ist in der ehemaligen Jakobinerkirche untergebracht (di geschl.).

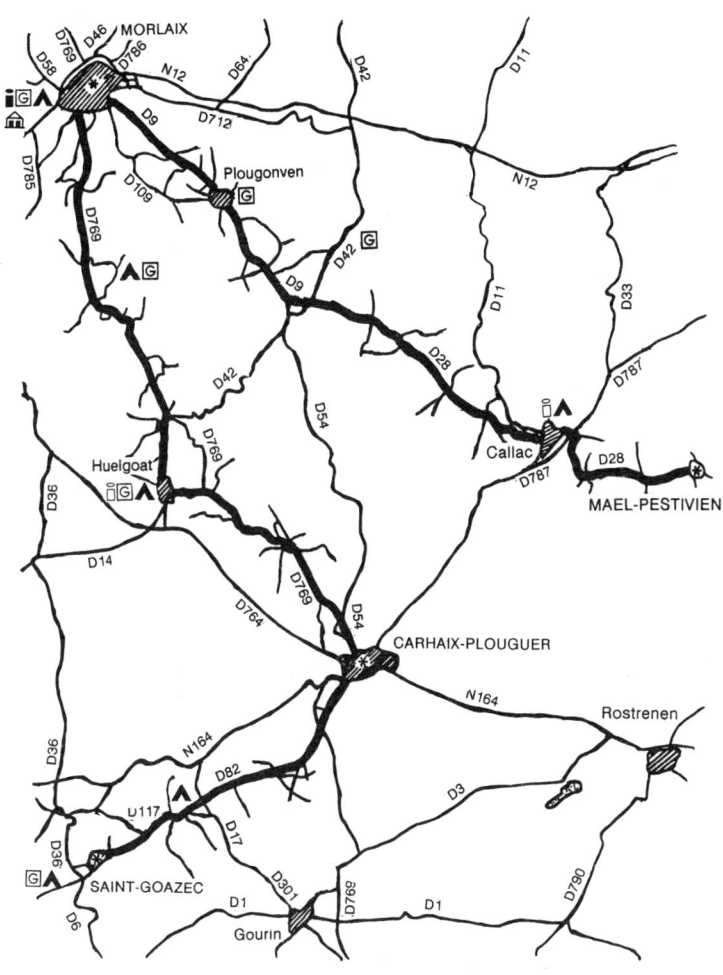

Information: OTSI, Pl des Otages, BP 135, 29600 Morlaix, Tel. 98621494.
Verkehrsverbindungen: Eisenbahnhauptstrecke Brest-St.-Brieuc; Flugplatz Ploujean 4 km nordöstl. (Flüge kleinerer Gesellschaften auch nach England und Irland).
Jugendherberge: 3 rte de Paris (FUAJ), Tel. 98881363, 57 Betten, ganzj., ca. 1 km vom Zentrum an der Straße Rchtg. St.-Brieuc, Anmeldung 18-22 h, Zugang zum Fahrradschuppen über Gasse hinter dem Haus jederzeit möglich.
Gîte d'étape: Centre de randonnée, Garlan, Tel. 98791348 (Bürgermeisteramt), 23 Betten, ganzj., 6 km nordöstl.; 28 rte Nationale, Penzé, Taulé, Tel. 98671374, 36 Betten, ganzj., 10 km nordwestl. am Südufer der Penzé, Schlüssel bei Mme Herry im Tabakladen bei der Gîte.
Camping: La Vierge Noire *, Ploujean, Tel. 98883896, 33 Stpl., Juni-Aug., leider direkt an der N12; viele Plätze in den nördlich gelegenen Küstenorten.
Fahrradvermietung: am Bahnhof, Tel. 98880643.

Etappe 85:
Carhaix-Plouguer - Huelgoat - Morlaix (51 km)

Diese Strecke durch die Monts d'Arrée ist landschaftlich besonders beeindruckend. Sie beginnt in Carhaix auf der D54, die nordwärts aus der Stadt heraus und am Dorf Plounévézel vorbei führt. Wenn sich die Straße gabelt und die D54 rechts Rchtg. Croissant-Marie-Jaffré schwenkt, halten Sie sich halblinks und kommen dadurch zur D769, die durch Poullalouen und Locmaria-Berrien zu einer Gabelung kommt, an der Sie die Qual der Wahl haben: halbrechts geht es (kürzer) durch ein bemerkenswertes Fels- und Waldgebiet, halblinks kommen Sie zuerst nach **Huelgoat**, einem sehr schön zwischen einem großen Teich und dem Waldgebiet gelegenen Dorf.

Information: SI, 14 pl A.-Briand, 29690 Huelgoat, Tel. 98997232.
Gîte d'étape: Ancienne École, Locmarie-Berrien, Tel. 98997309 (Bürgermeisteramt), 24 Betten, ganzj., Schlüssel bei Mme Morvan, Tel. 98997374; Locqueffret, 22 Betten, einfach ausgestattet, ganzj., 7 km südwestl. von Huelgoat an der D14, Reservierung erforderl. unter Tel. 98810027; Créac'h Ménory, Le Cloître-St.-Thégonnec, Tel. 98797078 (Fam. Prouff), 26 Betten, 5 km östl. der weiteren Streckenführung.
Camping: Du Lac **, Tel. 98997880, 100 Stpl., ganzj.; La Rivière d'Argent **, Tel. 98997250, 84 Stpl., Mitte Juni-Anf. Sept.; Les Bruyères *, Le Cloître-St.-Thégonnec, Tel. 98797176, 15 Stpl., Juli-Sept., von einer Engländerin betriebener, naturbelassener Platz, ca. 3 km östl. der weiteren Streckenführung.

Von Huelgoat aus verläuft die D14 nordwärts nach Berrien, wo wieder die D769 erreicht wird. Über die Montagne d'Arrée führt diese Straße auf besonders schöner Strecke geradewegs nach **Morlaix** (s. Etappe 84).

Etappe 86:
Carhaix-Plouguer - Saint-Goazec (24 km)

Am Rand der *Montagnes Noires* entlang verläuft diese Etappe auf landschaftlich attraktiver Strecke. Sie beginnt in Carhaix auf der D82, die am südlichen Ortsrand von der Umgehungsstraße N164 abzweigt. Bei Port-de-Carhaix kreuzt die Nebenstraße die D769 und führt geradeaus vorbei am höchsten Gipfel der Montagnes Noires, dem Roc de Toullaeron, bis **Spézet**. Bei diesem Dorf, das über einen kleinen Natur-Campingplatz (Mitte Juni-Mitte Sept.) verfügt, steht die sehenswerte Kapelle *N.-D. du Crann*.

In Spézet biegen Sie am Ortsende rechts ab auf die D117 Richtung Châteauneuf, verlassen diese Straße aber nach 2 km im Weiler Kerfranc geradeaus auf eine Nebenstraße nach **Saint-Goazec**, wo unmittelbarer Anschluß an Etappe 87 besteht.

Gîte d'étape: Grande Rue, Laz, Tel. 98268003 (Mme Le Moal, 21 Grande Rue) bzw. 98268321 (Bürgermeisteramt), 24 Betten, 5 km südwestl.; Centre ULAMIR, St.-Thois, Tel. 98732076 (M. Dominique Riquier), 40 Betten, 10 km westl.

Camping: Goaker **, Tel. 98268334, 70 Stpl., Mitte Juni-Mitte Sept.

Etappe 87:
Morlaix - Saint-Thégonnec - Guimiliau - Sizun (33 km)

Diese Etappe berührt auf attraktiven Nebenstraßen einige der interessantesten Punkte in Finistère; sie beginnt in Morlaix entsprechend der Beschilderung Rchtg. Carhaix (D769), zweigt aber noch im Stadtgebiet davon rechts ab auf die D712 (teilweise noch alte Beschilderung N12 vorhanden), auf der Sie immer geradeaus über die D785 hinweg nach **Saint-Thégonnec** fahren. Im Dorfzentrum befindet sich ein Enclos Paroissial mit Calvaire und einer großen und (über)reich ausgestatteten Kirche.

(Falls Sie an diesem Ort und an Guimiliau nicht interessiert sind, können Sie schon vorher links auf die D18 entsprechend der Beschilderung Rchtg. Sizun abbiegen.)

Wenn Sie westwärts aus dem Ort weiterfahren, kommen Sie erneut zur D712, die als nördliche Ortsumgehung ausgebaut ist. Nach 500 m, unmittelbar vor einer längeren Steigung, biegen Sie links auf die unbeschilderte D231 (schräg gegenüber geht die beschilderte D131 nach Guiclan ab) ein, die eine günstige und schön geführte Umgehung der steilen Bergkuppe darstellt und unmittelbar vor dem Ortsanfang von Kermat zur D712 zurückführt. In Kermat wählen Sie die links abzweigende D31 nach **Guimiliau**, wo Sie mit einiger Wahrscheinlichkeit die Bustouristen von St.-Thégonnec wiedersehen, denn hier existiert ein weiterer Enclos Paroissial, in diesem Fall mit einem pompösen Calvaire und einer bescheidenen, renovierungsbedürftigen Kirche.

Nach dem Besuch des Enclos kehren Sie zurück zur D31 und folgen dieser südwärts nach Croix Rouge, wo Sie rechts in die D18 Rchtg. Sizun abbiegen. Nach 5 km mündet die D18 in die D764 nach **Sizun**, einem weiteren Punkt der Enclos-Tournee: der Zugang zu dem mittelgroßen Calvaire erfolgt durch übertrieben bombastische Tore. In Sizun haben Sie Anschluß an die Etappen 88 und 95.

Camping: Gollen **, Tel. 98688013, 29 Stpl., Mitte April-Sept.

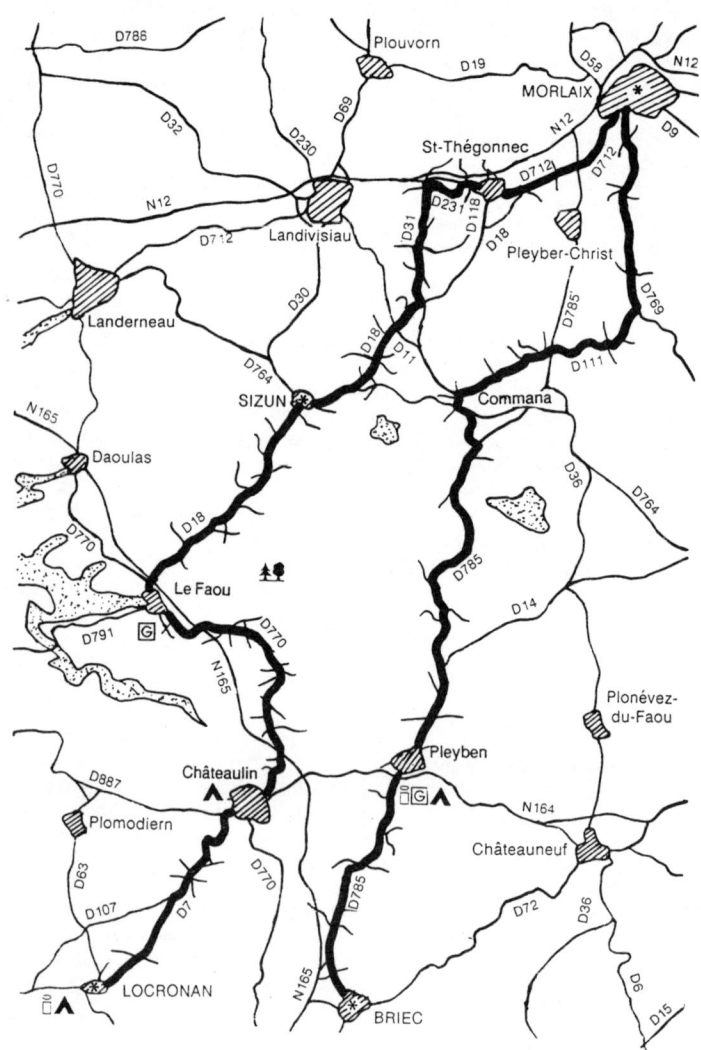

Etappe 88:
Sizun - Le Faou - Châteaulin - Locronan (54 km)

Diese Strecke beginnt in Sizun auf der D18 nach *Le Faou*, eine Straße am Rand der Monts d'Arrée, die von Wandererunterkünften geradezu gesäumt ist.
Gîte d'étape: Coat Forest, Hanvec, Tel. 98219104, 30 Betten, ganzj., 5 km nordöstl. von Le Faou; R du Général de Gaulle, Le Faou, Tel. 98819044 (Bürgermeisteramt), Schlüssel in der Crêperie Mlle Legal, Tel. 98819620, 10 Betten, ganzj.; La Forêt, Rosnoën, Tel. 98810027 (Fam. Raoulas), 2 Häuser à 25 Betten, südl. von Le Faou.
In Le Faou treffen Sie auf die D770, die frühere Hauptstraße Rchtg. Quimper, die heute von der mehrspurigen Schnellstraße N165 entlastet wird. Diese Straße verläuft unter zweimaligem Kreuzen der N165 zuerst hinauf nach Quimerch, dann im Bogen über Pont-de-Buis wieder hinab nach **Châteaulin**, einem Städtchen von etwa 6000 Einw., das über eine sehenswerte Kirche (auf dem Berg oberhalb des Ortes) nebst Calvaire und Beinhaus verfügt.
Camping: Rodaven **, Tel. 98863293, 75 Stpl., Mitte Juni-Mitte Sept.
Anschließend geht es wieder bergauf, und zwar auf der D7 über Cast nach **Locronan**. Dieses Dorf weist zwei touristische Attraktionen auf, und zwar zum einen die Wallfahrt im Juli, die alle 6 Jahre zu einem Riesenspektakel ausgebaut wird (nächster Termin: 1995), zum anderen der restaurierte Dorfkern mit Kirche, Kapelle und granitenen Renaissance-Häusern. Die historisierenden Bemühungen sind so weit gegangen, daß sogar die Durchgangsstraße im Zentrum wieder mit Kopfsteinpflaster versehen wurde...
Information: SI, Pl de la Mairie, 29180 Locronan, Tel. 98917014.
Camping: Municipal **, Tel. 98918776, 155 Stdpl., Juni-Sept.

Etappe 89:
Morlaix - Le Plessis - Commana - Pleyben - Briec (70 km)

Diese Strecke ist der erste Teil der Direktverbindung in den Südwesten der Bretagne. Sie beginnt in Morlaix in Umkehrung der Etappe 85 auf der D769 Rchtg. Huelgoat und verläßt diese im Weiler Le Plessis nach 15 km auf die D111 nach Plounéour-Ménez. Größtenteils in Sichtweite des Berges *Roc Trévezel* führt die Straße in die Monts d'Arrée und kreuzt die D785. Hinter Plonéour verlassen Sie die D111 auf eine links abzweigende Nebenstraße nach *Commana*, wo es einen gut erhaltenen Calvaire gibt. Im 1 km südlich gelegenen Weiler Mougau existiert ein 14 m langer Dolmen mit Felszeichnungsresten.
Gîte d'étape: Pl de l'Église, Tel. 98789068, 36 Betten, ganzj.; außerdem angekündigt in Mougau, Auskunft über Tel. 98219069.
In Commana wenden Sie sich auf der D764 (Rchtg. Huelgoat) kurzfristig gen Osten, biegen aber nach 2 km wieder rechts ab auf die D11 zur D785. Diese Straße führt durch die abgeschiedensten Teile des Armorikanischen Regionalparks südwärts, u.a. vorbei am Montage St. Michel und einem Stausee, der angelegt wurde, um das am anderen Seeufer gelegene Atomkraftwerk mit Kühlwasser zu versorgen.

Die D785 bringt Sie schließlich wieder aus den Bergen hinab nach **Pleyben**, einem Städtchen von etwa 4000 Einw., das wegen seines guterhaltenen Enclos Paroissial berühmt ist.

Information: SI, PI Ch.-de-Gaulle, 29190 Pleyben, Tel. 98266811.
Gîte d'étape: Ancienne École, St.-Thois, Tel. 98732076, 20 Betten, ganzj., im Tal der Aulne 10 km südöstl. von Pleyben.
Camping: Pont Coblant **, Tel. 98733122, 100 Stpl., Mitte Mai-Mitte Sept., 4 km südl. an der weiteren Streckenführung.

Die D785 bringt Sie weiter nach Süden nach **Briec**, wo direkter Anschluß an Etappe 90 besteht.

Etappe 90:
Briec - Quimper (14 km)

In nahtloser Fortsetzung von Etappe 89 radeln Sie auf der D785 Rchtg. Quimper, die nach 10 km in die D770 zum Etappenziel mündet; im Stadtgebiet ist diese Straße mit der alten Streckenführung der N165 identisch, so daß ggf. noch entsprechende Beschilderung vorhanden ist.

> **Quimper**, 60000 Einw., Hauptstadt des Dép. Finistère, liegt im Südwesten der Bretagne an einer Stelle, an der das Flüßchen Odet zu beträchtlicher Breite anschwillt und auf den wenigen Kilometern bis zum Meer fast Seenformat erreicht (Bootsausflüge möglich). Das auf dem Nordufer der Odet gelegene Stadtzentrum besteht zum Teil aus einem Altstadtkern, der sich um den Dom herum erstreckt und erfreulich untouristisch genutzt wird. Im benachbarten ehemaligen Bischofspalast ist das Regionalmuseum untergebracht (im Sommer tägl. geöffn., sonst di geschl.); außerdem gibt es noch ein Kunstmuseum und ein Fayencen-Museum. Alljährlich Ende Juli findet in Quimper ein keltisches Festival der Region "Cornouaille" (s. Etappe 93) statt.
>
> **Information:** OTSI, R Amiral-de-La-Grandière, Halles St.-François, 29000 Quimper, Tel. 98950469, im 1. Stock, im Sommer auch sonntagvorm.
> **Verkehrsverbindungen:** Eisenbahn Rchtg. Vannes und Brest; Flugplatz Pluguffan 6 km südwestl.; Schnellboote auf der Odet-Mündung.
> **Studentenwerk:** Service des Oeuvres universitaires et scolaires, 4 r de l'Université, Tel. 98906118, 1 Wohnheim (Aug.-Ende Sept. geschl.).
> **Jugendherberge:** 6 av des Oiseaux (FUAJ), Tel. 98554167, 60 Betten, ganzj., etwa 2 km nordwestl. des Zentrums beim Campingplatz, ganztägig zugängl., Anmeldung ab 18 h, Infos über JH Brest.
> **Gîte d'étape:** Kervreyen, Ergue-Gabaric, Tel. 98595552 (Mme Joséphine Huitric), 20 Betten, 6 km östl.
> **Camping:** Orangerie de Lanniron ****, Tel. 98906202, 100 Stpl., Mai-Mitte Sept., an der Straße Rchtg. Bénodet; Bois du Séminaire **, 74 Stpl., bei der JH.
> **Fahrradvermietung:** beim Bahnhof, Tel. 98902314; Société Love, 74 rte de Brest, Tel. 98951696.
> **Waschsalon:** Lav' Seul, 9 rue de Locronan.

Etappe 91:
Saint-Goazec - Trégourez - Langolen - Quimper (36 km)

Diese Strecke durch die Randgebiete der Montagnes Noires verläuft überwiegend auf kleinen Nebenstraßen. Sie beginnt in St.-Goazec auf der Nebenstraße Rchtg. Laz, biegt aber an der Kreuzung zur D36 links ein in die D6 (Rchtg. Scaer) durch den Wald von Laz. Nach 5 km wählen Sie an einer Kreuzung vor der Überquerung des Flusses Odet die rechts abzweigende Straße, die Sie zur D51 nach **Trégourez** bringt. In diesem Dorf kreuzen Sie leicht nach links versetzt die D36 und radeln geradeaus weiter auf der D51 vorbei an *Langolen* (kleiner ganzj. Campingplatz), überqueren die Odet (steile Hänge auf beiden Seiten) und treffen in La Croix-St.-André auf die D15 nach **Quimper** (s. Etappe 90).

Etappe 92:
Locronan - Quimper (17 km)

In Locronan biegen Sie auf die D63 Rchtg. Quimper ab. Sie passieren auf dieser Straße zuerst das Dorf Plogonnec und kommen dann zu einer Abzweigung nach Le Croëzou, an der Sie die Hauptstraße (ab hier D39) verlassen und auf der D63 weiterfahren. Diese Nebenstrecke führt in einer schönen langen Abfahrt hinab ins Tal der Steir und nach **Quimper** (s. Etappe 90). Zur Orientierung innerhalb des Stadtgebietes sind die an den Bushaltestellen aufgehängten Stadtpläne sehr nützlich!
(*In Gegenrichtung* führt die Rue de la Providence zur D63).

183

Etappe 93:
Quimper - Plonéour-Lanvern - Plozévet - Audierne - Lescoff - Douarnenez - Locronan (112 km)

Eine Rundfahrt durch die französische Variante des britischen Cornwall: Cornouaille ist im Grunde das gleiche Wort, beruht auf der gleichen keltischen Vergangenheit. Die Halbinsel ist vor allem wegen ihrer wildromantischen Küsten bekannt; kaum ein Bildband über die Bretagne verzichtet darauf, die berühmtesten Klippen und die zerfurchtesten Buchten darzustellen.

Die Etappe beginnt in Quimper auf der Hauptstraße D785 Rchtg. Pont-l'Abbé, zweigt aber nach 7 km davon rechts ab auf die D156 nach **Plonéour-Lanvern**. Dieses Dorf ist von sehenswerten Kirchen und Kapellen umgeben; auf dem Weg dorthin sind bereits in Lanvern und *Languivoa* zwei derartige Bauwerke zu erwähnen, ein Abstecher nach *Tréguennec* (5 km westl. von Plonéour) bringt Sie zu einem weiteren Exemplar, und an der folgenden Streckenführung (D2) haben Sie in *Tréogat* und (etwas abseits) in *Peumérit* und *Languidou* zusätzlich Gelegenheit, klerikale Bauten aufzusuchen. Wundern Sie sich nicht, wenn Sie bei dieser Kirchentournee einige alte Frauen mit hohen weißen Hauben sehen: das **Bigouden**, wie dieses Gebiet genannt wird, ist ein traditionsverbundener Flecken Erde, wie er auch in der Bretagne nur selten anzutreffen ist.

Camping: Mariano , Tel. 98877480, 45 Stpl., Mitte Juni-Mitte Sept.; Naturterrain Lestregueoc, Tel. 98876246, 25 Stpl., ganzj.; beide in Plonéour-Lanvern.

In *Pouldreuzic* verlassen Sie die D2 nach links auf die D40 hinunter nach Penhors und folgen nun der schönen Küstenlinie nordwestwärts (bei Plozévet 3 Campingpl.), bis die Nebenstraße hinauf nach *Plouhinec* (Camping) klettert und dort auf die D784 nach **Audierne** stößt, einer Hafenstadt (3 Campingpl.) mit Schiffsverkehr zur *Ile de Sein*, die am Hafen in einem ehemaligen Bauernhaus (La Chaumière) über ein interessantes Regionalmuseum verfügt (nur im Sommer geöffn.).

Die D784 verläuft weiter westwärts Rchtg. **Pointe du Raz**, der äußersten Spitze des Cap Sizun, eines Naturschauspiels aus Klippen und tosender Gischt, das leider von ungeheuren Touristenmassen heimgesucht wird, denen für ihr Interesse Eintrittsgebühren abgeknöpft werden. Empfehlenswert ist deshalb, statt der Pointe du Raz die kaum weniger spektakulären, aber noch nicht derart vermarkteten Klippen der **Pointe du Van** zu besuchen, die 4 km nördlich über die D7 zu erreichen sind. Die gleiche (von etlichen Campingplätzen gesäumte) Straße ist anschließend die Verbindung entlang der Nordküste der Halbinsel über Beuzec und Poullan nach Douarnenez.

Douarnenez, 18000 Einw., Dép. Finistère, ist eine bedeutende Hafenstadt und durch Eingemeindungen mittlerweile auch mit beliebten Seebädern angereichert geworden. Die Nähe des Touristenmagneten Locronan und anderer Wallfahrtsorte sowie die Verkehrsanbindung via Quimper tragen eben-

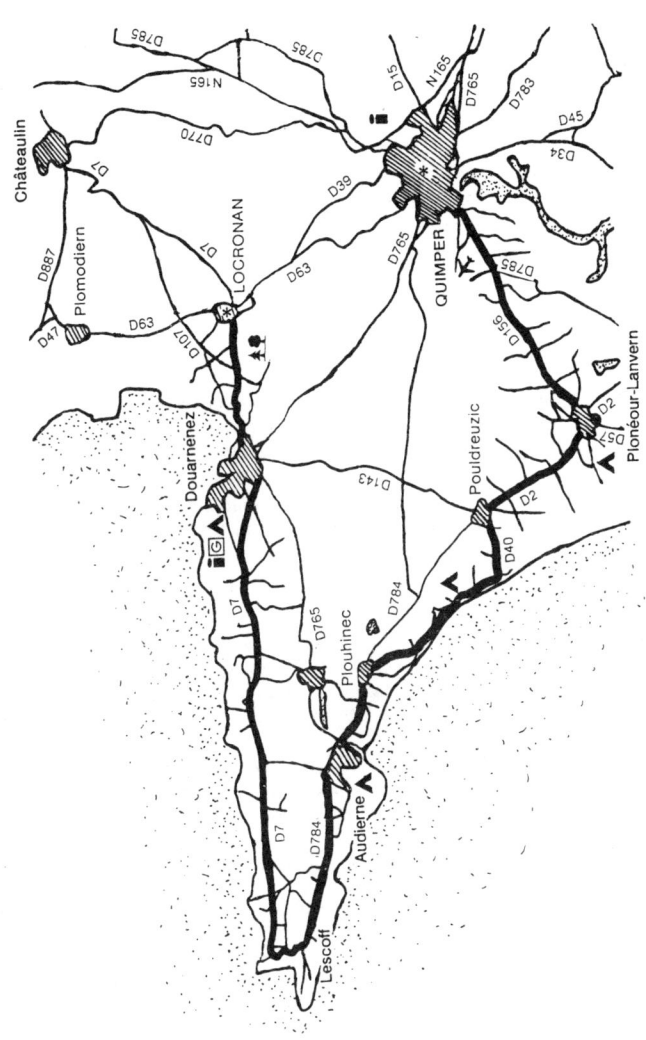

Auch wenn Sie nicht unbedingt Freund von Fassadentourismus in museal konservierten Städtchen sind, sollten Sie den Weg nach **Locronan** (s. Etappe 88) nicht aussparen. Bleiben Sie also noch auf der D7 (ca. 200 Höhenmetern!), sofern Sie nicht Etappe 94 nahtlos und unter Vermeidung des Anstieges anschließen möchten (abkürzende Querverbindung: D107 nach Plonévez-Porzay).

Etappe 94:
Locronan - Plomodiern - Saint-Nic - Le Fret (- Fähre - Brest) (43 km)

Diese Etappe über die Halbinsel Crozon nutzt eine Schiffsverbindung über die Rade de Brest. Wählen Sie in Locronan die D63, die über Plonévez-Porzay nach **Plomodiern** führt. Falls Ihr Interesse an Wallfahrtsorten noch nicht gestillt ist, können Sie einen Abstecher zur Küste nach *Sainte-Anne-de-Palud* machen, wo am letzten Augustsonntag einer der berühmtesten "Pardons" der Bretagne stattfindet. Außerdem ist die Küste zwischen Douarnenez und Pentrez-Plage (nordwestl. von Plomodiern) mit über 15 Campingplätzen bestückt.
Gîte d'étape: Polébret Plage, Tel. 98265014 (Fam. Kervella), 20 Betten, ganzj., zwischen Plomodiern und St.-Côme an der Küste, von der D63 aus beschildert.

Falls Sie den nördlich von Plomodiern gelegenen Gipfel von Menez-Hom besuchen möchten (lohnender Blick), so sollten Sie das besser als Ausflug im Rahmen eines mehrtägigen Aufenthaltes auf der Halbinsel tun; der steile Weg auf den Berg ist im Rahmen einer Reise-Etappe nicht in angemessener Zeit zu schaffen.
Die Strecke führt deshalb von Plomodiern aus über die Nebenstraße D63 über St.-Nic nordwestwärts, wobei sich einige schöne Ausblicke auf die Bucht von Douarnenez ergeben. Nach etwa 12 km mündet die D63 in die D887, der Sie nach links 10 km weit folgen.
Gîte d'étape: Centre Nautique de Trez Bellec, Telgruc-sur-Mer, im Aufbau.

Dann verlassen Sie an einer etwas versetzt angeordneten Straßenkreuzung die Hauptstraße wieder auf die geradeaus weiterführende D63 nach *Lanvéoc* (zwei Campingpl.), von wo die D55 Sie nach **Le Fret** bringt.
Jugendherberge: A.J. de l'Iroise (LFAJ), Rte de Toulinget, Camaret-sur-Mer, Tel. 98278795 & 98279824, 18 Betten, Mitte Juni-Sept., 7 km westl.
Gîte d'étape (bei *Crozon*, dem Hauptort der Halbinsel): Larial, Tel. 98276230 (Fam. Lebreton), 35 Betten; St.-Hernot, Tel. 98271500 (Restaurant Mme Le Guillou), 22 Betten.

In Le Fret existieren Schiffsverbindungen zweier konkurrierender Gesellschaften über die Rade de Brest, die fast gleichzeitig und zu etwa identischen Konditionen mit jeweils etwa 3 Überfahrten tägl. Mensch und Rad nach Brest transportieren.

Brest, 160000 Einw., Dép. Finistère, ist bereits seit einigen hundert Jahren ein wichtiger Handels- und Kriegshafen. Im Zweiten Weltkrieg gab es hier einen deutschen U-Boot-Stützpunkt, was Brest ein sechswöchiges Bombardement durch die Alliierten bescherte. Als Resultat dieser Flächensanierung konnte das Zentrum "großzügig" wiederaufgebaut werden und läßt somit urbane Atmosphäre weitgehend vermissen. Die ebenfalls rekonstruierte mittelalterliche Burg am Hafen beherbergt ein Marinemuseum (di geschl.); die zivilen Teile der Hafenanlagen sind frei zugänglich. Weniger als Stadt, wohl aber als Ausgangspunkt für die Umrundung der nördlich gelegenen Halbinsel und als Eisenbahnverbindung ist Brest radtouristisch interessant.
Information: OTSI, Pl de la Liberté, 29200 Brest, Tel. 98442496.
Verkehrsverbindungen: Eisenbahn Rchtg. Quimper/Vannes und St.-Brieuc mit Direktanschluß nach Paris; Flugplatz Guipavas, 10 km nordöstl. (u.a. Flüge nach Paris und Metz-Nancy); Bootsverbindung nach Le Fret und zur Ile d'Oussant.
Studentenwerk: CLOUS, Av le Gorgeu, Tel. 98033878, 4 Wohnheime.
Jugendherberge: R de Kerbriant (FUAJ), Port de Plaisance du Moulin Blanc, Tel. 98419041, 118 Betten, ganzj., Anmeldung 17-20 h, modernes Haus am östlichen Stadtrand beim Jachthafen (s. Etappe 95).
Camping: Du Goulet **, Tel. 98458684, 100 Stpl., ganzj.
Fahrradvermietung: am Bahnhof, Tel. 98805050.

Etappe 95:
Sizun - Daoulas - Plougastel-Daoulas - Brest (40 km)

Die Etappe beginnt in Sizun auf der D18 Rchtg. Le Faou, zweigt aber am Ortsrand rechts auf die D33 nach Daoulas ab; in Le Tréhou müssen Sie kurz links die D35 benutzen, bis sich rechts die D33 fortsetzt und nach **Daoulas** führt, wo es einen Pfarrhof mit schönen Kreuzgängen gibt. Auf dem Weg nach Brest nehmen Sie nun die parallel zur N165 verlaufende Nebenstraße (spätere Nummer: D33) nach Lopherhet. Bevor die Straße zur N165 zurückführt, passiert sie das Städtchen **Plougastel-Daoulas**, das wegen seines Calvaires berühmt ist: die Skulpturengruppe von 1602 umfaßt über 150 Figuren!
Information: SI, BP 27, 29470 Plougastel-Daoulas, Tel. 98403498.
Camping: St.-Jean **, Tel. 98403290, 100 Stpl., ganzj., schön gelegen; La Clé des Champs **, 57 Stpl., Juli-Aug.

1 km nördlich des Ortes erreichen Sie wieder die N165, auf der Sie die Brücke nach Brest überqueren. Am dortigen Stadtrand umrunden Sie zur Hälfte einen Jachthafen und biegen dann Rchtg. "Port de Plaisir" ab. Auf diese Weise können Sie den Weg in die Innenstadt von **Brest** (s. Etappe 94) auf den kürzeren

und ruhigeren Straßen durch die Hafenanlagen absolvieren; die JH liegt übrigens gleich nach dem Verlassen der N165 am Weg (beschildert, keine Einkaufsmöglichkeiten in der Nähe, ggf. rechtzeitige Besorgungen in Plougastel sinnvoll).

Kartenskizze Etappen 94 - 96

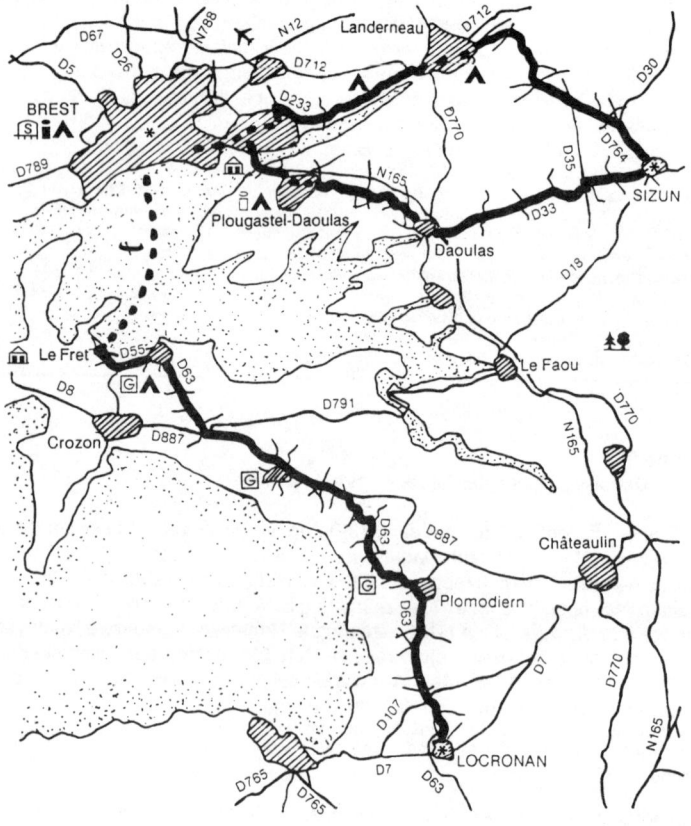

Etappe 96:
Sizun - Landerneau - Le Relecq-Kerhuon - Brest (42 km)

Die zweite Variante für die Verbindung zwischen Morlaix und Brest. Wählen Sie in Sizun die D764 nach **Landerneau** (Camping **), eine im mittleren Teil sehr schöne Strecke durch ein Felsental. In Landerneau überqueren Sie den Elorn und folgen der Beschilderung Rchtg. Brest, bis die Schilder Rchtg. Guipavas (teils "Brest par Guipavas") Sie zur D712 bringen. Sofort hinter dem Ortsende-schild unterqueren Sie eine Eisenbahnstrecke und biegen dort links ab auf die D233 über *La Forest-Landerneau* (Natur-Camping) zur D67, die Sie links nach Le Relecq-Kerhuan benutzen. Entlang der Elorn-Mündung erreichen Sie auf der D67 die N165, der Sie rechts Rchtg. Brest folgen. Die Fahrt in die Stadt ist am günstigsten entsprechend Etappe 95 durch den Hafen durchzuführen.

Etappe 97:
Brest - Le Conquet - Portsall - Lannilis - Plouguerneau - Goulven - Plouescat (110 km)

Auf dieser Etappe wird die Halbinsel nördlich von Brest umrundet; sie berührt einige der spektakulärsten Küstenstreifen der Bretagne.
Die Strecke beginnt in Brest auf der D789 Rchtg. Le Conquet. In Ermangelung günstiger Nebenstraßen bleiben Sie 18 km weit auf dieser Straße (Camping ** in Locmaria-Plouzane), bis Sie links auf die D85 nach *Plougonvelin* (Naturcamping) abbiegen können. Diese Nebenstraße umrundet den Südwestzipfel der Halbinsel und schwenkt an der *Pointe de Saint-Mathieu* wieder nordwärts nach **Le Conquet**, einem Fischereihafen, der als Wochenendziel der Bewohner von Brest dient; hier ist auch Zustieg zur Fähre nach der Ile de Oussant möglich.
Gîte d'étape: Keringar en Lochrist, Centre Équestre, M. Larsonneur, Tel. 98890191 bzw. 98891344, 30 Betten.
Camping: Le Théven **, Tel. 98890690, 450 Stpl., April-Mitte Sept.; Quere **, Tel. 98891171, 50 Stpl., Juni-Sept.

Zur Umrundung eines Meereseinschnitts folgen Sie in Le Conquet zuerst wieder der D789 Rchtg. Brest, verlassen sie aber nach 2 km links auf die D28 über Plouarzel (Camping ** in Lampaul-Plouarzel) nach **Brélès**, dessen Kirche ein besonders interessante Heiligendarstellung aufweist: St.-Isidor trägt bretonische Hosen und wird von dudelsackspielenden Engeln flankiert.

Halten Sie sich der Küstenlinie folgend links auf der D27 (Campingplätze in Landildut, Porspoder und Landunez). Bei *Portsall* erreichen Sie den Wendepunkt Rchtg. Osten, ein Dorf, das traurige Berühmtheit erlangte, als auf den vorgelagerten Klippen 1978 der Öltanker Amoco Cadiz auseinanderbrach und die gesamte nordbretonische Küste für Monate ökologisch stillegte. Auf der D168

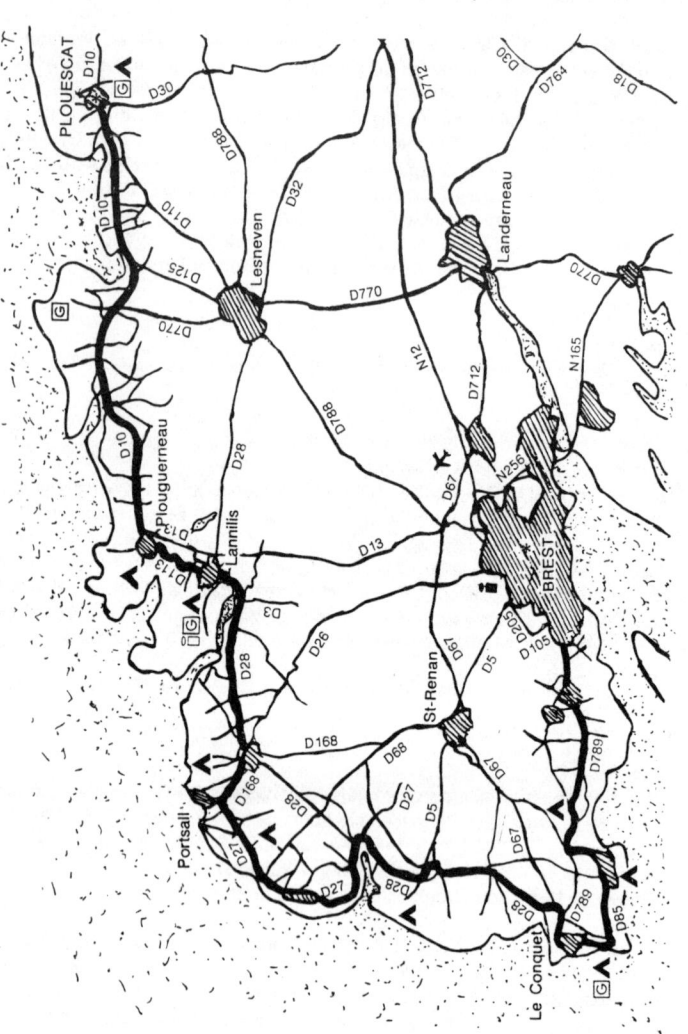

radeln Sie weiter nach *Ploudalmezeau* (Camping am Ort und in Lampaul-Ploudalmezeau), wo Sie auf die D28 nach *Lannilis* treffen. Dieser Teil der bretonischen Küste wird **Côte des Aber** genannt, weil es hier von schmalen, langen Meereseinschnitten (bret. "Aber") nur so wimmelt.

Information: Centre Culturel Yves Nicolas, Lannilis, Tel. 98040543 (Juli/Aug.).
Gîte d'étape: Manoir de Trouzilit, Centre Équestre, Treglonou, Tel. 9804120, 20 Betten, ganzj., 3 km vor Lannilis.
Camping: Kergroas *, Tel. 98040011, 33 Stpl., Juli/Aug.

Von Lannilis aus kommen Sie auf der D13 nach 6 km durch das Dorf Plouguerneau (Camping **), wo Sie rechts auf die D10 wechseln, die über Kerlouan und Goulven immer im Küstenbereich ostwärts nach Plouescat verläuft.

Gîte d'étape: R du Goulven Pont, Brignogan-Plage, 18 Betten, Reservierung beim Bürgermeisteramt, Tel. 98834006, Schlüssel bei Patricia Tanguy, Tel. 98834852.

Dieser Küstenabschnitt gehört zu den touristisch nur mäßig erschlossenen Teilen der Bretagne; über Stichstraßen sind hier noch leere Strände zu entdecken. Dennoch gibt es ein halbes Dutzend Campingplätze, vor allem an der Bucht von Goulven. **Plouescat** ist Zentrum des Knoblauch- und Schalottenumsatzes; lohnend ist ein Ausflug südwärts über die D30 vorbei am Schloß Maillé von 1570 nach **Kerjean**, einem der schönsten Schlösser der Bretagne (ganzj. außer di).

Gîte d'étape: Moulin de Kerguiduff, Tréflaouénan, Tel. 98295120, 20 Betten, ganzj., 8 km südöstl., angeschlossene Crêperie.
Camping: De Kernic Ty **, Tel. 98698660, 243 Stpl.; Poulfoen *, Tel. 98698180, 88 Stpl.; beide Mitte Juni-Aug.

Etappe 98:
Plouescat - Saint-Pol-de-Léon - Carantec - Morlaix (50 km)

Diese Etappe schließt die Rundfahrt um die nordwestbretonische Halbinsel ab. Sie beginnt in Plouescat auf der D10, die fast geradlinig über Cléder ostwärts verläuft.

Saint-Pol-de-Léon, 8000 Einw., Dép. Finistère, ist Zentrum einer fruchtbaren Obst- und Gemüseanbauregion und verfügt über zwei sehenswerte klerikale Bauwerke: die Kathedrale (ab 15. Jh.) und die ältere Chapelle du Kreisker, wobei der weithin sichtbare 77 m hohe Turm zur Kapelle gehört. In der Nähe der Kathedrale sind etliche alte Häuser erhalten.
Die Nähe des Badeortes und Fährhafens *Roscoff* und der *Ile de Batz* lassen es gerechtfertigt erscheinen, daß St.-Pol eine recht großzügige Umgehungsstraße hat.

Information: OTSI, Pl de l'Evêché, 29250 Saint-Pol-de-Léon, Tel. 98690569.
Jugendherberge: Créac'h ar Bolloc'h (FUAJ), École de Mer, Ile-de-Batz, Tel. 98419041 (Juli/Aug.) bzw. 98617769 (übrige Zeit), 50 Betten, April-Sept.
Camping: Ar Kleguer **, Tel. 98691881, 110 Stpl., Juni-Sept.; Perharidy **, Roscoff, Tel. 98697086, 200 Stpl. April-Okt.; Manoir de Kerestat **, Roscoff, Tel. 98697192, 45 Stpl., Juli/Aug.

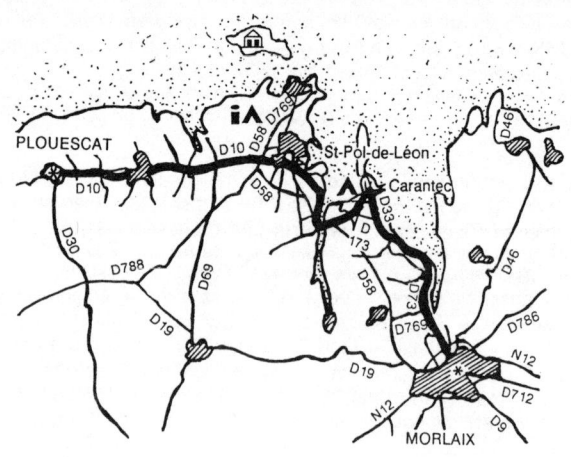

Vor allem landschaftliche Attraktionen werden geboten, wenn Sie aus St.-Pol-de-Léon zuerst auf der Küstenstraße bis zur D56 Rchtg. Morlaix fahren, nach der Überquerung der Penzé davon aber halblinks auf die D173 Rchtg. *Carantec* abbiegen, einem kleinen Seebad (**Camping:** Les Mouettes ****, Tel. 98670246, 220 Stpl., Ostern-Sept.) auf einer Halbinsel an der Bucht von Morlaix. Die D173 mündet südlich des Ortes in die immer an der Bucht entlang südwärts verlaufende D73 über Locquénolé nach **Morlaix** (s. Etappe 84), wo Sie auf der westlichen Hafenquaistraße unmittelbar im Zentrum ankommen.

Etappe 99:
Morlaix - Lannion - Trébeurden - Trégastel - Perros-Guirec (62 km)

Diese Etappe können Sie über die Küstenstrecke via Plougasnou ggf. noch ausbauen. Ansonsten nutzen Sie jedoch mangels günstiger Nebenstraßen anfangs durchgehend die D788, die die Grenze zum Dép. Côtes-du-Nord kreuzt, das Städtchen *Plestin-les-Grèves* durchquert und entlang einer Bucht nach *Saint-Michel-en-Grève* (an der Bucht etliche Campingplätze) führt.
Gîte d'étape: Kerropraz, Tel. 96357256 (M. Baron), 20 Betten.

Schließlich wird über eine heidebewachsenes Felsplateau nach knapp 40 km die Stadt Lannion erreicht.

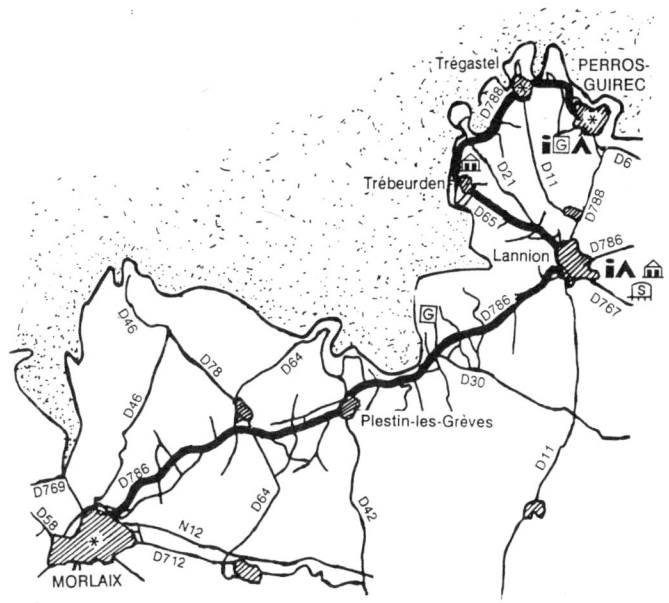

Lannion, 17000 Einw., Dép. Côtes-du-Nord, ist zum einen ein sehenswertes Städtchen, zum anderen aufgrund der geografischen Lage ein idealer Ausgangspunkt für Rundfahrten und Ausflüge in der nördlich gelegenen Küstenregion.

Information: OTSI, Quai d'Aiguillon, 22300 Lannion, Tel. 96370735.

Verkehrsverbindungen: Eisenbahn nach Morlaix und Guingamp, Flugplatz 3 km nördl., u.a. nach Paris, Strasbourg, Basel-Mulhouse.

Studentenwerk: Service des Oeuvres universitaires et scolaires, Rte de Perros-Guirec, Tel. 96374331, 1 Wohnheim.

Jugendherberge: Les Korrigans, 6 rue du 73e Territorial (FUAJ), Tel. 96379128, 70 Betten, ganzj.; Le Toëno (FUAJ), Trébeurden, Tel. 96235222, 56 Betten, März-Nov., 10 km nordwestlich an der weiteren Streckenführung.

Camping: Beg Léguer ***, Servel, Tel. 96472500, 200 Stpl., Juni-Mitte Sept., 5 km westlich am Meer; Les Pins *, Servel, Tel. 96481324, 20 Stpl., Mitte Juni-Mitte Sept.; jede Menge Plätze an der weiteren Streckenführung.

Fahrradvermietung: am Bahnhof, Tel. 96370459.

Über die **Corniche Bretonne**, eine Küstenstraße von ausgesuchter Schönheit, durchfahren Sie auf der D65/D788 eine ganze Reihe kleinerer und größerer Seebäder wie *Trébeurden* (2 JH, s. Lannion; 3 Campingpl.) und *Trégastel* (zwei Plätze) und erreichen schließlich **Perros-Guirec**, mit fast 8000 Einw. das zweitgrößte Seebad (5 Campingpl.) des Départements. Die Küste trägt auf diesem Stück den Namen *Côte de Granit Rose*, weil die Felsen in der Sonne so schön schimmern; die gesamte Strecke ist von Menhiren und Dolmen gesäumt.

Information: OTSI, 21 pl de l'Hôtel-de-Ville, 22700 Perros-Guirec, Tel. 96232115.

Gîte d'étape: Ferme de Kerangloff en Barnabanec, Tel. 96232867 (Mme Kerherve, nach 17.15 h), 25 Betten; Villa Stella Maria, Louannec, Tel. 96231562 (Mme Kremer), 20 Betten, 4 km südöstl. an Etappe 100.

Fahrradvermietung: Garage bd des Traouieros, Ploumanac'h, Tel. 96232269.

Etappe 100:
Perros-Guirec - Paimpol (36 km)

Auf diesem Mittelstück der Küstenstrecke von Morlaix nach St.-Brieuc gibt es eine Vielzahl günstiger Gelegenheiten, Abstecher zu den nördlich gelegenen Strandorten (zahlreiche Campingplätze) zu unternehmen. Die Etappe beginnt am südlichen Ortsrand von Perros-Guirec, wo von der D788 Rchtg. Lannion links die D6 abzweigt. Nach 15 km trifft diese auf die D786 über **Tréguier**, eine altertümliche ehemalige Bischofsstadt mit Kathedrale (SI; Kirchenschatz, gratis). Die Straße verläuft über zwei schmale Meeresarme hinweg nach **Paimpol**. Von diesem Ferienstädtchen aus sollte bei gutem Wetter unbedingt ein Ausflug zur **Ile de Bréhat** durchgeführt werden; die Boote dahin verkehren von der Pointe de l'Arcouest aus (6 km nördlich).

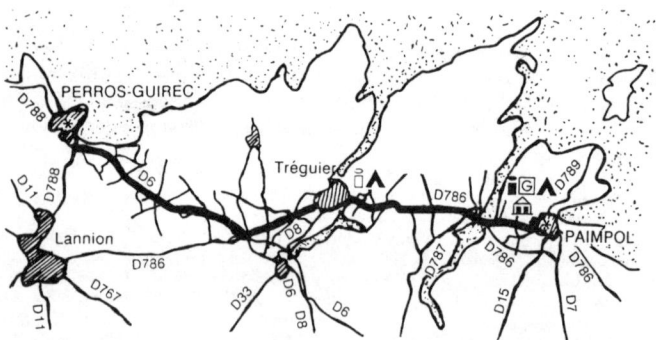

Information: OTSI, Mairie, Rue Pierre-Feutren, 22500 Paimpol, Tel. 96208316.

Jugendherberge: Château de Kerraoul (FUAJ), Tel. 96208360, 80 Betten, ganzj.

Gîte d'étape: Mir ar Goas, Association Communes, Lanmodez, Tel. 96229068, 16 Betten, 7 km nördl. von Lézardrieux am Meer; Coat Ermit, Plourivo, Tel. 96559269, 15 Betten, 4 km südl.

Camping: Cruckin Kerity **, Tel. 96207847, 200 Stpl., Mai-Sept.; Naturcamping Kerloury, Tel. 96208523, 20 Stpl., Mitte Juni-Mitte Sept.

Waschsalon: Pierre Vinat, 4 rue Labenne, Tel. 96220240.

Etappe 101:
Paimpol - Saint-Quay-Portrieux - Saint-Brieuc (47 km)

Diese Etappe verläuft durchgehend auf der D786 durch Ferien- und Badeorte wie *Saint-Quay-Portrieux* (OTSI; Fahrradverleih in der Garage des Plages) bis **St.-Brieuc** (s. Etappe 70). Dabei passieren Sie kurz hinter Paimpol die mit Büschen zugewachsenen Ruinen der Abtei *Beauport*. Falls Sie weniger Wert auf eine küstennahe Streckenführung legen, können Sie zum einen zwischen Plouha und Binic als Abkürzung die D21 benutzen, zum anderen auch durchgehend die Verbindung D7/D6 bis St.-Brieuc nehmen. Während die Küstenorte durchweg mit Campingplätzen aufwarten können, ist die Binnenlandroute von keinem einzigen Platz unmittelbar flankiert.

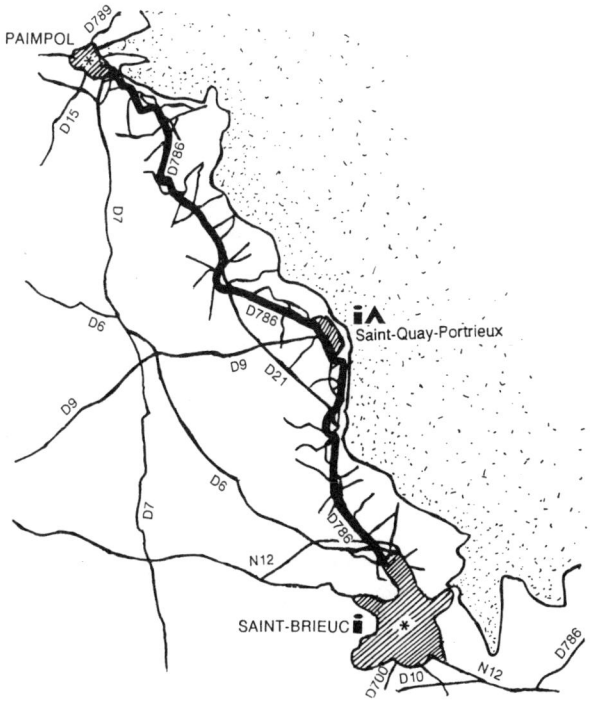

195

Etappe 102:
Quimper - Fouesnant - Concarneau - Pont-Aven - Quimperlé (57 km)

Der erste Teil der West-Ost-Küstenstrecke in der südlichen Bretagne beginnt in Quimper auf der D34, die parallel zur Odet-Mündung Rchtg. Benodet verläuft. Nach ca. 10 km biegen Sie davon links auf die D45 nach **Fouesnant** ab, einem Städtchen mit Schwerpunkt auf der Cidre-Herstellung.

Information: OTSI, 5 r d'Armor, 29170 Fouesnant, Tel. 98560093.
Gîte d'étape: Ste.-Anne, 15 Karn Moël, Fouesnant, Tel. 98560434 (Fam. Cornec), 20 Betten, ganzj.
Camping: etwa 20 Plätze in Fouesnant und Umgebung!
Fahrradvermietung: Centre Commercial Cascade, Tel. 98560879.

Wenden Sie sich nach links und radeln Sie auf der D44 nach La Forêt-Fouesnant, wo Sie am Ortsende rechts auf die Küsten-Nebenstraße über Kersicot abbiegen. Hinter diesem Dorf ist ein kleiner, aber steiler Hügel zu überwinden, und anschließend halten Sie sich halbrechts, um in Küsten weiter nach Concarneau zu fahren; diese Stadt wird längs der Sandstrände schließlich am Hafen erreicht.

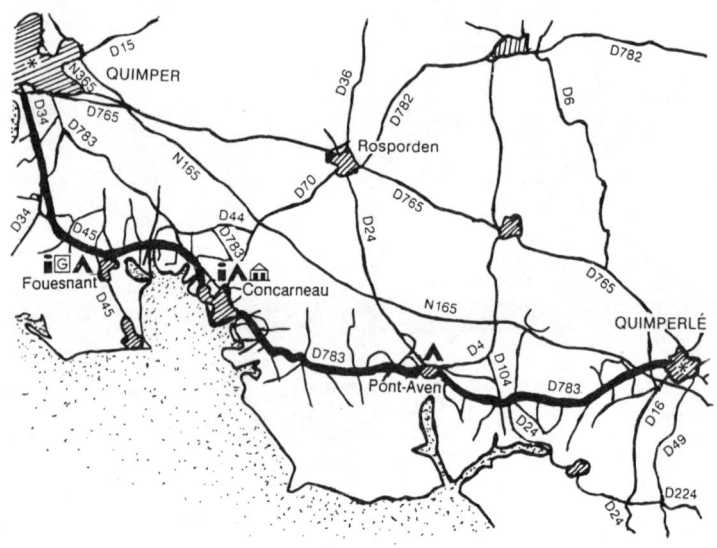

Concarneau, 18000 Einw., Dép. Finistère, ist im Süden der Bretagne das Pendant zu Dinan im Norden: eine gut konservierte mittelalterliche Altstadt, hier "Ville Close" genannt, auf einer Insel im Stadtgebiet gelegen und von einer Mauer vollständig umgeben, ist ein touristischer Anziehungspunkt erster Güte. Concarneau ist darüber hinaus aber ein florierender Fischereihafen, dessen Hochseeflotte ca. alle 14 Tage von den Fangggründen bei den Britischen Inseln zurückkehrt. Konsequenterweise gibt es außer Fassadentourismus noch ein Fischereimuseum und ein Marinarium sowie eine Auktionshalle für das Rückgrat der Fischereiwirtschaft, die Versteigerungen.
Information: OTSI, Quai d'Aiguillon, 29900 Concarneau, Tel. 98970144.
Verkehrsverbindungen: Eisenbahn Rchtg. Lorient.
Jugendherberge: Pl de la Croix (FUAJ), Tel. 98970347, 80 Betten, ganzj.
Camping: 7 Plätze am Ort und in unmittelbarer Nähe.
Fahrradvermietung: am Bahnhof, Tel. 98905050; M. Colleau, 9 r F.-Le-Guyader, Tel. 98973220.

In Ermangelung günstiger Nebenstraßen absolvieren Sie den Rest dieser Etappe durchgehend auf der D783. Dabei durchfahren Sie nach 15 km das sehr schön gelegene Städtchen *Pont-Aven* (Camping ****) und nach weiteren 5 km *Riec-sur-Belon* (Camping), wo Sie ggf. über die D24/D224 via Clohars-Carnoët unmittelbaren Anschluß an Etappe 103 erhalten, falls Sie auf einen Besuch im Etappenziel **Quimperlé** (s. Etappe 82) keinen Wert legen.

Etappe 103:
Quimperlé - Lorient - Plouhinec - Carnac (57 km)

Der erste Teil dieser Etappe verläuft durchgehend auf der D765 parallel zur Schnellstraße N165; falls Sie einen längeren, aber schöneren Umweg fahren möchten, können Sie alternativ durch den Forst von Carnoët zur Küstenstraße radeln.

Lorient, 65000, mit Ballungsgebiet Lanester/Hennebont etwa 120000 Einw., Dép. Morbihan, wurde vor 300 Jahren als Orient-Hafen (daher der Name) gegründet. Davon ist heute aber nichts mehr zu erkennen, da Lorient im Zweiten Weltkrieg Standort deutscher U-Boote war und dementsprechend mit Bombenteppichen reichlich versorgt wurde. Der U-Boothafen war ziemlich das einzige Bauwerk, das den Krieg einigermaßen intakt überstand; er wird heute noch von den Franzosen als Reparaturwerft genutzt, ist aber wie alle französischen Militäranlagen von Ausländern nicht zu besichtigen. Ab 1943 wurde Lorient planmäßig neu erbaut und präsentiert sich dem heutigen Besucher als moderne Hafen- und Industriestadt. Erholung suchen die Bewohner vor allem im Badevorort Larmor-Plage.

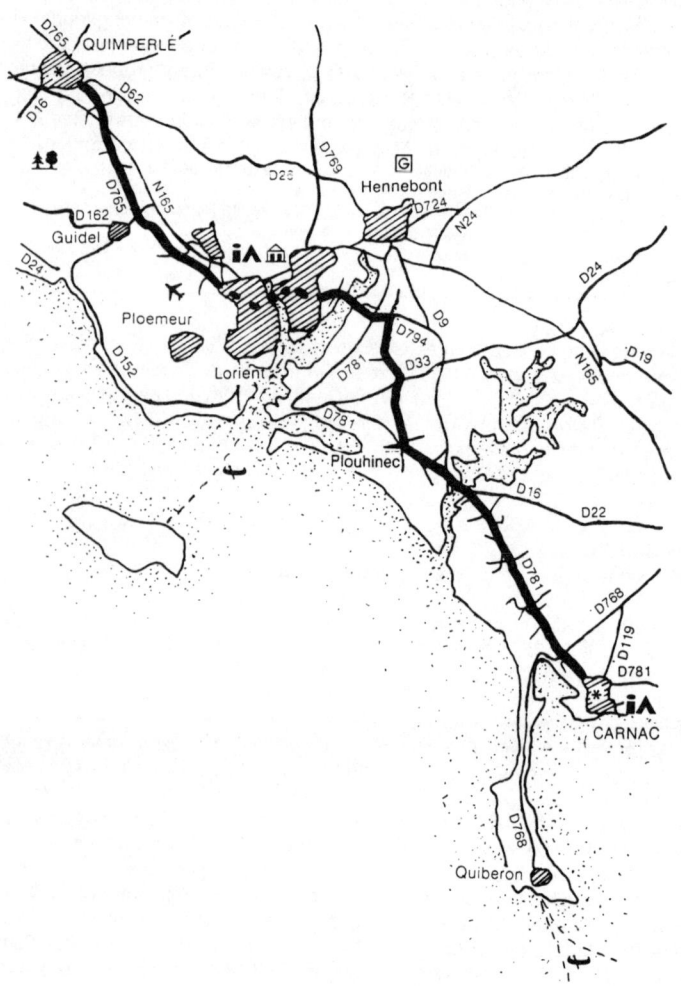

Ein echtes *Highlight* heutigen Tourismus' ist das jährliche Festival (Anfang August) mit musikalischen Beiträgen aus den acht keltischen Regionen Europas. Dafür schreiben u.a. namhafte Komponisten aktuelle Beiträge.

Information: OTSI, 6 quai de Rohan, 56100 Lorient, Tel. 97210784.

Verkehrsverbindungen: Eisenbahnhauptstrecke Vannes-Quimper; Flugplatz Lann-Bihoué 5 km westl.; regelmäßige Bootsverbindungen zu den umliegenden Ausflugszielen und zur Ile de Groix.

Jugendherberge: Rives du Ter (FUAJ), 41 r Victor Schoelcher, Tel. 97371165, 100 Betten, ganzj., an der südwestlichsten Stadtecke am Ufer des Ter; Kerfleau Ty Nevez (LFAJ-angeschl.), Caudan (6 km nördl.), Lanester, Tel. 97760768 & 97810016, 50 Betten, ganzj., an der verlängerten Straßenbrücke von Lorient nach Lanester; Ferme du Gorée (FUAJ), Inzinzac-Lochrist, Tel. 97360808, 30 Betten, März-Okt., 15 km nordöstl.; FUAJ-JH auf der Ile-de-Groix.

Camping: Kervenanec, 50 r Victor Schoelcher, Tel. 97373498, 65 Stpl., ganzj., unmittelbar bei der JH Lorient; außerdem über 10 Plätze in Larmor-Plage, Ploemeur, Hennebont und anderen Nachbarorten.

Fahrradvermietung: am Bahnhof, Tel. 97425050; J. Allano, 26-28 r Victor-Massé, Tel. 97641687.

Waschsalon: Lavomatique, 13 cours de la Bôve, Tel. 97645010; dto., 95 r Lanveur, Tel. 97371451.

Die Fortsetzung der Strecke beginnt in Lorient auf der beschilderten Strecke Rchtg. Port-Louis: durch die Vorstadt Lanester, auf der D194 über die Blavet-Brücke, über die D781 hinweg und nach 1 km rechts auf die D170 nach Plouhinec. Dabei wird die D33 (leicht nach rechts versetzt) gekreuzt. In Plouhinec treffen Sie wieder auf die D781, der Sie in Ermangelung günstiger Alternativen bis Carnac folgen. Vor oder nach einem Besuch in Carnac können Sie ggf. einen Abstecher über die langgestreckte Halbinsel *Quiberon* machen; lohnend ist dies allerdings nur bei Kombination mit einem Ausflug zur *Belle-Ile* (JH auf der Insel).

Carnac, 4000 Einw., Dép. Morbihan, ist weltweit bekannt wegen der in seiner Nähe anzutreffenden *Alignements*, der größten Ausstellung von Hinkelsteinen à la Obelix in Frankreich. In mehreren Steinreihen, oder besser Alleen aus parallel laufenden Reihen, sind nahe des Städtchens etwa 4000 Menhire vor rund 5000 Jahren aufgestellt worden. Die Masse der Steinsetzungen nimmt aus heutiger Sicht allerdings den Menhiralleen einiges vom Geheimnisvollen. Fast alle Steinreihen sind über die D196 zu erreichen; in La Trinité ist nahtloser Anschluß an die weitere Etappenführung möglich. Ansonsten bietet Carnac noch ein frühgeschichtliches Museum und ein riesiges Kammergrab, den Tumulus "St.-Michel", im Nordosten des Städtchens.

Information: OTSI, Av des Druides, 56340 Carnac, Tel. 97521352.

Verkehrsverbindungen: in Plouharnel Eisenbahnanschluß Rchtg. Vannes und Quiberon.

Camping: über 20 Plätze in Carnac und Umgebung.

Fahrradvermietung: Mme Vialade, Av des Druides.

Waschsalon: Geneviève Macron, 8 allée Alignements, Tel. 97529507.

Etappe 104:
Carnac - Auray - Baden - Vannes (43 km)

Die nördliche Variante zu Etappe 105 beginnt in Carnac oder bei den Steinreihen auf der jeweiligen Straße nach La Trinité, wo Sie auf der D781 den Rivière de Crach überqueren. Unmittelbar danach biegen Sie links ab auf eine Nebenstraße, die Sie nach 10 km zur D28 nach **Auray** zurückbringt; die Gîte d'étape von Crac'h (s.u.) liegt nur etwas südlich der Einmündung östlich der D28 (beschildert). Auray verfügt mit dem Hafenviertel **Saint-Goustan** über eine pittoreske Altstadt, in die Sie über eine ebenso sehenswerte alte Brücke gelangen, auf der der Rivière d'Auray überquert wird. Bis zu dieser Brücke sind die Gezeiten des Golfs von Morbihan wirksam.

Information: OTSI, Mairie, Pl de la République, 56400 Auray, Tel. 97240975.
Verkehrsverbindungen: Eisenbahnstrecke Quimper-Vannes; Ausflugsboote über den Golf von Morbihan.
Gîte d'étape: Kéraric, Crac'h, Tel. 97563126, 10 Betten, ganzj., auf einem Bauernhof auf halbem Weg zwischen Auray und Crac'h östl. der D28; Brech, Tel. 97576147 (Mme Gauter), 40 Betten, ganzj., 10 km nördl. von Auray an der D19.
Camping: Les Pommiers (Branhoc), Auray, Tel. 97240148, 130 Stpl., ganzj.; Le Fort-Espagnol ***, Crac'h, Tel. 97551488, 190 Stpl., Mai-Mitte Sept., auf einer Landzunge östl. von Crac'h (s.o.); Le Pont Neuf ***, Crac'h, Tel. 97551483, 70 Stpl., in den Sommerferien; Camp de loisirs Lodka (unklass.), Crac'h, Tel. 97550397, 25 Stpl., ganzj.

Für die Weiterfahrt Rchtg. Vannes verlassen Sie Auray entsprechend der Beschilderung, die Sie zur N165 (Schnellstraße) bringt. Biegen Sie jedoch nicht darauf ein, sondern halten Sie sich rechts auf der D101 nach *Le Bono* (Brücke mit prachtvollem Ausblick) und vorbei an *Baden* im Bogen (einige schöne Blicke auf den Golf von Morbihan) nach Vannes (*in Gegenrichtung:* in Vannes Beschilderung Rchtg. Arradon folgen).

Vannes, 44000 Einw., Hauptstadt des Dép. Morbihan, liegt unmittelbar am Golf von Morbihan und hat ein schönes altes Stadtzentrum zwischen Hafen und Kathedrale mit vielen hübschen Giebeln, alten Waschhäusern, einer Befestigungsanlage und einer Markthalle aus dem 14. Jh. Die Museen der Stadt sind eher konventionellen Charakters: ein archäologisches und ein naturwissenschaftliches Museum, ein Kunstmuseum; aus dem Rahmen fällt lediglich das Museum Yves Duhamel über die Geschichte des Golfs von Morbihan und die Austernzucht.

Information: OTSI, 1 rue Thiers, 56000 Vannes, Tel. 97472434.
Verkehrsverbindungen: Eisenbahnhauptstrecke Quimper-Paris; Flugplatz Kerlédan (10 km nördl.) mit geringer Bedeutung, Regionalflughafen für Morbihan ist Lorient; Ausflugsboote über den Golf von Morbihan.
Studentenwerk: Service des Oeuvres universitaires et scolaires, 12 r Montaigne, Tel. 97633905, 1 Wohnheim.
Jugendherberge: LFAJ, Tel. 45486984, 120 Betten, Juli-Dez., neues Haus, Näheres telef. erfragen.
Camping: Conleau ***, Tel. 97631388, 290 Stpl., April-Sept., südl. der Stadt am Golf.
Fahrradvermietung: Trébossen, 118 bd de la Paix, Tel. 97472703; am Bahnhof, Tel. 97425050.

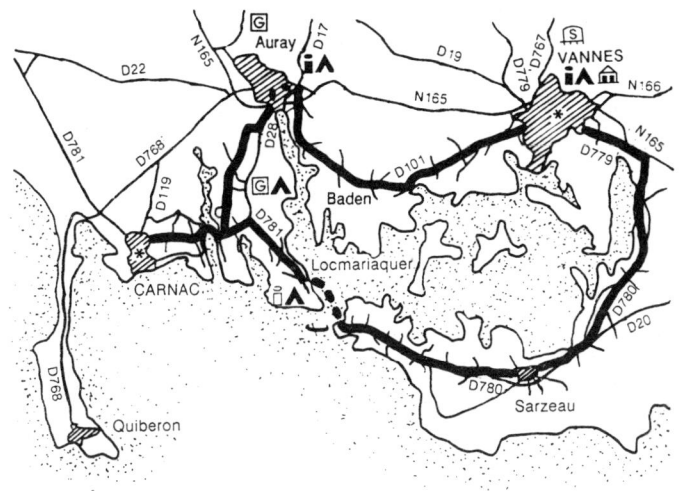

Etappe 105:
Carnac - Locmariaquer - Sarzeau - Vannes (47 km)

Diese Strecke benutzt durchgängig Hauptstraßen und bietet sich insbesonders dann an, sofern Sie Vannes links liegen lassen und gleich zu Etappe 110 wechseln möchten. Sie war in den letzten Jahren leider nicht immer durchführbar, da die Ausflugsboote auf dem Golf von Morbihan (angeblich aus rechtlichen Gründen) teils keine Fahrräder transportierten. 1990/91 gab es jedoch wieder eine entsprechende Fährverbindung zumindest von Locmariaquer nach Port Navalo (FF 30 je Person, FF 20 je Rad), wenn auch nicht bis Vannes; der Versuch ist somit sinnvoll.

Wie bei Etappe 104 radeln Sie nach La Trinité und überqueren auf der D781 den Rivière de Crach, bleiben dann aber auf der Hauptstraße und knicken nach weiteren 2 km mit ihr rechts ab nach *Locmariaquer* (SI; 3 Campingplätze). Das ist ein Ferienort am Golf von Morbihan, von dem aus zahlreiche Ausflugsboote in die Inselwelt des Golfs starten. Sie nutzen nun die oben erwähnte Fähre nach *Port Navalo* (Camping) und setzen die Fahrt auf der D980 fort. Da die Hauptstraße eine Sackgasse darstellt, ist der Autoverkehr außerhalb der Ferienzeit und der Wochenenden nicht so stark, wie die rote Färbung auf der Karte suggeriert. Zur Durchquerung von *Sarzeau* können Sie die Straße verlassen. (Etwa 3 km nachdem Sie zur D980 zurückgelangt sind, besteht rechts über

die D20 ggf. eine Querverbindung zu Etappe 110.)
Im weiten Bogen geht's um den Golf von Morbihan herum bis zur Einmündung in die N165, die aber nur einen knappen Kilometer weit befahren werden muß, da dann schon die D779 ins Zentrum von **Vannes** (s. Etappe 104) abzweigt.

Etappe 106:
Josselin - Plumelec - Saint-Avé - Vannes (40 km)

Eine Nebenstraßenverbindung durch ein leicht hügeliges, unerschlossen-karges Gebiet. Sie beginnt in Josselin (s. Etappe 74) auf der D126, die durchgehend benutzt wird und über *Guègon* (ganzj. Camping ***) nach **Plumelec** führt, einem Ort am Rand der *Landes de Lanvaux*. Hier war früher eine der ärmsten Regionen der Bretagne; bei Plumelec besteht ein Waldlehrpfad.
Gîte d'étape: Kérivo, St.-Jean-Brévelay, Tel. 97603013 (Bürgermeisteramt), 30 Betten, ganzj., Schlüssel bei Mme Le Gall, 100 m von der Gîte.
Über die Höhenzüge der Landes de Lanvaux verläuft die D126 vorbei an Plaudren, berührt das Dorf Saint-Avé und erreicht schließlich die Départementshauptstadt **Vannes** (s. Etappe 104).

(*In Gegenrichtung:* in Vannes Rchtg. Pontivy fahren; unmittelbar nach Unterquerung der Eisenbahnstrecke in Bahnhofsnähe rechts abbiegen nach St.-Avé.)

Etappe 107:
Josselin - Malestroit - Saint-Gravé (40 km)

Diese Etappe führt in eines der landschaftlich schönsten Gebiete der südlichen Bretagne. Sie beginnt in Josselin auf der D4 Rchtg. Malestroit, die bei *Le Roc-St.-André* das Tal der Oust erreicht.
Gîte d'étape: Temple, Tel. 97749267 (Bürgermeisteramt Lizio), 9 Betten, ganzj., 2 km abseits der D4 an der D174.
Camping: Beaurivage **, Le Roc-St.-André, Tel. 97749353, 50 Stpl., Mitte Juni-Mitte Sept.

Auf der N166 (Rchtg. Ploermel) radeln Sie 2 km weit nach Osten, bis rechts die D764 nach **Malestroit**, einem Städtchen mit einigen interessanten Wohnhäusern (bei der Kirche), abzweigt.
Information: SI, Gare routière, 56140 Malestroit, Tel. 97751457.
Gîte d'étape: Écluse de Malestroit, Tel. 97751106, 24 Betten, ganzj.
Camping: La Daufresne **, Tel. 97751333, 35 Stpl., Mai-Okt.

Der Rest der Etappe verläuft weitgehend entlang der Oust auf einer besonders schönen Strecke; kurz vor **Saint-Gravé** vereinigt sich die D764 mit der D777. In der Nähe dieses Ortes liegen etliche hübsche Ferienorte (s. Etappe 108 und 113) mit den entsprechenden Übernachtungsstätten.
Gîte d'étape: Château de Castellan, St.-Martin-sur-Oust, Tel. 99915104, 27 Betten, Bauernhof 5 km nordöstl.

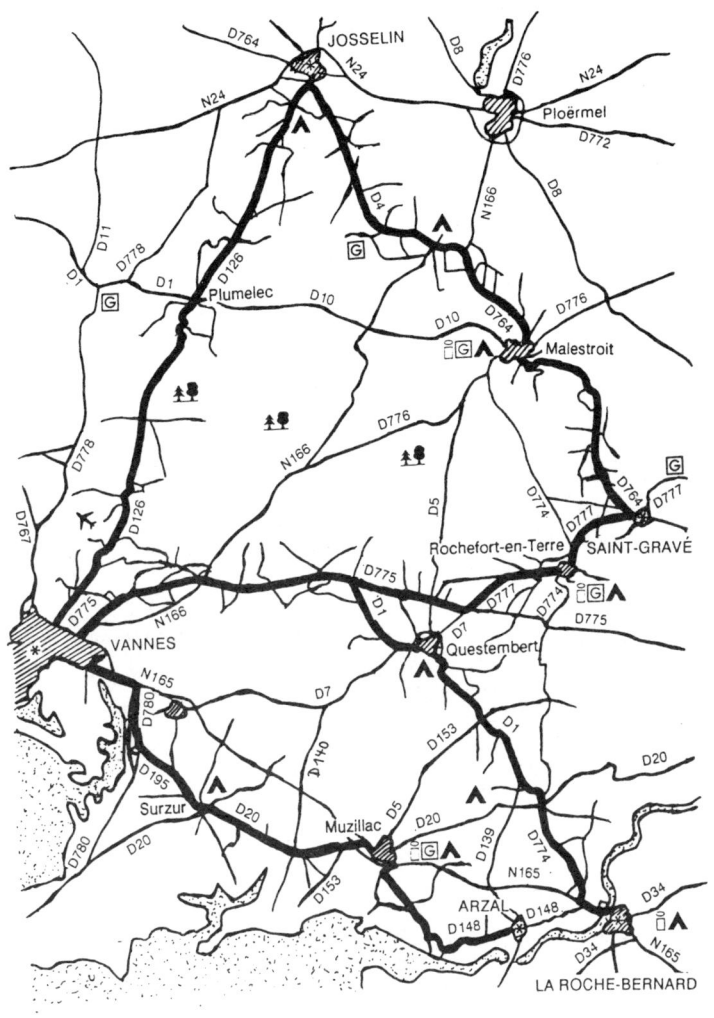

Etappe 108:
Vannes - Rochefort-en-Terre - Saint-Gravé (41 km)

Diese Etappe eröffnet die diversen Möglichkeiten, St.-Nazaire rechts liegen zu lassen, und führt zudem in eine der reizvollsten Regionen der südlichen Bretagne. Sie beginnt in Vannes auf der Rchtg. Rennes beschilderten Strecke. Am Stadtrand wird zuerst eine Eisenbahnlinie, dann die vierspurige Schnellstraße N165 gekreuzt. Unmittelbar danach halten Sie sich links Rchtg. St.-Nolff, wodurch Sie auf die D775 gelangen. Die Nummern-Beschilderung fehlt teilweise oder weist noch die alte Nummer N166 auf. Daß hier früher eine Hauptstraße existierte, merkt man auch deutlich am Ausbauzustand einiger Streckenteile.

Auf der D775 radeln Sie immer geradeaus, kreuzen nach etwa 10 km die autobahnähnliche neue Führung der N166 und durchfahren eine dünn besiedelte Gegend. Die erste nennenswerte Ortschaft ist das zu Questember (s. Etappe 109) gehörende Dorf *Bel-Air*; 2 km danach biegen Sie links auf die D777 nach **Rochefort-en-Terre** ab.

Dieses Dorf ist ein erfreuliches Beispiel dafür, daß man ein gut erhaltenes altes Ortsbild nicht zum Fassadentourismus verkommen lassen muß. Zwar gibt es auch hier einen durch die landschaftlichen Attraktionen der Umgebung geförderten Fremdenverkehr nicht unbeträchtlicher Größe, der Charm des Dorfes wird davon aber kaum gemildert. Außer dem insgesamt sehenswerten Ort gibt es am Dorfrand auch noch ein Schloß (zu besichtigen Juni-Sept.). Rochefort verfügt über hübsche Täler in sämtliche Himmelsrichtungen; an einem Stausee südlich des Dorfes Pluherlin haben einige Gemeinden gemeinsam ein Ferienzentrum mit Ferienwohnungen, einem Restaurant und einer Gîte d'étape errichtet.

Information: SI, Mairie, 56220 Rochefort-en-Terre, Tel. 97433357.
Gîte d'étape: Moulin Neuf, Kerrioche, Pluherlin, Tel. 97433508, 24 Betten, ganzj., am Stausee nahe der D774 2 km südlich von Rochefort, Schlüssel bei der Ferienhausverwaltung, Zufahrt durch das Dorf Pluherlin.
Camping: Le Chemin de Bogeais **, Rochefort, Tel. 97433357 (SI), 100 Stpl., April-Sept., zwischen Moulin Neuf und Rochefort abseits der D774.

Auch der Rest der Etappe bis **Saint-Gravé** (s. Etappe 107) wird auf der D777 absolviert. Eine Alternative, in Gegenrichtung aber etwas schwer zu finden, ist die Nebenstrecke über *La Bogerais*, die am Ortsende von Rochefort beschildert ist.

Etappe 109:
Vannes - Questembert - La Roche-Bernard (50 km)

Der Anfang dieser über Etappe 112 nach St.-Nazaire fortzusetzenden Strecke ist identisch mit Etappe 108: etwa 20 km lang folgen Sie der D775 Rchtg. Redon, bis Sie rechts auf die D1 nach **Questember** abbiegen. Diese Stadt (Camping **) verfügt über eine sehenswerte Markthalle von 1675 sowie einige mit Skulpturen verzierte Häuser der gleichen Zeit. Auf dem Weg nach *Péaule* kommt die D1 am etwas abseits gelegenen Schloß von *Branféré* vorbei, dessen Park als Privatzoo genutzt wird (im Sommerhalbjahr).

Camping: Borg Nehue **, Le Guerno, 50 Stpl., Juli/Aug., 5 km westl. von Péaule.

Sie treffen in Péaule auf die D774 Rchtg. La Roche-Bernard, die Sie nach 7 km zur N165 bringt. Falls Sie über Etappe 111 (statt 112) weiterfahren möchten, können Sie die N165 kreuzen und geradeaus nach Arzal weiterfahren. Ansonsten biegen Sie links ein in die Hauptstraße nach **La Roche-Bernard**. Dieses Städtchen ist oberhalb der Vilaine auf einem Vorgebirge errichtet worden; im 17. Jh. gab es hier eine bedeutende Werft. Der moderne Nachfahre dieser Tradition ist ein Jachthafen. Die Vergangenheit zeigt sich in Form etlicher schöner Fachwerkhäuser (15./16. Jh.) zusätzlich von einer guten Seite.

Information: SI, Place du Pilori, 56130 La Roche-Bernard, Tel. 99906798.

Camping: Le Patis ***, Tel. 99906013, 60 Stpl., Mitte März-Okt.

Etappe 110:

Vannes - Noyal - Surzur - Muzillac - Arzal (41 km)

Es ist nicht zu vermeiden, daß diese Etappe zu einem Großteil über stärker befahrene Straßen führt. Falls Ihnen ein paar zusätzliche Kilometer nichts ausmachen, können Sie über Etappe 109 das gleiche Ziel ansteuern.

Die Strecke beginnt in Vannes auf der Strecke Rchtg. Nantes; der Beschilderung folgend kommen Sie zur Schnellstraße N165, von der Sie nach 6 km rechts abbiegen auf die D780. Nach 2 km verlassen Sie diese Straße ebenfalls, um links auf die Zufahrtstraße zum Dorf Noyal zu gelangen. Dort wählen Sie die links abzweigende D195 nach *Surzur* (Campingplätze), radeln durch das Dorf und biegen links auf die D20 nach *Muzillac* ein; kurz vor dieser Stadt wird die Schnellstraße N165 überquert.

Information: SI, Pl de l'Hôtel-de-Ville, 56190 Muzillac, Tel. 97415304.

Gîte d'étape: Rue du Couvent, Billiers, Tel. 97416066 (Mme Lucas, 2 rte de Muzillac), 20 Betten.

Camping: An der nahen Küste gibt es ein halbes Dutzend Campingplätze; aber auch einer in Le Guerno, 9 km östl., s. Etappe 109.

Im Stadtzentrum wenden Sie sich nach rechts und unterqueren auf der D5 Rchtg. Billiers erneut die N165. Kurz nach der N165-Unterquerung zweigt links eine Nebenstraße ab, die im Bogen durch den Weiler Bourgerelle nach **Arzal** führt. Südlich dieses Dorfes ist die Vilaine mit einem Staudamm (Schleuse) zum Atlantik hin abgeriegelt.

Etappe 111:

Arzal - Camoël - Pompas - Saint-Lyphard - Guérande - Batz-sur-Mer - La Baule - Saint-Nazaire (70 km)

Im zweiten Teil der Etappe befinden sich an der **Côte d'Amour** einige der beliebtesten französischen Ferienorte mit entsprechend dicht gestreuten Campíngplätzen. Auf die genaue Auflistung wird deshalb dort verzichtet.

Die Rundstrecke durch den Regionalpark der Grande-Brière und die Region von La Baule beginnt in Arzal auf der D139 über Camoël zur D83 nach *Asserac*. Etwa 4 km hinter diesem Dorf treffen Sie bei der Ansiedlung Pompas auf die D774, der Sie nach links einige hundert Meter folgen, aber noch am Ortsrand wieder rechts abbiegen auf die D83 nach **Saint-Lyphard**. Dieses Dorf liegt am Rand des großen Regionalparks der **Grande-Brière**, eines Torfmoores, das von zwei Kanälen und unzähligen Bächen entwässert wird. Nur wenige Straßen führen durch diese idyllische Landschaft (s. Etappe 112); im Juli/Aug. kann man den Kirchturm in St.-Lyphard besteigen und einen Rundblick genießen.

Information: SI, Pl de l'Église, 44410 St-Lyphard, Tel. 40914134.
Gîte d'étape: Le Bignon d'Hoscas, Herbignac, Tel. 40913391, 41 Betten, ganzj., ca. 4 km nordöstl.; La Baleine Surf, Plage de Pont-Mahé, Asserac, Tel. 40017443 (M. Martel), 72 Betten, Ferienzentrum, nur bei freien Plätzen verfügbar.
Camping: Les Brières du Bourg ***, St.-Lyphard, Tel. 40914313, 130 Stpl., Mai-Sept.

Wenden Sie sich nun nach rechts und radeln Sie auf der D51 südwestwärts. Nach 5 km passieren Sie das Dorf **Kerhinet**, bei dem nicht nur ein Dolmen, sondern auch ein Freilichtmuseum mit 18 Strohhütten eine Rast wert ist (Juni-Sept.).

Gîte d'étape: Kerhinet, Tel. 40619406 (M. Garel), 24 Betten, Mitte Juli-Aug. tägl, Mai-Sept. auf Voranmeldung an Wochenenden.

Die D51 bringt Sie schließlich geradewegs in das mittelalterliche Städtchen **Guérande**, das kreisförmig von fast vollständig erhaltenen Stadtmauern umschlossen ist. Eines der vier Stadttore, die Porte St.-Michel, beherbergt ein Regionalmuseum (Ostern-Sept.). Für den Stadtbummel sollten Sie sich Zeit nehmen; eine vollständige Runde auf den Festungsmauern ist lohnend.

Information: SI, Tour St.-Michel, BP 62, 44350 Guérande, Tel. 40249671.
Gîte d'étape: Foyer laïque, 7 r Sénéchal, Tel. 40248209 (M. Gauthier).
Camping: 7 Plätze.

Für die Weiterfahrt nutzen Sie die D774 Rchtg. Le Croisic, biegen aber ca. 2 km nach der Stadtmauer rechts ab auf eine Nebenstraße (D92) nach Pradel, wo links eine noch kleinere Straße durch eines der interessantesten Gebiete der Region abzweigt: durch die Salinen von Croisic. Die Salzgewinnung ist heute weitgehend eingestellt, so daß sich ein einziges großes Freilichtmuseum darbietet. Auf dem Damm durch die Salinen kommen Sie bei Kervalet zur N171 nach **Le Croisic**, eine alte Hafenstadt mit weißgetünchten Häusern, Salzspeichern und einer sich westwärts anschließenden Landzunge zur Pointe du Croisic, die auf der D45 vollständig umradelt werden kann. Außerdem hat die Stadt ein Marinemuseum (di geschl.) und ein (privates) Aquarium.

Information: OTSI, Pl de la Gare, 44490 Le Croisic, Tel. 40230070.
Verkehrsverbindungen: Eisenbahn nach Nantes (Hauptstrecke).
Camping: L'Ocean ***, Tel. 40230769, 400 Stpl., April-Sept.; Le Paradis, Tel. 40230789, 110 Stpl., Juni-Mitte Sept.

Fahrradvermietung: am Bahnhof Le Croisic, Tel. 40230070; Cycles Peugeot, Fa. Baholet-Levayer, Bd de l'Atlantic, Le Pouliguen, Tel. 40665050, ganzj., im Vorort von La Baule an der weiteren Streckenführung.

Ggf. nach der Umrundung der Pointe du Croisic auf der D45 nutzen Sie die an der Südküste der Landzunge verlaufende D45 vorbei an Batz-sur-Mer bis **La Baule** (OTSI). Ein Erlebnis besonderer Art ist die nun folgende Fahrt auf der Strandpromenade dieses Seebades und des sich anschließenden Ortes Pornichet; der kilometerlange Sandstrand von La Baule hat die Stadt mit einer durchgehenden Bebauung aus Hotels und Apartementhäusern versorgt, wie sie als Kontrast zu Guérande und Croisic nicht krasser ausfallen könnte.

Wenn in *Pornichet* (OTSI; Fahrradvermietung, u.a. am Bahnhof) die D92 als vierspurige Schnellstraße von der Küste fortschwenkt, halten Sie sich geradeaus weiter auf der Küstenstraße (D292), die mit schönen Blicken auf Meer und die gegenüberliegende Küste über St.-Marc nach St.-Nazaire verläuft; am Stadtrand treffen Sie wieder auf die D92.

Saint-Nazaire, 70000 Einw., Dép. Loire-Atlantique, ist eine durchweg moderne Stadt; sie wurde als Hafenstadt erst vor etwa 100 Jahren ausgebaut und erlitt im Zweiten Weltkrieg das Schicksal aller mit deutschen U-Boot-Stützpunkten gesegneten französischen Städte: sie wurde "flächensaniert". Entsprechend sind die Sehenswürdigkeiten technisch-industrieller Natur: der große Werfthafen, der zwei Drittel des französischen Schiffbaus abwickelt, das U-Boot "Espadon" und die längste Spannbrücke Europas (3356 m), d e Sie auf der Weiterfahrt auch von oben erleben.
Information: OTSI, Pl François-Blancho, 44600 St.-Nazaire, Tel. 40224065.
Verkehrsverbindungen: Eisenbahn Rchtg. Paris, Vannes, Limoges und Bordeaux; Flugplatz im Osten der Stadt.
Jugendherberge: Foyer du Travailleur, 30 r du Soleil Levant, Tel. 40225104, 16 Betten, ganzj., spärliche Küchenausstattung.
Gîte d'étape: Les Landes du Cuneix, 20 Betten, ganzj., 6 km nordwestl. der Stadt, Anmeldung bei M. Burban, La Ville es Robert, l'Immaculée, Tel. 40660566, am nordwestl. Stadtrand von St.-Nazaire; Maison de la nature "Le Bois Joubert", Donges, Tel. 40910110 (M. Yann Gourraud), 49 Betten, ganzj., ca. 10 km nordöstl.
Fahrradvermietung: am Bahnhof, Tel. 40665050.
Waschsalon: Crusson, 127 rue d'Anjou, Tel. 40223530.

Etappe 112:
La Roche-Bernard - Crossac - Saint-Joachim - Saint-Nazaire (38 km)

Diese Nebenstraßenverbindung nutzt eine der wenigen Strecken durch das Naturschutzgebiet der Grande-Brière. Seit dem 15. Jh. wurde hier Land aus den Mooren gewonnen, indem Kanäle und zahlreiche Bäche zur Entwässerung genutzt wurden. Die meisten Teile dieses idyllischen Fleckchens sind nur mit Kähnen zu errreichen.

Die Etappe beginnt in La Roche-Bernard auf der N165 Rchtg. Nantes, verläßt aber nach 4 km die Hauptstraße, um rechts auf der D4 durch Sainte-Reine-de-Bretagne (Camping ****) nach *Crossac* zu führen. Dort biegen Sie rechts ein in die D16 nach **Saint-Joachim**, einem der Städtchen in der Grande-Brière. Außer den Naturschönheiten der Umgebung gibt es auf der *Ile de Fédrun* ein privates Museum traditioneller Brautkränze (!), das gratis zugänglich ist, und ein Heimatmuseum (Juni-Sept.).

Von St.-Joachim bringt die D50 Sie geradewegs nach Montoir-de-Bretagne, wo Sie die N171 kreuzen und auf der D971 am Flugplatz vorbei nach **Saint-Nazaire** (s. Etappe 111) radeln.

Kartenskizze Etappen 111 & 112

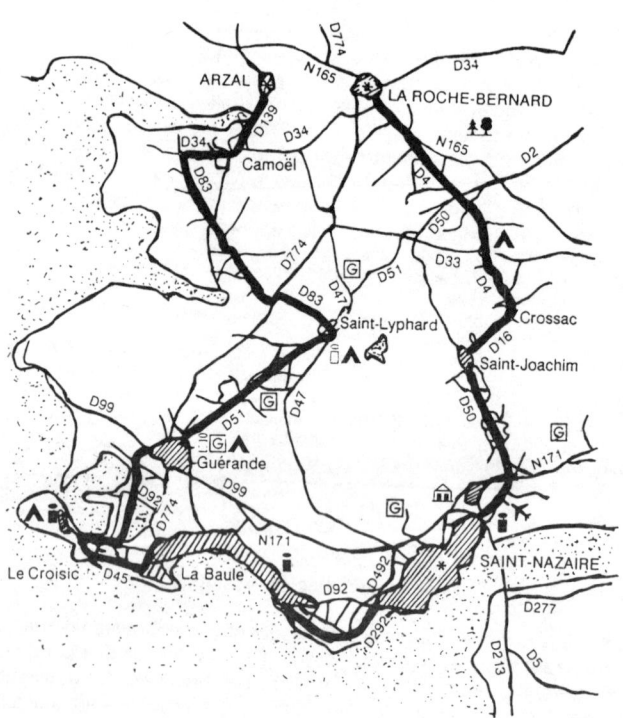

Etappe 113:
Saint-Gravé - Redon - Guémené-Penfao (40 km)

Diese Etappe führt in West-Ost-Richtung zu einem Etappen-Knotenpunkt, an dem Anschlußstrecken in alle Himmelsrichtungen existieren. Sie beginnt in St.-Gravé auf der D764 Rchtg. Redon über Peillac und *Saint-Vincent-sur-Oust*.

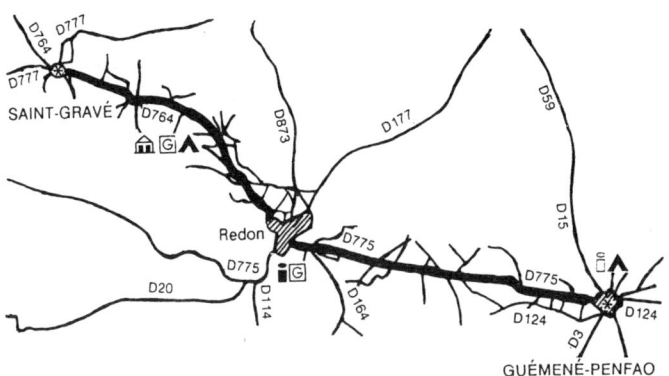

Jugendherberge: Ti Kendalc'h, Saint-Vincent, Tel. 99912855, 80 Betten, ganzj.
Gîte d'étape: La Fontaine, Saint-Vincent, Tel. 99912541, 22 Betten, ganzj.
Camping: Pont d'Oust **, Peillac, Tel. 99912676, 43 Stpl., Ostern-Sept.; Painfaut **, St.-Vincent, Tel. 99912434, 30 Stpl., April-Okt.
Bei St.-Perreux erreicht die D764 das Tal der Oust, überquert die Grenze zum Dép. Ille-et-Vilaine und den Fluß und erreicht als D65 **Redon**, eine an einer Flußkreuzung (Vilaine/Canal de Nantes à Brest) gelegene Stadt ohne besondere Bedeutung. Auch der Schiffsverkehr beschränkt sich heute auf Ausflugsboote.
Information: OTSI, Pl du Parlement, 35600 Redon, Tel. 99710604.
Gîte d'étape: Le Lot, Rieux, Tel. 99912025 (Fam. Le Villoux), 30 Betten, 7 km südl.

Auf dem Weg zum anderen Ufer der Vilaine nach St.-Nicholas-de-Redon wird erneut eine Départementsgrenze (nach Loire-Atlantique) überquert. Die D775 führt geradewegs in das 20 km entfernte Städtchen **Guémené-Penfao** im Tal des Flüßchens Don.
Information: SI, Pl Simon, 44290 Guémené-Penfao, Tel. 40793083, ganzj.
Camping: L'Hermitage ***, Avenue du Paradis, Tel. 40792348, 120 Stpl., ganzj.
Fahrradvermietung: beim SI, Juni-Sept.

Kartenskizze Etappe 114

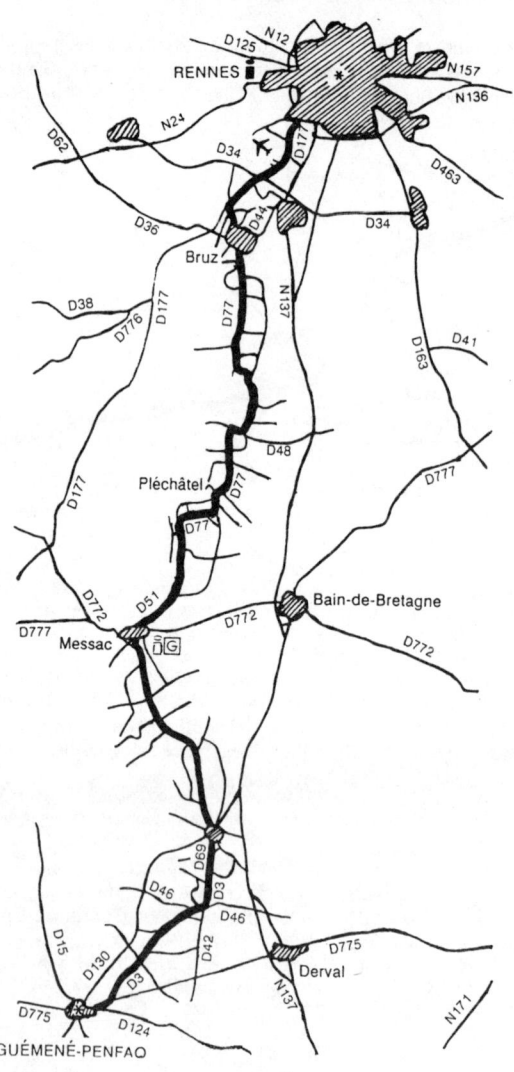

Étappe 114:
Guémené-Penfao - Pierric - Messac - Pléchâtel - Bruz - Rennes (80 km)

Eine Nebenstraßenstrecke ins Zentrum der östlichen Bretagne, die zu großen Teilen im Tal der Vilaine verläuft. Sie beginnt in Guémené-Penfao auf der D775 Rchtg. Derval, schwenkt aber schon nach 2 km links auf die D3 über Pierric zur Départementsgrenze (nach Ille-et-Vilaine), wo die Straße als D69 weiterführt. Sie durchfahren das Städtchen Grand-Fougeray und bleiben auf der D69, die in **Messac** nach 30 km Fahrt das Tal der Vilaine erreicht. Diese Gegend ist mit etlichen Landhäusern und Schlössern gespickt, die allerdings durchweg nicht zu besichtigen sind.
Information: SI, Square de la Liberté, 35480 Messac, Tel. 99346160.
Gîte d'étape: 2 rue de la Paix, 22 Betten, ganzj., Anmeldung bei Mme Beaujouan-Bertin, 6 square de la Liberté, Tel. 99347342.

Für die Weiterfahrt nutzen Sie die D51 auf der östlichen Seite der Vilaine, die bei Pléchâtel in die D77 mündet. Diese Nummer behält die Straße auf ihrem Weg durch Bourg-des-Comptes, Laille und Bruz bei, bis sie 10 km vor **Rennes** (s. Etappe 65) auf die D177 stößt. In Ermangelung geeigneter Nebenstraßen radeln Sie den Rest der Strecke vorbei am Flughafen Saint-Jacques bis Rennes auf dieser Hauptstraße.

Etappe 115:
Guémené-Penfao - Blain - La Pâquelais - Nantes (56 km)

Diese fast geradlinige Nebenstraßenverbindung zur Loire-Mündung beginnt in Guémené-Penfao auf der D15, die den Don überquert, geradeaus den Wald von Le Gâvre durchquert und **Blain** erreicht. Der Wald ist durch eine Vielzahl von Forstwegen erschlossen und bei Wanderern und Reitern beliebt. In Blain existieren ein volkskundl. Museum am Pl Guihard (im Sommerhalbj. tägl.). Falls Sie in Le Gâvre (s.u.) übernachten möchten, sollten Sie sich montags rechtzeitig verproviantieren: dann haben alle Geschäfte und Restaurants Ruhetag.
Information: SI, 2 pl Jean-Guihard, 44130 Blain, Tel. 40871511.
Gîte d'étape: Centre équestre, La Manade, Le Gâvre, Tel. 40512034 (M. Naulin), 20 Betten, ganzj., schmuddelige Reiter-Herberge, 2 km südl. von Le Gâvre nahe der D42; La Denais, Camping de la Pindière, Héric, Tel. 40576541 (M. Briand), 16 Betten, auf einem Campingplatz 12 km südöstl. (6 km abseits der Streckenführung).
Camping: Du Château **, Blain, Tel. 40791100, 45 Stpl., Mitte Mai-Sept.; La Forêt **, Le Gavre, Tel. 40512618, 150 Stpl., März-Okt.

Zur Überquerung des Canal de Nantes à Brest benutzen Sie die N171 Rchtg. St.-Nazaire, verlassen die Hauptstraße aber sofort wieder nach links auf die D42, die Sie durchgehend über N.-D.-des-Landes, Le Pâquelais und Orvault bis zum Stadtrand von Nantes benutzen; der Weg ins Stadtzentrum erfolgt auf der N137.

Nantes, 430000 Einw. (inkl. Vororte), Dép. Loire-Atlantique, ist heute Teil der Verwaltungsregion "Pays de la Loire", historisch aber eindeutig Bestandteil der Bretagne, deren Hauptstadt Nantes lange Zeit war. Die bedeutende Industrie- und Hafenstadt ist in ihren alten Teilen (vor allem um die Kirche Saint-Croix) daher bretonisch geprägt, und die mächtige Festung aus dem 15. Jh. nennt sich "Château des Ducs de Bretagne". Sie beherbergt drei Museen (Regionalmuseum, ein Museum mit Einrichtungsgegenständen, Marinemuseum; außerhalb von Juli/Aug. di geschl.); weitere Kulturtempel der Stadt sind das Musée Dobrée (romanische und gotische Kunstschätze des 15./16. Jh., di geschl.), das Museum der schönen Künste (di geschl.), das Jules-Verne-Museum (di geschl.), das Postmuseum (mo-fr nachm.), das Musée de l'Imprimerie (Druckereimuseum) in der Mediathek und das Naturhistorische Museum (mo geschl.). Die meisten Museen können an Wochenenden gratis besucht werden.

Information: OTSI, Place du Commerce, BO 160, 44000 Nantes, Tel. 40470451.

Verkehrsverbindungen: Eisenbahn Rchtg. Paris, Rennes, Quimper, Limoges und Bordeaux; Flughafen Château-Bougon 10 km südwestl. (Verbindungen u.a. nach Paris, Basel-Mulhouse, Metz-Nancy, Strasbourg).

Mitfahrzentrale: Allostop, CRIJ, 28 r du Calvaire, Tel. 40890485.

Studentenwerk: CROUS, 2 bd Guy Mollet, Tel. 40371313, Wohnheime s. JH, auf Studentenausweis auch außerhalb der Ferien Aufnahme.

Unterkunft: Centre Jean Macé, 90 r Bonnefoy, Tel. 40745574, 71 Betten.

Jugendherberge: Cité Universitaire (FUAJ), 2 pl de la Manu, Tel. 40205725 & 40746186, 62 Betten (2er-Appartements) Juli/Aug., sonst nur 12 Betten, schlecht ausgeschildert; Foyer "Porte Neuve" (FUAJ-angeschl.), 1 r Porte Neuve, Tel. 40200080, 58 Betten, ganzj.; Foyer "Porte Beaulieu" (FUAJ), 9 bd Vincent Gâche, Tel. 40479164, 9 Betten, ganzj.

Camping: Le Val du Cens ****, 21 bd Pt. Port, Tel. 40744794, 200 Stpl., ganzj., an der D69 3 km nördlich.

Fahrradvermietung: Cybreta, Pierre Matignon, 72 bd Dalby, Tel. 40740505.

Waschsalon: 7 Firmen.

Etappe 116:
Guémené-Penfao - Nozay - Nort-sur-Erdre (37 km)

Diese Strecke eröffnet verschiedene Möglichkeiten, unter Umgehung von Großstädten die Reise im Loire-Tal oder weiter nördlich fortzusetzen. Sie beginnt in Guémené-Penfao auf der D124, die entlang des schönen Don-Tals über Conquereuil und *Marsac-sur-Don* nach *Nozay* führt.

Information: SI, Mairie, 44170 Nozay, Tel. 40794048.

Gîte d'étape: Étang de la Roche, Marsac, Tel. 40875639 (Mme Salmon) bzw. 40875477 (Bürgermeisteramt); Schlüssel bei diesen Stellen, 19 Betten, ganzj., auf Voranmeldung.

Camping: La Roche **, 33 Stpl., April-Okt., Verwaltungseinheit mit der Gîte.

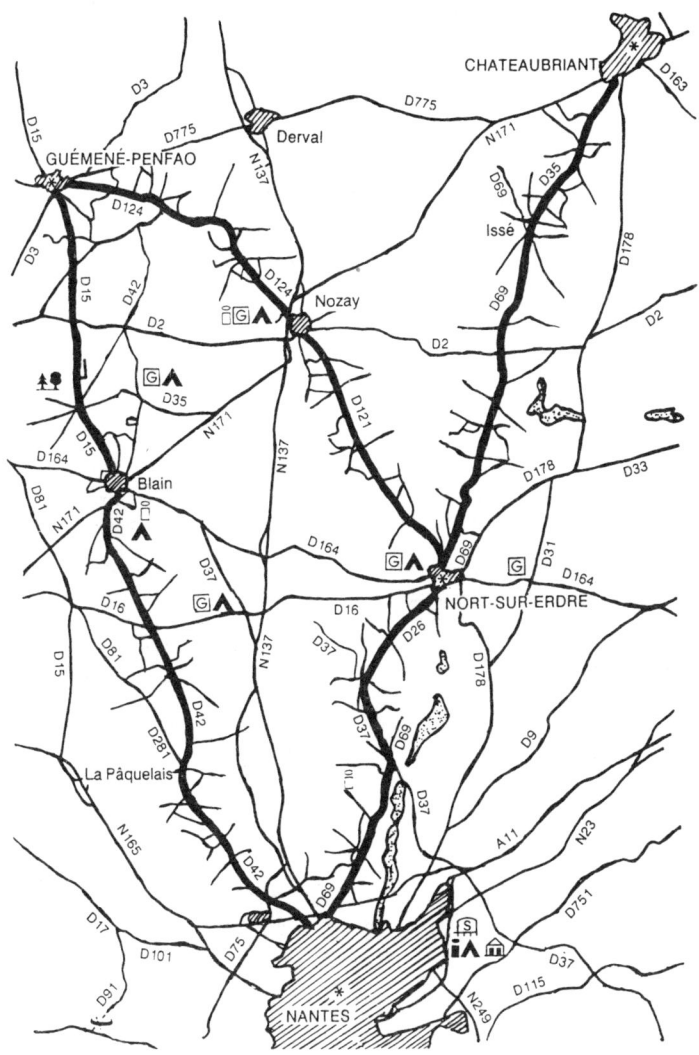

Fahren Sie geradewegs durch Nozay hindurch und auf der D121 weiter nach **Nort-sur-Erdre**, wo Sie Anschluß an die Etappen 117 (in umgekehrter Richtung), 118, 127 und 133 haben.

Gîte d'étape: "Le Moulin de Vaux", Tel. 40721049 (Mme Chailleux) bzw. 40722018 (Bürgermeisteramt), 18 Betten, nur auf Reservierung; La Cohue, Les Touches, Tel. 40353548 (Reservierungsservice Nantes), Gruppenherberge 6 km östl.

Camping: Port Mulon **, Tel. 40722357, 50 Stpl., März-Okt., 2 km südl.

Etappe 117:
Châteaubriant - Issé - Nort-sur-Erdre (35 km)

Diese Kurzstrecke verbindet Etappe 64 mit den Strecken ins Loiretal. Sie beginnt in Châteaubriant auf der D35, die am südwestlichen Stadtrand von der N171 (Rchtg. Nozay) links abzweigt und nach Issé führt. Dort wechseln Sie auf die D69, die immer geradeaus über Langueurs nach **Nort-sur-Erdre** (s. Etappe 116) verläuft; dabei sind nur geringfügige Höhenunterschiede zu überwinden.

Etappe 118:
Nort-sur-Erdre - La Chapelle-sur-Erdre - Nantes (27 km)

Diese Etappe stellt eine Nebenstraßenverbindung zur Loire-Mündung her. Sie beginnt in Nort-sur-Erdre auf der D26 nach Casson; um diese Straße zu finden, müssen Sie die Beschilderung Rchtg. Nantes bewußt ignorieren, da diese zur D178 weist. Falls Sie nahtlosen Anschluß an Etappe 116 bzw. 117 vornehmen möchten, radeln Sie einfach geradeaus durch Nort-sur-Erdre hindurch.

In Casson biegen Sie links ab auf die D37 nach **Sucé-sur-Erdre** (SI), wo Sie erneut rechts abbiegen auf die D69 durch Chapelle-sur-Erdre nach **Nantes** (s. Etappe 115).

Etappe 119:
Saint-Nazaire - Paimboeuf - Le Pellerin - Nantes (61 km)

Diese Etappe eröffnet die West-Ost-Strecke im Loire-Tal. Sie beginnt in St.-Nazaire mit einer Überquerung der fast 3400 m langen, beeindruckenden Brücke (bei Wind etwas sehr "spannend") über die Loire-Mündung, biegt aber unmittelbar danach von der mehrspurigen Schnellstraße ab auf die ostwärts führende D377/D277/D77 nach *Paimboeuf*. Fahren Sie dort nicht um den Ort herum, sondern hinein zum Hafen, wo Sie einen schönen Blick auf die Loire-Mündung haben.

Information: OTSI, 50 r du Général-de-Gaulle, BP 44, 44560 Paimboeuf, Tel. 40275382.

Gîte d'étape: Château de l'Aumondière, St.-Père-en-Retz, Tel. 40218348 (Mme Rodriguez), 13 Betten, Reservierung erford., ganzj., südl. über die D86 zu erreichen.

Camping: L'Estuaire **, Paimboeuf, Tel. 40275212, 100 Stpl., ganzj.

Die Weiterfahrt erfolgt auf der D723, die sich etwas von der Loiremündung entfernt. Nach ca. 20 km, beim Ortsteil Messan von *Rouans* (Naturcamping), verlassen Sie die Straße nach links auf die D58, die in Loire-Nähe über *Le Pellerin* (Fährverbindung über die Loire nach Le Paradis, ggf. alternativ zu nutzen) und La Montagne nach *Bouguenais* (Camping *) führt. Dort trifft die Nebenstraße auf die von hier an mehrspurige D723 nach *Rezé*, einem am südlichen Loire-Ufer liegenden Vorort (Wohntürme nach Entwürfen von Le Corbusier) von **Nantes** (s. Etappe 115).

Etappe 120:
Saint-Nazaire - Pornic - Les Moutiers-en-Retz (44 km)

Eine Etappe für "Küstensüchtige"; über weite Strecken ist die Benutzung mehrspuriger Schnellstraßen dabei unvermeidbar. Die Strecke beginnt in St.-Nazaire (wie Etappe 119) mit einer Fahrt über die große Brücke zum anderen Loire-Ufer. Die einzige Möglichkeit, die Schnellstraße D213 zu verlassen, haben Sie, wenn Sie durch die Bebauung der Badeorte *Saint-Brevin-les-Pins* und *Saint-Brevin-l'Océan* radeln.
Information: OTSI, 10 r de l'Église, BP 10, 44250 St.-Brevin-les-Pins, Tel. 40272432.
Jugendherberge: La Pinède (FUAJ), All de la Jeunesse, Tel. 40272527, 60 Betten, ganzj.
Gîte d'étape: bei St.-Père, 10 km östl., s. Etappe 119.
Camping: die gesamte Küste ist von Campingplätzen gesäumt; auf eine Auflistung wird daher verzichtet.

Von Saint-Brevin-l'Océan bis Saint-Michel-Chef-Chef (kein Druckfehler!) können Sie der D213 nicht ausweichen. Dort gibt es aber die Möglichkeit, eine Umrundung der westlich gelegenen Halbinsel auf der D96 nach La Plaine und der D13 nach **Pornic** zu machen. Pornic, ein vielbesuchter Badeort, besitzt einen schönen Jachthafen unterhalb einer halb zugewachsenen mittelalterlichen Burg.
Information: OTSI, Pl du Môle, BP 61, 44210 Pornic, Tel. 40820440.
Gîte d'étape: La Baronnerie, Chéméré, Tel. 40027757 (Fam. Loquais), 31 Betten, ganzj., 15 km östl., schon ab St.-Michel-Chef-Chef via D136 anzusteuern.
Fahrradvermietung: Tharon Loisir, 23 bd de l'Ocean, Tharon Plage, St-Michel-Chef-Chef.

Auf der D13 geht es nun Rchtg. Bourgneuf-en-Retz, nach 3 km rechts auf der D97 durch La Bernerie und die Badeorte an der Küste nach **Les Moutiers-en-Retz**. In der Nähe des Etappenzieles gibt es etliche große Strände.
Information: OTSI, Rue Baconnais, 44580 Les Moutiers-en-Retz, Tel. 40827400.

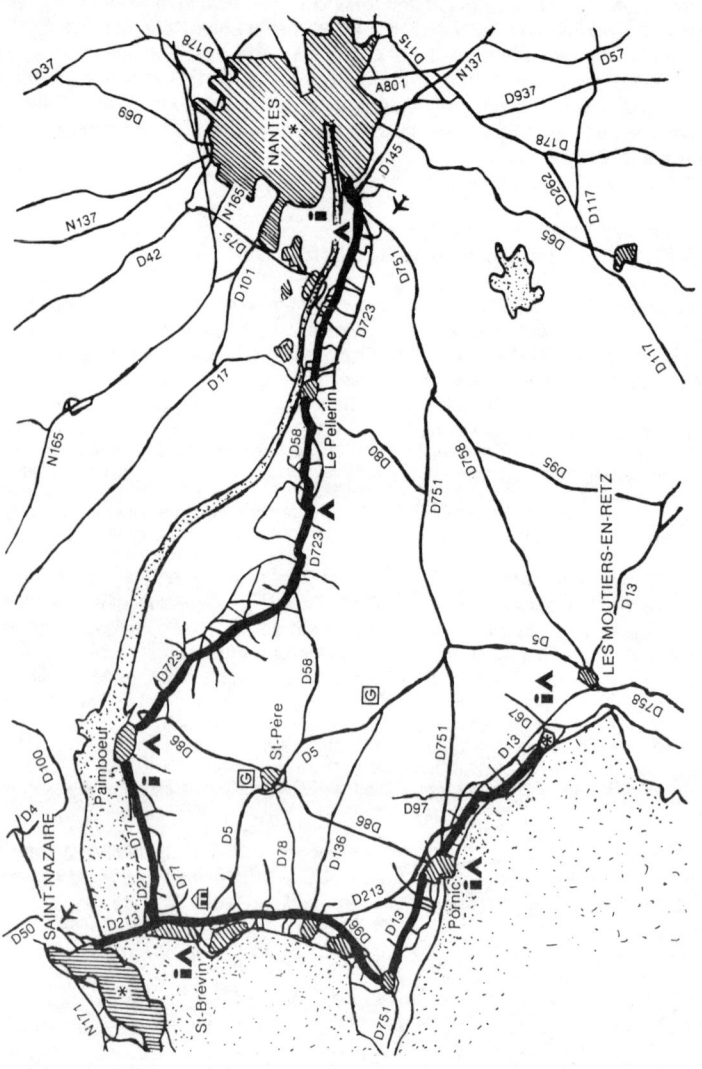

Etappe 121:
Les Moutiers-en-Retz - Bouin -
a) Saint-Jean-de-Monts - Challans (60 km)
b) Bois-de-Céné - Challans (36 km)

Zwei Varianten mit höchst unterschiedlicher Streckenführung, deren Anfang identisch ist: direkt an der Küste entlang südwärts, auf einer Brücke über denn *Etier du Sud* hinweg und auf der D118/D21 nach *Bouin*. Dort teilen sich die beiden Möglichkeiten.

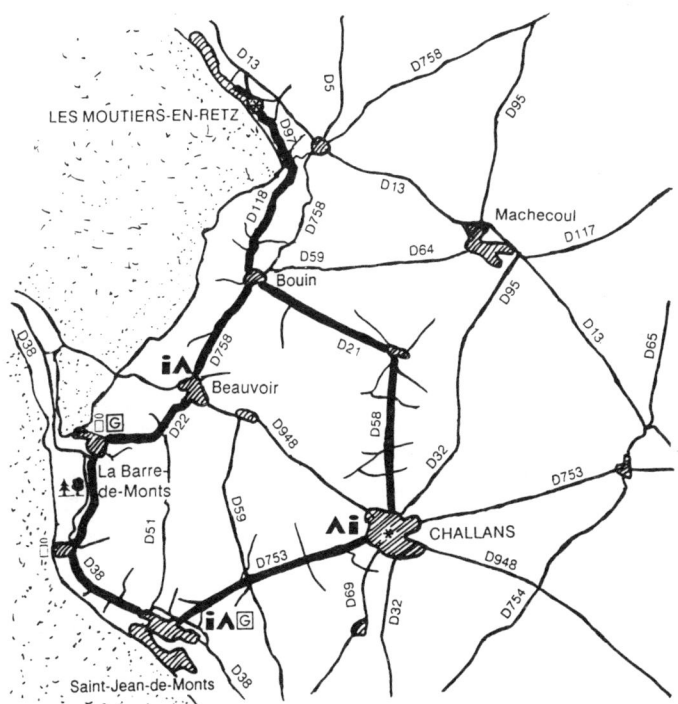

Variante A umrundet eine Ausbuchtung des Dép. Vendée, jener Region Frankreichs, in der um 1800 der Versuch einer Konterrevolution ("Vendée-Kriege") unternommen wurde (s. *Zeugen der Geschichte*). Auf der D758 gelangen Sie nach *Beauvoir* (OTSI; 2 Camping), wo Sie ggf. über die D948 (auf einem Damm) einen Abstecher zur Doppelinsel **Noirmoutier** unternehmen können, allerdings nur bei Ebbe: ansonsten ist die Insel nur ab *La Barre-de-Monts*,

217

10 km weiter die D22 hinunter, über eine Brücke zu erreichen.
Information: SI, Pl de la Gare, 85550 La Barre-de-Monts, Tel. 51685231 & 51685183.
Gîte d'étape: Centre de Découverte du Daviaud, La Barre-de-Monts, Tel. 51685703, 12 Betten, Mitte Juni-Sept.

Hinter La Barre beginnt ein Küstenstreifen mit fast durchgängiger Bewaldung. Die D38 folgt diesem Waldstreifen bis **Saint-Jean-de-Monts**, wie alle Städte dieser Gegend ein Ferienort, in dessen Nähe sich zahlreiche typische Vendée-Häuser befinden.
Information: OTSI, Esplanade de la Mer, BP 708, 85167 St.-Jean-de-Monts, Tel. 51580048.
Gîte d'étape: Les Grenouillères, Tel. 51586985, 10 Betten, Mitte Juni-Mitte Sept.
Camping: die Küste ist von Campingplätzen gespickt; auf eine Auflistung wird daher verzichtet.
Fahrradvermietung: Le Cycl'Love, 11 av des Demoiselles, Tel. 51554856; Le Cycl'Hop 2000, 6 av de la Forêt, Tel. 51580481.
Waschsalon: Daniel Boquet, 2 r Challans, Tel. 51582627.

In St.-Jean-de-Monts biegen Sie links ab auf die D753, die geradewegs zum Etappenziel führt. **Challans** ist wegen seines Entenmarktes (di vorm.) bekannt und hat außerdem ein vogelkundliches Museum (in der Saison täglich, sonst mi-so.).
Information: OTSI, Rue de Lattre-de-Tassigny, 85300 Challans, Tel. 51931975.
Verkehrsverbindungen: Eisenbahn nach Nantes und Roche-sur-Yon.
Camping: Le Ragis, Tel. 51680849, aire naturelle, 25 Stpl., ganzj.
Fahrradvermietung: Michel Rondeau, 32 r Biochaud, Tel. 51930984.

Variante B biegt in Bouin links ab auf die D21 nach Bois-de-Cêne und wechselt dort auf auf die D58 nach Challans; sie kürzt auf diese Art den Küstenbogen auf Nebenstraßen ab. In Challans erhalten Sie in jedem Fall direkten Anschluß an Etappe 122.

Etappe 122:
Challans - Apremont - Maché - Beaulieu-sous-la-Roche - La Roche-sur-Yon (50 km)

Diese Nebenstraßenverbindung führt zum südlichsten Punkt der von diesem Reiseführer abgedeckten Gebiete. Sie beginnt in Challans auf der D58, die noch im Stadtgebiet von der Direktverbindung D948 Rchtg. La Roche-sur-Yon rechts abzweigt. Die Straße kreuzt nach 10 km die D754 und führt als D21 nach **Apremont**, einem Städtchen mit einer Renaissanceschloß-Ruine und einem Wasserschloß, von dessen Aussichtsterrasse ein schöner Ausblick auf den Vie-Stausee besteht; zugänglich Mitte Juni-Mitte Sept. tägl., im Frühling außer mi.
Information: SI, Place du Château, 85220 Apremont, Tel. 51557366 oder 51557054.
Camping: Les Prairies du Lac ***, Rte de Maché, Tel. 51557058, 90 Stpl., Mai-Sept., 2 km östl. des Ortes an der D40; kommunale Jugend-Gîte (Tel. s. SI), 12 Betten in Zelten, Mitte Juni-Mitte Sept.

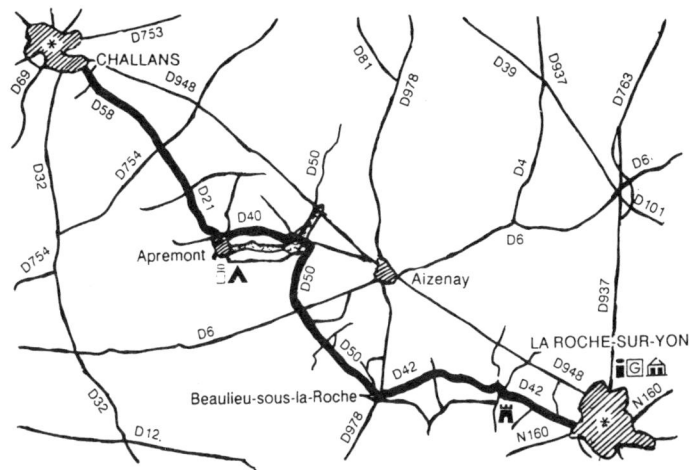

Die Weiterfahrt erfolgt auf der D40 nördlich des Stausees bis Maché, wo Sie rechts abbiegen auf die D50, die den See überquert, nach 5 km die D6 kreuzt und schließlich das Dorf **Beaulieu-sous-la-Roche** erreicht. Die Umgebung des Ortes verfügt über ausgesprochen idyllische Strecken in jede Himmelsrichtung. Eine dieser Straßen ist die D42 über **Venansault** (in der Nähe einige sehenswerte Herrenhäuser; darunter das Château de la Boursière, zu besichtigen Juni-Mitte Sept. gratis) nach St.-André-d'Ornay, wo Sie auf die N160 ins unmittelbar benachbarte Etappenziel treffen.

La Roche-sur-Yon, 48000 Einw., Hauptstadt des Dép. Vendée, wurde zu Zeiten Napoleon I. als Stützpunkt im Herzen der Vendée systematisch erbaut. Die Innenstadt verfügt über einen strikt geometrischen Grundriß (als Fünfeck); ihr Mittelpunkt ist der Place Napoléon. La Roche hat in dem kurzen Zeitraum seiner Existenz achtmal den Namen gewechselt; nach mehrfachen Umbenennungen in "Napoléon", "Bourbon-Vendée" und "Napoléon-Vendée" ist schließlich seit 1870 die alte Bezeichnung wieder eingeführt worden. Die Geschichte der Stadt erfährt man am besten im städtischen Museum (Juli/Aug. tägl., sonst di geschl.; gratis). Eine interessante Ausstellung verschiedener Gewerbezweige findet sich im "Maison des Métiers", (im Sommer tägl., gratis). Außerdem verfügt La Roche über ein renommiertes Gestüt ("Haras"), das Mitte Juli-Mitte Febr. tägl. (nachm.) außer so gratis besichtigt werden kann.
Information: OTSI, Galerie Bonaparte, Pl Napoléon, 85000 La Roche-sur-Yon, Tel. 51360085 (Juli/Aug. auch sonntagnachmittags).
Verkehrsverbindungen: Eisenbahn Rchtg. Nantes, La Rochelle und Tours; Flugplatz

Etappe 123:
La Roche-sur-Yon - Chauché - Saint-Fulgent - Les Herbiers - Les Epesses (54 km)

Eine reine Nebenstraßenstrecke zu den "Wallfahrtsorten" der Vendée-Kriege. Sie beginnt in La Roche-sur-Yon auf der D37 (zweigt als Rue Abbé-Pierre-Arnaud von dem Innenstadtring "Boulevard des Belges" ab) vorbei am Yon-Stausee und führt über Dompierre-sur-Yon, Boulogne und Chauché nach *Saint-Fulgent*.

Gîte d'étape: Centre équestre "La Duranderie", Les Brouzils, L'Herbergement, Tel. 51429325 (Fam. Douteau), 10 Betten, ca. 12 km nördl. von Chauché.

Dort kreuzen Sie leicht nach links versetzt die N137 und folgen der D11 über Mesnard nach **Les Herbiers**. Einige Kilometer nördlich dieser Stadt befindet sich der "Heilige Berg" der Konterrevolution, der Vendée-Kriege. Drei von ursprünglich sieben Windmühlen auf diesem Berg sind erhalten und restauriert; die Windmühlenflügel wurden von den Royalisten als Telegrafensignalgeber eingesetzt, und bis weit ins 20. Jh. trafen sich hier Demokratiegegner zu Massenversammlungen.

Information: OTSI, Grande Rue, 85500 Les Herbiers, Tel. 51929292 & 51671839.

Die D11 bringt Sie ins 10 km entfernte Etappenziel **Les Epesses**. 3 km nordwestlich dieses Dorfes findet im *Château du Puy-du-Fou*, der Ruine eines Renaissance-Schlosses, im Sommer ein touristisches Spektakel besonderer Art statt. Eine der in ganz Frankreich beliebten "Son-et-lumière"-Veranstaltungen ist hier den Vendée-Kriegen gewidmet; mit großem technischen Aufwand werden Szenen aus den Kämpfen nachgespielt. Außerhalb der Aufführungen können die Reste des Schlosses samt dem darin enthaltenen Museum besichtigt werden (ganzj. außer mo).

Im Bahnhof von Les Epesses ist eine Ausstellung zur Geschichte der regionalen Eisenbahn zu sehen (Juni-Mitte Sept., do-so).

Kartenskizze Etappe 123

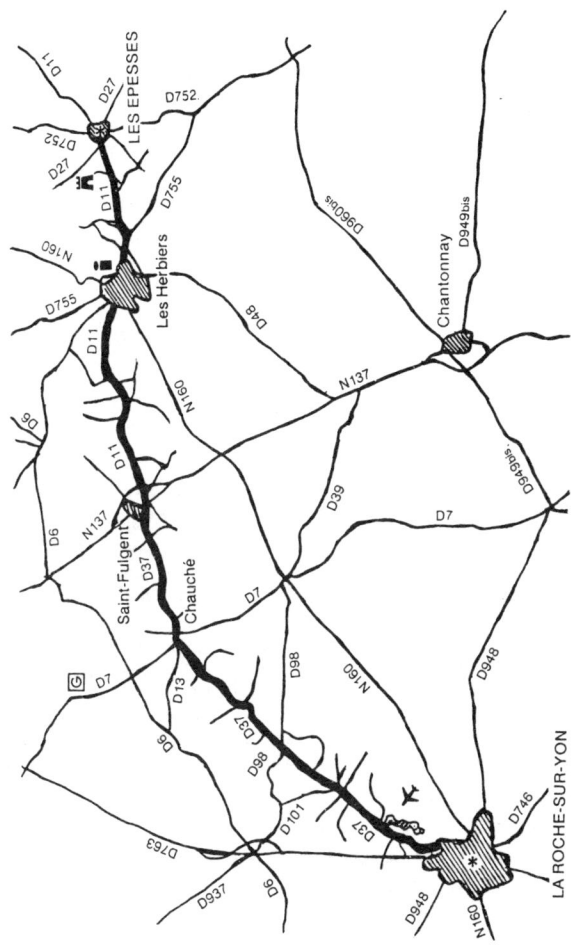

Etappe 124:
Les Epesses - Cholet - Jallais - Chalonnes (62 km)

Diese fast ausschließlich auf Nebenstraßen verlaufende Etappe dient als Zubringer für alle über Angers führenden Strecken. Sie beginnt in Les Epesses auf der D752, die über *Saint-Laurent-sur-Sèvre* (schön am Fluß gelegen) geradewegs nach **Cholet** führt. Diese Industriestadt verdankt einen gewissen Bekanntheitsgrad einem durchaus profanen Gegenstand: sie ist traditionelles französisches Zentrum der Taschentuch-Produktion... Außerdem existiert ein Museum im ehemaligen Rathaus zur Erinnerung an die Vendée-Kriege, ein Kunstmuseum und ein Museum in einem alten Bauernhaus (im Freizeitpark Ribou); alle Museen sind tägl. (außer di) und gratis zugänglich.

Information: OTSI, Pl Rougé, BP 636, 49306 Cholet Cedex, Tel. 41622235, Fax 41628099.
Verkehrsverbindungen: Eisenbahn Rchtg. Angers und Nantes.
Jugendherberge: FJT "Les Paquerettes" (FUAJ-angeschl.), 5 r de la Casse, Tel. 41622209, 15 Betten, keine Gästeküche, Juni-Aug; Les Goélands (FUAJ-angeschl.), 2 r Hallouin, Tel. 41622357, 20 Betten, ganzj.; Parc Municipal de Loisirs, Port de Ribou, Tel. 41621277 (M. Ventroux), 50 Betten, verbandsunabhängiges Ferienzentrum.
Gîte d'étape: Gazeau, Evrunes, Mortagne-sur-Sèvre, Tel. 51652612 (M. Casserau), 24 Betten.
Camping: Lac de Ribou, Tel. 41624704, 186 Stpl., ganzj., 5 km südöstl.
Waschsalon: A. Chaillou, Centre Commercial Mocrat, Tel. 41460741; Salon Lavoir, 19 r Paradis, Tel. 41588980.

Auf der D752 (Rchtg. Beaupréau) fahren Sie weiter nordwärts, bis rechts die Zufahrt zum Dorf St.-Léger-sous-Cholet abzweigt. Von diesem Ort aus folgen Sie der D15 über Le May und Jallais, wo Sie die D756 kreuzen, geradewegs nach Le Pin-en-Mauges. Dort biegen Sie rechts ein in die D762 über Bourgneuf-en-Mauges nach **St.-Laurent-de-la-Pleine**. In diesem Städtchen (SI) gibt es ein privates "Musée des Vieux Métiers" mit einer Ausstellung über vorindustrielle Handwerksberufe (April-Okt. tägl.).

Von hier aus sind es nur noch 5 km auf der D762 nach **Chalonnes**, einem Städtchen mit sehenswerten alten Hafen-Quais. Sie finden dort Anschluß an die Etappen 135 (in umgekehrter Richtung) und 136.

Information: SI, Pl du Layon, 49290 Chalonnes-sur-Loire, Tel. 417821490 & 41781322.
Camping: Le Candais **, Tel. 41780227, 220 Stpl., Mai-Okt.; Des Pâtisseaux **, Chaudefonds-sur-Layon, Tel. 41780410, 35 Stpl., Mai-Sept., ca. 6 km südöstlich.

Etappe 125:
Les Epesses - Les Châtelliers - Rorthais - Saint-Clémentin - Argenton (46 km)

Diese Nebenstraßenstrecke stellt den ersten Teil der Verbindung nach Saumur dar; Anschluß erfolgt über Etappe 139. Die Etappe beginnt in Les Epesses am südlichen Ortsrand auf der D27 nach Les Châtelliers. Dort biegen Sie links ab auf die D64 nach St.-Amand-sur-Sèvre, das unmittelbar hinter der Grenze zum Département Deux-Sèvres liegt.

Kartenskizze Etappen 124 & 125

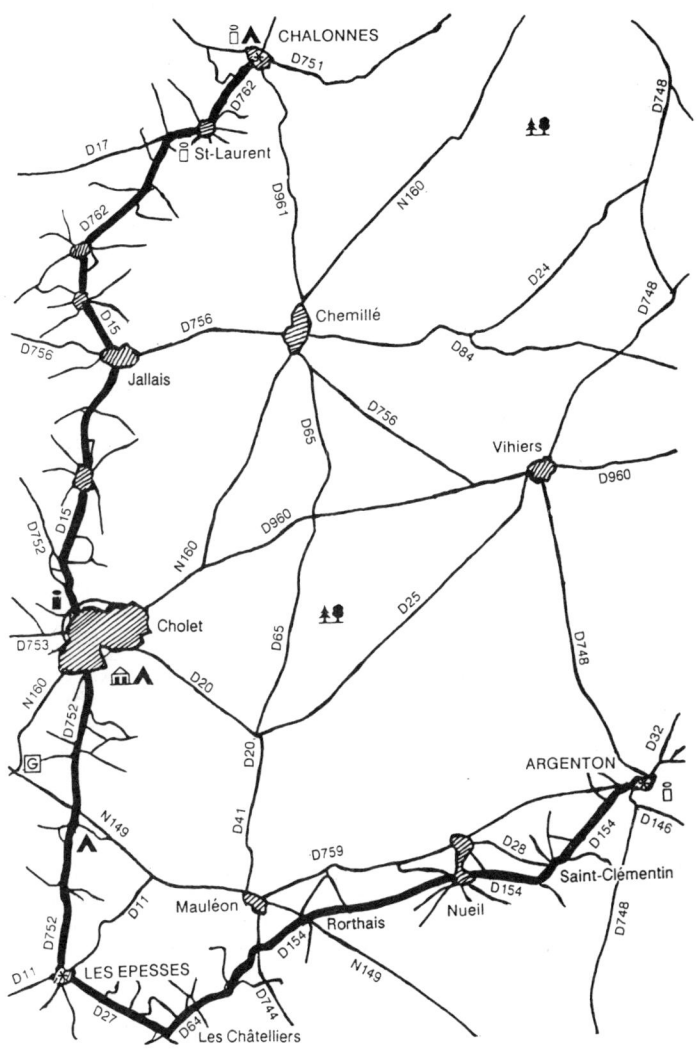

Von St.-Amand aus benutzen Sie für den Rest dieser Etappe durchgehend die D154, die über Rorthais (200 m nach rechts versetzt die N149 kreuzen), Voultegon und Saint-Clémentin geradewegs nach **Argenton-Château** führt. Dieser Ort liegt auf einem Felsen oberhalb des Zusammenflusses von Argent und Ouère.

Information: SI, Mairie, 79150 Argenton-Château, Tel. 49657022.

(Hier existiert ein Anknüpfungspunkt an das Streckennetz des CYKLOS-Fahrrad-Reiseführers *Ost-Frankreich per Rad*.)

Etappe 126:

Laval - Quelaines - Laigné - Ampoigné - Saint-Quentin-les-Anges - Segré (50 km)
(Kartenskizze s. nächste Seite)

Diese Nord-Süd-Verbindung in Rchtg. auf das Loiretal verläuft weitestgehend auf kleinen Nebenstraßen. Sie beginnt in Laval (s. Etappe 61) auf dem Quai d'Avesnières am westlichen Mayenne-Ufer und führt südwärts (D1) über L'Huisserie und das schön gelegene Dorf Nuillé nach Quelaines, wo Sie halbrechts auf die D10 über Laigné (Kreuzung mit der D22) nach Ampoigné abbiegen. Dort halten Sie sich erneut halbrechts und radeln auf der D114 über Mée nach *St.-Quentin-les-Anges*. Etwas abseits der weiteren Streckenführung liegt südlich dieses Dorfes das Schloß *Mortiercrolles* aus dem 15. Jh. (Juli/Aug. nachm. außer di).

Für die restliche Strecke nutzen Sie die stärker befahrene D25/D863/D923 nach **Segré**, einer Kleinstadt mit nettem Ortsbild inmitten einer Viehzuchtregion.

Information: SI, 3 r du Capitaine-Hautecloque, 49500 Segré, Tel. 41928683 & 41921783 (Mairie).

Camping: La Rivière *, Nyoiseau, Tel. 41922677, 35 Stpl., Juli-Aug., 6 km nordwestl.

Etappe 127:

Nort-sur-Erdre - La Lirais - La Meilleraye-de-Bretagne - Saint-Julien - Juigné - Combrée - Segré (68 km)

Diese Strecke verläuft fast ausschließlich auf Nebenstraßen durch landschaftlich äußerst reizvolle Gebiete. Sie beginnt in Nort-sur-Erdre auf der D69 Rchtg. Châteaubriant (= Etappe 117 in umgekehrter Richtung), biegt aber nach 15 km davon rechts ab auf die D2 nach **La Meilleraye-de-Bretagne**.

Die Umgebung dieses Ortes besteht aus zahlreichen Seen und Wäldern; die 3 km südöstl. an der D18 liegende Abtei, die dem Ort den Namen gegeben hat, ist größtenteils eine Ruine, nur die Kirche wurde restauriert, ist aber lediglich zur Sonntagsmesse geöffnet.

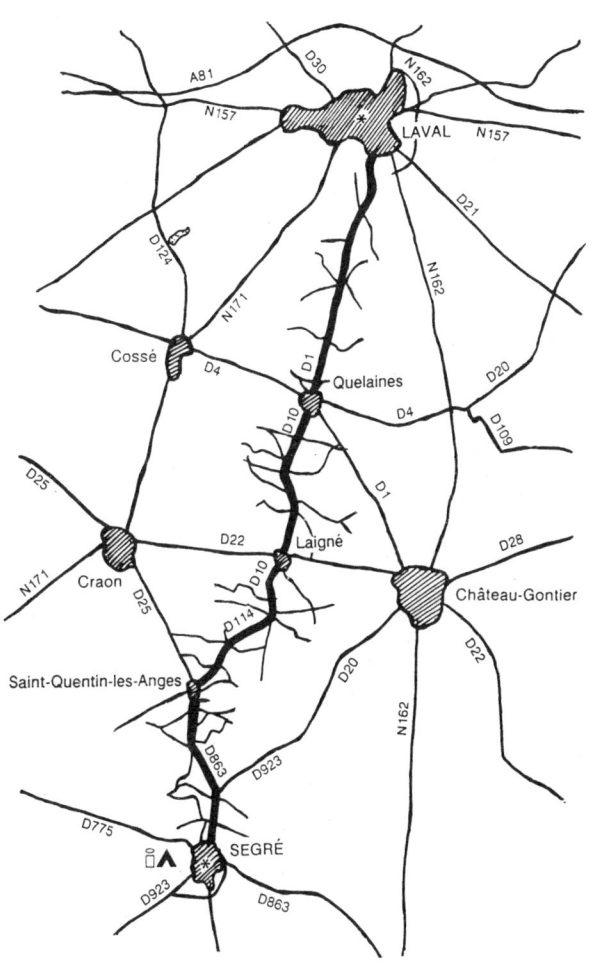

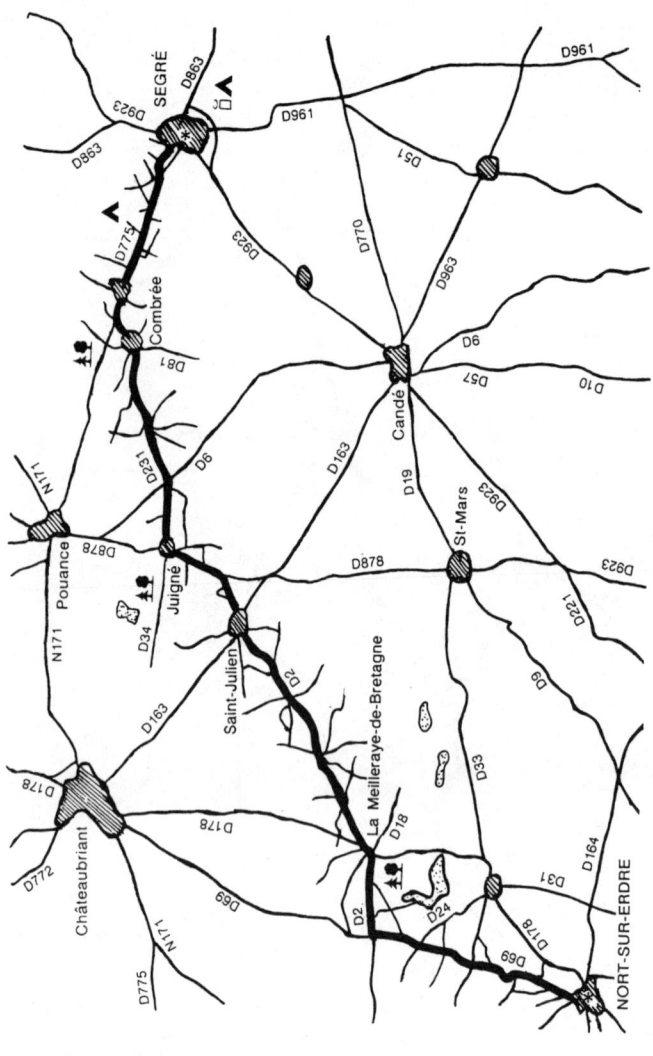

In La Meilleraye radeln Sie innerörtlich auf der D178 Rchtg. Châteaubriant, biegen aber am nördlichen Ortsrand wieder rechts auf die D2 nach St.-Julien-de-Vouvantes ab. Dort folgen Sie nach rechts (Rchtg. Candé) der D163 bis zum Stadtrand und wählen erneut die links abzweigende D2, die nach 3 km in die D878 nach **Juigné-des-Moutiers** mündet. In diesem Dorf, das von einer Wald- und Seelandschaft eingerahmt ist, nehmen Sie die rechts über die Grenze zum Dép. Maine-et-Loir führende Straße, die als D231 über St.-Michel-et-Chanveaux (leicht nach links versetzte Kreuzung mit der D6) nach *Combrée* führt. Von dort stellt die D281 die Verbindung zur D775 durch *Noyant-la-Gravoyère* (Camping ***) nach **Segré** (s. Etappe 126) her.

Etappe 128:
Alençon - Courgains - Ballon - Le Mans (60 km)

Diese Strecke verknüpft die südliche Normandie mit einem Etappen-Knotenpunkt, der Anbindungen sowohl an das Loiretal als auch die südliche Bretagne bietet. Sie beginnt in Alençon (s. Etappe 59) auf der D34, die am südöstl. Stadtrand von der D311 (Rchtg. Mamers) abzweigt, die Grenze zum Dép. Sarthe überquert und als D19 vorbei an einem großen Waldgebiet über Ancinnes und Louvigny nach Courgains führt. Dort biegen Sie rechts in die D300 ein, der Sie etwa 13 km weit folgen.
Camping: Les Grandes Maisons *, Congé-sur-Orne, Tel. 43971209, 10 Stpl., Mai-Sept., 4 km nordöstl. von Ballon.
1 km vor dem Städtchen *Ballon* (wo es nicht nur einen schönen Blick in das Flußtal der Orne gibt, sondern auch eine Burgruine (["Donjon"], Mitte Juli-Anfang Sept.), verlassen Sie die D300 gleich nach Überquerung der Orne rechts auf die D121, die dem Fluß folgt und nach ca. 3 km auf die D138 trifft; rechts geht's darauf über die Orne hinweg und nach *Montbizot*. Hier biegen Sie links ein auf die D47 Rchtg. Le Mans, kreuzen noch einmal die Orne nahe deren Mündung in die Sarthe und knicken dann mit der D47 rechts ab, die nun der Sarthe südwärts folgt.
Camping: Les Platanes **, La Guierche, Tel. 43276125, 25 Stpl., Mai-Sept; Le Vieux Moulin ***, Neuville-sur-Sarthe, Tel. 43253182, 100 Stpl., April-Okt.
Direkt vor dem Stadtring von Le Mans mündet die D47 in die D300, in die Sie rechts einbiegen. Das Etappenziel erreichen Sie über den Boulevard St.-Michel am östlichen Sarthe-Ufer.

Le Mans, 150000 Einw., Hauptstadt des Dép. Sarthe, ist außerhalb Frankreichs vor allem wegen seines 24-Stunden-Autorennens bekannt. An den übrigens 364 Tagen des Jahres richtet sich das touristische Interesse eher auf die gut erhaltene mittelalterliche Altstadt, die von gallo-römischen Stadtmauern umschlossen wird. Etliche Häuser des 15. Jh. mit schönen Fassaden sind hier versammelt, darunter das Museum der Königin Bérengère mit einer heimatkundlichen Ausstellung (tägl. außer mo gratis). Nördlich dieses

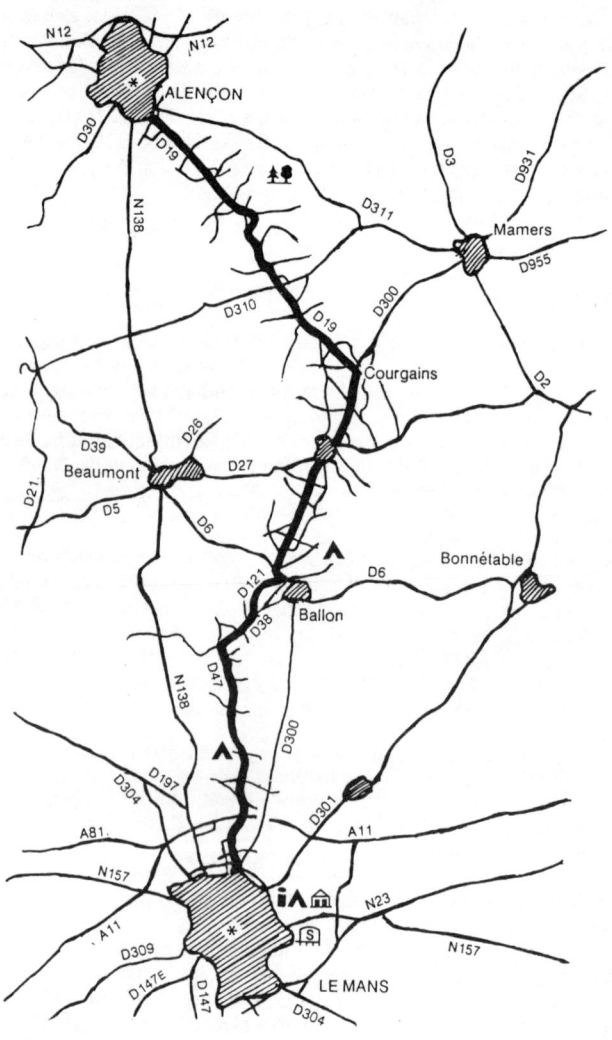

Hauses erhebt sich die mächtige Kathedrale der Stadt, vor allem innen von harmonischer Gestaltung (tägl.). Die Königin, die dem Museum den Namen gab, lebte im 13. Jh., war mit dem englischen König Richard Löwenherz verheiratet und gründete die Abtei von l'Epau, westlich der Stadt gelegen (außerhalb der Sommersaison do geschl.); sie ist in der Abtei auch begraben.

Neueren Datums sind die Ausstellungsstücke im Automobilmuseum, südl. der Stadt an der Rennstrecke gelegen (Ostern-Mitte Okt. tägl., sonst di geschl.).

Information: OTSI, Hôtel des Ursulines, R de l'Étoile, 72000 Le Mans, Tel. 43281722.

Verkehrsverbindungen: Eisenbahn in alle Himmelsrichtungen; Flugplatz 6 km südl. der Stadt.

Studentenwerk: CLOUS, Rte de Laval, Tel. 43286070, 1 Wohnheim.

Jugendherberge: FJT "Le Flore" (FUAJ-angeschl.), 23 r Mauperthuis, Tel. 43812755, 8 Betten, ganzj., zusätzl. 32 Betten im Sommer, ca. 1½ km von der Altstadt.

Camping: nächstgelegene Plätze in Neuville (s.o.), sowie La Chataigneraie **, Yvrél'Evêque, Tel. 43896068, 83 Stpl., April-Sept.

Fahrradvermietung: Cycles Peugeot, 8 r des Victimes du Nazisme, Tel. 43818891, ganzj. außer Aug.; Cycles Bruteul, 124-126 av Jean Jaurès, Tel. 43842292.

Etappe 129:
Laval - Argentré - St.-Léger - Sainte-Suzanne - Torcé-Viviers-en-Charnie (42 km)

Diese Nebenstraßenverbindung zum Rand des Waldgebietes von Charnie beginnt in Laval auf der N157 Rchtg. Le Mans, überquert am Stadtrand einen kleinen See und zweigt dann am Kreisverkehr mit der Umgehungsstraße N162 nordostwärts ab auf die D32 nach *Argentré* (s. Etappe 61).

Im Ortszentrum wählen Sie die D550 Rchtg. La Chapelle-Ransouin, die nach gut 8 km an einer T-Mündung auf die D572 endet. Rechts ist nach 150 m die D20 erreicht (*in Gegenrichtung* dort nur Hinweis auf die D572 Rchtg. St.-Cénéré, aber die Abzweigung der D550 ist schon sichtbar), die links nach *La Chapelle-Ransouin* führt. In der Ortsmitte wechseln Sie auf die D24 Rchtg. Vaiges, gleich darauf dann links auf die C301, die geradelinig nach *St.-Léger* führt (die auf der Karte vorgetäuschte Rechtsabzweigung kurz vor dem Ort ist in Wirklichkeit eine eindeutige Kurve). Hier wird die D140 halblinks gekreuzt (*in Gegenrichtung* keine Beschilderung), wodurch Sie auf der D540 Rchtg. St.-Suzanne angekommen sind.

Nach 8 km endet diese Straße an der D9, die rechts in das Städtchen **Sainte-Suzanne** führt, wo etliche Überreste mittelalterlicher Festungsanlagen erhalten sind. Sie können samt dem dazugehörigen Schloß Juli/Aug. tägl. 10-19 h besichtigt werden (FF 15, Kombiticket mit Museum FF 22).

Etwa 1 km weit ist die Führung der D9 nun identisch mit der D125 (Rchtg. Voutré), schwenkt dann aber wieder rechts und bringt Sie nach 7 km zum Etappenziel **Torcé-Viviers-en-Charnie**. Südlich dieser Strecke liegt ein waldreicher Höhenzug, der zu Wanderungen einlädt.

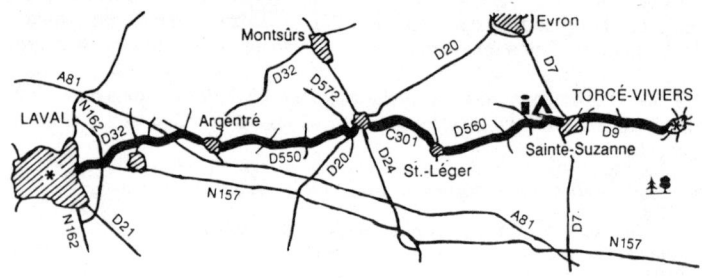

Information: SI, Pl Ambroise De Lore, 53270 Sainte-Suzanne, Tel. 43014360, Juni-Sept., MTB-Vermietung.
Camping: Les Sports **, Rte de Sablé, Ste.-Suzanne, Tel. 43014360, 50 Stpl., Mitte März-Mitte Okt.; La Charnie **, Torcé-Viviers, Tel. 43014515 (Bürgermeisteramt), 33 Stpl., Ostern-Sept., südl.

Etappe 130:
Segré - Chambellay - Marigné - Miré - Sablé-sur-Sarthe - Chantenay-Villedieu (67 km)

Der erste Teil der Nebenstraßenverbindung Segré-Le Mans beginnt in Segré auf der D78, die über Aviré, St.-Martin-du-Bois, Chambellay (Juli/Aug. naturbelassener Campingplatz; Camping ** 4 km nördl. in La Jaille-Yvon) und die Sarthe hinweg führt, dann bei gleicher Straßennummer links schwenkt und über Marigné zur D859 verläuft. Etwa 100 m weit müssen Sie auf dieser Straße rechts Rchtg. Châteauneuf radeln, dann aber wieder links der D78 bis *Miré* folgen.
Camping: **, R du Pont, Morannes, Tel. 41422032, 100 Stpl., Mitte Juni-Mitte Okt., 6 km östlich.

Biegen Sie links ein in die D768 Rchtg. Sablé-sur-Sarthe. Die Straße kreuzt innerhalb von 10 km zuerst die Grenze zum Département Mayenne, durchläuft als D27 **Saint-Denis-d'Anjou** (SI; einige Renaissancehäuser), überquert dann die Grenze zum Dép. Sarthe und erreicht mit der Numerierung D309 Sablé.

Sablé-sur-Sarthe, 13000 Einw., Dép. Sarthe, wird optisch von einem Schloß beherrscht. Die Stadt liegt auf beiden Ufern der Sarthe sowie einigen Inseln, die der Fluß hier bildet. Beeindruckend ist auch die im 19. Jh. wiederaufgebaute Abtei von *Solesmes*, an der die weitere Streckenführung vorüberführt (s.u.).
Information: OTSI, Mairie, Pl Raphaël-Elize, 72300 Sablé-sur-Sarthe, Tel. 43950060.

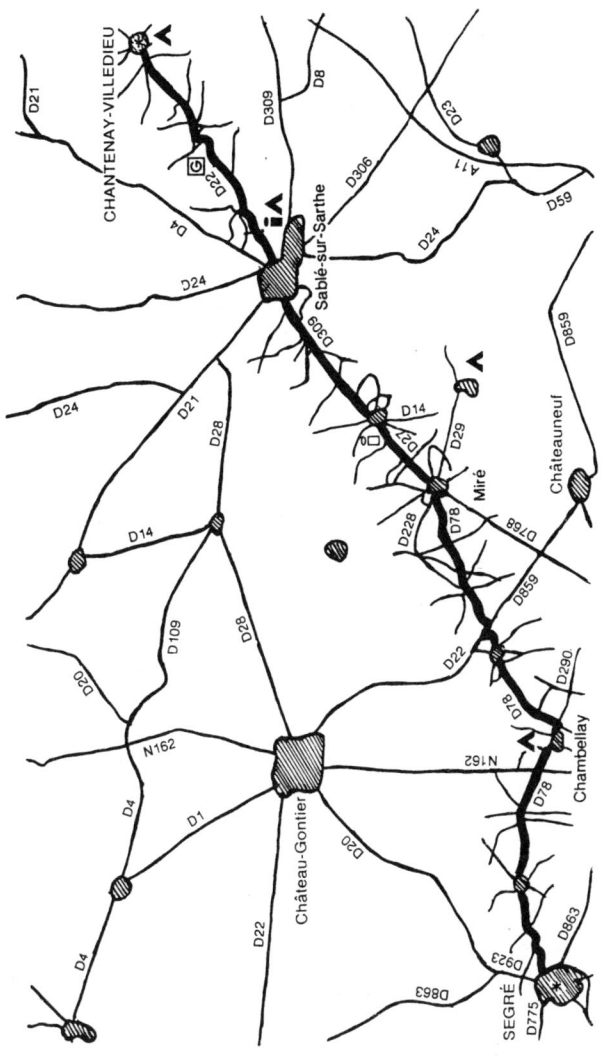

CHANTENAY-VILLEDIEU

D21

D309

D8

D23

A11

D59

D22

D4

Sablé-sur-Sarthe

D306

D24

D24

D24

D21

D28

D14

D28

D109

D28

D20

N162

D4

D1

D4

Château-Gontier

D20

D22

D863

SEGRÉ

D775

D923

D883

D009

D14

D27

D29

Miré

D228

D78

D768

Châteauneuf

D859

D859

D22

D290

D78

N162

Chambellay

D78

Verkehrsverbindungen: Eisenbahnstrecke Angers-Le Mans.
Unterkunft: Village de roulottes "La Farfolière", Locatellage, Tel. 43950031, 24 Betten, nur auf Voranmeldung.
Camping: La Prairie du Château ***, Tel. 43954261, 85 Stpl., Ostern-Sept., am Sarthe-Ufer 3 km südwestlich der Stadt.
Fahrradvermietung: am Bahnhof, Tel. 43859979; J.-Y. Bonamy, 5 r Aristide-Briand, Tel. 43950556.

Die Weiterfahrt erfolgt auf dem nördlichen Sarthe-Ufer (D22) über Juigné und *Asnières-sur-Vègre* nach **Chantenay-Villedieu**, dem Etappenziel. Dabei passieren Sie nach etwa 3 km die auf dem anderen Flußufer liegende Abtei von *Solesmes* (s.o.); eine Brücke führt kurz darauf über den Fluß. Der Blick auf die Abtei ist von der D22 aus aber imposanter; die Kirche der Abtei kann besichtigt werden.
Gîte d'étape: "La Tuffière", Asnières-sur-Vègre, Tel. 43951216 (Mme David), 20 Betten, Fahrradvermietung, gut ausgestattete Gîte am Flußufer der Vègre, prinzipiell nur für Gruppen ab 4 Personen.
Camping: Municipal **, Chantenay-Villedieu, Tel. 43957425, 45 Stpl., Mitte April-Okt.

Etappe 131:
Chantenay-Villedieu - Souligné-Flacé - Le Mans (32 km)

Der zweite Teil der Nebenstraßenverbindung Segré - Le Mans setzt Etappe 130 nahtlos fort: die D22 dient durchgehend über Vallon-sur-Gée und Souligné-Flacé bis St.-Georges-du-Bois als Straße durch teils landschaftlich sehr reizvolle Gebiete. In St.-Georges trifft die D22 auf die D309 nach **Le Mans** (s. Etappe 128).

Etappe 132:
Torcé-Viviers-en-Charnie - Bernay - Le Mans (40 km)

Der zweite Teil der Verbindung Laval-Le Mans beginnt in Torcé-Viviers-en-Charnie auf der D9, die nach 2 km die Grenze zum Dép. Sarthe kreuzt und als D28 weiterführt. Das Dorf Neuvillette-en-Charnie wird durchlaufen, die D4 gekreuzt und ein Waldgebiet durchquert. Die D28 verläuft durch kleine Dörfer wie *Saint-Symphorien* und Bernay nach La Quinte.
Gîte d'étape: "La Bretonnerie", Rte de Parennes, St.-Symphorien, Tel. 43207206 (M. Gasnier), 14 Betten, auch Chambres d'hôtes.
Camping: La Vègre **, Tennie, Tel. 43205944, 50 Stpl., Mitte Mai-Mitte okt., 5 km nördl. von Bernay an der D45.

An der dortigen Gabelung wählen Sie halblinks die C7 Rchtg. Degré, die nach ca. 2 km an einer T-Mündung zur C4 endet; rechts geht's nach Degré. Hier halten Sie sich links Rchtg. Aigné und gleich wieder rechts auf die C7 Rchtg. Le Mans. Hinter der Autobahn A81 heißt die Nebenstraße C3 und endet am Stadtrand von **Le Mans** (s. Etappe 128) mit einer T-Mündung auf die Avenue Pierre Klotz; das erheblich tiefer liegende Stadtzentrum wird nach links entlang des Universitätsviertels erreicht.

(*In Gegenrichtung:* Innerstädtisch zur *Clinique Dupré* fahren, kurz hinter der Zufahrt zur Notaufnahme ["Clinique Dupré Urgence"] rechts abbiegen. Falls Ihnen das zu kompliziert ist bzw. Sie ohnehin westlich der Stadt starten, alternativ 8 km weit auf der N157 Rchtg. Laval, dann rechts auf der D28 nach La Quinté.)

Kartenskizze Etappen 131 - 132

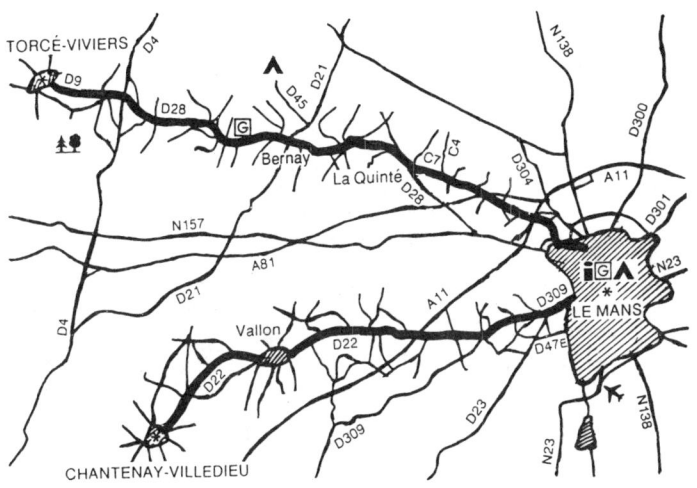

Etappe 133:
Nort-sur-Erdre - Ligné - Couffé - Ancenis (27 km)

Diese Nebenstraßenverbindung ins Tal der Loire ermöglicht die Umgehung der größeren Städte und der stark befahrenen Talstraßen. Sie beginnt in Nort-sur-Erdre auf der D164 Rchtg. Ancenis, verläßt diese Straße aber im ca. 4 km entfernten Weiler La Marchanderie nach rechts auf die D23, die über kleine Orte wie Ligné und Couffé (im Ortsbereich kurzfristig mit der D21 identisch) geradewegs nach Ancenis führt. Beim Vorort St.-Géréon kreuzen Sie die N23 und gelangen so unmittelbar gegenüber der Schloßruine ins Stadtzentrum.

(In Gegenrichtung: in Ancenis gegenüber vom Château westwärts abbiegen, im Vorort St.-Géréon der Beschilderung Rchtg. Nantes folgen bis zur N23, diese kreuzen und geradeaus weiter nach Couffé.)

Ancenis, 7500 Einw., Dép. Loire-Atlantique, besitzt nur wenige Meter von der Loire entfernt die Überreste eines Schlosses aus dem 15. Jh., in dem 1568 der Vertrag über die Vereinigung der Bretagne mit dem restlichen Frankreich unterzeichnet wurde. Die Ruine ist nur während der französischen Sommer-Schulferien zu besichtigen.
Information: SI, Pl du Millinaire, 44150 Ancenis, Tel. 40830744.
Verkehrsverbindungen: Eisenbahn-Regionalverkehr Nantes-Angers.
Gîte d'étape: auf dem anderen Loire-Ufer, s. Etappe 135.

Kartenskizze Etappen 133 & 134

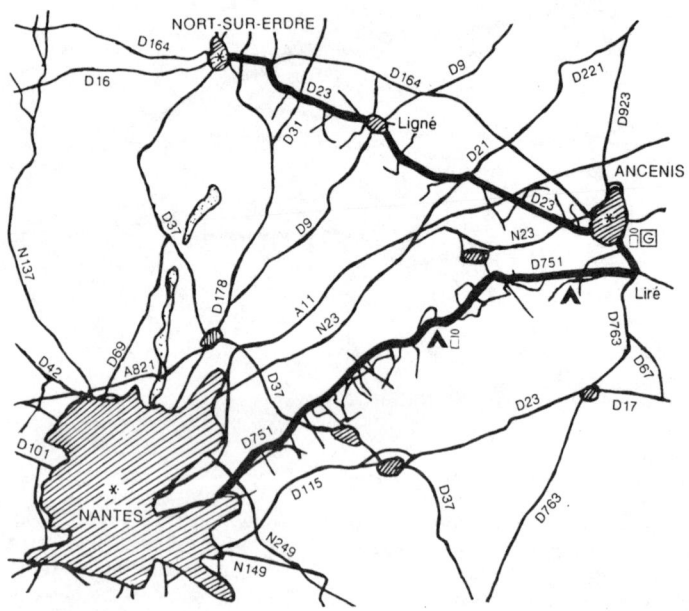

234

Etappe 134:
Nantes - Saint-Sébastien - Liré - Ancenis (45 km)

Diese Strecke ist der erste Teil einer Verbindung im Loiretal; alle Straßen des Tales haben gemeinsam, daß sie vergleichsweise stark befahren sind. Die noch relativ günstige Strecke auf dem Südufer ist zugleich die touristische Hauptstraße im Loiretal; man muß somit in Juli/Aug. mit erhöhtem Verkehr rechnen.
Die Etappe beginnt in Nantes mit einer Überquerung der Loire; am Südufer der Loire biegen Sie sofort links auf die "Côte Saint-Sébastien" ab, die als D119 unmittelbar am Fluß entlang führt und nach wenigen Kilometern in die D751 übergeht. Von dieser Straße aus haben Sie durchweg einen guten Blick ins Loiretal. Sie durchradeln den Ort *La Varenne* (SI; Camping **, Juni-Sept.) und erreichen nach 30 km das etwas höher gelegene Städtchen *Champtoceaux*, das ein besonders schönes Panorama zu bieten hat.

Auf dem Weg nach Osten kommen Sie zuerst durch das Dorf *Drain* (Camping **, Mai-Sept.) und treffen in Liré auf die D763 in die 3 km nördlich gelegene Stadt **Ancenis** (s. Etappe 133). **Liré** ist der Geburtsort des Dichter Joachim de Bellay (1522-1560), dem in einem alten Haus ein kleines Museum gewidmet ist (mo geschl., außer Juli/Aug. auch fr geschl., Studentenrabatt).
Falls Sie die Fahrt nahtlos auf Etappe 135 fortsetzen oder in Bouzillé (Gîte) übernachten möchten, können Sie sich den Weg nach Ancenis schenken und die D763 geradeaus kreuzen.

Etappe 135:
Ancenis - Liré - Saint-Florent-le-Vieil - Montjean - Chalonnes (37 km)

Der zweite Teil der Loire-Talstrecke beginnt in Ancenis mit einer Überquerung des Flusses und einer Fahrt auf der D763 in das 3 km entfernte Städtchen **Liré** (s. Etappe 134). Dort biegen Sie links ab auf die D751 über *Bouzillé* nach **Saint-Florent-le-Vieil**, einem kleinen, schön gelegenen Städtchen mit einem interessanten privaten Museum: *Les Côteaux* ist eine Ausstellung über die Geschichte des Loiretals im weitesten Sinne, einschließlich der Veränderungen durch Verlegung des Flußlaufes. Außerhalb der Schulferien nur mi und am Wochenende geöffn., in Kombination mit einer Übernachtung in der Gîte (s.u.) evtl. zusätzlich nach Absprache mit dem Museumskurator.
Information: SI, Mairie, 49410 Saint-Florent-le-Vieil, Tel. 41785039.
Gîte d'étape: La Guichetière, Bouzillé, Tel. 40981179, 18 Betten, Campingmögl., ganzj.; Les Côteaux (LFAJ-angeschl., kein JH-Ausweis nötig), St.-Florent-le-Vieil, Tel. 41725237, 22 Betten, ganzj., für größeren Andrang etwas spärliche Sanitäranlagen, auf einem früheren Bauernhof in Kombination mit dem Museum, von der Straße aus beschildert.
Camping: Les Babins *, Bouzillé, Tel. 40981299, 35 Stpl., Mai-Sept.; L'Ile Bataille, Va-rades, Tel. 40834501, 150 Stpl., Mai-Sept., auf einer Loire-Insel nördl. von St.-Florent.
Am östlichen Stadtrand von St.-Florent verlassen Sie die D751, um nach links auf der D210 (Rchtg. Ingrandes) zur Loire hinunter und daran entlang zu fah-

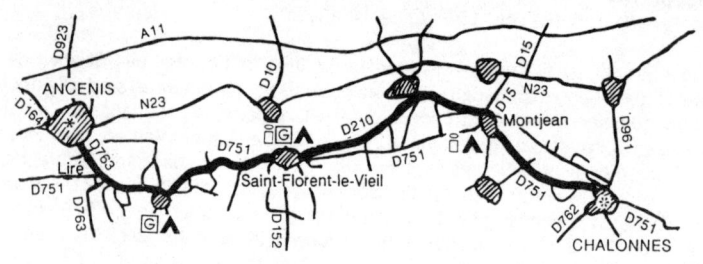

ren. Nach 15 km kommen Sie in das Städtchen *Montjean-sur-Loire* (SI; Camping **, Mitte Mai-Mitte Okt.), um zur D751 nach **Chalonnes** (s. Etappe 124) zurückkehren. Die Streckenführung ist in diesem Bereich besonders attraktiv und mit schönen Ausblicken gewürzt.

Etappe 136:

Chalonnes - Rochefort-sur-Loire - Béhuard - Bouchemaine - Angers (30 km)

Diese Kurzetappe in die Hauptstadt des Anjou beginnt in Chalonnes auf der D751, die eine Steigung hinauf führt zur **Corniche Angevine**, einer ca. 10 km langen Aussichtsstrecke an einer Felswand entlang, die auf der einen Seite prachtvolle Blicke auf die Loire mit ihren Inseln, auf der anderen Seite auf die Weinberge des Anjou bietet. Erst kurz vor **Rochefort-sur-Loire** führt die Straße wieder hinab ins Tal.

Information: SI, Mairie, 49190 Rochefort-sur-Loire, Tel. 41782024 & 41788170 (Saison).
Gîte d'étape: La Sellerie du Fresne, Savennières, Tel. 41722583 (Mme. Lizée) oder 41728500 (Bürgermeisteramt), 15 Betten, Ostern-Okt., Anmeldung erford., auf dem anderen Loire-Ufer; Gîte communal, 15 r Vincent, Beaulieu-sur-Layon, Tel. 41783177 (Mme Beduneau) oder 41783874 (M. Clément), 20 Betten, etwas heruntergekommen, Anmeldung erwünscht, ca. 7 km südöstl.
Camping: Ste.-Offange ***, Rte de Savennières, Tel. 41788211, 110 Stpl., Mai-Sept., auf einer Insel nördl. des Ortes.

In Rochefort biegen Sie links ab auf die D106, überqueren zwei Inseln der Loire und des Seitenarms Louet und treffen am anderen Ufer, in **Savennières** (Kirche aus dem 10. Jh.), auf die rechts über *Bouchemaine* (Camping **, Mai-Mitte Sept.) nach Angers führende D111. Am Stadtrand verläuft die Straße auf einer Brücke über die vierspurige N23 hinweg und mündet in die N323 (Bd. du Bon Pasteur) zum Stadtzentrum.

Angers. 140000 Einw., Dép. Maine-et-Loire, liegt nicht an der Loire, sondern an der Maine, die erst kurz vor der Stadt als Zusammenfluß von Mayenne und Sarthe entsteht. Die mächtige Festung, mit 17 Türmen aus Schiefer im 13. Jh. errichtet, läßt äußerlich nicht vermuten, daß sie im Inneren eine ebenso pracht- wie wertvolle Sammlung von Wandteppichen enthält (tägl.). Tapisserie des 14.-18. Jh. ist ausgestellt, wobei für das Renommierstück, die "Tenture d'Apocalypse", eine gesonderte Galerie gebaut wurde. Dieser 168 m lange Wandbehang, im 14. Jh. angefertigt, gehörte ursprünglich zum Schatz der Kathedrale, wurde aber von den Kirchenmännern als Abfall ausgesondert und von der Landesverwaltung als Pferdedecken (!) verkauft. Erst im 19. Jh. suchte der damalige Bischof von Angers die Einzelteile auf den umliegenden Dörfern wieder zusammen...

Im 20. Jh. fand die Teppichknüpfkunst einen würdigen Nachfolger in Jean Lurçat, der einen zehnteiligen Teppich von 125 m Länge in seiner Weberei herstellte. Dieses Meisterwerk hat im ehemaligen Krankensaal des Hospitals St.-Jean (erbaut im 12. Jh.) einen angemessenen Rahmen erhalten.

Die diversen Kunstmuseen von Angers teilen sich mit dieser Ausstellung den Schließtag: montags ruht das Kunstinteresse. Nur der Kirchenschatz der Kathedrale St.-Maurice (12. Jh.) macht davon eine Ausnahme; die Kirche verfügt mit 17 m über das breiteste Kirchenschiff aller französischen Kathedralen. Zwischen der Kathedrale und der Festung erstreckt sich die Altstadt von Angers mit vielen Häusern des 15./16. Jh.

Information: OTSI, Pl du Président-Kennedy, BP 5157, 49000 Angers Cedex, Tel. 41886993, Fax 41877934; außerdem ein Infobüro am Bahnhof, Tel. 41877250.

Verkehrsverbindungen: Eisenbahn Rchtg. Le Mans, Tours, Nantes und Bordeaux; Flugplatz von regionaler Bedeutung.

Studentenwerk: CLOUS, 35 bd du Roi René, Tel. 41886325, 4 Wohnheime.

Jugendherberge: FJT (LFAJ-angeschl.), 1 r Darwin, Tel. 41720020, 184 Betten, ganzj., Voranmeldung erforderlich; Centre d'Accueil du Lac de Maine, 49 av du Lac de Maine, Tel. 41485701, 119 Betten, Campingmögl.

Camping: Lac du Maine ***, Tel. 41730503, 163 Stpl., ganzj.; weitere Plätze südl. u.a. in St-Gemmes, Les Ponts-de-Cé, Mûrs-Erigné, nördl. u.a. in Ecouflant.

Fahrradvermietung: am Bahnhof Angers-St.Laud, Tel. 41877660.

Waschsalon: 119 r Bressigny, Tel. 41605320; Laverie dy Cygne, 5 pl de la Visitation, Tel. 41861120; 3 r Corneille; Pl Romain; 195 av Pasteur; Av Patton.

Etappe 137:
Segré - La Pouëze - Saint-Clément-de-la-Place - Angers (40 km)

Diese Kurzetappe in die Hauptstadt des Anjou führt durchweg über ruhige Straßen. Sie beginnt in Segré auf der D961 über *Vern-d'Anjou* (ganzj. Camping *) nach *La Pouëze* und zweigt dort links auf die D56 ab. Diese Nebenstraße verläuft über St.-Clément-de-la-Place geradewegs nach **Angers** (s. Etappe 136), das im Vorort Belle-Beille erreicht wird.

Kartenskizze Etappen 136 & 137

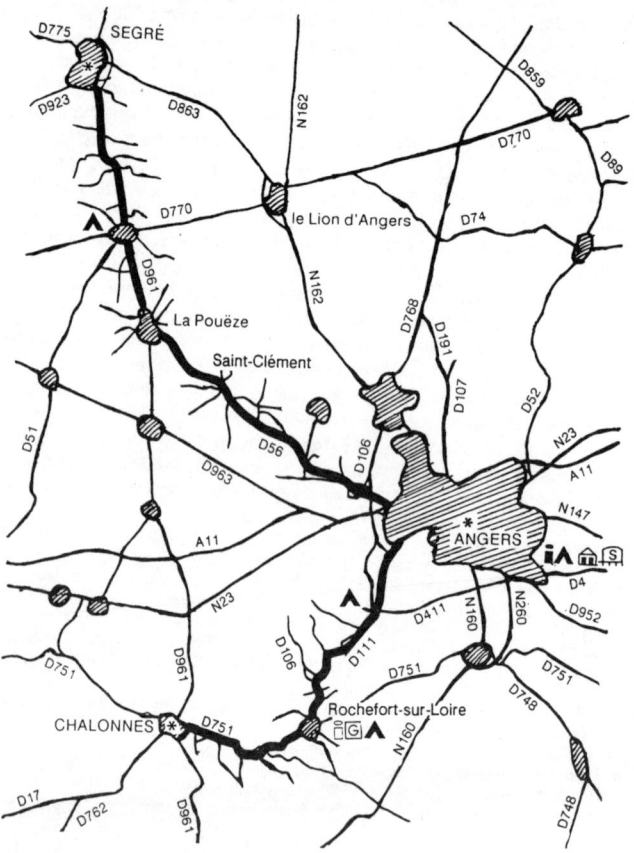

Etappe 138:
Angers - La Bohalle - Abbaye de St.-Maur - Gennes - Saumur (48 km)

Obwohl diese Etappe durchweg auf stärker befahrenen Straßen durchgeführt wird, ist sie äußerst attraktiv: vor allem in der zweiten Hälfte sind die Strecke und die an ihr liegenden Dörfer sehenswert.
Verlassen Sie Angers auf der D952 (Rchtg. Ménitré/Saumur), die in fast durchgehender Bebauung den Vorort **Trélazé** passiert. In diesem Dorf gibt es ein

238

Heimatmuseum in einer ehemaligen Fabrik ("Maison de l'Ardoise", Juli-Sept. tägl., sonst nur so). Etwa 5 km danach erreicht die D952 die Loire und führt auf schöner Strecke an ihr entlang. In St.-Mathurin-sur-Loire nutzen Sie die erste Möglichkeit zur Flußüberquerung auf der Brücke (D55) und biegen gleich danach links ab auf die D132 nach *Saint-Rémy-la-Varenne* und vorbei an den Ruinen der **Abbaye de St.-Maur.**

Information: SI de St-Mathurin, Mairie, 49250 Beaufort-en-Vallée, Tel. 41805019.
Gîte d'étape: "Le Bois Brinçon", Blaison-Gohier, Tel. 41571788 (M. Cailleau), 30 Betten, nur erste Novemberhälfte geschl., 5 km westl. von St.-Rémy.
Camping: Levée Jeanne-de-Laval, **, St.-Mathurin, Tel. 41573011, 100 Stpl., April-Mitte Okt.; St. Remy **, Tel. 41805082, 35 Stpl., Mai-Mitte Sept.
Fahrradvermietung: Le Bronec, Garage Peugeot, Blaison-Gohier, Tel. 41571595.

Auf der D132 radeln Sie weiter an der Loire entlang bis zur D751B (Brücke über den Fluß), der Sie rechts in das Städtchen **Gennes** folgen. Dort befindet sich am Ortsrand an der D751 (Rchtg. Coutures) ein noch weitgehend unbekanntes, doppeltes Museum: bei den Resten eines gallo-romanischen Amphitheaters, die aber ohne sachkundige Anleitung kaum auszumachen sind, beherbergt das Château de la Roche ein archäologisches Museum (Mitte Juni-Sept.; Teile der Ausstellung jeweils mo oder di geschl.). Auch wenn Sie das Museum nicht besuchen möchten, sollten Sie kurz hinaufradeln, denn bei dem Häuserkomplex gibt es bemerkenswert viele der für das Loiretal so typischen Erdhöhlen in den Kalksteinwänden, die hier als Unterkunft für bei den Ausgrabungen mitwirkende Jugendgruppen dienen.

Information: SI, Mairie, 49350 Gennes, Tel. 41518414 & 41518130.
Gîte d'étape: St.-Pierre-en-Vaux, Tel. 41518176 (Fam. Le Roux), 17 Betten, ganzj., 6 km westl. von Gennes, auf der D751 beschildert; "La Métairie", L'Esperance, Trèves-Cunault, Tel. 41679243 (M. Vincent), 30 Betten, ganzj., 4 km östl. an der weiteren Streckenführung.
Camping: Bord de l'Eau **, Gennes, Tel. 41380467, 170 Stpl., April-Mitte Okt., an der D69 Rchtg. Doué-la-Fontaine; Trèves-Cunault **, 60 Stpl., Mitte Juni-Aug., 4 km östl. an der weiteren Streckenführung.

Die Weiterfahrt erfolgt über die D751 Rchtg. Saumur, die hier ein besonders interessantes Gebiet durchläuft. In den Kalksteinwänden rechts der Straße sind nicht nur viele der Erdhöhlen den unterschiedlichsten Nutzungen zugeführt (von der Garage über Hühnerställe bis zur Schickeria-Wohnung), sondern auch die Ortschaften, vor allem *Trèves-Cunault* (SI), bestehen aus pittoresk verschachtelten Gassen und Häusern, die wie Vogelnester an den Felswänden kleben.

In **Cunault**, nur 3 km von Gennes entfernt, steht außerdem eine romanische Kalksteinkirche, fast schmucklos und ohne Querschiff, aber von riesigen Ausmaßen.

Ein Museum besonderer Art ist das auf halbem Weg zwischen Gennes und Saumur befindliche "Musée du Champignon". In Kalksteinhöhlen von fast 500 km (!) Länge werden hier seit Anfang des 20. Jh. Champignons gezüchtet (drei Viertel der französischen Produktion!); zusätzlich dienen die Erdkeller wegen der stets gleichbleibenden Temperatur als idealer Lagerplatz für Weinfäs-

ser. Besichtigung ist möglich Mitte März-Mitte Nov. täglich.
In *St.-Hilaire-St.-Florent* (Camping ****), am Stadtrand von Saumur, verlassen Sie die D751 nach halblinks und fahren ins Stadtzentrum.

Saumur, 34000 Einw., Dép. Maine-et-Loire, verdankt seine Bekanntheit der Kavallerieausbildung, die hier seit 1768 erfolgt. Das Pferd in seiner zivilen wie militärischen Nutzung steht daher im Mittelpunkt der meisten offiziellen Touristenattraktionen. Im Sinne "zeitgemäßer" Kriegsführung ist die Kavallerieschule um eine Panzerabteilung erweitert worden; die Verknüpfung dieser Bereiche wird schon bei der Anfahrt überdeutlich, da die entsprechenden Gebäudekomplexe direkt an der Etappenführung liegen. In der gegenüber einem Paradeplatz befindlichen Schule gibt es ein Kavalleriemuseum (Mitte April-Juli und erste Sept.hälfte, nachm. außer fr); am anderen Ende des Paradeplatzes hat die andere Militärabteilung ihre Ausstellung: ein Panzermuseum ("Musée des Blindés"), das ganzj. tägl. geöffnet ist. Seit 1972 wurde die militärische Reitschule ergänzt durch eine zivile Institution für die Hohe Schule der Reitkunst, angesiedelt in einem Komplex im Südwesten der Stadt (nahe des Flugplatzes, April-Okt. tägl.). Abgerundet werden die diversen Ausstelungen durch das Pferdemuseum im Schloß von Saumur, einem hoch über der Stadt prangenden Monumentalbau (ganzj.), der außerdem noch ein Museum mit künstlerischen Einrichtungsgegenständen enthält. Die beiden Kulturtempel sind mit einem gemeinsamen Ticket zugänglich. Die übrigen historischen Gemäuer der Stadt sind eher spärlich und im Zuge eines Stadtbummels beiläufig zu betrachten.
Information: OTSI, Place de la Bilange, BP 241, 49415 Saumur Cedex, Tel. 41510306, Fax 41678951.
Verkehrsverbindungen: Eisenbahn Richtung Angers, Tours und Thouars.
Jugendherberge: Centre de jeunes de Saumoussay (LFAJ-angeschl.), Saint-Cyr-en-Bourg, Tel. 41516479 & 41529653, 51 Betten, ganzj., 8 km südl.; C.I.S., Ile d'Offard, R de Verden, Tel. 41674500, 110 Betten, ganzj., am Ostende einer Insel in der Loire, Verwaltungseinheit mit dem Campingpl., daher Anmeldung auch tagsüber möglich (ohne Zugang zu den Räumen).
Gîte d'étape: "La Poitevinière", Neuillé, Vivy, Tel. 41525508 (Fam. Louveau), 8 Betten, ganzj., 8 km nördl.
Camping: Ile d'Offard ***, Einheit mit der JH (s.o.), 250 Stpl., ganzj.; Dampierre **, Tel. 41678799, 100 Stpl., Juni-Mitte Sept., 5 km östl. an der D947.
Fahrräder (Verleih & Verkauf): Jacquet, 4 r Saint-Nicholas, Tel. 41512092; Brison, 49 rue du M. Leclerc, Tel. 41510209; Cycles Saumurois, 19 r de Gaulle, Tel. 41673686.
Waschsalon: 12 r du Maréchal Leclerc; 18 r Beaurepaire.

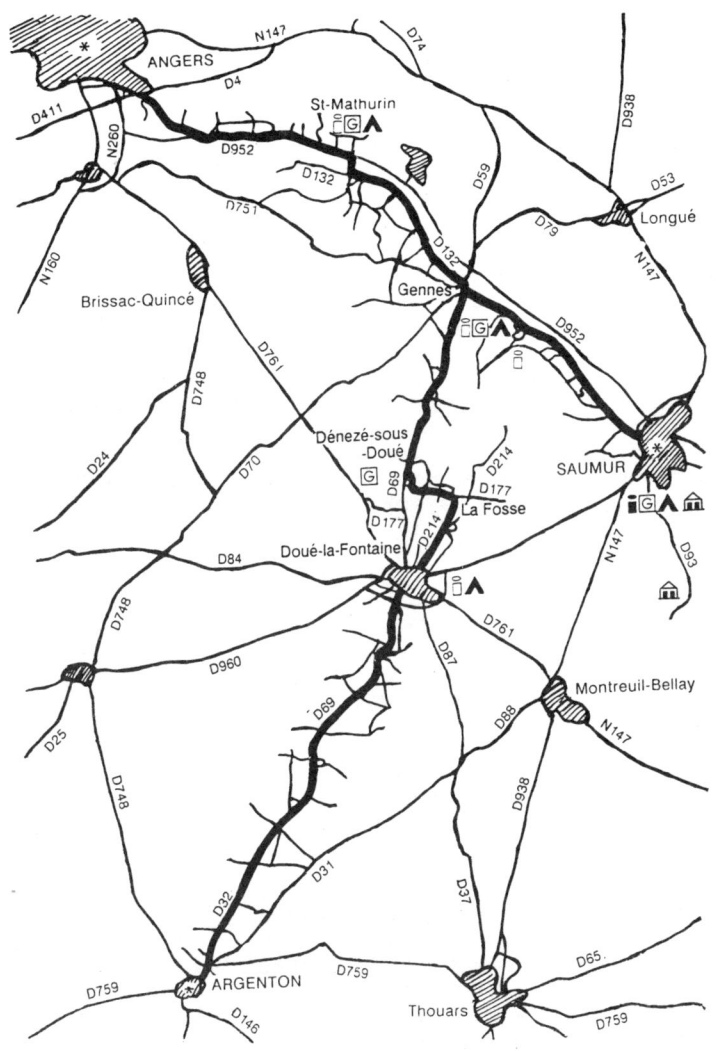

Etappe 139:
Argenton - Doué-la-Fontaine - La Fosse - Dénezé-sous-Doué - Gennes - Saumur (66 km)

Diese Etappe erschließt die ungewöhnlicheren der Loiretal-Attraktionen; ein sinnvoller Kontrast zu der Schlösser-Tournee, als die sich Reisen an der Loire häufig entpuppen. Die Strecke beginnt in Argenton auf der D759 Richtung Thouars, biegt aber nach 3 km davon links ab auf die D32 Rchtg. Doué, die über die Grenze zum Dép. Maine-et-Loire führt (neue Nummer D69) und nach insgesamt 28 km Fahrt die Stadt *Doué-la-Fontaine* erreicht.
Information: SI, PI du Champ-de-foire, 49700 Doué-la-Fontaine, Tel. 41592049.
Camping: Le Douet **, Tel. 41591447, 180 Stpl., April-Sept.

In Doué folgen Sie zuerst der Beschilderung Rchtg. Saumur, die zur D960 leitet. Davon zweigt noch im Stadtgebiet links die D214 ab, die nach *Forges* führt. An dieser Straße ist die Erdhöhlensiedlung von **La Fosse** bereits ausgeschildert, und entsprechend dieser Beschilderung biegen Sie bei Forges halblinks ab. Im 17. Jh. wurde das Dorf von La Fosse in den Kalksteinfelsen gegraben; um einen tiefliegenden Hof sind Wohnräume und Ställe angeordnet, und nur die Schornsteine ragen aus der Erde. Zwar gibt es in der Umgebung etliche noch heute genutzte Erdhöhlen, aber in La Fosse können einige dieser Wohnkeller besichtigt werden, während andere seit einigen Jahren wieder bewohnt sind. Führungen sind Mitte März-Mitte Okt. nachm. (außer mo), in Juli & Aug. tägl.

Fahren Sie von La Fosse aus weiter auf der Nebenstraße nordwärts bis zu einer T-Einmündung, an der Sie links in die D177 einbiegen. Nach 4 km treffen Sie auf die D177 in unmittelbarer Nähe des Dorfes **Déneze-sous-Doué**, in dem vor einigen Jahren eine Höhle mit über 300 Steinskulpturen aus dem 16. Jh. entdeckt wurde; u.a. ist hier die älteste bildliche Darstellung von Indianern zu sehen. Die Höhle ist zugänglich April-Oktober tägl. nachm., Juli/Aug. auch vormittags.

Ein besonders großes unterirdisch angelegtes Dorf existiert in **Rochemenier**, als Abstecher über D69 und D177 etwa 4 km südwestl. von Dénezé zu erreichen. Es ist zugleich als einziges Beispiel bäuerlicher Wohnart dieser Gegend in der Saison durchweg zugänglich, nämlich April-Mitte Okt. tägl. außer mo, in Juli/Aug. tägl.
Gîte d'étape: SCI Troglo Gîtes, Rochemenier, Tel. 41592878 (Fam. Le Roux) oder 41592512 (Fam. Clemot), 19 Betten, direkt beim Erdhöhlendorf.

Von Dénezé-sous-Doué aus radeln Sie nordwärts auf der D69 durch ein ausgedehntes Waldgebiet nach *Gennes*, wo Sie auf Etappe 138 nach **Saumur** treffen. Kürzen Sie diesen scheinbaren Umweg nicht ab; das Loiretal zwischen Gennes und Saumur ist besonders attraktiv.

Kartenskizze Etappe 140

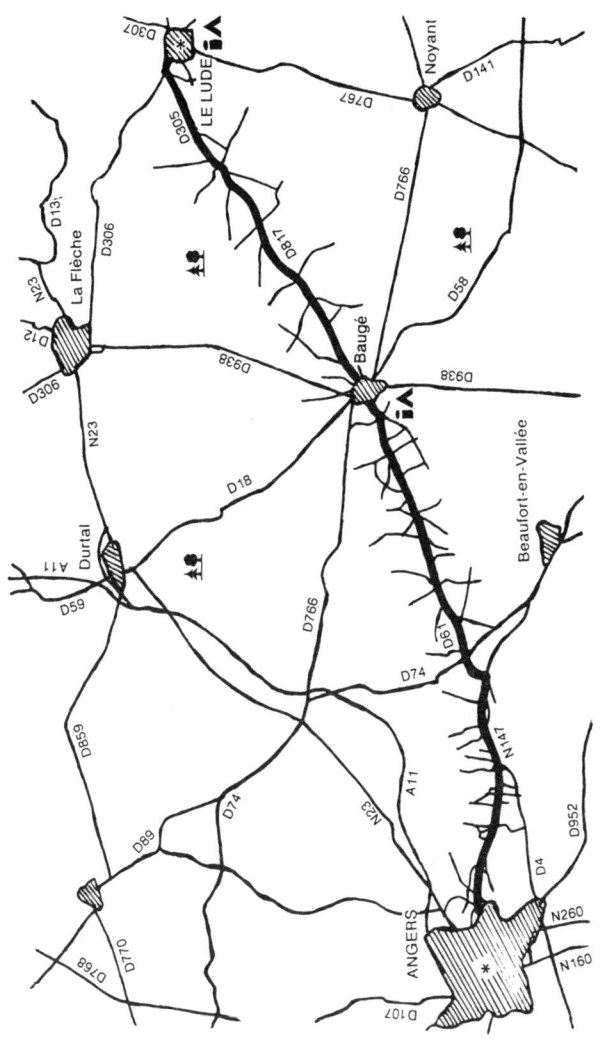

Etappe 140:
Angers - Corné - Baugé - Le Lude (63 km)

Diese Etappe eröffnet den Reigen landschaftlicher reizvoller Strecken abseits des tourismusüberschwemmten Loiretals. Sie beginnt in Angers auf der N147/E60 Rchtg. Beaufort-en-Vallee und biegt kurz hinter Corné links von der Hauptstraße ab auf die D61 nach **Baugé**, einer kleinen Stadt inmitten etliche Wald- und Heidegebiete, die über ein Schloß aus dem 15. Jh. verfügt. Der Bau beherbergt zum einen das Bürgermeisteramt mit dem Tourismusbüro, zum anderen das städtische Museum (Mitte Juni-Mitte Sept). Zu Besichtigung empfohlen werden außerdem die Apotheke im städtischen Hospital und der Vorort Vieil-Baugé, durch den Sie auf der Etappenführung ohnehin kurz vor Baugé radeln.

Information: OTSI, Château, 49150 Baugé, Tel. 41891807.
Verkehrsverbindungen: Eisenbahn nach Saumur.
Camping: Pont des Fées **, Tel. 41891479, 100 Stpl., Mitte Mai-Mitte Sept.

Die Weiterfahrt erfolgt auf der D817, die östlich des Schlosses beginnt, nach 15 km die Grenze zum Département Sarthe überschreitet und kurz vor dem Etappenziel als D305 in die D306 mündet.

Le Lude, 4500 Einw., Dép. Sarthe, ist wegen seines mächtigen, von vier Rundtürmen begrenzten Schlosses bekannt geworden. Die zum Loir hin sich erstreckende Fassade ist besonders dekorativ und dient im Sommer als Kulisse für nächtliche Aufführungen mit Kostümen, Musik und Feuerwerk, an den ein Zehntel der Bevölkerung beteiligt sind; das mit immerhin drei Michelin-Sternen ausgezeichnete Spektakel findet im allgemeinen nur an Wochenenden statt. Im übrigen kann das Innere des Schlosses April-Sept. besichtigt werden; die Parkanlagen sind ganztägig zugänglich.

Information: OTSI, Place F.-Nicolay, 72800 Le Lude, Tel. 43946220.
Camping: Son et lumière ***, Rte du Mans, Tel. 43946770, 130 Stpl., Ostern-Sept., am Ufer des Loir an der D307, Fahrradvermietung.

Etappe 141:
Le Lude - Château-du-Loir - La Chartre-sur-le-Loir (37 km)

Der erste Teil der reizvollen Strecke durch die idyllischere Variante des Loiretals, das **Loirtal** (bitte nicht verwechseln!). Die Etappe beginnt in Le Lude auf der D305 über Vaas nach **Château-du-Loir**, einer Stadt mit irreführendem Namen: während sonst das Tal des Loir in Sachen Schlösser sich hinter dem Loiretal nicht verstecken muß, gibt es ausgerechnet in diesem Ort kein Schloß. Falls Sie dennoch ein wenig in Historie umherwandeln möchten, so bietet sich ein Abstecher in das 8 km nördl. gelegene Städtchen *Beaumont-Pied-de-Boeuf* an, wo das Museum "La Sentinelle" vor allem Uniformen und Waffen ausstellt (nachm., Ostern-Sept so, Mitte Juli-Aug. tägl.).

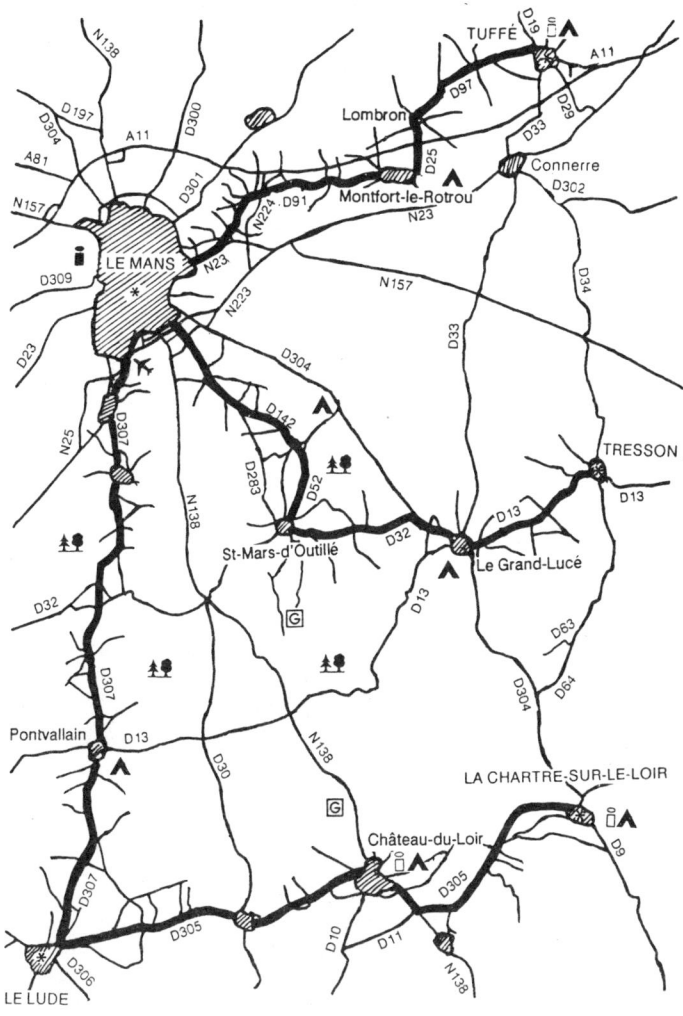

Information: SI, Maison du Tourisme, 2 av Jean-Jaurès, 72500 Château-du-Loir, Tel. 43445668, Juni-Mitte Sept., auch so vorm., Mairie, Tel. 43440038.
Verkehrsverbindungen: Eisenbahn Rchtg. Le Mans, Saumur, Chartres und Tours.
Gîte d'étape: Beaumont-Pied-de-Boeuf, Le Moulin d'Huize, Tel. 43441531 (Mme. Mariot), 8 Betten, ganzj.
Camping: Camp du Port Liberge, Vaas, Tel. 43447029, 40 Stpl., Ostern-Sept., 8 km westl.; Coëmont, Vouvray-sur-Loir, Tel. 43794463, Mitte Mai-Mitte Sept., an der Brücke (N138) über den Loir.
Fahrradvermietung: am Bahnhof, Tel. 43440047 & 43245050; Cycles Buttaud, 26 rue A. Briand, Tel. 43440700 & 43441273, ganzj.

In Château-du-Loir wenden Sie sich rechts auf die N138 Rchtg. Tours, der Sie über den Loir hinweg folgen. 1 km nach der Brücke über den Fluß biegen Sie links ab auf die weitere Führung der D305 nach **La Chartre-sur-le-Loir**, einem bei Weinkennern geschätzten Städtchen, in dem Sie Anschluß an Etappe 147 haben.
Information: SI, Centre de Gérigondie, 20 pl Carnot, 72340 La Chartre-sur-le-Loir, Tel. 43444004, Mitte Juni-Mitte Sept.
Verkehrsverbindungen: Eisenbahn Rchtg. Château-du-Loir und Chartre.
Camping: Vieux Moulin, Tel. 43444118, 100 Stpl., Ostern-Okt., nahe der D305; St.-Lézin, Marçon, Tel. 43441372, 200 Stpl., Ostern-Sept., 7 km westl. nahe der Streckenführung; Les Arches, Beaumont-sur-Dême, Tel. 43444317, 40 Stpl., 4 km südl. an der D62.
Fahrradvermietung: Daniel Potillion, 15 pl de la République, Tel. 43444294, ganzj.

Etappe 142:
Le Lude - Pontvallain - Arnage - Le Mans (45 km)

Diese Etappe bringt Sie aus dem Loirtal nordwärts zu einem Etappen-Knotenpunkt mit Anschlußmöglichkeiten in alle Himmelsrichtungen. Sie beginnt in Le Lude mit einer Überquerung des Loir; gleich danach biegen Sie links ab auf die D307, die immer geradeaus über *Pontvallain* (naturbelassener Campingpl., Juli-Mitte Sept.) durch ein wald- und heidereiches Gebiet geradewegs nach *Arnage* führt, einem Ort am Stadtrand von Le Mans. Folgen Sie von hier aus der Beschilderung vorbei am Flugplatz in das Zentrum von **Le Mans** (s. Etappe 128); sinnvolle Ausweichmöglichkeiten von diesem Hauptstraßenstück bieten sich nicht an.

Etappe 143:
Le Mans - Ruaudin - St.-Mars-d'Outillé - Le Grand-Lucé - Tresson (43 km)

Das erste Teilstück der Verbindung nach Orléans führt auf kleinen Nebenstraßen überwiegend durch Wald- und Heidegebiete. Es beginnt in Le Mans auf der Stadt-Ringstraße. Wenn Sie darauf im Gegen-Uhrzeigersinn mit der Beschilderung Rchtg. Tours radeln und den Abzweig Rchtg. Tours (N138) rechts liegen lassen, kommt bald darauf ein Schild, das die Abzweigung Rchtg. La Chartre-s.-le-Loir ankündigt. Direkt *vor* diesem Schild biegen Sie rechts in die Rue de

Ruaudin ab. (Aus der anderen Ringstraßen-Richtung ist ggf. Schieben über den Mittelstreifen erforderlich.) Die Ausweisung der Straße als D142 beginnt etwas später. Fahren Sie durch Ruaudin nach *Brette-les-Pins*. (Ca. 3 km hinter Ruaudin können Sie rechts auf der D238 eine geringfügig kürzere Strecke nach St.-Mars, s.u., einschlagen, die allerdings weniger mit schützendem Baumbestand versehen ist als die D142/D52).
Camping: La Lande-de-Luère, Parigné-l'Evêque, Tel. 43758357, 70 Stpl., ganzj. an der D304 4 km nordöstl. von Brette.

In Brette-les-Pins wechseln Sie auf die D52 nach *Saint-Mars-d'Outillé*, wo Sie links auf die D32 nach *Le Grand-Lucé* einbiegen. 3 km vor dieser Stadt mündet diese Straße in die D304.
Gîte d'étape: Marigné-Laillé, Tel. 43421544 (Mme Maillard), 12 Betten, auch Camping, März-Nov., kommunales Haus 5 km südl. von St.-Mars-d'Outillé.
Camping: Les Farineaux *, R St.-Facile, Tel. 43409034, 30 Stpl., April-Okt., nahe der D304.
Im Stadtzentrum wählen Sie die links abzweigende D13 durch den angrenzenden Ort Villaines-sous-Lucé nach **Tresson**, wo Sie Anschluß an Etappe 146 haben.

Etappe 144:
Le Mans - Yvré-l'Evêque - Parence - Montfort-le-Gesnois - Lombron - La Chapelle-St.-Rémy - Tuffé (40 km)

Der erste Teil der Verbindung nach Chartres beginnt in Le Mans auf der N23 Rchtg. Nogent-le-Rotrou, zweigt aber nach ca. 7 km davon links ab. Durch den Ort *Yvré-l'Evêque* (Camping **, April-Sept.) gelangen Sie zur D91, die auf dem nördlichen Ufer der Huisne entlang nach Parence führt, dort rechts schwenkt und über Fatines nach *Montfort-le-Gesnois* verläuft.
Camping: Le Pont Romain **, Pont-de-Gennes, Tel. 43767172, 44 Stpl., Mitte Juni-Mitte Sept., an der D20 südöstl. des Ortes.
Hier wählen Sie die links nach Lombron führende D25; auf diesem Teilstück wird die Autobahn A11 unterquert. In Lombron zweigt schließlich die D97 nach **Tuffé** rechts ab; Sie haben nahtlosen Anschluß an Etappe 145.
Information: SI de Tuffé, Mairie, 72160 Connerre, Tel. 43934721.
Camping: Du Lac **, Tel. 43934745, 210 Stpl., April-Okt., im Norden des Städtchens nahe der D19.

Etappe 145:
Tuffé - Saint-Martin-des-Monts - La Ferté-Bernard - Ceton - Nogent-le-Rotrou - Thiron-Gardais (54 km)

Das zweite Teilstück der Verbindung Le Mans-Chartres bedingt bei Benutzung der Michelin-Regionalkarten einen Wechsel von Blatt 232 auf Blatt 237 gegen Ende der Etappe. Die Strecke beginnt in Tuffé auf der D97 durch den Nachbarort St.-Hilaire-le-Lierru, vollführt einen Bogen bis nahe an die Autobahn A11 und folgt dem Lauf der Huisne. 2 km vor La Ferté-Bernard mündet die Straße in die D7.

La Ferté-Bernard, 10000 Einw., Dép. Sarthe, liegt sehr schön an etlichen Flüssen inmitten grüner Wiesen. Eine ganze Reihe von Bauten aus dem 15./ 16. Jh. sind noch erhalten, darunter die Markthallen von 1536, ein altes Stadttor und die Kirche N.-D. des Marais.
Information: SI, Mairie, Rue Carnot, 72400 La Ferté-Bernard, Tel. 43930442.
Verkehrsverbindungen: Eisenbahn Rchtg. Le Mans und Chartres.
Jugendherberge: Ferme de Beaulieu (LFAJ-angeschl.), Mondobleau, Le Plessis-Dorin, Tel. 54808535 (Mme. Carré), 50 Betten, nur Dez. geschl., 20 km südöstl.
Camping: Belle-Étoile **, Av Georges-Desnos, Tel. 43930442 (SI), 60 Stpl., Juni-Okt.
Fahrradvermietung: M. Amelot, 7 rue de l'Huisne, Tel. 43930107.

Im Stadtzentrum von La Ferté-Bernard wählen Sie die ostwärts aus der Stadt führende Nebenstraße D153 über den Weiler Cherreau und die Grenze zum Dép. Orne. Auf der D136 erreichen Sie das Städtchen *Ceton*, wo Sie im Ortszentrum links auf die D107 Rchtg. Theil einbiegen, sofort aber wieder rechts auf die D136 Rchtg. Nogent fahren. Nach wenigen Metern gabelt sich die Straße erneut; während die D136 halblinks zur N23 führt, halten Sie sich halbrechts und radeln auf einer Nebenstraße zur Départementsgrenze. Unmittelbar danach mündet die Straße in die D13 nach Nogent-le-Rotrou.

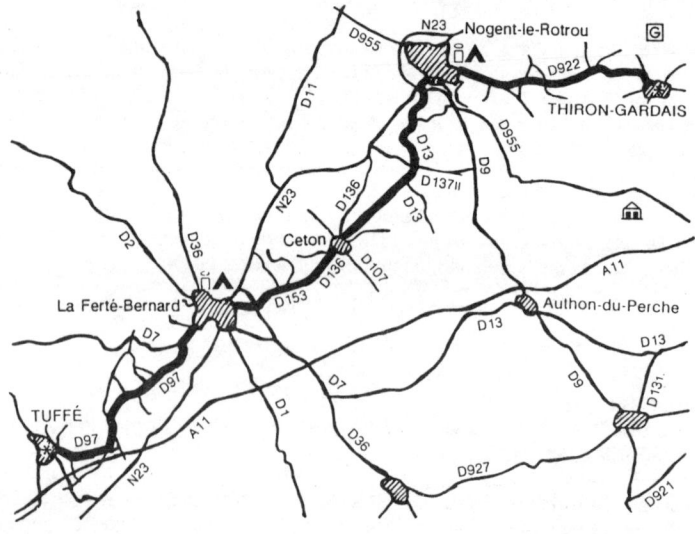

Nogent-le-Rotrou, 13000 Einw., Dép. Eure-et-Loir, war früher der Sitz der Grafen von Perche, die dem Städtchen ein imposantes Schloß hinterlassen haben, das heute das Regionalmuseum enthält (di geschl.). Einige alte Kirchen, Wohnhäuser und ein Hospital aus dem 17. Jh. runden das historische Bild ab.

Information: SI, 44 r Villette-Gaté, 28400 Nogent-le-Rotrou, Tel. 37522216.
Verkehrsverbindungen: Eisenbahn Rchtg. Le Mans und Chartres.
Camping: Les Viennes **, Tel. 37528051, 30 Stpl., Mai-Sept.; Le Bois-Jahan **, Brunelles, Tel. 37521473, 30 Stpl., ganzj., 6 km östl. nahe der Streckenführung.
Fahrradvermietung: am Bahnhof, Tel. 37285050.

Für die Weiterfahrt benutzen Sie die D922, die ostwärts aus der Stadt führt und Sie geradewegs nach **Thiron-Gardais** bringt, wo Sie Anschluß an Etappe 53 nach Chartres haben.
Gîte d'étape: Gîte communal, Coudreceau, Tel. 37292952 (Bürgermeisteramt), 6 Betten, 10 km nordwestl.; La Vélarderie, Combres, 17 Betten, 6 km nordöstl. am Verlauf von Etappe 53, Reservierung bei Gîtes de France Chartres, Tel. 37213722 & 37295076; Maison Associative, Miermaigne, Tel. 37294350 (Chartrain), 12 Betten, Fahrradvermietung, Mahlzeiten, 10 km südl.

Etappe 146:
Tresson - Saint-Calais - Sargé-sur-Braye - Beauchêne - Chauvigny-du-Perche (55 km)

Für diese Etappe benötigen Sie bei Nutzung der Michelin-Regionalkarten zwei Blätter (232 und 237; besser 232 und 238, da die Überschneidungen günstiger sind). Das Mittelstück der Verbindung Le Mans-Orléans beginnt in Tresson auf der D13 nach **Saint-Calais**, einem Städtchen, dessen Kirche eine schöne Renaissancefassade aufweist.
Information: SI, R Ch.-Garnier, 72120 Saint-Calais, Tel. 43358295.
Gîte d'étape: Villeaux, Savigny-sur-Braye, Tel. 54237149 (Huguette Crosnier), 11 Betten, Fahrradvermietung, ganzj., 7 km südöstl.
Camping: Du Lac ****, Tel. 43350481, 192 Stpl., April-Sept., am Nordrand des Ortes.

Zur Überquerung der Grenze zum Dép. Loir-et-Cher nutzen Sie die N157, biegen aber nach 8 km links von der Hauptstraße ab, um auf der D56 weiterzufahren; die auf der Karte eingezeichnete Eisenbahnlinie kurz vor der D56 wird in Realität von der N157 nicht sichtbar gekreuzt, kann also nicht der Orientierung dienen!
Die D56 wird durchgehend bis zum Etappenziel benutzt (keine Unterkünfte mehr hinter Sargé-sur-Braye); die Ortsdurchfahrt von Romilly erfordet etwas Aufmerksamkeit, damit Sie nicht vom Weg zum Etappenziel **Chauvigny-du-Perche** abkommen. Dieses Städtchen liegt am Rande eines größeren Waldgebietes; Sie haben Anschluß an Etappe 159.

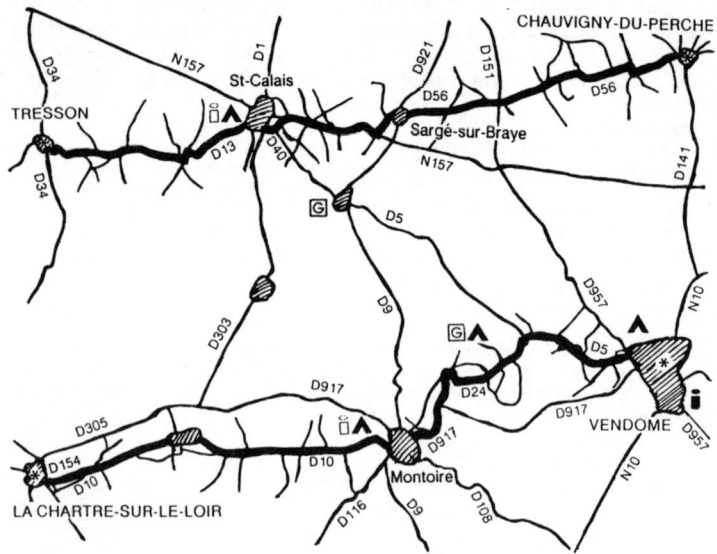

Etappe 147:

La Chartre-sur-le-Loir - Artins - Montoire - Le Gué-du-Loir - Vendôme (65 km)

Bei Benutzung der Michelin-Regionalkarte ist im Verlauf dieser Etappe ein Wechsel von Blatt 232 auf Blatt 238 erforderlich. Die Streckenführung folgt dem idyllischen Tal des Loir; sie beginnt in La Chartre-sur-le-Loir auf der D154 (D10 ab Dép.grenze) über Tréhet, Couture und Artins nach **Montoire-sur-le-Loir**. Die Attraktion dieses Städtchens sind die Wandmalereien der Kapelle St.-Gilles (12. Jh.). Die Kapelle liegt ebenso wie die Burgruine auf dem südlichen Loire-Ufer, während das Stadtzentrum über die Brücke erreicht wird. Es gibt dort eine ganze Reihe sehenswerter alter Häuser, darunter das Rathaus aus der Renaissancezeit.

Information: SI, Hôtel de Ville, 18 pl Clemenceau, 41800 Montoire-sur-le-Loir, Tel. 54850029.

Gîte d'étape: Les 3 Buissons, Lunay, Tel. 54720217 (J.-Marie Leroux), 10 Betten, 8 km nördl. nahe der weiteren Etappenführung.

Camping: Les Reclusages ***, Tel. 54850253, 144 Stpl., Mitte Mai-Mitte Sept.; La Belle Étoile, Lunay, Tel. 54720089, 6 Stpl., ganzj., auf einem Bauernhof.

Fahrradvermietung: M. Capponi, 10 pl Foch, Tel. 54853548.

Zur Weiterfahrt folgen Sie zuerst der D917 Rchtg. Vendôme; wenn diese Straße bei Les Roches-Evêque rechts abbiegend den Loir überquert, bleiben Sie auf der geradeaus weiterführenden D24 nach *Le Gué-du-Loir*, wo Sie auf die D5 nach Vendôme treffen.

Vendôme, 18000 Einw., Dép. Loir-et-Cher, wird vom Loir umflossen und ist eine trotz Kriegsschäden weitgehend erhaltene alte Stadt, die von einer Burgruine (ganzj. tägl.) überragt wird. Sehenswert ist auch die Kirche La Trinité mit dem angrenzenden ehemaligen Kloster, das heute das städtische Museum beherbergt (di geschl.).
Information: OTSI, Hôtel du Bellay-Le Saillant, 45 r Poterie, BP 34, 41100 Vendôme, Tel. 54770507, in der Saison aus sonntags.
Verkehrsverbindungen: Eisenbahn Rchtg. Tours und Chartres.
Jugendherberge (verbandsunabhängig): FJT, 12 r Edouard-Branly, Tel. 54772878, 76 Betten, ganzj.; FJT, 3 r Alain Fournier, Tel. 54770047, 64 Betten, nur für Frauen.
Camping: Les Grands Prés ***, R Geoffrey-Martel, Tel. 54770027, 200 Stpl., ganzj.; St. Ouen, kommunaler Platz im nördl. Vorort, Fahrradvermietung.
Fahrradvermietung: M. Clause, 39 r Faubourg Chartrain, Tel. 54778737; im Bahnhof und TGV-Station, Tel. 54785050.

Etappe 148:
Saumur - Montsoreau - Chinon (31 km)

Diese Etappe bringt Sie zu einem Seitenfluß der Loire, der **Vienne**, und zu einer besonders hübschen Stadt. Sie beginnt in Saumur auf der D947, die am Südufer des Flusses entlang verläuft: eine sehr schöne, aber leider recht stark befahrene Strecke. In **Montsoreau** (SI; Camping, Mai-Sept.) kann ein mittelalterliches Schloß am Übergang zum Lustschloß besichtigt werden (außer di); wenn die D947 rechts abbiegt, können Sie einen Abstecher nach **Fontevraud** einschieben, wo es gleich drei Klöster gibt. Das bedeutendste Bauwerk dieses klerikalen Zentrums ist die Abteikirche aus dem 12. Jh. (ganzj. tägl.), die zusammen mit den übrigen Klostergebäuden zu einem Kulturzentrum gemacht worden ist.
Information: SI, Mairie, 49590 Fontevraud-l'Abbaye, Tel. 41517121 & 41517945 (Saison).
Gîte d'étape: Abbaye de Fontevraud, Tel. 41517352, 35 Betten.

Ansonsten folgen Sie der geradeaus am Fluß weiterführenden Straße vorbei an **Candes-St.-Martin** (Camping *, Mitte Juni-Mitte Sept.) und biegen unmittelbar hinter diesem Ort links ab auf die D7 Rchtg. Tours. (Falls Sie es eilig haben, ist die eher ruhige D751 nach Chinon eine brauchbare Alternative.) Nach 3 km zweigt die D118 Rchtg. Avoine rechts ab, die Sie in *Roguine* (Querverbindung via D118 zur Etappe 149 möglich) aber erneut rechts nach Savigny-en-Véron verlassen. Hier können Sie sich wieder der Beschilderung Rchtg. Chinon anvertrauen, mit der Sie schließlich zur D749 zum Etappenziel gelangen.

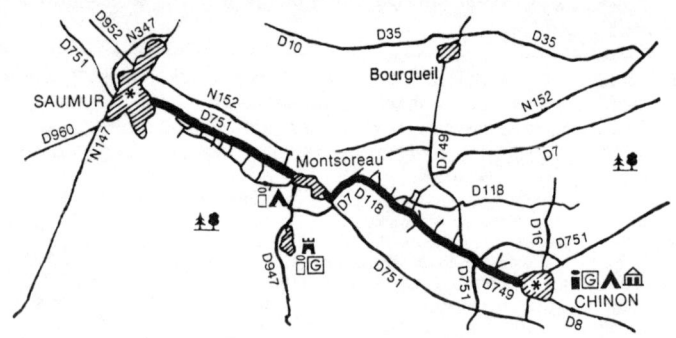

Chinon, 90000 Einw., Dép. Indre-et-Loire, liegt an einem steilen Hang oberhalb der Vienne und wird von einer Burg aus dem 12. Jh. überragt, die im 15. Jh. kurzzeitig als Königssitz diente. Mit dem Ausgang des Mittelalters verlor Chinon seine Bedeutung, behielt aber bis heute eine pittoreske Altstadt unterhalb der Befestigungsanlage. Dort befindet sich im ehemaligen Haus der Generalstände das heutige Stadtmuseum; außerdem verfügt Chinon noch über ein Weinmuseum (do geschl.), um dem Hauptprodukt der Region Referenz zu erweisen, und über ein Volkskunstmuseum in der Chapelle St.-Radegonde (nur Juli/Aug.).

An Sommerwochenenden verkehrt eine touristische Kleinbahn nach Richelieu (und zurück).

Information: OTSI, 12 r Voltaire, BP 141, 37500 Chinon, Tel. 47931785.
Verkehrsverbindungen: Eisenbahn Rchtg. Loudun und Tours.
Jugendherberge: Centre d'Accueil, Rue Descartes, Tel. 47931048, 64 Betten, ganzj.
Gîte d'étape: Le Clos-de-Cément, La Rochelle, Tel. 47931186 (Etienne de Graeve), 12 Betten; Abbaye de Seuilly, Tel. 47959315, 30 Betten, 7 km südwestl. an der D24.
Camping: Ile Auger **, Tel. 47930835, 300 Stpl., April-Mitte Okt.
Fahrradvermietung: beim Bahnhof, Tel. 47205050; beim OTSI; Hôtel Chéops, Faubourg St.-Jacques, Tel. 47984646.

Etappe 149:
Chinon - Huismes - Bréhémont - Savonnières - Tours (53 km)

Diese Etappe nutzt eines jener raren Teilstücke der Loire, das unkompliziert auf fast autofreien Straßen zu befahren ist; nur ein kleines Teilstück ist nicht asphaltiert. Sie beginnt in Chinon auf der D749 Rchtg. Azay-le-Rideau; es hat seinen guten Grund, daß die Straße scheinbar einen Umweg um den Ortsrand macht, denn dazwischen ragt der Burgberg empor. Die ansonsten über den

Berg führenden kleinen Straßen können denn auch mit Steigungen um 20 % aufwarten - fahren Sie also besser auf der Haupstraße zum Ortsrand, wo Sie links auf die D16 nach Huismes abbiegen. An der T-Mündung auf die D7 radeln Sie kurz nach links, dann aber gleich wieder rechts auf die winzige Nebenstraße, die über den Indre hinweg nach Ile St.-Martin führt. In der Tat wirkt der schmale Landstreifen zwischen Indre und Loire hier wie eine Insel. (Falls Sie das unbefestigte Teilstück vermeiden möchten, nutzen Sie von Huismes bis Ussé die D7 und biegen erst dann auf die Halbinsel ab.)

Es schließt sich ein fast 20 km Etappenstück auf der D16 immer entlang der Loire an. Im Dorf *Bréhémont* (Gîte und Camping s. Langeais) existiert ein kleines Spielzeugmuseum (in der Saison tägl.). Nach der halben Strecke besteht die Möglichkeit zu einem Abstecher über die Loire hinweg nach

Kartenskizze Etappen 149 - 151

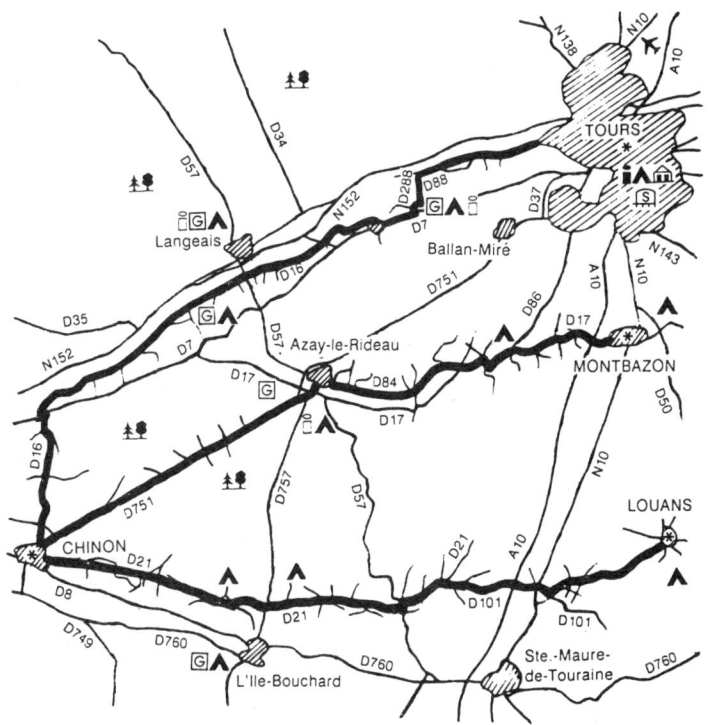

253

Langeais. Dieses am Rand ausgedehnter Waldgebiete gelegene Städtchen verfügt über ein äußerlich schmuckloses, aber schön ausgestattetes Schloß aus dem 15. Jh. (in der Saison tägl., sonst mo geschl.).

Information: SI, Pl du 14-Juillet, 37130 Langeais, Tel. 47968575.

Gîte d'étape: Commune de Langeais, Tel. 47967162, 20 Betten, ganzj., bei Vollbelegung (Saison) etwas eng; Bréhémont, 15 Betten, April-Okt., Anmeldung beim Bürgermeisteramt, Tel. 47968471.

Camping: **, Langeais, Tel. 47968580, 90 Stpl., Juni-Mitte Sept., an der N152; La Laperie *, Bréhémont, Tel. 47968471, 30 Stpl.

Fahrradvermietung: Bahnhof Langeais, Tel. 47205050.

Schließlich drängt die Mündung des Cher in die Loire die D16 zur D7 zurück, die Sie von *Villandry* (Schloß) bis *Savonnières* (SI; Gîte d'étape; Camping **) nutzen, dann aber links auf der D288 wieder zur Loire gelangen. Über die D88 radeln Sie via St.-Genouph zum Etappenziel.

Tours, 135000, mit Vororten 250000 Einw., Dép. Indre-et-Loire, verbindet wie viele französische Großstädte einen kleinen, sehenswerten Stadtkern mit einer wuchernden, autogerechten und fahrradunfreundlichen Peripherie. Der zentrale Boulevard dient gleichzeitig der N10 als Trasse, aber abseits dieses Straßenzuges, zwischen dem Place Jean-Jaures und der Loire, findet man vor allem bei der Kathedrale ruhige Altstadtgassen. Im Stadtzentrum, das sich inselartig zwischen den Flüssen Cher und Loire erstreckt, existiert ein rundes Dutzend der verschiedensten Museen, darunter besonders erwähnenswert das ehemalige Kloster St.-Julien bei der gleichnamigen Kirche, in dessen Keller heute das regionale Weinmuseum untergebracht ist, während sich über dem Kapitelsaal das Musée du Compagnonnage mit Gesellenstücken verschiedener Handwerksberufe befindet. Beide Museen sind - wie einige andere Kulturtempel von Tours - di geschl. Auch konventionellere Museen, vom Kunstmuseum bis zur Archäologieausstellung, sind in Tours zu besuchen (die meisten täglich).

Information: OTSI, Pl du Maréchal-Leclerc, 37000 Tours, Tel. 47055808.

Verkehrsverbindungen: Eisenbahn in alle Himmelsrichtungen (Knotenpunkt), Flugplatz St.-Symphorien 6 km nordöstl., TAT-Flüge u.a. via Lyon nach Basel-Mulhouse und Metz-Nancy.

Studentenwerk: CLOUS, Bd de Lattre de Tassigny, Tel. 47051755, 3 Wohnheime.

Jugendherberge: FUAJ, Av d'Arsonval, Parc de Grandmont, Tel. 47251445, 170 Betten, ganzj., fehlkonstruierter Neubau gegenüber der Einmündung der D751 in die N10 im Süden der Stadt, über Stadtpläne an Bushaltestellen leicht zu finden.

Camping: Edouard-Péron **, Tel. 47541111, 62 Stpl., Mitte Mai-Mitte Sept., an der N152; Le Moulin **, R des Clouets, Rochecorbon, Tel. 47525020, 49 Stpl., Ostern-Mitte Sept., nordöstl.; Rives du Cher ***, St.-Avertin, Tel. 47272760, 150 Stpl., März-Nov., an der N76 im Südosten von Tours; Les Acacias **, R Berthe-Morizot, La Ville-aux-Dames, Tel. 47440816, 120 Stpl. (viele Caravans), April-Okt., östl.

Fahrradvermietung: am Bahnhof, Tel. 47321100; Trotignon, 4 & 6 r Giraudeau, Tel. 47376761; Loisirs Plus, 214 r Jolivet, Tel. 47462838; Montaubin, 2 r Nationale, Tel. 47056227; Au Col de Cygne, 46bis r du Docteur-Fournier, Tel. 47460037; Grammont, 93 av de Grammont, Tel. 47666289.

Waschsalon: Bahram Khoshkbari, 65bis r Léon-Boyer, Tel. 47395489; Lavo 2000, 117 r Auguste-Chevalier und 17 pl Grand-Marché.

Etappe 150:
Chinon - Azay-le-Rideau - Artannes - Montbazon (45 km)

Eine Strecke, die Möglichkeiten zur günstigen Umgehung des fahrradunfreundlichen Ballungsgebietes von Tours eröffnet und gleichzeitig interessante Punkte berührt. Wie bei Etappe 149 radeln Sie um den Burgberg herum zum Stadtrand, dort aber dann geradeaus weiter auf die Hügelkette des Forstes von Chinon. Quer durch dieses Waldgebiet verläuft die unangenehm schnurgerade gebaute, stark befahrene D751; Ausweichmöglichkeiten bieten sich auf diesem Stück nicht an. Kurz vor Azay schwenkt die D751 links; bleiben Sie dort auf der halbrechts weiterführenden Straße durch den Vorort La Chapelle-St.-Blaise über die Indre nach **Azay-le-Rideau**.
Dieses Städtchen ist Standort eines der schönsten Schlösser der Loire-Region, errichtet zu einem Teil auf Pfählen in der Indre und von einer Harmonie des architektonischen Gesamteindrucks, die manch andere Renommierbauwerke der Gegend vermissen lassen. Das Schloß wurde Anfang des 16. Jh. von einem Spekulanten erbaut, der später vor gerichtlicher Verfolgung das Weite suchen und das Schloß dem König überlassen mußte. Es ist ganzj. tägl. zu besichtigen; im Sommer gibt es außerdem nächtliche *Son-et-Lumière*-Vorführungen.
Information: SI, 42 rue Nationale, 37190 Azay-le-Rideau, Tel. 47454440.
Gîte d'étape: Bourg-Cocu, Cheillé, Tel. 47453897 (A. Patrigeon), 21 Betten, 6 km westl.
Camping: Le Sabot **, Tel. 47454272, 184 Stpl., April-Okt.
Fahrradvermietung: M. Le Provost, 13 r Carnot, Tel. 47454094.

Auf der unmittelbar nördlich des Schlosses verlaufenden D84 radeln Sie weiter entlang des idyllischen Indretals, kreuzen beim Weiler L'Alouette die D8 und kommen direkt danach zur D17, die durch Artannes und *Monts* (Camping *, April-Sept.), vorbei an dem Nuklearzentrum *Ripault*, nach **Montbazon** führt. Diese Stadt besitzt einen prächtigen, rechteckigen Burgfried (frz. "donjon"), der im Juli/Aug. tägl. (12-23 h!) besichtigt werden kann, sonst nur an Wochenenden und mo/di/do/fr vorm.
Camping: La Grande Rouge ***, Tel. 47260643, 108 Stpl., Mitte Juni-Mitte Sept., an der N10.

Etappe 151:
Chinon - St.-Epain - Louans (43 km)

Der erste Teil der Nebenstraßenverbindung Rchtg. Loches unter völliger Vermeidung des Ballungsraumes von Tours kann im Prinzip durchgängig auf der D21 gefahren werden; hier wird allerdings für das letzte Drittel eine Alternative empfohlen.
Die D21 verläßt Chinon am nordöstlichen Stadtrand und verläuft unmittelbar unterhalb des Forstes von Chinon vorbei an winzigen Siedlungen wie Narcay, Sonnay und Cravant-les-Côteaux nach *Panzoult*, an dessen Ortsende Straße und Etappenführung links abknicken nach *Saint-Epain*.

Gîte d'étape: La Fougetterie, L'Ile-Bouchard, Tel. 47585015 (Mairie), 16 Betten, 4 km südl. der Strecke, 18 km südöstl. von Chinon; La Commanderie, Brizay, L'Ile-Bouchard, Tel. 47586313 (M. Vaurie), 20 Betten, relativ teuer.
Camping: Le Grand Marais, Panzoult, Tel. 47585316, 20 Stpl., "aire naturelle" 12 km östl. von Chinon; La Salle, Avon-les-Roches, Tel. 47952430, 6 Stpl., auf einer Farm 1 km nördl. der Strecke, 20 km östl. von Chinon; Les Bords de Vienne ***, La Fougetterie, L'Ile Bouchard, Tel. 47952359, 90 Stpl., Mitte Juni-Mitte Sept., nahe der Gîte.

An der dortigen T-Mündung halten Sie sich kurz links (auf der D57), gleich aber wieder rechts auf die D21 Rchtg. Villeperdue. Nach ca. 3 km zweigt rechts die D101 nach Ste.-Cathérine-de-Fierbois ab, wo sich die geradlinige Nebenstraße nach **Louans** anschließt. Etappe 152 bildet die nahtlose Fortsetzung.
Camping: La Raudière, Le Louroux, Tel. 47656502, 25 Stpl., April-Sept., Naturcamping 5 km südöstlich.

Etappe 152:
Louans - Dolus-le-Sec - Chanceaux - Loches - Montrésor (40 km)

Die D21 stellt in direkter Anknüpfung an Etappe 151 die Verbindung nach St.-Bauld her, knickt gleich darauf rechts ab, kreuzt die D58 und durchläuft das Dorf *Dolus-le-Sec*.
Gîte d'étape: La Grand'Maison, Tel. 47594818 (Porot), 15 Betten, Mahlzeiten.

Achten Sie darauf, nicht auf der D94 zur N143 nach Loches zu gelangen, sondern biegen Sie am Ortsende von Dolus rechts ab auf die D21 über Chanceaux-près-Loches nach Loches.

Loches, 7000 Einw., Dép. Indre-et-Loire, war im Mittelalter eine der wichtigsten Festungen Frankreichs. Die mittelalterliche Innenstadt, von fast 2 km langen Stadtmauern umgeben, ist bemerkenswert gut erhalten. Während an einem Ende ein Burgfried bestiegen werden kann, versammeln sich die übrigen Bauwerke am anderen Ende: eine romanische Kirche aus dem 12. Jh., die "Porte Royale" mit dem Heimatmuseum und vor allem das Schloß, das vom 14. Jh. an von diversen Königen bewohnt wurde. Schloß und Burgfried sind Feb.-Nov. geöffnet (in der Nebensaison mi geschl.), das Heimatmuseum ist ganzj. außer fr geöffnet. Während der Hauptsaison werden nächtliche Führungen veranstaltet.
Information: OTSI, Pl de Wermelkirchen Marne, 37600 Loches, Tel. 47590798.
Verkehrsverbindungen: Eisenbahn nach Tours.
Camping: La Citadelle *, Av A.-Briand, Tel. 47590591, 126 Stpl., Ostern-Okt.; La Grille *, Perrussion, Tel. 47590392, 33 Stpl., Ostern-Okt.
Fahrradvermietung: am Bahnhof, Tel. 47205050.

Durch den Nachbarort Beaulieu-lès-Loches fahren Sie auf der D760 weiter über die Ausläufer einer bewaldeten Hügelkette in das 17 km entfernte Städtchen **Montrésor**, wo erneut eine mittelalterliche Burg der Besichtigung harrt (April-Okt. tägl.).

Gîte d'étape: Le Coudray, Loché-sur-Indrois, Tel. 47947828 (Karin Legien), 16 Betten, ganzj., 8 km südl.; Domaine de Marolles, Genillé, Tel. 47595001 (Alain Couturie, nur zu Essenszeiten), 20 Betten (Zweibettzimmer), April-Sept., 10 km nordwestl. an der D10, recht teuer.
Camping: Le Lac **, Chemillé-sur-Indrois, Tel. 47927783, 103 Stpl., Ostern-Okt., 4 km westl. abseits der D10.

Etappe 153:
Montbazon - Saint-Branchs - Tauxigny - Dolus-le-Sec - Chanceaux - Loches - Montrésor (50 km)

Abseits der Loire-Schloßtournee, die im wesentlichen Prachtbauten des 16. Jh. berührt, bringt Sie diese Etappe in einem nach Südosten gerichteten Bogen zu einem Kleinod mittelalterlicher Bauweise. Die Strecke beginnt in Montbazon auf der D17 Rchtg. Truyes, zweigt aber schon nach 2 km davon rechts ab auf die D50 durch *Veigné* (Camping **) nach St.-Branchs. Dort nehmen Sie die D84 nach Tauxigny, wo Sie rechts auf die D82 nach Montouvrin abbiegen.
Gîte d'étape: La Touche, Tauxigny, Tel. 47921926 (Salmon), 11 Betten, 2 km westl. des Ortes an der Streckenführung.
Hinter Montouvrin mündet die Strecke in die D21 und gleichzeitig in die Führung der Etappe 152, der sie über *Loches* bis **Montrésor** folgt.

Etappe 154:
Montbazon - Truyes - Bléré - Chenonceaux - Montrichard (41 km)

Eine Schlösser-Tour abseits der Standard-Schloßstrecke - das ist in der Loire-Region kein Problem. Der erste Teil dieser Alternative zum Loiretal beginnt in Montbazon auf der D17 nach **Truyes**, wo im Nachbarort *Cormery* die Reste einer Abtei stehen.
Gîte d'étape: Pascal Casaromani, Chaix-Truyes, Tel. 47434775, 8 Liegen, Juni-Aug.; Chemallé, Courçay, Tel. 47941048 (Anne-Marie Valière), 43 Betten, ganzj., 5 km südöstl. an der D17, relativ teuer.
Camping: *, Cormery, Tel. 47434066, 33 Stpl., Mitte Juni-Mitte Sept.; *, Le Bourg, Courçay, Tel. 47941606 (Mairie), 33 Stpl., Juni-Sept.

Kurz vor Truyes treffen Sie auf die N143, der Sie aber nur wenige hundert Meter bis zum Ortsrand folgen und dort links abbiegen auf die D45 durch Athée zur N76 nach *Bléré* (SI; Camping *** April-Mitte Okt.). Auf der D31 überqueren Sie den Cher zum Nachbarort La Croix-en-Touraine und wählen dort die D40 nach **Chenonceaux**.
Das dortige Schloß ist besonders schön gelegen: es überspannt auf fünf Bögen den Cher, was sich als sehr dekorative Kombination erweist (Besichtigung ganzj. tägl.).

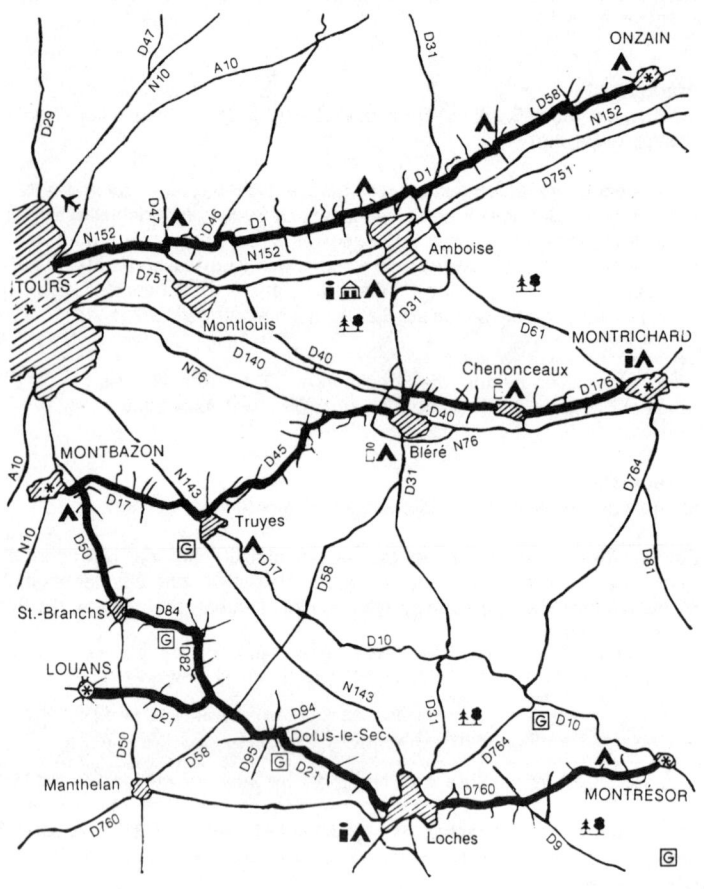

Information: SI de Chenonceaux, R du Château, BP 1, 37150 Bléré, Tel. 47239445.
Camping: La Fontaine des Prés *, Chn de l'Arabe, Tel. 47239013, 53 Stpl., April-Sept.; Le Moulin Fort ***, Francueil (auf dem anderen Cher-Ufer), Tel. 47238622, 137 Stpl., April-Mitte Sept.; *, Rue de l'Écluse, Chisseaux, Tel. 47239075, 86 Stpl., Ostern-Sept.

Kurz hinter Chenonceaux erreicht die D40 die Grenze zum Département Loiret-Cher und führt als D176 weiter nach **Montrichard**, einer Stadt mit zahlreichen Weinkellereien, alten Fachwerkhäusern und einem Burgfried als Rest einer mittelalterlichen Befestigungsanlage, in dem im 12. Jh. Richard Löwenherz das zweifelhafte Vergnügen eines Zwangsaufenthaltes hatte (Mitte Juni-Mitte Sept. tägl., sonst nur an Wochenenden) und der einen schönen Blick auf das Cher-Tal bietet.
Information: OTSI, Les-Grands-Degrés-Ste-Croix, 41400 Montrichard, Tel. 54320510.
Camping: L'Etourneau *, Tel. 54321016, 89 Stpl., Ostern-Sept.
Fahrradvermietung: A. Letève, 4 r Victor-Hugo, Tel. 54320162.
In Montrichard haben Sie nahtlos Anschluß an Etappe 157.

Etappe 155:
Tours - Vouvray - Noizay - Onzain (42 km)

Die Etappe stellt eine der seltenen Möglichkeiten dar, im Loiretal auf ruhigen Nebenstraßen günstige Direktverbindungen zu finden. Sie beginnt in Tours an der Brücke "Pont Wilson" (N10 über Loire), an deren Nordende Sie ostwärts auf der N152 Rchtg. Amboise fahren. Nach ca. 10 km erreichen Sie *Vouvray* (Camping **, Mitte Juni-Sept.), wo ein Weinbaumuseum tägl. zu Besuch und Verkostung lädt, und biegen hier links ab auf die D46 Rchtg. Château-Renault, auf der Sie zur Stadtgrenze des 4 km entfernt liegenden Dorfes *Vernou-sur-Brenne* (ganzj. Camping **) gelangen. Dort wählen Sie die rechts nach *Noizay* (Camping **) führende D1, auf der Sie durch die Ortskerne von *Nazelles* (Camping *, April-Sept.) und Pocé weiter nach Osten radeln. Im Bereich der beiden letztgenannten Orte haben Sie ggf. Gelegenheit zu einem Abstecher nach **Amboise**, wo an der Loire eines der berühmtesten Schlösser der Region steht (ganzj. tägl.); außerdem gibt's am Ort ein Postmuseum (ebenfalls tägl., außer im Januar).
Information: OTSI, Quai du Général-de-Gaulle, BP 233, 37400 Amboise, Tel. 47570928.
Jugendherberge: Centre Charles-Péguy (LFAJ-angeschl.), 1 r Commire, Entrepont, Tel. 47570636, Fax 47231580, 70 Betten, ganzj.
Camping: Ile d'Or **, Entrepont, Tel. 47572327, 520 Stpl., April-Sept.
Fahrradvermietung: am Bahnhof, Tel. 47205050.

Von Pocé aus verläuft die D1 über *Limeray* (Camping ***, Mai-Okt.) und Cangey zur Départementsgrenze, wo die Straße die Nummer D58 erhält. In Monteaux windet sich die Straße recht verwinkelt durch den Ortskern und führt nach **Onzain** (2 Campingpl.), wo Sie nahtlos Anschluß an Etappe 156 haben.
Fahrradvermietung: Bernard Savalier, 6 rte de Touraine, Tel. 54207597.

Etappe 156:
Onzain - Blois - Chambord (40 km)

Eine Etappe zu zwei der berühmtesten Schlösser des Loiretals. Sie beginnt in Onzain als Fortsetzung von Etappe 155 auf der D58 durch *Chouzy* (Camping * nur Juli/Aug.). Unmittelbar vor der Unterquerung einer Eisenbahnstrecke nehmen Sie hinter Chouzy die links abzweigende Nebenstraße (unbesch.) in den Forst von Blois. Die asphaltierte Straße endet an einer Kreuzung im Wald, an der geradeaus nur ein Forstweg weitergeht, während Sie rechts auf die Asphaltstraße ("Allée de Coulanges", Name steht auf den Kilometersteinen) nach Blois einbiegen.
(*In Gegenrichtung:* in Blois von der D766 Rchtg. Herbault bei einem großen Kreisverkehr am westlichen Stadtrand abbiegen Rchtg. Coulanges; Abzweigung im Wald ist Rchtg. Chouzy beschildert.)

Blois, 50000 Einw., Dép. Loir-et-Cher, ist fast ausschließlich wegen seines Schlosses bekannt, das in manchen Reiseführern als das schönste der Loire-Region gepriesen wird. Wer aber eine harmonische architektonische Einheit, unterstützt von dekorativen Parkanlagen, erwartet, wird enttäuscht sein, denn das Schloß von Blois ist eine Stadtfestung, die vor allem bei Kunstlehrern beliebt ist, weil sich an ihr ein halbes Dutzend verschiedener Architekturstile dokumentieren lassen: jeder Flügel des Schlosses stammt aus einer anderen Epoche, und so stellt sich das Äußere eher als unkoordinierter Mischmasch dar. Die Innenausstattung hingegen ist während der Nutzungsdauer stetig erweitert und angepaßt worden und bietet dadurch ein deutlich harmonischeres Bild (Besichtigung ganzj. tägl.). Einziger erhaltener mittelalterlicher Innenraum ist der Ständesaal aus dem 13. Jh., in dem im 16. Jh. die Generalstände tagten.
Der mächtige Bau, der Blois deutlich überragt und bei Anfahrt vom anderen Loire-Ufer aus meist als Teil des Schlosses mißverstanden wird, ist die Kirche St.-Nicholas (13. Jh.); hingegen versteckt sich die Kathedrale (17. Jh.) im Stadtinneren. Zwischen Schloß und Kathedrale existiert trotz massiver Zerstörungen im Zweiten Weltkrieg eine Altstadt, vornehmlich mit Renaissancegebäuden (Fußgängerzone).
Information: OTSI, Pavillon Anne-de-Bretagne, 3 av Jean-Laigret, 41000 Blois, Tel. 54740649.
Verkehrsverbindungen: Eisenbahn Rchtg. Tours und Orléans bzw. Paris; Flugplatz Le Breuil 16 km im Nordwesten.
Jugendherberge: Les Grouëts (FUAJ), 18 r de l'Hôtel Pasquier, Tel. 54782721, 48 Betten, März-Mitte Nov., 5 km südwestl. abseits der N152 (Zufahrt von der Etappenführung aus: im Forst von Blois nach Einbiegen auf die Allée de Coulanges nächsten Forstweg rechts wählen, nach 1½ km liegt die JH am Waldrand); Levée de la Loire (FUAJ), Montlivault, Tel. 38446131 (JH Beaugency), 35 Betten, Mitte Juni-Mitte Sept., einfaches Haus 10 km nordöstl. abseits der D951; FJT, 37 r Pierre et Marie Curie (verbandsunabhängig), Tel. 54435601 (Mme. Herbeaux), 224 Betten.
Camping: La Boire ***, Tel. 54742278, 80 Stpl., Febr.-Nov.; Lac de Loire, Tel. 54788205, 250 Stpl., März-Dez.; beide Plätze an der D951 Rchtg. Montlivault.

Blois verlassen Sie entgegen der Beschilderung Rchtg. Chambord, durch die Sie zur vierspurigen Brücke über die Loire geleitet würden; benutzen Sie stattdessen die D765 Rchtg. Cheverny, auf der Sie die Loire über die Pont Jacques-Gabriel überqueren. 2 km danach biegen Sie am Ortsrand von St.-Gervais-la-Forêt links ab auf die D33, die über *Huisseau-sur-Cosson* (Natur-Camping, April-Nov.) direkt zu einem der prachtvollsten Schlösser Frankreichs führt. **Chambord** wurde auf der Grundlage eines alten Jagdschlosses im 16. Jh. errichtet; eine vollständige Besichtigung wäre eine mittlere Tageswanderung, da es über 400 Räume gibt. Konzentrieren Sie sich stattdessen auf das Treppenhaus und eine kleine Auswahl der Prunkgemächer. Auch die Terrassen und der (nur teilweise zugängliche) Park sind mehr als eine Stippvisite wert. Die ganze Pracht ist ganzj. und tägl. zu bestaunen - außer im Sommer mit der üblichen Mittagspause...
Unterkünfte: nur Hotels gehobener Preisstufen.
Fahrradvermietung: Centre d'information, Tel. 54203486, recht teuer.

Etappe 157:
Montrichard - Sambin - Cour-Cheverny - Bracieux - Chambord (47 km)

Diese Strecke beginnt in Montrichard als Fortsetzung von Etappe 154 auf der D764 nach **Pontlevoy**, wobei zuerst ein bewaldeter Hügel erklommen werden muß. In diesem Städtchen gibt es außer einer Abtei (April-Sept.; mo geschl., außer Juli/Aug.) ein angegliedertes LKW-Museum (gleiche Öffnungszeiten).
Information: SI de Pontlevoy, 41400 Montrichard, Tel. 54325043.
Gîte d'étape: La Presle, Oisly, Tel. 54795269 (Claude Boucher), 12 Betten, April-Sept., 10 km östl., auch Camping und Gästezimmer.
Camping: L'Abbaye, Rue Grefferie, Tel. 54325404, 20 Stpl., ganzj.; R de la Boule-d'Or, Tel. 54325269, 6 Stpl., Mitte Juni-Okt., auf einem Bauernhof.

In Sambin, 6 km weiter auf der D764 Rchtg. Blois, biegen Sie rechts ab auf die D52 nach *Cour-Cheverny*. 1 km südlich dieses Städtchens, in **Cheverny**, steht eines von zwei Schlössern der Loireregion, das seit dem 16. Jh. in Familienbesitz verblieben ist. Es enthält eine reiche Ausstattung und eine Sammlung von Jagdtrophäen (ganzj.). In **Troussay**, 4 km vor Cour-Cheverny nahe der D52, harrt eine weiteres Schloß der Besucher (tägl. Mitte April-Okt.).
Gîte d'étape: Rue A. Thierry, Cour-Cheverny, Tel. 54799807 (Bernard Billot) & 54799638 (Mairie), 18 Betten.
Camping: Le Casseux **, Rue de Poussard, Tel. 54799563, 17 Stpl., Juni-Sept.; Les Saules ***, Tel. 54799001, 30 Stpl., Mitte März-Mitte Nov., 3 km südl. von Cheverny.
Fahrradvermietung: Jacques Cosnet, Pl de la République, Cour-Cheverny, Tel. 54799321.

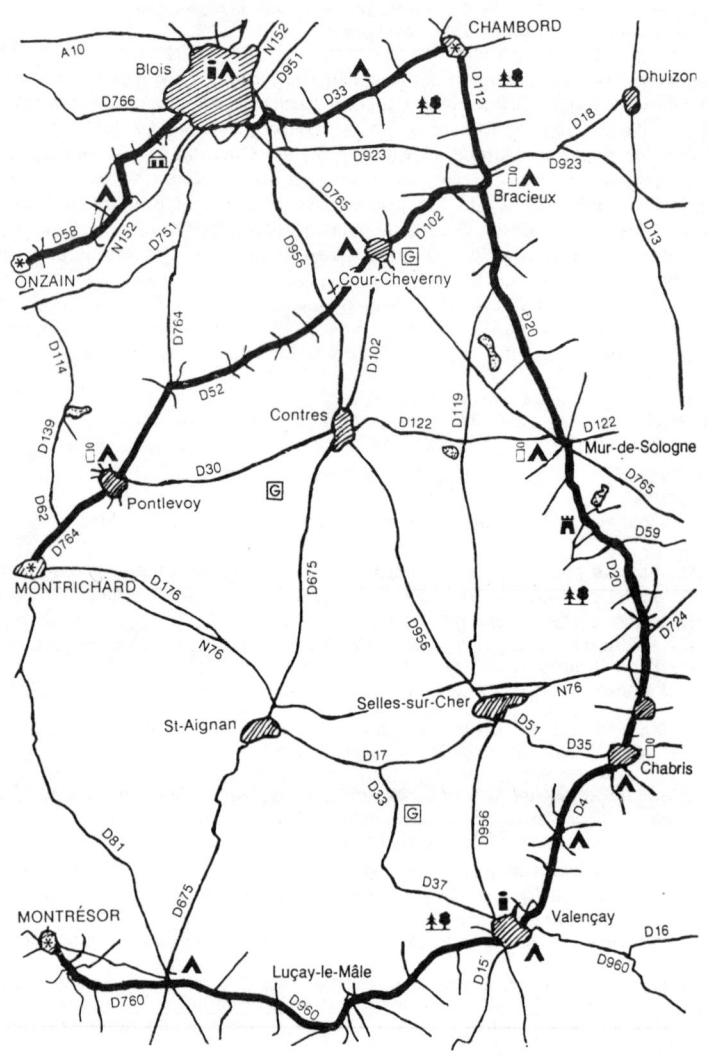

Kartenskizze Etappen 156 - 158

Von Cour-Cheverny führt die D102 in das 9 km entfernte Städtchen **Bracieux**.
Information: SI, Mairie, 41250 Bracieux, Tel. 54464237.
Camping: Les Châteaux **, Rte de Chambord, Tel. 54464184, 90 Stpl., Ostern-Okt.
Fahrradvermietung: C. Leclerc, 37 r Roger-Brun, Tel. 54564524.
Es folgt eine der schönsten Strecken in der Loire-Region: die D112 durch den Forêt de Boulogne und den sich nahtlos anschließenden Park von **Chambord** (s. Etappe 156).

Etappe 158:
Montrésor - Luçay-le-Mâle - Valençay - Chabris - Mur-de-Sologne - Bracieux - Chambord (92 km)

Diese Strecke, die fast ausschließlich durch landschaftlich äußerst reizvolle Gegenden führt, bildet die südöstliche Route dieses Buches. Sie beginnt in Montrésor auf der D760, die in einem schönen Flußtal nach *Nouans-les-Fontaines* (Camping *, Juni-Sept.) und geradeaus weiter zur Dép.grenze verläuft. Mit der neuen Nummer D960 geht es nahtlos über **Luçay-le-Mâle**, wo es ein kleines Feuersteinmuseum gibt, nach **Valençay**. Dieses Städtchen im Dép. Indre besitzt ein hübsches Schloß, zu dem ein Park und eine Automobilmuseum gehören (in der Saison tägl., im Winter nur an Wochenenden).
(Hier besteht ein Anknüpfungspunkt an das Streckennetz des CYKLOS-Fahrrad-Reiseführers *Ost-Frankreich per Rad*)
Information: OTSI, Rue Talleyrand, 36600 Valençay, Tel. 54001433.
Gîte d'étape: Lye, Tel. 54410513 (Marie) & 54410290 (M. Riaute), 19 Betten, 10 km nordwestl.
Camping: Les Chênes ***, Tel. 54000392, 50 Stpl., an der D960.

Wechseln Sie nun auf die D4 über *Varennes-sur-Fouzon* (Camping *, April-Sept.) nach *Chabris* (SI; Camping **, Juni-Sept.), überqueren den Cher und gleichzeitig die Grenze zum Dép. Loir-et-Cher und radeln auf der D128 weiter. Die N76 und 2 km danach die D724 werden gekreuzt, und in Pruniers-en-Sologne trifft die Streckenführung auf die D20. Diese Straße bringt Sie durch ein äußerst reizvolles Wald- und Seengebiet, das größtenteils unter Naturschutz steht, nach *Lassay-sur-Croisne*, in dessen Nähe der Herrensitz *Le Moulin* steht (tägl. März-Mitte Nov.), der von innen genauso sehenswert ist wie von außen.
5 km weiter erreicht die D20 das Dorf *Mur-de-Sologne* (SI; Camping *, Mai-Mitte Okt.), das auf der D765 durchfahren wird. Am nordwestlichen Ortsrand zweigt dann die D20 erneut rechts ab und trifft nach 12 km auf die D119 nach Fontaine-en-Sologne. Daran schließt sich die D120 nach Bracieux nahtlos an, wo sie auf die Streckenführung von Etappe 157 durch den Park von Chambord zum Schloß **Chambord** trifft (s. Etappe 156).

Etappe 159:
Vendôme - Oucques - Marchenoir - Josnes (40 km)

Das vorletzte Teilstück der Verbindung Le Lude-Orléans (Anknüpfung an Etappe 147) verläuft durchgehend auf der D917 über *Oucques* (Camping **, Ostern-Okt.), wo innerörtlich für wenige hundert Meter die D924 Rchtg. Châteaudun benutzt werden muß, und Marchenoir nach **Josnes** zum direkten Anschluß an Etappe 162.

Kartenskizze Etappen 159 & 160

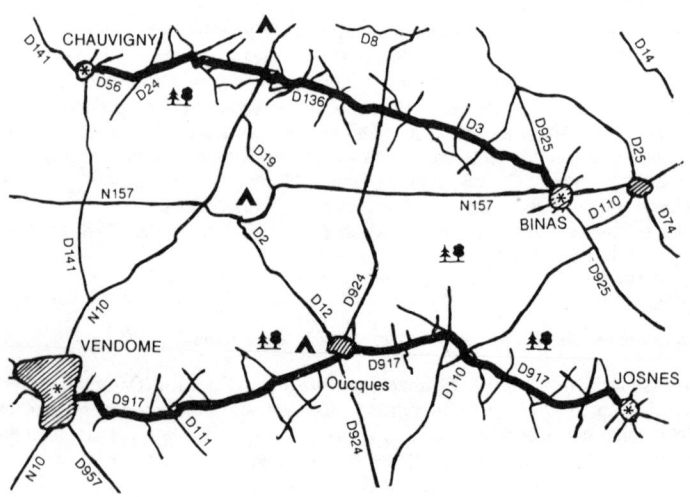

Etappe 160:
Chauvigny-du-Perche - Rougemont - Binas (35 km)

Das vorletzte Stück der Verbindung Le Mans-Orléans verläuft vollständig auf Nebenstraßen; in der ersten Hälfte der Strecke befindet sich kein Campingplatz nahe der Straße - die nächstgelegenen sind in *Fréteval* bei Morée sowie ein Natur-Camping zwischen St.-Jean-Froidmentel und Cloyes.
Die Etappe beginnt in Chauvigny-du-Perche auf der D56, die nach 4 km in die D24 Rchtg. Cloyes mündet. In L'Estriverde biegen Sie rechts ab auf die D19 Rchtg. Morée, nach 500 m aber wieder links auf die D136, die nach 5 km die N10 ca. 50 m nach links versetzt kreuzt und weiter nach *St.-Jean-Froidmen-*

tel (Natur-Camping nördlich) führt. Der Loir wird überquert; danach schwenkt die D136 nach links zum Weiler St.-Claude und dort rechts nach Brévainville. Nun ist eine reine Landwirtschaftsregion mit geringen Steigungen erreicht. In Brévainville ist innerörtlich die D42 zu nutzen; es folgt eine Gabelung, an der links eine Nebenstraße (anfangs: C2) nach Ouzouer-le-Doyen beginnt. Kurz vor dem Ort mündet das Sträßchen in die D3, auf der Sie geradeaus durch den Ort radeln. Halten Sie sich an der Gabelung danach halblinks, um auf der D3 vorbei an Semerville und durch den Weiler La Folletière zur D925 nach **Binas** zu gelangen.

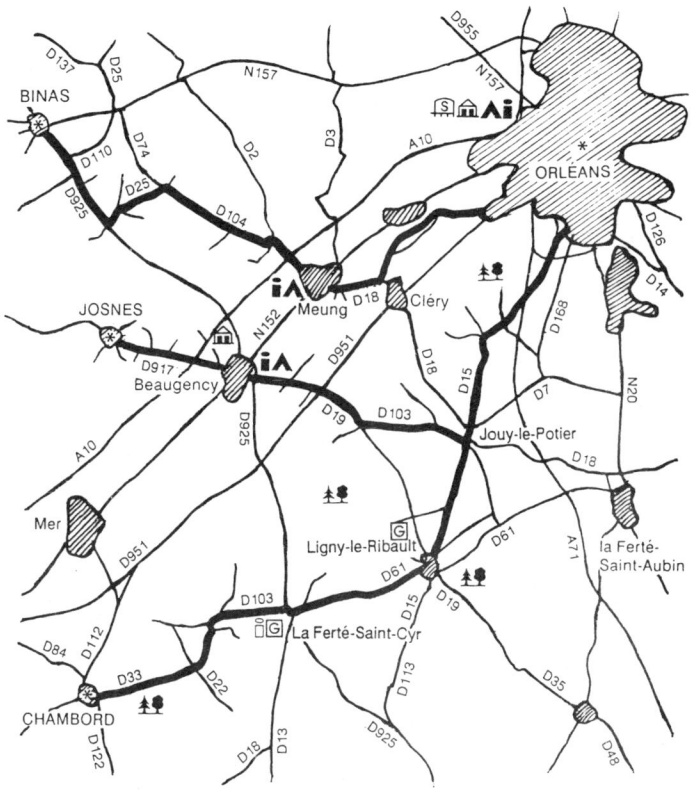

Kartenskizze Etappen 161 - 163

Etappe 161:

Binas- Villermain - Meung-sur-Loire - St.-Hilaire - Orléans (45 km)

Kreuzen Sie in Binas auf der D925 die N157 und bleiben Sie noch 8 km weit auf dieser Straße, bis Sie links auf die D25 nach Villermain abbiegen können. In diesem Dorf lassen Sie die Kirche links liegen (unbeschildert) und folgen einer Nebenstraße nach Poisioux zur D74 Rchtg. Meung. Die Landstraße kreuzt die Grenze zum Département Loiret und erreicht als D104 das Dorf Le Bardon. Links und kurz darauf wieder rechts abbiegend sind Sie in diesem Ort schließlich auf der D2 nach **Meung-sur-Loire** angekommen. Das dortige Schloß ist der ehemalige Sitz der Bischöfe von Orléans (April-Anf. Nov. tägl., sonst nur an Wochenenden).

Information: OTSI, 24 r Jean-du-Meung, 45130 Meung-sur-Loire, Tel. 38443228.
Camping: **, Quai Jeanne d'Arc, Tel. 38444498, 66 Stpl., April-Sept., an der Loire.

Zur Weiterfahrt überqueren Sie die Loire und radeln auf der D18 Rchtg. Cléry-St.-André. 3 km nach der Flußüberquerung beginnt links eine kleine Nebenstraße Rchtg. Le Trépoix, die sich nach 2 km gabelt. Die südlich an den nächsten Ortschaften vorbeiführende Trasse (auf einem Damm, ähnlich einer Deichstraße) ist als "Chemin privé de service" ausgewiesen und leitet geradewegs nach *St.-Hilaire*, wo sie an einem Miniatur-Kreisverkehr endet (*in Gegenrichtung* Hinweis "Embouchure de Loiret"). Halten Sie sich links und radeln Sie bis zur T-Einmündung in die D951, wo es ohne Wegweiser nach links zum Etappenziel weitergeht.

(*In Gegenrichtung:* Nach Überqueren des Loiret kommt hinter dem Ortsanfang von St.-Hilaire eine Rechtskurve und gleich darauf eine Abzweigung nach rechts mit einem Hinweis zum Restaurant "L'Escale du Port Arthur"; der Straßenname ist "Rue de Verdun".)

Orléans, 106000 Einw., Dép. Loiret, nutzt touristisch vor allem den Ruhm der "Jungfrau von Orléans", Jeanne d'Arc, die am 7.5.1429 in einem Triumphzug die von den Engländern befreite Stadt betrat. Der Nationalheldin ist ein Denkmal auf dem zentralen Place du Matroi gewidmet, und zum Jahrestag der Befreiung findet alljährlich ein Fest statt. Die Innenstadt wurde durch deutsche Angriffe im Zweiten Weltkrieg schwer zerstört, nach dem Krieg teilweise sorgfältig restauriert, teilweise aber auch modern wieder aufgebaut. In einem Fachwerkhaus nicht weit vom Jeanne d'Arc-Denkmal ist ein Museum zu Ehren des lothringischen Bauernmädchens eingerichtet worden (mo geschl.). Weitere Kulturtempel der Stadt sind das Museum der schönen Künste und das Archäologische Museum (beide di geschl.), ein naturwissenschaftliches Museum (sa geschl.) und das Renaissance-Herrenhaus Groslot (gleichzeitig Rathaus, tägl.) sowie einige Kirchen. Unter den Gotteshäusern ragt die Kathedrale im wahrsten Sinne des Wortes heraus; sie wurde im 17./18. Jh. in gotischem Stil wiederaufgebaut, nachdem sie in den Hugenottenkriegen des 16. Jh. zerstört worden war (tägl.).

Seit 1966 besitzt Orléans eine Universität im südlichen Vorort *La Source*, der seinen Namen aufgrund der Quellen des Flüßchens Loiret erhielt, das dort entspringt, nach 12 km aber durch Mündung in die Loire bereits wieder das Zeitliche segnet. Beim Universitätsgelände ist eine große Parkanlage entstanden, in der man mit einer Miniatureisenbahn umherfahren kann.

Information: OTSI, Pl Albert I, 45000 Orléans, Tel. 38530595.

Verkehrsverbindungen: Eisenbahn Rchtg. Paris, Tours und Vierzon.

Studentenwerk: CROUS, 17 av Dauphine, Tel. 38662881, 5 Wohnheime.

Jugendherberge: 14 r Faubourg Madelaine (LFAJ), Tel. 38624575, 51 Betten, Mitte Febr.-Nov., im Westen des Stadtzentrums, "Damentrakt" (im Haupthaus) laut; Foyer les Fougères (verbandsunabhängig), 1 r Jean-d'Aulon, La Source, Tel. 38634901, 120 Betten, Juli-Sept., im südl. Vorort.

Camping (alle in Vororten): **, Rue du Pont-Bouchet, Olivet (im Süden), Tel. 38635394, 83 Stpl., Mitte April-Mitte Dez.; G.-Marchand, **, R de la Roche, St.-Jean-de-la-Ruelle (im Westen der Stadt), Tel. 38883939, 66 Stpl., April-Sept.; Le Château ***, R des Grèves, La Chapelle-St.-Mesmin (südwestl. nahe der N152), Tel. 38436046, 50 Stpl., April-Sept.; Chécy**, *s. Etappe 169.*

Fahrradvermietung: am Bahnhof, Tel. (1) 38545430; Loisir-Accueil-Loiret, 3 r de la Bretonnerie, Tel. 38620488.

(Querverbindung für "Fluß-Süchtige" entlang der Loire zum Streckennetz des *CYKLOS*-Fahrrad-Reiseführers *Ost-Frankreich per Rad*:
Über die kleine Straße auf dem linken Loire-Ufer via Jargeau zur D11 bei Châteauneuf-sur-Loire, hier über den Fluß und rechts auf die D60 über St-Benoît-sur-Loire nach Sully-sur-Loire.)

Etappe 162:

Josnes - Beaugency - Jouy-le-Potier - Orléans (44 km)

In direkter Anknüpfung an Etappe 159 beginnt dieses Schlußstück der Verbindung von Le Lude auf der D917 ins Tal der Loire nach Beaugency.

Beaugency, 7400 Einw., Dép. Loiret, ist eine hübsche Kleinstadt, auf die man von der Loirebrücke (22 Bögen, älteste Teile aus dem 11. Jh.) einen besonders schönen Blick hat. Unmittelbar an der Brücke findet sich das Ensemble der ehemaligen Abtei, der Abteikirche Notre-Dame, des Cäsar-Turms und des Stadtschlosses; letzteres beherbergt das Heimatmuseum (di geschl.). Im angrenzenden Altstadtviertel befindet sich u.a. das Renaissance-Rathaus mit einer Ausstellung alter Wandteppiche (mi geschl.).

Information: OTSI, 28 pl du Martroi, BP 44, 45190 Beaugency, Tel. 38445442.

Verkehrsverbindungen: Eisenbahn Rchtg. Orléans und Blois.

Jugendherberge: 152 rte de Châteaudun (FUAJ), Tel. 38446131, Fax 38441473, 95 Betten, März-Dez., im 2 km entfernten Vorort Vernon an der D925, gut ausgestattetes Haus, Fahrradvermietung.

Camping: **, Tel. 38445039, 133 Stpl., Ostern-Sept., an der Loire.

Fahrradvermietung: bei der JH (s.o.); am Bahnhof, Tel. 38535050.

Anschließend macht die Route einen Schlenker durch ein waldreiches Gebiet mit schöner Streckenführung: anfangs in Beaugency mit einer Überquerung der Loire auf der alten Brücke, dann auf der D19 über die D951 hinweg und nach 9 km Fahrt links auf der D103 nach Jouy-le-Potier; dieses Teilstück ist landschaftlich besonders attraktiv. In Jouy wählen Sie die D15 nach links geradewegs bis **Orléans** (s. Etappe 161), das durch den Vorort Olivet (Camping) erreicht wird.

Etappe 163:
Chambord - La Ferté-Saint-Cyr - Ligny-le-Ribault - Jouy-le-Potier - Orléans (52 km)

Eine Etappe über landschaftlich ausgesucht schöne Strecken. Sie beginnt in Chambord auf der D33 durch den Schloßpark nach Crouy-sur-Cosson und schwenkt dort nach rechts auf die D103, die in *La Ferté-Saint-Cyr* leicht nach rechts versetzt die D925 kreuzt.
Information: SI, Mairie, 41220 La Ferté-St-Cyr, Tel. 54879140.
Gîte d'étape: Écuries de St-Cyr, Tel. 54879100, 30 Betten, Reiterhof, eher teuer, wenig auf kurzfristige Gäste eingestellt.

Die D103 überquert die Grenze zum Dép. Loiret und erreicht als D61 das Dorf *Ligny-le-Ribault.*
Gîte d'étape: Marie de Ligny-le-Ribault, Tel. 38454201, 16 Betten.

Biegen Sie links auf die D15 ein, auf der Sie über Jouy-le-Potier schließlich nach **Orléans** (s. Etappe 161) gelangen; die Hauptstadt des Loiret wird durch den Vorort Olivet (Camping) erreicht.

Etappe 164:
Orléans - Bricy - Patay - Sancheville - Chartres (80 km)

Zwei der bedeutendsten Städte des zentralen Frankreich werden mit dieser Etappe auf weitgehend ruhigen Straßen fast geradlinig miteinander verbunden; nur in Nähe der Endpunkte gibt es Niedrigpreisunterkünfte. Die Strecke beginnt in Orléans auf der D955 Rchtg. Châteaudun; nach 13 km Fahrt (vom Stadtzentrum aus gerechnet) biegen Sie rechts ab auf die D836 durch Bricy und Coinces nach Lignerolles. Von diesem Weiler an benutzen Sie durchgehend die D935 über Patay, Guillonville, Cormainville, Sancheville, Boncé und Dammarie zum Vorort *Morancez* (Camping **, April-Okt.) des Etappenziels **Chartres** (s. Etappe 52).

Kartenskizze Etappe 164

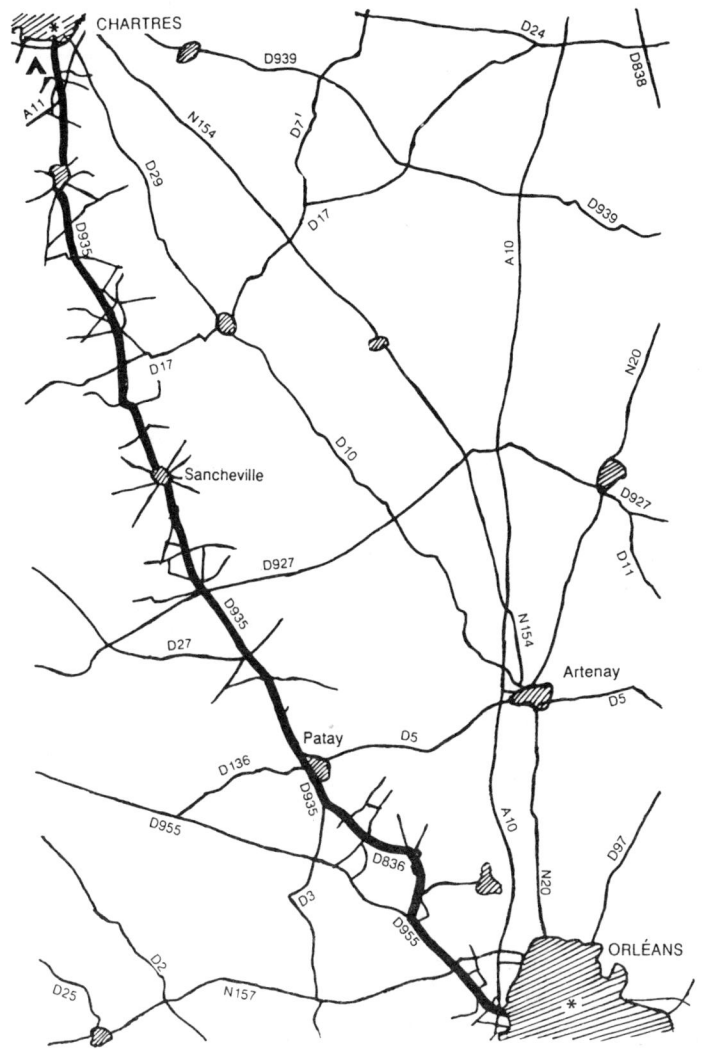

Etappe 165:
Chartres - Béville-le-Comte - Sainville (32 km)

Der erste Teil der Verbindung Rchtg. Fontainebleau mit dem Ziel, Paris zu umgehen oder von Süden her anzusteuern, führt über das intensiv landwirtschaftlich genutzte Plateau der *Beauce*. Er beginnt in Chartres auf der D939 Rchtg.
Angerville, biegt aber noch im Stadtgebiet davon links ab auf die D24 vorbei an
Nogent-le-Phaye, durch Houville-la-Branche und Béville nach **Sainville**.

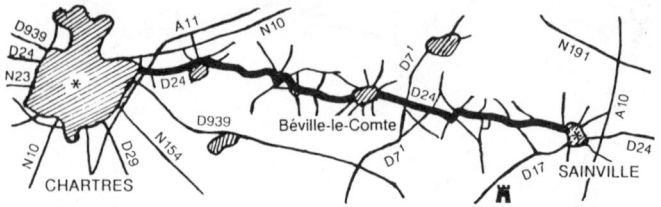

6 km südwestl. des Etappenziels, von dem aus Sie nahtlos Anschluß an Etappe
166 haben, befindet sich in **Denonville** eine Burg mit Teilen aus dem 16.-18.
Jh., zu besichtigen Juli-Mitte Sept. nachm. (außer di).

Etappe 166:
Sainville - Étampes - Champmotteux (41 km)

Das Mittelstück der Verbindung Chartres-Fontainebleau beginnt in Sainville auf
der D24 Rchtg. Étampes, die nach 4 km die Dép.-Grenze überquert und als D21
ins reizvolle Tal der Chalouette nach Étampes führt.

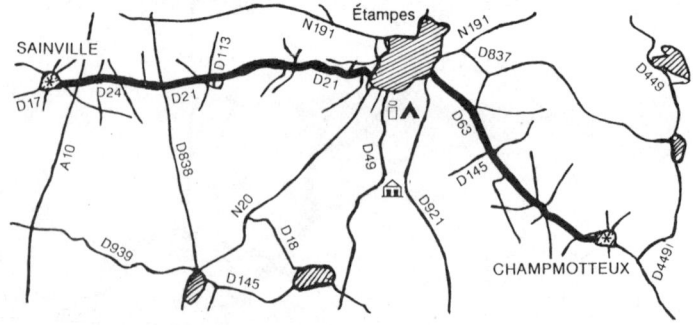

Étampes, 20000 Einw., Dép. Essonne, verfügt über eine bemerkenswerte Innenstadt: außer vier gotischen und romanischen Kirchen sollte die touristische Aufmerksamkeit vor allem den Patrizierhäusern um das Renaissance-Rathaus (Heimatmuseum, mo geschl.) geschenkt werden. Ein Burgfried aus dem 12. Jh.. überragt das Ganze.

Information: SI, Hôtel d'Anne de Pisseleu, 91150 Étampes, Tel. (1) 64948407.

Verkehrsverbindungen: Eisenbahnstrecke Paris-Orléans.

Jugendherberge: L'Epi d'Or (LFAJ), Boissy-la-Rivière, Tel. (1) 64956827 (abends), 42 Betten, ganzj., 10 km südl. im Tal der Juine.

Camping: Ormoy-la-Rivière, 5 km südlich.

Fahrradvermietung: am Bahnhof, Tel. (1) 64965050.

Die Weiterfahrt erfolgt zuerst auf der D721 Rchtg. Pithiviers, von der Sie jedoch nach Verlassen der Stadt schon bald nach links auf die D63 zum Etappenziel **Champmotteux** abbiegen, wo Sie unmittelbaren Anschluß an Etappe 169 haben.

Etappe 167:
Orléans - Chécy - Trainou - Ingrannes - Chambon - Boynes (54 km)

Der erste Teil der Verbindung nach Fontainebleau beginnt in Orléans auf der unmittelbar am nördlichen Loire-Ufer entlangführenden Straße über St.-Jean-de-Braye nach *Chécy* (ganzj. Camping **); die Straße trägt in Orléans die Nummer N152, danach N460. In Chécy geht's an der beampelten Kreuzung links auf die D8 Rchtg. Vennecy. An der Gabelung nach 4 km halten Sie sich geradeaus auf der D124 nach Trainou, wo eine T-Mündung auf die D11 einen Richtungswechsel nach rechts begründet.

Gîte d'étape: Mairie de Donnery, 8 quai canal, Tel. 38592730 (Isabelle Rouet), 15 Betten, 5 km östl. der Streckenführung.

Nach 100 m setzt sich links die D124 fort und führt nach Sully-la-Chapelle, wo sie an der D921 (T-Mündung) endet. Links geht es ins Zentrum, wo rechts die D143 Rchtg. Vitry beginnt; an einer Kreuzung biegen Sie nach 1 km links ab (unbeschildert, aber Hinweis "La petite Borde") und gelangen so nach *Ingrannes* (*in Gegenrichtung* an der Gabelung am Ortsausgang links halten, Wegweiser "Le Gazon", 3 km weiter an der Waldkreuzung rechts). Radeln Sie geradeaus durch den Ort und lassen Sie die Kirche rechts liegen. An der nächsten Kreuzung weist geradeaus ein Schild zu den "8 Routes des Chambon" auf eine schnurgerade bergauf verlaufende Straße. Die avisierte Kreuzung "Carrefour de 8 Routes" liegt knapp unterhalb des höchsten Punktes; alle acht Straßen sind beschildert. Rchtg. Chambon geht's nun ca. 3½ km unbefestigt weiter, nur der letzte Kilometer vor Chambon ist asphaltiert. Nach Erreichen der Wohnbebauung wählen Sie die erste asphaltierte Straße rechts zur D30 (*In Gegenrichtung* hier nur kleiner Hinweis "Les huit routes", Straße heißt "Route des Maquisards"). *Chambon* protzt mit üppiger Blumenpracht und offeriert mit der

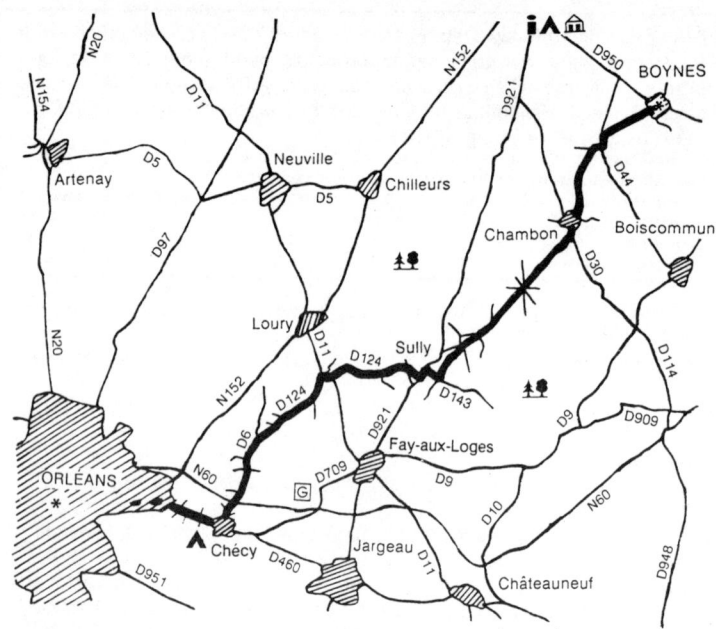

rechts abzweigenden D138 die Verbindung nach Courcelles. An einer weiteren T-Mündung radeln Sie zuerst links auf der D44, biegen dann aber rechts ab auf die D113 nach **Boynes**. Dort gibt es ein *Musée de Safran* als Huldigung an das traditionell hier angebaute Luxus-Gewürz (sa/so 14.30-18.00 h).

Information: OTSI, Mail ouest, Gare routière, 45300 Pithiviers, Tel. 38305002.

Jugendherberge: 2 r Madeleine (LFAJ), Pithiviers, Tel. 38301850, 38301471 & 38302947, 24 Betten, April-Okt.

Camping: Les Peupliers **, Pré aux Sages, lieu-dit «Pontoumois», Pithiviers, Tel. 38300421, 100 Stpl.

Etappe 168:

Boynes - Puiseaux - Guercheville - La Chapelle-la-Reine - Fontainebleau - Fontaine-le-Port (58 km)

Fast ausschließlich auf kleinen Nebenstraßen verläuft diese Verlängerung von Etappe 167. Die Etappe beginnt in Boynes auf der D25 nach *Givraines*. Im Dorf **Yèvre-le-Châtel**, 3 km westlich, existieren die Überreste einer mittelalterlichen Burg (Mai-Okt. nachm., außer di).

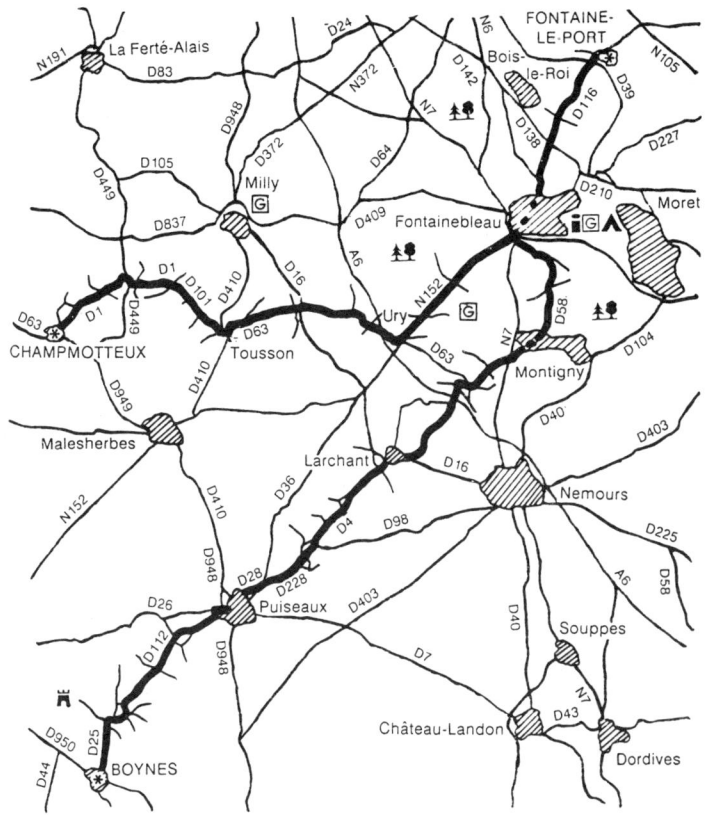

Am Ortsende von Givraines halten Sie sich an der Gabelung rechts und sind damit auf der D112 Rchtg. Puiseaux, die in Intvilliers links schwenkt, hinter dem Dorf an einer T-Mündung dann rechts weiter nach Puiseaux führt. In Abweichung von der Darstellung der Michelin-Karte stößt die D112 am dortigen Ortsrand an einer T-Mündung auf die D26, die rechts unter der Bahnlinie hindurch ins Stadtzentrum leitet. Am zentralen Platz geht's zuerst links, dann rechts Rchtg. Larchant und Fontainebleau, wodurch erst hinter dem Ort die D28 erreicht wird (*in Gegenrichtung* kann der Beschilderung auf der D28 ins Zentrum gefolgt werden). Geradlinig, aber mit wechselnden Straßennummern

(D28/D228/D4) radeln Sie nach *Larchant*. Hier beginnt das waldreiche Gebiet um Fontainebleau, das zu den beliebtesten Ausflugszielen der Pariser gehört. An Sommerwochenenden sind hier gewöhnlich alle Hotelbetten ausgebucht - das gilt für den gesamten Rest der Etappe!
Nördlich des Ortes befindet sich eine Art Felsenmeer aus bizarr geformten Steinblöcken, genannt "Rocher de Dame Jouanne". Die daran vorbeiführende, beschilderte Nebenstraße ist die erste Möglichkeit zur Fortsetzung der Etappe, die zweite (flacher geführte) folgt anfangs der D16 Rchtg. Nemours, biegt dann links ab auf die Nebenstraße nach Villiers-sous-Grez. (Beide Varianten treffen noch vor der Autobahn zusammen, *in Gegenrichtung* ist die Felsenroute Rchtg. Busseau beschildert.)
Gîte d'étape: Le Bolet de Satan, M. Thielmann, 39 r Grande, Recloses, Tel. (1) 43736100, 25 Betten, 3 km nordwestl. am Randes des Waldes von Fontainebleau, nur Samstagnacht!
Am nordöstlichen Ortsrand von Villiers wählen Sie die Nebenstraße Rchtg. Bourron, kreuzen die N7 und radeln ins Zentrum von Bourron-Marlotte. An der dortigen dreisternförmigen Kreuzung halten Sie sich rechts, biegen in die erste Straße links ein (Rue Pasteur) und gleich darauf rechts in die Rue Gambetta ab. Geradeaus geht's weiter, bis kurz vor der D58 eine Einbahnstraßenregelung dazu nötigt, rechts hinauf zur D58 zu fahren, die links Rchtg. Fontainebleau führt. (*In Gegenrichtung:* 1 km hinter dem Ortseingang mit dem Wegweiser "Complexe sportife" rechts in die Rue Gambetta einbiegen.)
Nach rund 5 km endet die D58 im Wald an einer T-Mündung, wo links die direkte Zufahrt nach Fontainebleau einzuschlagen ist. Am großen Kreisverkehr am Stadtrand weist rechts die Beschilderung ins Zentrum.

Fontainebleau, 19000 Einw., Dép. Seine-et-Marne, verdankt seine Entstehung dem königlichen Schloß, das hier im 16. Jh. inmitten eines prachtvollen Waldgebietes errichtet wurde. Vor dem Bau von Versailles war es eindeutig das bedeutendste der Schlösser des Pariser Raums; bis heute gehört es zur Spitzenriege der französischen Baudenkmäler (di geschl.). Der Park und der Wald von Fontainebleau hingegen sind ein bevorzugtes Ausflugsgebiet der Pariser Bevölkerung.
Information: OTSI, 31 pl Bonaparte, 77300 Fontainebleau, Tel. (1) 64222568 & 64226677.
Verkehrsverbindungen: Eisenbahn Rchtg. Paris und Montargis.
Gîte d'étape: 31 r des Chapeaux, Vulaines-sur-Seine, Tel. (1) 64239372 (Fam. Guillory), 14 Betten, ganzj., 6 km nordöstl.
Camping: Plätze in Samois-sur-Seine, 8 km nordöstl., und Veneux-les-Sablons, 10 km südöstl.
Fahrradvermietung: am Bahnhof Fontainebleau-Avon, Tel. (1) 64223857.

Am Schloß von Fontainebleau halten Sie sich rechts Rchtg. Provins, an der Gabelung im Zentrum jedoch nicht weiter Rchtg. Provins, sondern links auf der N6 Rchtg. Melun, die Sie aber nur zum Verlassen der Stadt nutzen, um kurz hinter dem Stadtende rechts auf die D116 (Rchtg. Châtelet) abzubiegen. Durch ein reizvolles Waldstück gelangen Sie nach 8 km zur Seine, die Sie überqueren. Die zu **Fontaine-le-Port** gehörige Siedlung mit dem vielsagenden Namen *Pont-sur-la-Seine* markierte das Ende der Etappe; Fortsetzungen sind die Etappen 170 (Rchtg. Paris) und 171 (Rchtg. Provins).

Etappe 169:
Champmotteux - Tousson - Ury - Fontainebleau - Fontaine-le-Port (47 km)

Der dritte Teil der Verbindung Chartres-Fontainebleau beginnt in Champmotteux auf der D1, die im Bogen durch Gironville-sur-Essonne verläuft; etwa 3 km danach verlassen Sie die Rchtg. Milly-la-Forêt abzweigende D1, um auf der D1E zur Dép.grenze bei Mézières zu fahren. Die Straße erhält die Nummer D63 und führt nach **Tousson**.
Gîte d'étape: Mme Jobert, 51ter av du 11 novembre, Le Coquibus, Tel. (1) 43242713, 60 Betten, ganzj., bei Milly-la-Forêt 10 km nördl. von Tousson.
Über Le Vaudoué und Achères-la-Forêt gelangen Sie auf der D63 nach *Ury*, wo Sie links auf die N152 nach **Fontainebleau** (s. Etappe 168) einbiegen. Bis zum Etappenende **Fontaine-le-Port** folgen Sie der Beschreibung von Etappe 168.

Etappe 170:
Fontaine-le-Port - Melun - Seinetal - Paris (61 km)

Diese Etappe folgt dem Lauf der Seine flußabwärts. In Anknüpfung an Etappe 168 bzw. 169 wählen Sie unmittelbar nach Überquerung der Seine links die D39 nach **Melun**. Diese Stadt ist um eine Seine-Insel herum entstanden, an der Sie vorbeifahren; auf der Insel steht eine sehenswerte Kirche.
Bleiben Sie weiterhin auf der D39, die Sie geradewegs nach Boissise bringt und dann etwa 4 km erneut unmittelbar an der Seine entlangführt. An einer T-Einmündung fahren Sie rechts auf die D50 nach Seine-Port, verlassen diese Straße aber hinter diesem Dorf auf eine Nebenstraße am Seine-Ufer, sobald die D50 eine scharfe Rechtskurve vollführt. Die Uferstraße führt durch Morsang nach *Corbeil-Essonnes*, einer Industriestadt, die geradeaus durchradelt wird. Immer auf dem rechten Seine-Ufer bleibend gelangen Sie so auf die N448, die durch immer dichter werdende Bebauung verläuft und schließlich in Montgeron in die N6 mündet. Um dieser Schnellstraße zu entgehen, biegen Sie nach knapp 4 km links ab auf die D38, die als Quaistraße vorbei an Pariser Satellitenstädten (u.a. *Choisy-le-Roi*, FUAJ-angeschl. C.I.S., 288 Betten) führt. Kurz vor dem Zusammenfluß von Seine und Marne trifft die D38 auf die N19, auf der Sie die Seine überqueren und hinein nach **Paris** (s. "Start in der Hauptstadt") fahren. Die französische Metropole wird durch die *Porte de la Gare* erreicht; falls Sie direkt zu einem Bahnhof (Gare du Nord bzw. Gare de l'Est) radeln möchten, bleiben Sie am besten auf dem linken Seine-Ufer und biegen erst hinter Notre-Dame rechts auf die Pont-St.-Michel ein - die Verlängerung führt geradewegs zu den beiden Bahnhöfen.

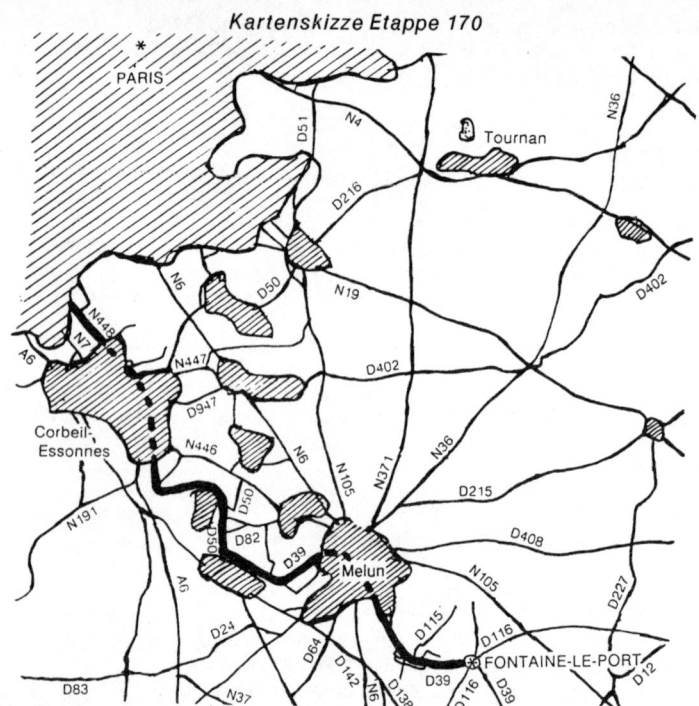

Etappe 171:

Fontaine-le-Port - Le Châtelet-en-Brie - Les Ecrennes - Donnemarie-Dontilly - Provins - Beton-Bazoches (68 km)

Diese Etappe bringt Sie zu einer besonderen Perle unter den Städten Frankreichs; sie beginnt als Fortsetzung von Etappe 168 bzw. 169 nach der Überquerung der Seine auf der geradeaus weiterführenden D116, die einen Hügel erklimmt, anschließend aber nahezu steigungslos nach Le Châtelet-en-Brie führt; von dort geht es auf der D213 geradewegs weiter durch Les Ecrennes und Villeneuve nach *Donnemarie-Dontilly*. Hier können Sie entweder in den Ort und dann mit den Wegweisern Rchtg. Provins wieder hinaus zur D403 radeln oder aber auf der Umgehungsstraße (steigungsärmer) das Städtchen umrunden, wodurch Sie ebenfalls auf die D403 Rchtg. Provins treffen. An der Kreuzung unmittelbar vor Jutigny knickt die D403 links ab und erreicht als nächsten Ort *Longueville*, wo sich beim Bahnhof, etwa 1½ km abseits der Straße, ein Eisenbahnmuseum (AJECTA) befindet. Ein großes Eisenbahnviadukt des 19. Jh. überspannt hier das Tal in voller Breite.

Nach weiteren 7 km ist das Etappenziel erreicht.

Provins, 13000 Einw., Dép. Seine-et-Marne, ist wohl die unbekannteste - zumindest bei Ausländern - unter den sehenswerten Städten Frankreichs. Ihre Oberstadt ist eine ungewöhnlich gut erhaltene Zusammenstellung mittelalterlicher Bauten, umgeben von mächtigen Schutzwällen. Die Pracht stammt zum größten Teil aus dem hohen und ausgehenden Mittelalter, als Provins als drittwichtigste Stadt des Landes galt. Garniert ist das Ganze mit schönen Rosengärten.

Zumindest bei den Nahausflüglern aus Paris ist Provins durchaus populär, was sich an Sommerwochenenden in starker Auslastung der Hotellerie bemerkbar macht.

Information: OTSI, Tour de César, BP 44, 77160 Provins, Tel. (1) 64001665; Filiale im Zentrum, Place Honoré-de-Balzac.

Waschsalon: LavExpress, 19 r Victor Arnoud.

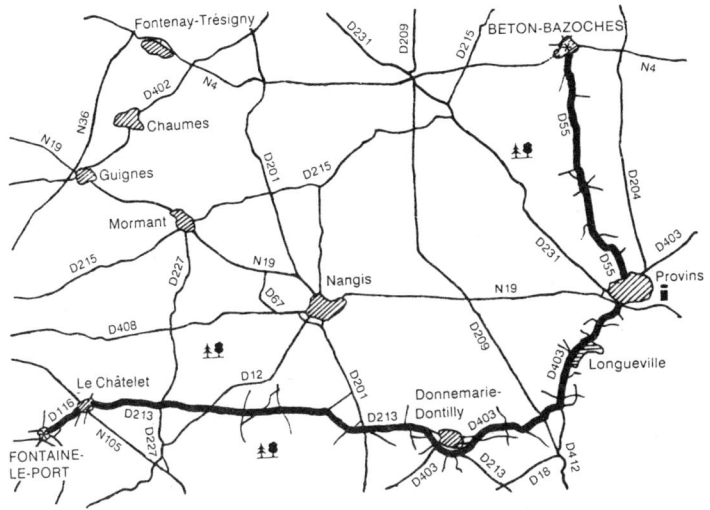

In Provins gibt es über die N19 nach *Nogent-sur-Seine* Anschluß an das Streckennetz des CYKLOS-Fahrrad-Reiseführers *Ost-Frankreich per Rad*.

Der letzte Teil der Etappe erfolgt von Provins aus auf der D55, die nördlich des Zentrums von der Beschilderung Rchtg. La Ferté-Gaucher abzweigt und Sie über St.-Hilliers nach **Beton-Bazoches** bringt. Hier schließen sich Etappe 172 und 173 an.

Etappe 172:
Beton-Bazoches - Chevru - Amillis - Faremoutiers - Maisoncelles-en-Brie - Meaux (51 km)

Diese Etappe führt quer durch die Landschaft des Brie zum bekanntesten Produktionsort dieser Käsesorte. Sie beginnt in Anknüpfung an Etappe 171 in Beton-Bazoches mit einer Überquerung der N4 auf der D55 Rchtg. Choisy-en-Brie bis zur Abzweigung der D112, die links nach Chevru führt. Dort kreuzen Sie leicht nach links versetzt die D215 und radeln weitere 6 km auf der D112 Rchtg. Touquin bis zur Abzweigung nach rechts Rchtg. Faremoutiers; die Straße dorthin wird nach 1 km zur D25.

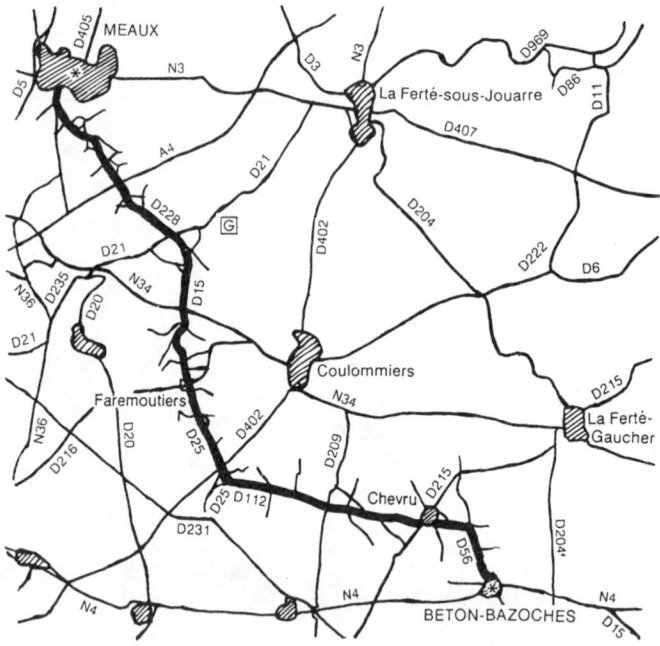

Faremoutiers durchfahren Sie geradeaus und bleiben auf der D25, die nach 4 km in die D15 mündet. Kreuzen Sie die N34 und radeln Sie geradewegs auf der D15 nach Maisoncelles-en-Brie, wo die D228 nach **Meaux** (s. Etappe 4) beginnt. In Meaux haben Sie Anschluß an die Etappen 4 (in umgekehrter Richtung) und 5.
Gîte d'étape: Ferme de la Petite Loge, La Haute-Maison, Tel. 60256269 (Christian Brun), 125 Betten (!), Gruppen-Gîte 10 km südöstl. von Meaux nahe der Streckenführung.

Kartenskizze Etappe 173

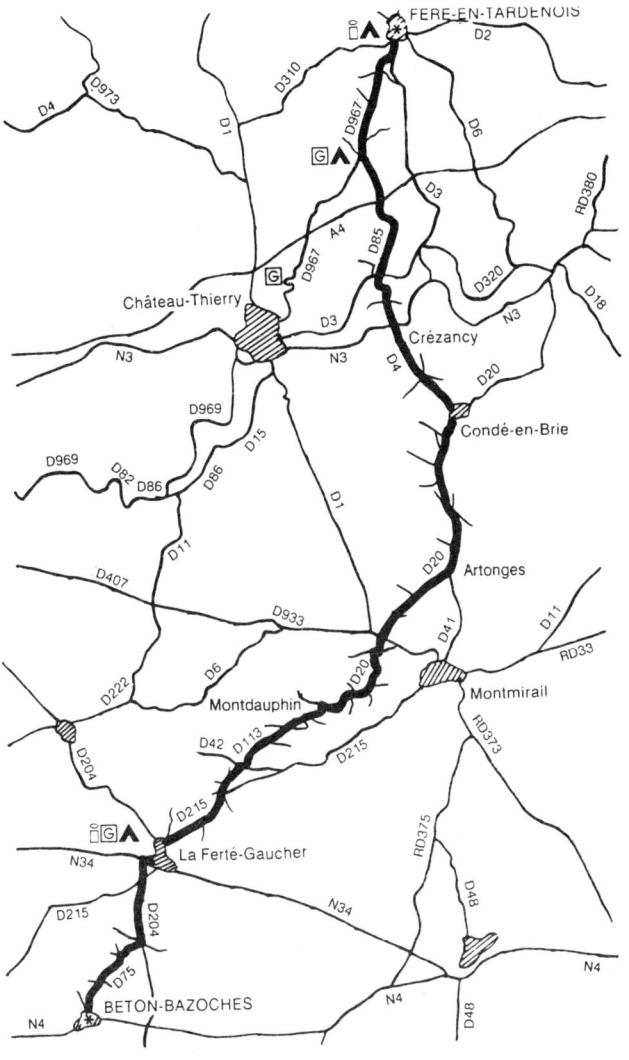

Etappe 173:
Beton-Bazoches - La Ferté-Gaucher - Montdauphin - Artonges - Crézancy - Fère-en-Tardenois (75 km)

Das erste Teilstück der Verbindung nach Laon zweigt in Beton-Bazoches nördlich des Zentrums rechts von der D55 ab auf die D75 Rchtg. La Ferté-Gaucher; an der Ecke der Abzweigung befindet sich ein halb in die Erde eingebettetes ehemaliges Gemeinschafts-Waschhaus. In Leudon schwenkt die D75 rechts und stößt nach weiteren 1½ km auf die D204, die links nach **La Ferté-Gaucher** führt; am südwestlichen Stadtrand erzwingt eine T-Mündung auf die N34 einen Richtungswechsel: rechts geht's ins Zentrum.

Information: SI, 2bis r Ernest-Delbet, 77320 La Ferté-Gaucher, Tel. (1) 64202569.
Gîte d'étape: La cage ouverte, 28 Barlonge, Tel. (1) 64204653, 20 Betten, Ostern-Okt., 8 km westl. an der D66.
Camping: Municipal, La Ferté-Gaucher.

Die Fortsetzung der Etappe verläuft recht geradlinig auf günstigen Nebenstraßen, weist aber vor allem mit Annäherung an die Marne einige lange Steigungen auf. In La Ferté-Gaucher heißt es links von der N34 abbiegen, das Ortszentrum durchqueren und dann rechts Rchtg. Montmirail. Kurz vor dem Ortsende zweigt rechts die D215 Rchtg. Montmirail ab und führt ins nahe Dorf St.-Barthélemy, wo Sie an der Gabelung vor der Kirche halblinks auf die D113 abbiegen. Kurz vor Villers-les-Maillets geht's rechts 200 m auf der D42, bevor sich links die D113 durch Montdauphin fortsetzt und dann auf die D31 stößt; biegen Sie rechts darauf ein, überqueren Sie die Grenze zum Département Aisne, und folgen Sie der nun D20 genannten Straße über Marchais-en-Brie und Artonges sowie durch das Tal des Dhuys nach **Condé-en-Brie**, dem Standort eines Schlosses mit schönen Innenräumen (Aug. tägl., sonst nur so 13.30-19.00 h).

Am Ortsanfang von Condé biegen Sie links auf die D4 ein, die durch das Surmelin-Tal über *Crézancy* (N3 leicht nach links versetzt kreuzen) und Mézy nach Mont-St.-Père ins Tal der Marne führt. Auf schöner Strecke geht es geradeaus/halbrechts weiter über die D85 nach *Beuvardes*, wo Sie rechts in die D967 einbiegen.

Gîte d'étape: Ferme des Loisirs, Verdilly, Tel. 23691587, 15 Betten, ganzj., Fahrradverl., 8 km westl. von Chartèves an der D967; M. Gibert, Brécy, Tel. 23712215, 24 Betten, 4 km westl. von Beuvardes.
Camping: Chemin des Chartèves *, Rte de Mont-St.-Père, Tel. 23712431, 15 Stpl., ganzj., Naturcamping an der Etappenführung; Aquilon des Quatre-Vents, Courpoil, Tel. 23690714, 60 Stpl., ganzj., 3 km südl. von Beuvardes an der D967.

Nach weiteren 8 km erreicht die D967 das Etappenziel **Fère-en-Tardenois**. In dieser Kleinstadt (3300 Einw.) gibt es eine große Markthalle mit hölzernem Dach und vor allem in der Nähe (3 km nördl.) die Ruinen des Schlosses von Fère mit sieben Rundtürmen und einem fünfbögigen Viadukt. Das Bauwerk steht in einem Wald auf einem Sandsteinplateau (gratis), ist jedoch baufällig und daher nur "auf eigene Gefahr" zugänglich.

Information: SI, 18 r Etienne-Moreau-Nelaton, 02130 Fère-en-Tardenois, Tel. 23823157.
Camping: Les Bruyères **, 37 rte du Château, Tel. 23827122, 76 Stpl., viele Dauercamper, ganzj., am nördl. Ortsrand.

Etappe 174:
Fère-en-Tardenois - Fismes - Laon (53 km)

Diese Etappe schließt den Kreis für jene Radler, die ihre Reise mit einem Schlenker durch die Picardie abschließen möchten. Sie verläuft durchgehend auf der D967 über größtenteils sehr schöne Streckenführung, allerdings mit viel Auf und Ab und einigen längeren Steigungen gewürzt. Nach etwa 17 km wird die äußerste Ecke des Dép. Marne durchfahren, wobei in *Fismes* die N31 ge-

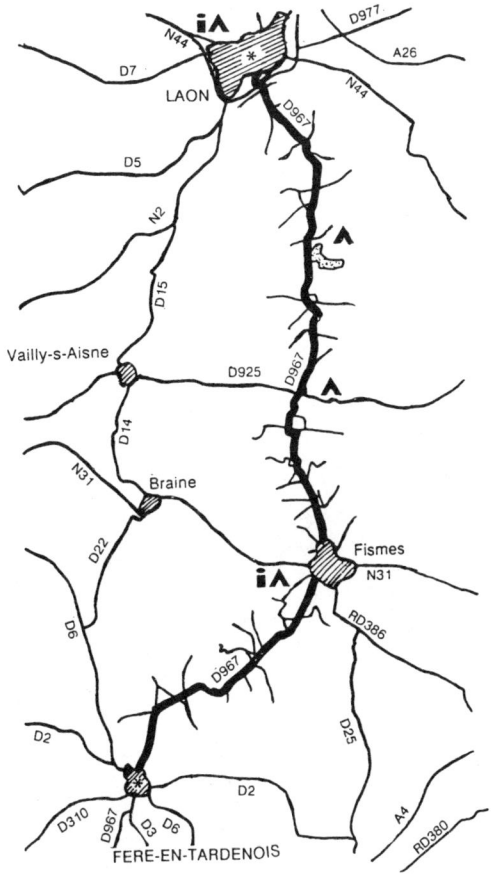

kreuzt wird (Anknüpfungsmöglichkeit nach Reims zum Streckennetz des CYKLOS-Fahrrad-Reiseführers *Ost-Frankreich per Rad*).

Information: OTSI, 27 r René-Letilly, 51170 Fismes, Tel. 26048128, di-sa.
Camping: **, Allées des Missions, Tel. 26781026, 20 Stpl., Mitte Mai-Mitte Sept.

Nach der Überquerung der Aisne beginnt der attraktivste Teil der Etappe, gesäumt von Waldstücken, Flüßchen und einem See. Oberhalb von *Vendresse* passieren Sie einen engl. Militärfriedhof des Ersten Weltkriegs, und auf der folgenden Kuppe kreuzen Sie einen Höhenkammweg namens *Chemin des Dames*, der als Scheideweg zwischen der Region um Laon und dem Aisne-Tal nicht nur seit alters her besiedelt (Erdhöhlenwohnungen), sondern auch immer wieder Schauplatz kriegerischer Handlungen war.

Camping: La Pointe **, 14 r de l'Église, Bourg-et-Comin, Tel. 23244565, 30 Stpl., Mitte April-Mitte Sept.; L'Ailette ***, Chamouille, Tel. 23248306, 196 Stpl., April-Sept.; Vallée des Cygnes **, Ployart-et-Vaurseine, Tel. 23247375, 45 Stpl., Juli/Aug., ca. 3 km östlich von Chamouille.

Kurz vor **Laon** (s. Etappe 7) führt die D967 unter der N2 hindurch und dann hinab auf einer Serpentinenstraße in die Stadt.

Schloß von Azay-le-Rideau (Loire-Region)

Register

Ausführliche Informationen bzw. bei mehreren Seitenangaben die jeweilige Hauptnennung sind durch **halbfette** Seitenzahlen gekennzeichnet; die Seitenzahlen der Abbildungen sind *kursiv* gedruckt.
Ortsnamen mit Artikeln (Le, La, Les) sind unter dem Anfangsbuchstaben des folgenden Wortes zu finden.

Stadtansicht von Loches (Loiretal)

RegionalRadGeber

RegionalRadGeber sind für Tagestouren und Kurzreisen in einem eng begrenzten Gebiet gedacht. Das Wegenetz ist deshalb zum einen sehr feinmaschig, zum anderen besonders stark auf die Nutzung autofreier Wege - auch Wald- und Feldwege - ausgerichtet.

1992 sind folgende Bände lieferbar:

Berlin - jwd (RRG 1), DM/sfr 19,80
Mecklenburger Seen: Schwerin bis Müritz (RRG 2), DM/sfr 19,80
Mecklenburger Seen: Neustrelitz bis Werbellinsee (RRG 3), DM/sfr 19,80
Ostseeküste von Wismar bis Ahlbeck (RRG 4), DM/sfr 24,80
Neue Fränkische Seen und Altmühltal (RRG 5), DM/sfr 24,80
Rhön, Spessart, Steigerwald - Unterer Main und Tauber (RRG 6),
DM/sfr 24,80
Frankenalb, Fränkische Schweiz - Fichtelgebirge & Oberer Main (RRG 7),
DM/sfr 24,80

In Vorbereitung: Niederrhein, Münsterland, Schleswig-Holstein, u.a.

Die Reihe wird fortgesetzt.

Der Wind kommt immer von vorn

Der Titel dieses Buches steht stellvertretend für die Erfahrungen auf einer Fahrradreise.

Bei der Planung, Vorbereitung und Durchführung einer Reise, angefangen mit der Auswahl und Ausstattung eines geeigneten Fahrrades, gibt es eine Vielzahl von Details zu beachten.

Der Autor **Jürgen Rieck** hat in seinem Buch alle nötigen Informationen zusammengetragen. Die darin gegebenen Hinweise sind für jede Radtour gültig, gleich wie lange sie dauert und wohin sie geht. Sie sollen dazu beitragen, daß Fahrradreisen mit Planungsfehlern der Vergangenheit angehören.

Zur Vorbereitung Ihrer Reise sollten Sie sich dieses Buch besorgen. Da wird Ihnen auch dann der Spaß an der Reise nicht vergehen, wenn Sie das meteorologische Wunder erleben:

Der Wind kommt immer von vorn.

160 Seiten, zahlreiche Fotos und Abbildungen.
Preis: DM/sfr 14,80

(CYKLOS) — Fahrrad-Reiseführer

Frankreich ist nicht das einzige Fahrradreise-Paradies. Für die wichtigsten radtouristischen Gebiete Europas erscheinen in gleicher Art wie dieses Buch entsprechende Bände mit Routenbeschreibungen auf bis zu 320 Seiten. Alle Bände dieser Reihe sind speziell für den deutschsprachigen Radtouristen konzipiert und recherchiert worden; um Aktualität und Zuverlässigkeit zu gewährleisten, sind die Strecken erst kurz vor Drucklegung im Fahrradsattel überprüft worden. Neuauflagen werden grundsätzlich vollständig überarbeitet.

Bisher sind folgende Fahrrad-Reiseführer lieferbar:

DDR per Rad
Irland per Rad
Schottland per Rad
England per Rad
Norwegen per Rad
Südschweden per Rad
Dänemark per Rad
Holland per Rad
Belgien/Luxemburg per Rad
Ost-Frankreich per Rad
Süd-Frankreich per Rad
Korsika per Rad
Schweiz per Rad
Österreich per Rad
Tschechoslowakei per Rad
Ungarn per Rad
Ober-Italien per Rad
Mittel-Italien per Rad (Toskana/Umbrien)
Mallorca per Rad
Thailand per Rad

Außerdem geplant: Polen, Spanien (2 Teilbände), Portugal.

Jeder Band mit etwa 250-320 Seiten kostet **DM/sfr 19,80 - 24,80**.
Die genannten Bücher sind zu beziehen in jeder Buchhandlung oder direkt vom

Verlag Wolfgang Kettler
Czeminskistr. 5
W-1000 Berlin 62
Tel. (030) 781 35 49
(Lieferung auf Rechnung auch ins Ausland)

Nordwest-Frankreich per Rad

Etappen-Übersichtskarte

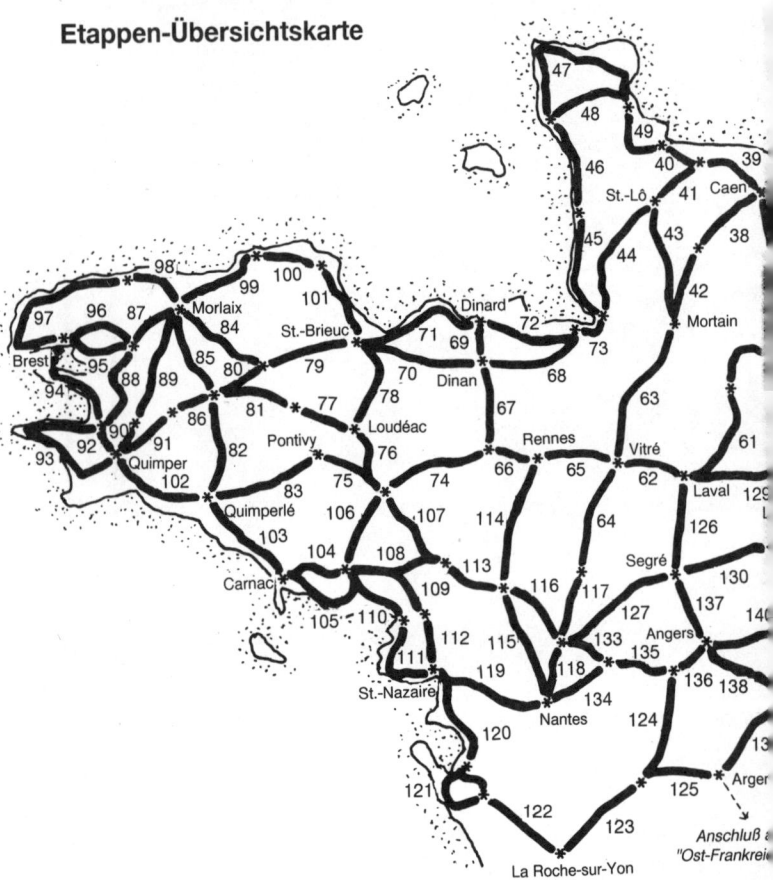

Le Tréport
Albert
Amiens
25 24 14 13 11
15 Hornoy
26 16 10 9
31 30 27 29
17 12 8 Laon
Le Havre 28 22 6 7
32 33 18 Beauvais Compiègne
36 34 21 Rouen 174
35 Lisieux 23 1 3
37 57 20 2 5
51 Paris
58 19 4
Médavy 56 50 170 172 173
60 59 55 54 52 169 *Anschluß an*
Chartres 165 166 171 *"Ost-Frankreich per Rad"*
128 145 53
164 168
132 144 146 160 167
e Mans 143
131 142 161 Orléans *Anschluß an*
141 147 159 162 *"Ost-Frankreich per Rad"*
Le Lude 156 163 Chambord
155
Saumur 149 154 157
148 150 153 158 *Anschluß an*
Chinon 151 152 *"Ost-Frankreich per Rad"*
ton

n
h per Rad"